EICHMANN EM JERUSALÉM
50 ANOS DEPOIS

EICHMANN EM JERUSALÉM
50 ANOS DEPOIS

Coordenadores científicos

Kai Ambos | Luís Pereira Coutinho
Maria Fernanda Palma | Paulo de Sousa Mendes

Organizadores

Paulo de Sousa Mendes
Luís Pereira Coutinho

Marcial Pons
MADRI | BARCELONA | BUENOS AIRES | SÃO PAULO

CEDPAL
GEORG-AUGUST-UNIVERSITÄT GÖTTINGEN

Série CEDPAL – Centro de Estudos de Direito Penal e Processual Penal Latino-americano

Eichmann em Jerusalém – 50 anos depois
Alexandre Franco de Sá / António Araújo / Augusto Silva Dias / Cristina García Pascual / Francisco Muñoz Conde / Kai Ambos / Luís Pereira Coutinho / Maria Fernanda Palma / Maria Luísa Ribeiro Ferreira / Massimo La Torre / Miguel Galvão Teles / Miguel Morgado / Miguel Nogueira de Brito / Pablo Galain Palermo / Paulo de Sousa Mendes / Paulo Otero / Rui Guerra da Fonseca

Coordenadores científicos
Kai Ambos / Luís Pereira Coutinho / Maria Fernanda Palma / Paulo de Sousa Mendes

Organizadores: Paulo de Sousa Mendes e Luís Pereira Coutinho

Instituições organizadoras
Instituto de Ciências Jurídico-Políticas – Presidente: Jorge Miranda
Instituto de Direito Penal e Ciências Criminais – Presidente: Maria Fernanda Palma

Coedição
Centro de Estudos de Direito Penal e Processual Penal Latino-americano (CEDPAL)
Centro de Investigação de Direito Público (CIDP)
Centro de Investigação em Direito Penal e Ciências Criminais (CIDPCC)
Associação Acadêmica da Faculdade de Direito de Lisboa (AAFDL)

Preparação e Editoração eletrônica
Ida Gouveia / Oficina das Letras® – www.oficinadasletras.com.br

CIP-Brasil. Catalogação na Publicação
Sindicato Nacional dos Editores de Livros, RJ

E33

Eichmann em Jerusalém : 50 anos depois / Kai Ambos, Luis Pereira Coutinho, Maria Fernanda Palma, Paulo de Sousa Mendes ; organização Paulo de Sousa Mendes, Luis Pereira Coutinho. - 1. ed. - São Paulo: Marcial Pons, 2017.

ISBN 978-85-66722-19-2

1. Direito Penal. 2. Direito Internacional Público. 3. Crime Internacional. I. Ambos, Kai. II. Coutinho, Luis Pereira. III. Palma, Maria Fernanda. IV. Mendes, Paulo de Sousa. IV. Série CEDPAL.

14-12618 CDU: 341.1

Platz der Göttinger Sieben 5, 37073, Göttingen, Alemanha
☎ +49 551-39-7834 www.cedpal.uni-goettingen.de – cedpal@uni-goettingen.de

Av. Brigadeiro Faria Lima, 1461, Torre Sul, 17/8 Jardim Paulistano CEP 01452-002 São Paulo-SP
☎ +55 (11) 3192.3733 www.marcialpons.com.br

Impresso no Brasil [01-2017]

APRESENTAÇÃO

O Centro de Estudos de Direito Penal e Processual Penal Latino-americano (CEDPAL) é uma entidade autônoma do Instituto de Ciências Criminais da Faculdade de Direito da Universidade Georg-August de Göttingen e parte integrante do Departamento para Direito Penal Estrangeiro e Internacional. Foi fundado por resolução da reitoria da Universidade em 10 de dezembro de 2013, com base na decisão do Conselho da Faculdade de Direito de 6 de novembro de 2013. Seu objetivo é promover a pesquisa em ciências penais e criminológicas na América Latina e fomentar, através de diferentes modalidades de oferta acadêmica, o ensino e a capacitação em tais áreas. O Centro está integrado por uma Direção, uma Secretaria Executiva e um Conselho Científico, bem como por pesquisadores adscritos e externos (mais informações em: http://cedpal.uni-goettingen.de).

A Série CEDPAL, editada pela Marcial Pons, tem como finalidade apoiar a pesquisa por meio da publicação de projetos coletivos ou individuais de grande relevância. Alegra-nos inaugurar essa série com a publicação do livro *Eichmann em Jerusalém. 50 anos depois.* A pesquisa ocupa-se de diversas questões referentes ao julgamento de Adolf Eichmann nos tribunais israelitas e às reflexões filosóficas de Hannah Arendt sobre Eichmann e sua responsabilidade, bem como de outras questões centrais da justiça de transição, e foi organizada por Paulo de Sousa Mendes e Luís Pereira Coutinho. A coordenação científica esteve a cargo destes, em conjunto com Maria Fernanda Palma e Kai Ambos.

Um agradecimento especial devemos àqueles cujos trabalhos tornaram possível este livro: Maria Fernanda Palma, Paulo Otero, Maria Luísa Ferreira Ribeiro, Massimo La Torre, Miguel Morgado, Alexandre Franco de Sá, António Araújo, Miguel de Nogueira de Brito, Luís Pereira Coutinho, Rui Guerra da Fonseca, Paulo de Sousa Mendes, Kai Ambos, Miguel Galvão Teles, Francisco Muñoz Conde, Pablo Galain Palermo, Augusto Silva Dias e Cristina García

Pascual. Também queremos agradecer à prestigiada editora Marcial Pons e ao seu Diretor Executivo, Marcelo Porciuncula, pela edição do livro e por ter aceitado a Série CEDPAL como uma de suas séries editoriais.

KAI AMBOS	EZEQUIEL MALARINO
Diretor Geral	*Diretor Acadêmico*
Göttingen	Buenos Aires

Novembro de 2016.

PREFÁCIO

1. Assinalando-se em 2011 os 50 anos do julgamento de Eichmann, a Faculdade de Direito da Universidade de Lisboa, através do Instituto de Ciências Jurídico-Políticas e do Instituto de Direito Penal e Ciências Criminais, com o apoio da Fundação para a Ciência e Tecnologia, organizou uma conferência internacional dedicada à obra *Eichmann em Jerusalém – Uma reportagem sobre a banalidade do mal.* Os objetivos fundamentais do encontro traduziram-se em evocar a obra de Hannah Arendt e refletir sobre o julgamento de Eichmann.

Eichmann em Jerusalém é efetivamente um marco fundamental para a compreensão da obra de Arendt como um todo e constitui por si mesmo um ponto de referência no tratamento de problemas cruciais de Filosofia do Direito, de Filosofia Política, de Direito Penal e de Direito Penal Internacional.

A presente obra, partilhando de tais objetivos, verte contributos originalmente proferidos no mencionado encontro ou nele inspirados e subdivide-se em seis partes: (i) Temas fundamentais; (ii) Hannah Arendt, o jurídico e o político; (iii) *Eichmann em Jerusalém* e a obra de Hannah Arendt: a noção de «banalidade do mal»; (iv) O julgamento de Eichmann; (v) O julgamento do passado e a justiça de transição; (vi) Perante o mal: reflexões a partir *Eichmann em Jerusalém.*

2. Em sede de temas fundamentais, Maria Fernanda Palma sublinha a relevância central da reflexão de Arendt sobre o problema do mal e relaciona a sua análise do julgamento de Eichmann com o problema da culpa em Direito Penal. De acordo com a Autora, o ponto crucial traduz-se em verificar se a concepção de Arendt da «banalidade do mal» conflitua com uma acepção forte de culpa e, simultaneamente, com uma solução retributiva quando se esteja perante crimes contra a humanidade que sigam o padrão da «Solução Final». A Autora questiona também se uma compreensão do mal, em dimensão correspondente à verificada a respeito do caso Eichmann, contribui para uma resposta mais profunda à questão da determinação da culpa e da pena naqueles casos em que possa ser observada uma neutralização coletiva da consciência individual. Por fim, a Autora destaca que uma compreensão do mal e da culpa que tenha presente tal processo de neutralização implica necessariamente que nos concentremos em novos padrões éticos de prevenção criminal e de reparação traduzidos na renovação do reconhecimento do outro em si (si mesmo como um outro) como dimensão essencial do ente.

Paulo Otero assinala que no julgamento de Eichmann em Jerusalém se verifica o arvorar do mal em resposta ao mal: Eichmann surge tanto como protagonista do mal do Estado nacional-socialista, assim como vítima do próprio mal num suposto Estado democrático e de juridicidade. Assim, tal como Caim, depois de ter morto Abel, interrogava Deus sobre se era guarda do seu irmão, igualmente Israel, depois de ter julgado e executado Eichmann, poderia questionar a humanidade inteira: «seria Israel, porventura, guarda de Eichmann?» Segundo o Autor, o que se observa tanto no homicídio de Abel como no julgamento de Eichmann é uma acidental conexão do mal com um bem – este último de natureza aparente –, encontrando-se precisamente nessa conexão o elemento que tem conferido ao mal a resistência e longevidade que a história humana abundantemente registra.

3. O título dedicado a Hannah Arendt, o jurídico e o político inicia-se com uma visão geral do seu pensamento assinada por Maria Luísa Ribeiro Ferreira. É aí sustentado que o pensamento de Arendt, nos múltiplos níveis e temas em que se desdobra, mantém uma característica unificadora: o alicerce na experiência, a atenção ao que quotidianamente é ou acontece, a base na vida ela mesma. Há, pois, uma diferença fundamental entre Arendt e aqueles pensadores que desenvolvem o seu trabalho numa atitude de afastamento ou remoção face ao mundo. Essa característica do pensamento de Arendt é relacionada com a relação ambígua por si mantida com a filosofia: Arendt declara afastar-se desta última, dizendo-se empenhada na teoria política.

Massimo La Torre defende que uma concepção do Direito se encontra implicada no pensamento de Arendt. De acordo com tal concepção, a razão da existência do Direito não se encontra na restrição de possibilidades no que à ação humana diz respeito. O Direito antes encontra a sua razão essencial na abertura de novas vias e áreas de conduta humana. Nesta linha, o Direito não é regulativo ou prescritivo mas constitutivo, traduzindo-se o contributo fundamental de Arendt a este nível numa crítica à Teoria do Direito tradicional – obcecadamente centrada na experiência e modo prescritivos – e na introdução de uma alternativa à mesma.

A concepção do político é objeto de atenção por Miguel Morgado, que, a este respeito, encontra em Arendt uma assinalável continuidade relativamente à concepção de Montesquieu. Muito particularmente, Morgado assinala que a noção arendtiana de «princípio de ação» – muito relevante no tratamento por Arendt do totalitarismo – constitui um resultado direto da reflexão da Autora incidente sobre a teoria dos regimes políticos de Montesquieu.

Alexandre Franco de Sá centra a atenção no tratamento por Arendt do totalitarismo, sustentando haver uma surpreendente continuidade entre tal tratamento e a caracterização por Carl Schmitt da República de Weimar nos seus últimos anos como correspondente a «um Estado total». Com efeito, de acordo com tal caracterização, no «Estado total» é admitida aos partidos políticos a tomada do aparelho de Estado e a disseminação através deste da sua ideologia, verificando-se concomitantemente uma dissolução da separação entre Estado e sociedade.

4. O segundo título é dedicado especificamente a *Eichmann em Jerusalém*, muito particularmente à noção de «banalidade do mal» aí introduzida.

Debruçando-se sobre tal noção, António de Araújo discute-a à luz do pensamento de Arendt incidente sobre o tema da publicidade e do espaço público, por um lado, e da crítica kantiana da faculdade de juízo, por outro. Neste contexto, a análise arendtiana das origens do totalitarismo é articulada com as noções de «banalidade do mal» e de «mal radical».

Relacionando também a noção de «banalidade do mal» com o pensamento político de Arendt, Miguel Nogueira de Brito encontra na mesma noção a epítome desse pensamento, aí verificando sumarizados aqueles que têm como os seus pontos fundamentais: o secularismo, o cosmopolitismo, um contratualismo radical, o pensamento individual como último baluarte da comunidade política e a recusa da teoria como base da política e do pensamento político. Para Nogueira de Brito, a «banalidade do mal» – algo que se traduz no abandono do pensamento pelas pessoas comuns – simboliza tanto a responsabilidade das pessoas comuns de pensarem como a recusa, em certo sentido, da filosofia política. Este aparente paradoxo é resolvido tendo em conta que, para Arendt, a esfera da política é a esfera da opinião, não da verdade.

Luís Pereira Coutinho debruça-se também sobre o significado da noção de «banalidade do mal», sublinhando a respectiva relevância jus-filosófica em sede de distinção entre Direito e não-Direito. Nesse âmbito, sustenta que a «banalidade do mal» se pode compreender como uma ausência: a um primeiro nível, como uma ausência de sentido; a um segundo nível, como uma ausência do sujeito capaz de pensar o sentido das suas próprias ações, tornando-se responsável pelas mesmas – um sujeito designado como «pessoa» no âmbito da tradição personalista. Na verdade, o retrato de Eichmann por Arendt denota a destruição da pessoa nesse sentido, a qual dá lugar a um ente inteiramente distinto, que se designa como agente totalitário. A diferença ontológica entre personalidade e agência totalitária constitui uma chave importante para a compreensão da diferença entre Direito e não-Direito.

Por último, Rui Guerra da Fonseca ilustra que a recondução do julgamento de Eichmann à categoria do jurídico se revela problemática, tanto mais por se estar perante algo que se insere no âmbito do político. Tendo isto presente, Guerra da Fonseca reconstrói a influência que o julgamento de Eichmann exerceu sobre a obra tardia de Arendt, sobretudo centrada na análise das capacidades humanas de «pensar» e de «querer». Segundo o Autor, essas capacidades encontram correspondência precisamente nas categorias do jurídico e do político.

5. O título dedicado ao julgamento de Eichmann inicia-se com uma análise do julgamento por Paulo de Sousa Mendes. O Autor aborda a preocupação de Arendt de que esse julgamento servisse exclusivamente o interesse da justiça. Analisa e comenta as passagens do livro que revelam a concorrência de outros objetivos que nortearam o julgamento de Eichmann, culminando num «julgamento-espetáculo». David Ben-Gurion, Primeiro-Ministro de Israel, foi o encenador invisível deste processo, falando pela voz da acusação pública, protagonizada pelo próprio Procurador-Geral de Israel, Gideon Hausner. Na ideia de Arendt, tais objetivos políticos não serviam a justiça. Arendt lembra ainda que fazer justiça significa muito mais do que simplesmente aplicar a pena justa. Há uma função do julgamento que transcende largamente a finalidade da própria pena, o que não pode deixar de constituir uma excelente lição para os penalistas, tantas vezes ocupados com a discussão dos fins da pena criminal, mas raras vezes atentos à função do próprio julgamento.

Kai Ambos expõe três teses a propósito do julgamento de Eichmann. A primeira tese – a única em que refere o livro de Arendt – é a de que no caso Eichmann se assistiu pela primeira vez, pelo menos de forma explícita neste tipo de casos de macrocriminalidade, a uma confrontação entre os operadores judiciários, os *insiders* (*i.e.*, o procurador, o defensor e os juízes) e os observadores externos, os *outsiders* (*e.g.*, o historiador, o antropólogo). A segunda tese é a de que o então recém-criado Estado de Israel demonstrou no caso Eichmann a sua capacidade para conduzir um processo justo, um *fair trial*, num contexto em que outros Estados não foram capazes de o fazer. A terceira tese é a de que, no campo da autoria e da participação, o acórdão é, por um lado, muito confuso, mas, por outro lado, estabelece a responsabilidade de Eichmann como participante na empresa criminal da «Solução Final».

Miguel Galvão Teles enfrenta as objeções segundo as quais Eichmann teria sido julgado por um tribunal de vencedores e condenado com base em lei retroativa. O Autor sustenta que, ao tempo dos fatos, não havia fonte de direito internacional a impor o princípio *nullum crimen sine lege prævia,* pelo que a questão da retroatividade tem de ser considerada num plano meta-positivo, ainda que não de direito natural. Neste plano, a retroatividade justifica-se em última análise, até por virtude de os tipos criminais estabelecidos na lei israelita serem tipos complexos formados por tipos simples já incrimináveis anteriormente aos fatos nos locais onde estes foram praticados.

6. No tema do julgamento do passado e justiça de transição, Francisco Muñoz Conde aborda a utilização jurisprudencial da figura da autoria mediata através do domínio de um aparelho organizado de poder na punição de ditadores da América Latina por violações de direitos humanos, designadamente nos vários processos contra os membros das Juntas Militares ou contra outros responsáveis por crimes cometidos no período de 1976 a 1983, na Argentina, bem como nos processos contra o General Manuel Contreras, no Chile, ou contra o Senador Alvaro Alfonso Romero, na Colômbia, ou ainda contra o líder do Sendero Luminoso Abimael Guzmán ou contra o antigo Presidente da República Alberto Fujimori, no Peru. A figura da autoria mediata através do domínio de um aparelho organizado de poder foi concebida por Claus Roxin, em 1963, tomando por referência o modo de funcionamento do regime nazista e a sua política de extermínio dos judeus, nos termos amplamente documentados no julgamento de Eichmann. No topo da hierarquia do regime nazista estavam Adolf Hitler e Heinrich Himmler, mas o funcionamento da organização nazista implicava a ação concertada de milhares de indivíduos, os quais, obedecendo a uma rigorosa cadeia de comando, operavam aos mais diversos níveis da organização. A noção de autoria mediata através do domínio de um aparelho organizado de poder visa questionar precisamente a tentativa de retratar os líderes políticos e militares nazistas, bem como os membros dos níveis intermédios do regime nazista como meros cúmplices na execução da infame «Solução Final», considerando-os, ao invés, como verdadeiros autores dos crimes em causa. Os casos analisados pelo Autor no presente artigo demonstram que a figura da autoria mediata através do domínio de um aparelho organizado de poder está destinada a desempenhar um papel de central importância na determinação da responsabilidade criminal de dirigentes políticos e altas patentes militares que usem as organizações sob o seu controlo para a prática de crimes.

Pablo Galain Palermo recorda que um processo penal como o julgamento de Eichmann corresponde apenas a um meio, entre outros, de enfrentar uma questão de violação de direitos humanos. Tendo presente a experiência do Uruguai, Galain Palermo sustenta que o Direito Penal não é, seguramente, o melhor meio para atingir os fins da justiça de transição, nomeadamente a elaboração do passado, o conhecimento da verdade, a reparação das vítimas e a realização da justiça. Não obstante isso, o Direito Penal e o processo penal continuam a ser necessários para assegurar os propósitos da justiça retributiva nos casos mais graves de violações de direitos humanos. O Autor refere que Arendt chega a uma conclusão semelhante no epílogo do seu livro *Eichmann em Jerusalém.*

7. A presente obra termina com duas reflexões suscitadas por *Eichmann em Jerusalém*, as quais inevitavelmente constituem reflexões perante o mal, sobre as suas raízes e sobre a possível reação ao mesmo.

Augusto Silva Dias recorda a experiência Milgram, levada a cabo pelo psicólogo norte-americano Stanley Milgram e iniciada em 1961, a qual constituiu a primeira de uma série de experiências que testaram empiricamente a tese filosófica de Arendt sobre a banalidade do mal. Como reagem as pessoas quando são submetidas à autoridade (no caso, a autoridade científica), eis a questão a que a experiência Milgram (e outras posteriores) procurou dar resposta. O estudo do Autor tem por finalidade analisar aquela experiência e os seus resultados e discutir as suas implicações no Direito Penal, especialmente nos domínios em que a punibilidade se relaciona com o problema da sujeição à autoridade.

Por fim, Cristina García Pascual debruça-se sobre aquilo que designa como o «mal absoluto», assinalando que, perante a sua novidade, se revelam insuficientes as tradicionais categorias de pensamento e inapropriadas as noções jurídicas, morais e políticas de que usualmente nos socorremos. Segundo a Autora, tais categorias e noções não permitem apreender esse mal ou compreender a urgência em o pensar. A partir daqui, a Autora procura arrimos conceptuais que possam contribuir para a superação desse obstáculo.

8. Deve mencionar-se, por último, que da conferência resultou a presente publicação, em forma de atas, cabendo aqui lavrar um penhorado agradecimento à prestigiada editora Marcial Pons e ao seu Diretor Executivo para o território brasileiro, Prof. Doutor Marcelo Porciuncula. Também existe uma edição em língua inglesa, acordada com a famosa editora berlinense Duncker und Humblot e possibilitada graças ao apoio do Prof. Doutor Dr.h.c. Kai Ambos.

Agradecemos ainda ao Centro de Estudos de Direito Penal e Processual Penal Latino-americano (CEDPAL) e aos seus Diretor-Geral Prof. Doutor Dr.h.c. Kai Ambos e Diretor Acadêmico Prof. Doutor Ezequiel Malarino, em cuja série de estudos se inclui a presente publicação, que é patrocinada pelo CEDPAL, pelo Centro de Investigação de Direito Público (CIDP), coordenado pelo Prof. Doutor Carlos Blanco de Morais, pelo Centro de Investigação em Direito Penal e Ciências Criminais (CIDPCC), coordenado pela Prof.ª Doutora Maria Fernanda Palma, e pela Associação Acadêmica da Faculdade de Direito de Lisboa (AAFDL), que assegura a distribuição em Portugal.

Paulo de Sousa Mendes Luís Pereira Coutinho

Lisboa, novembro 2016.

SUMÁRIO

III

EICHMANN EM JERUSALÉM E A OBRA DE HANNAH ARENDT: A NOÇÃO DE BANALIDADE DO MAL

IV

O JULGAMENTO DE EICHMANN

V

JULGAMENTO DO PASSADO E JUSTIÇA DE TRANSIÇÃO: OUTRAS EXPERIÊNCIAS E OUTROS MODOS

VI

PERANTE O MAL: REFLEXÕES A PARTIR DE EICHMANN EM JERUSALÉM

I

TEMAS FUNDAMENTAIS

EICHMANN EM JERUSALÉM: A BANALIDADE DO MAL OU A EXCEPCIONALIDADE DO BEM NAS SOCIEDADES TOTALITÁRIAS

Maria Fernanda Palma

Keywords: Eichmann, banality of evil, criminal law, guilt, judgment.

Abstract: The present text underlines the central relevance of Arendt's reflection on the problem of evil, emphasizing the association between evil and the neutralization of essential human values within totalitarian systems, a neutralization which dissolves personhood itself. It also develops the idea that a schism exists between the historical and political scrutiny of the past – a scrutiny that may allow us to «understand» the motivations and the causal determinants which lead average men as Eichmann to act as they did – and the judgment that is inherent to Law, one that may surpass the causal understanding characteristic of History in name of personal responsibility. A schism also exists between moral guilt within the historical realm and criminal guilt.

1. O caso Eichmann, na narrativa de H. Arendt em «Eichmann em Jerusalém ou a banalidade do mal»,[1] coloca o problema essencial de a pura obediência à lei positiva (se esta for criminosa em si mesma) poder conduzir à violação dos mais elementares direitos humanos. A obtenção do conteúdo válido da lei, que segundo Kant não seria alcançável ao mesmo título e com rigor idêntico ao que é verdadeiro ou falso mas sob uma lógica de adequação das normas à natureza do Direito

1. Arendt, H., *Eichmann em Jerusalém: uma Reportagem Sobre a Banalidade do Mal* (trad. Araújo, A. e outro), Coimbra, 2003.

e a uma antropologia fundamental,[2] torna-se, no entanto, a única possibilidade de evitar a descredibilização da obediência à lei no Estado de Direito, distinguindo uma obediência exigível de uma obediência puramente formal e sem legitimidade senão a da vontade do legislador. O reconhecimento de que só é válida a lei que não infringe os direitos humanos elementares impõe instâncias infra- e supra-sistemáticas de controlo da lei e um consenso sobre o que é irredutível e intolerável, quer no plano estatal quer no plano internacional.

Esta é a primeira lição para o pensamento jurídico do caso Eichmann. Trata-se, na verdade, da história de um homem mediano, sem razões pessoais para odiar os judeus – bem pelo contrário[3] –, que ascende no aparelho nazista. Inserido na máquina infernal do III Reich, só com convicções morais sólidas, de algum modo excepcionais e não apenas medianas, poderia ter resistido e não ter sido agente de tão hedionda política.

Mas o caso Eichmann suscita também a questão de saber se a responsabilidade penal se confunde com a responsabilidade histórica e pode ser absorvida por ela. Até que ponto o julgamento da história condiciona ou interfere no julgamento penal e, inversamente, até que ponto o julgamento penal decide o julgamento da história?[4]

Por um lado, o olhar da história permite-nos compreender os nexos causais e as motivações[5] que podem levar homens médios, não psicopatas, a praticar o extermínio em massa de outros seres humanos com base na convicção da sua superioridade racial. Mas, por outro lado, também é a visão da história que nos revela a perversidade, o caráter hediondo destas motivações[6] e o prejuízo que acarretam para a humanidade inteira – simbolicamente semelhante, nas suas proporções, ao nível moral, a uma alteração do eixo da terra.

Partindo, por sua vez, da perspectiva do Direito, verificamos que o julgamento da pessoa, em concreto, pode ultrapassar a compreensão causal da história, na sua relação entre fenômenos e contextos e não ceder a uma compreensão desculpabilizante, em nome da responsabilidade individual que a todos é exigida. Contudo, a problemática da culpa pessoal conduz-nos a um horizonte de responsabilidade subjetiva que é independente das lógicas de compensação social inerentes a uma responsabilidade objetiva ao serviço do apagamento dos atos e da assunção da responsabilidade coletiva.

2. Kant, *Schriften zur Ethik und Religionsphilosophie: die Metaphisyk der Sitten – Einleitung in die Rechtslehre,* Könisberg, 1797 (2. ed., 1798), p. 36 e ss.

3. Cf. Arendt, H., *op. cit.*, 2003, p. 85, referindo que Eichmann se relacionou com judeus, teve uma amante judia e teria ficado surpreendido com a ordem de extermínio dos judeus no qual viria afinal a ter um papel importante.

4. Ricoeur, P., *La Mémoire, l'Histoire et l'Oubli*, Paris, 2000, p. 413 e ss.

5. Ricoeur, P., *op. cit.*, p. 427.

6. Ricoeur pergunta se é possível um tratamento historiográfico do imperdoável. A tarefa do historiador é a de compreender sem desculpar, diz Ricoeur (p. 428).

2. A análise de Arendt sobre o caso Eichmann revela-nos coisas surpreendentes e melindrosas: em primeiro lugar, a não singularidade ou excepcionalidade do quadro político que conduziu ao Holocausto, dada a sua radicação em aspectos humanos negativos universais, de dominação de outros seres humanos, e a possibilidade de uma sua absorção por sistemas de pensamento em certos contextos de necessidade; em segundo lugar, a profunda dificuldade de as pessoas não excepcionais resistirem a esses sistemas (para resistir moralmente ao nazismo ter-se-ia de ser moralmente excepcional – e, a este propósito, relembro o caso moralmente excepcional do Cônsul português Aristides de Sousa Mendes[7]); em terceiro lugar, o erro de prescindir das razões universais, para tratar do caso apenas dentro da lógica da perseguição histórica ao povo judeu, o que legitimou a substituição de um tribunal internacional por um tribunal judaico, enfraquecendo a tese de que o Holocausto não constituiu apenas um crime hediondo contra os judeus, mas foi um crime contra a Humanidade.[8]

A análise de Hannah Arendt permite concluir, ainda, que à banalidade do mal só se pode contrapor uma cultura de constante crítica externa dos sistemas e a utilização de meios de discussão, em alternativa à propaganda e à uniformização do pensamento.

Para além destas mensagens que o fato histórico e a obra de Arendt nos trazem, penso que se coloca uma outra questão de natureza mais especificamente filosófica, sobre a qual se justifica uma breve análise.

A obra de Arendt tem um lugar especial no pensamento moderno sobre o mal,[9] que passo a referir numa breve síntese. Arendt, ao olhar para o processo de Eichmann, parece atribuir ao mal autores bem civilizados. O mal radical de Kant,[10] não apenas como ausência do bem mas como um propósito do inverso ao do bem,[11] está longe da banalidade do mal que Arendt retrata no comportamento

7. Sobre o caso de Aristides de Sousa Mendes, cf. Fralon, J.-A., *Aristides de Sousa Mendes: um Herói Português*, Lisboa, 1999.

8. Cf. Arendt, H., *op. cit.* p. 349, discutindo a proposta de Karl Jaspers de que o tribunal de Jerusalém, depois de ouvir a prova fatual, renunciasse ao direito de pronunciar a sentença, declarando-se incompetente, uma vez que ainda não estava definida a natureza do crime e restava a questão de saber quem teria competência para julgar um crime cometido sob as ordens de um governo. Arendt entendia que Israel deveria ter recorrido com as provas na mão às Nações Unidas e demonstrado que havia lugar a um tribunal criminal internacional.

9. Cf. acerca do pensamento sobre o mal, a síntese que faço no *Princípio da Desculpa em Direito Penal*, Lisboa, 2005, p. 85 e ss. e a bibliografia aí citada.

10. Kant, *A Religião nos Limites da Simples Razão*, Primeira Parte, 1793 (trad. portuguesa de Artur Morão), Lisboa, 1992, p. 30.

11. Ricoeur interpreta o pensamento kantiano sobre o mal, dizendo «não é a infração grosseira de um dever, mas a malícia que faz passar por virtude o que é traição; o mal do Mal é a justificação fraudulenta da máxima pela conformidade aparente com a lei, é o simulacro da moralidade», em «La symbolique du mal interpretée», texto incluído em *Le Conflit des Interprétations*, 1969, Paris, p. 299.

de Eichmann – alguém cuja consciência moral parece nem sequer ter sofrido com os atos por que foi responsável.[12]

O mal, em Eichmann, está associado a uma neutralização dos valores humanos essenciais pelo sistema, pela máquina, pela lei e pela obediência ao *Führer*. Este mal banal é apenas a expressão de uma dissolução da pessoa como centro da história no grupo, que se constitui como polo de atração da responsabilidade. Eichmann sempre procurou pertencer a grupos durante a sua existência, como se essa pertença substituísse ou compensasse as debilidades da sua vida pessoal, sugere Arendt.[13] Em vez de uma relação de crescimento individual através do grupo, parece ver-se, no caso de Eichmann como em tantos outros, uma espécie de procura de meio fetal protetor e a dissolução de personalidade na lógica do grupo.

O mal cujo conceito o caso Eichmann suscita é, antes de mais, a não compreensão do bem,[14] a falta de estímulos de razão para atingir um bem que está associado, afinal, a direitos elementares dos outros. Entre este mal banal e o mal tal como a reflexão de Nabert no seu «Ensaio sobre o Mal»[15] o concebe – o mal como aquilo que é absolutamente injustificável – existe identidade?

Na profunda reflexão sobre o mal de Nabert, o mal é o que separa inevitavelmente o ser humano da sua consciência natural. É injustificável por nenhuma razão humana lhe poder servir de argumento ou mesmo explicação. Mesmo o mal do ato criminoso pode não mostrar ainda esta fundamentação, a qual, aliás, pressupõe a possibilidade de reconhecimento. O mal que a consciência não pode reconhecer, por uma obstrução fundamental, põe em causa a sobrevivência da consciência humana e não permite sequer a culpa como redenção.

Apesar de o mal surgir associado, no caso de Eichmann, à banalidade, o que nele é assustador relaciona-se com a ausência de possibilidade de sentimentos de culpa, porque nunca houve força de responsabilidade ética nas suas decisões de homem médio. Sendo objetivamente explicável, esta falta de consciência, este mal algo inocente, revela, na sua banalidade, como nós seres humanos nos podemos tornar humanamente maus inocentes, ou os culpados inocentes de que fala Ricoeur ou Stan Rougier em diálogo com Marie de Solemne, na sua *Innocente Culpabilité*.[16] A contribuição do pensamento de Arendt para a discussão sobre o mal é, assim, sobretudo, uma demonstração do paradoxo da inumanidade do mal na humanidade eticamente empobrecida do ser humano.

12. Arendt, H., *op. cit.*, p. 108 e ss; diz Arendt que «Eichmann não era um Iago ou um Macbeth... Carecia de motivos... Eichmann pura e simplesmente nunca teve consciência do que estava a fazer» e mais à frente «Eichmann não era estúpido. O que fez dele um dos maiores criminosos da sua época foi a total ausência de pensamento», p. 367.

13. Arendt, H., *op. cit.*, p. 87 e ss.

14. Diz Arendt: «No Terceiro Reich o mal tinha perdido aquela característica que o torna compreensível para a maioria das pessoas – a característica de ser uma tentação», p. 214.

15. Cf. Nabert, J., *Essai sur le Mal*, Paris, 1954, reed. 2001, p. 21 e ss.

16. Solemne, M., *Innocente Culpabilité*, Paris, 1998, p. 14 e ss. e p. 35 e ss.

3. Finalmente, perguntar-se-á que resposta dá o Direito Penal ao problema da culpa penal perante atos desta gravidade, no contexto da sua explicação histórica.

O problema que o livro de Arendt suscita reside no desfasamento entre a dimensão histórica imensa dos danos e a gravidade da culpa pessoal. Ao nível da história, o Holocausto tem uma gravidade gigantesca pelo sofrimento que causou e por ter afrontado o próprio sentido do humano.[17] Ora, na perspectiva da culpa pessoal e da responsabilidade individual, os contextos sociais e os problemas da personalidade podem impedir uma total correspondência de gravidade.

A culpa pessoal, à escala do humano, poderá responder sem qualquer explicação ou mesmo uma justificação pela dimensão do mal? O mal incomensurável tem de radicar numa culpa incomensurável e sem perdão?

Não há, necessariamente, uma identidade entre a culpa moral, ou mesmo jurídica, e o mal provocado exterior e objetivamente. A culpa mede-se pela intensidade da consciência, do conhecimento e da vontade, pelo poder de evitar, pela capacidade de decidir em face de alternativas, pelo senhorio de si mesmo no momento de agir.

Em Nabert, que analisa o mal moral como o injustificável,[18] a dimensão subjetiva do mal é vista como uma separação na consciência de si do «nós», da relação com os outros e, por isso, como uma espécie de fragmentação do que é o ser geral em cada pessoa.[19] Este esquecimento do «ser com os outros» ou esta ruptura com este ser, que corresponderia ao mal, implicará também uma responsabilidade ilimitada? Como é que um processo de recusa de si mesmo como manifestação do ser, de contradição consigo mesmo, pode ser um processo totalmente lúcido e imputável?

Nas raízes da nossa compreensão e identificação do mal está uma paradoxal enfermidade ou anomalia do processo. Só podemos sentir e reconhecer algo como mal e não como desastre inevitável porque revela uma cisão com o que somos – o tal algo de comum com os outros em cada um. Mas essa cisão é necessariamente mal contra si próprio antes de ser sofrimento de outro.[20]

A culpa não ganha existência, por isso, sem a regeneração, o reconhecimento e a reparação de si.[21] A responsabilidade ilimitada será, em primeiro lugar, uma ilimitada obrigação de reparação de si mesmo a partir da reparação do sofrimento alheio – ao menos, pelo reconhecimento. A reparação dos crimes contra a humanidade só pode ter o sentido de um reconhecimento do injustificável do sofrimento

17. Cf. RICOEUR, em *La Mémoire, l'Histoire et l'Oubli*, refere-se ao extremo inumano como a singularidade moral dos crimes contra a humanidade cometidos pelo Estado, *op. cit.*, p. 428 e ss.

18. *Op. cit., loc. cit.*

19. NABERT, J., *op. cit.*, p. 56 e ss.; p. 111 e ss.

20. Cf. NABERT, *op. cit.*, p. 108, falando de uma «rupture» do eu consigo mesmo, como a essência do pecado.

21. Cf. PALMA, F., *O Princípio da Desculpa em Direito Penal*, *op. cit.*, p. 106, na linha do pensamento de São Paulo, tal como o sugere RICOEUR em *Philosophie de la Volonté*, II, 2. ed., Paris, 1998, p. 279 e ss.

provocado e da profunda distorção do ser com os outros na consciência individual e coletiva.[22]

A reflexão sobre a obra de Arendt e o caso que a suscitou, contribui para aprofundar – tal como sucede também com a obra de Nabert – a consciência de que o sofrimento pela exterminação provocada pela «solução final» não foi o produto inevitável de uma cega causalidade histórica. Foi, isso sim, o resultado de uma fragmentação moral coletivamente vivida do eu, do «ser com os outros» numa sociedade inteira e em cada um dos seus participantes.

Essa fragmentação é uma grave alteração da consciência de si mesmo – uma alteração excepcional –, mas os caminhos que a ela conduziram foram processos de conversão à mediocridade, anulação da individualidade, redução do espaço da liberdade de opinião e de pensamento, sobrevalorização da eficácia ante a moral, apagamento do eu e do lado espiritual do ser humano. Foram, enfim, processos típicos de uma sociedade totalitária, obcecada com a organização e a afirmação coletiva. Por isso, a banalidade que a obra de Arendt nos revela não é tanto do que seja em si mesmo o mal, mas da sua possibilidade. O mal, anti-humano, excepcional e catastrófico é afinal extremamente fácil de acontecer,[23] quando numa época histórica as condições morais e os contextos sociais se conjugarem. É este o apelo que posso ler, hoje, na obra de Arendt, e que a reflexão sobre as atuais condições das múltiplas crises, econômica, financeira e moral nos suscita.

Do ponto de vista da culpa penal, aquilo sobre que a presente reflexão nos adverte é que sendo esta atravessada pela história e não podendo isolar-se desta, a sua função normativa é responder à questão da superação do crime pela comunidade na história, não fazendo do agente um puro bode expiatório do coletivo, através de um processo de transferência de culpa, mas na identificação da distorção, do inumano do ato na sua gênese humana, permitindo evitar processos coletivos de desumanização e punindo na exata medida da necessidade para repor a validade do Direito na lógica hegeliana,[24] mas pensando o Direito como uma categoria antropológica. A culpa é assim também ela, tal como Beccaria[25] dizia, embora quanto à pena, uma amarga necessidade.

22. Cf. o importante texto de Jaspers, K., *La Culpabilité Allemande* (trad. francesa de *Die Schuldfrage* por J. Hersch, pref. de Vidal-Naquet), Paris, 1990, que sustenta sobre a Alemanha nazista uma tomada de consciência individual da culpa e da responsabilidade como um caminho para a liberdade política, dizendo que «a liberdade política começa quando na maioria do povo o indivíduo se sente responsável».

23. Leiam-se neste sentido as arrepiantes palavras dos juízes que condenaram Eichmann, citadas por Arendt: «Acha o senhor que a sua história é a história de um homem azarado; e nós, conhecendo as circunstâncias, estamos dispostos a reconhecer, até certo ponto, que, em circunstâncias mais favoráveis, seria muito provável que o senhor jamais tivesse de comparecer perante nós, ou perante qualquer outro tribunal criminal. Suponhamos, então, no plano das hipóteses, que foi unicamente a falta de sorte que fez de si um instrumento zeloso da organização de assassinatos em massa; continua a ser verdade que o senhor executou e, como tal, apoiou ativamente uma política assassina», *op. cit.*, p. 358.

24. Hegel, G. W., *Princípios da Filosofia do Direito* (trad. port. Orlando Vitorino), Lisboa, 1959.

25. Beccaria, C., *Dos Delitos e das Penas* (trad. port. Faria Costa), Lisboa, 2009.

O JULGAMENTO DE EICHMANN: DEVE O MAL TER COMO RESPOSTA O MAL?

Paulo Otero

Keywords: Evil, totalitarianism, justice, law.

Abstract: The accidental connection between good and evil, one in which evil is desired as a means to a good, confers evil a resistance and longevity abundantly recorded in human history. In the Eichmann trial, evil emerges as a reaction against evil. Correspondently, Eichmann appears both as a protagonist of the evil comprised in the national-socialist State and as a victim of a democratic State based on the rule of law, a phenomenon generalized since then. As Cain, after killing Abel, asked God if he was his brother's guardian, Israel, after the trial and execution of Eichmann, could ask Humanity as a whole: Is Israel the guardian of Eichmann?

I

1. Em *Críton*, nas palavras de Sócrates, Platão equaciona o problema do mal, dizendo-nos não ser bom, nem honrado, fazer o mal em nenhuma circunstância,[1] tal como não se deve responder com o mal, qualquer que tenha sido o tratamento recebido:[2] «há que partir do princípio de que nunca se deve ser injusto,

1. Cfr Platón, *Critón*, 3. ed., Colección Austral, ed. Espasa Calpe, s.l., 1993, IX (p. 134).
2. Cfr Platón, *Critón*, IX, (p. 136).

nem responder à injustiça com outra injustiça, nem pagar o mal com a mesma moeda».[3]

Aqui reside a gênese das coordenadas axiológicas da civilização ocidental sobre o tema do mal e do seu relacionamento com a justiça, nunca se mostrando lícito responder ao mal com o próprio mal, numa implícita identificação da justiça com o bem.

O mal, numa remota acepção, identifica-se com «uma determinada ausência de bem»[4] e não com a pura ausência de bem, uma vez que tem sempre como causa algum bem que lhe esteja acidentalmente unido,[5] pois «se o mal fosse completo, destruir-se-ia a si mesmo».[6]

Pode dizer-se que o mal não é uma substância,[7] nem Deus é o seu autor,[8] nem se poderá reconduzir a «qualquer coisa de abstrato»:[9] o mal está nas pessoas,[10] traduz uma perversão ou desvio da vontade,[11] num ato de livre arbítrio da vontade[12] que, afastando Deus,[13] revela um abuso da liberdade humana,[14] um «atravessar» do Maligno nos desígnios de Deus e na sua obra[15] – procede mal «todo aquele que faz a outro o que não deseja lhe façam a si».[16]

Sabendo-se que a obra de Deus se iniciou com a criação do mundo, sendo continuada com a intervenção colaborante do ser humano que, através do seu trabalho, prolonga e atualiza esse processo criativo,[17] o mal é tão velho como a história do próprio homem.

3. Cfr Platón, *Critón*, IX, (p. 137).

4. Cfr. S. Tomás de Aquino, *Suma de Teologia*, I-I, q.48, a.1. (I vol., 4. ed., reimp., Biblioteca de Autores Cristianos, Madrid, 2001, p. 472).

5. A presente ideia, tendo a sua origem no pensamento de Dionysus, dito o Areopagita (in *De divinis nominibus*, cap. 4, §20, cfr. <http://daten.digitale-sammlungen.de/~db/0001/bsb00015330/images/>), viria a ser desenvolvida por S. Tomás de Aquino, cfr. *Suma de Teologia*, I-I, q.48, a.1. (I vol. p. 474).

6. A presente formulação de S. Tomás de Aquino (*Idem*, q.49, a.1. (I vol., p. 485) encontra o seu fundamento em Aristóteles, «o mal destrói-se a si próprio, e se for integral, torna-se insuportável», in *Ética a Nicómaco*, trad., Lisboa: Quetzal Editores, 2004, 1126a13 (p. 99).

7. Cfr. Santo Agostinho, *Confissões*, 12. ed., Braga: Liv. Apostulado da Imprensa, 1990, Liv. VII, 16 (p. 174).

8. Cfr. Santo Agostinho, *O Livre Arbítrio*, 2. ed., Braga: Faculdade de Filosofia, 1990, I, 1 (p. 19 ss.); *Idem*, *Confissões* (n. 4), Liv. VII, 5, p. 160 ss.; S. Tomás de Aquino, *Suma de Teologia*, I-II, q.79, a.1. (II vol., 4. ed., reimp., Madrid: Biblioteca de Autores Cristianos, 2001, p. 622).

9. Cfr. João Paulo II, *Catecismo da Igreja Católica*, n. 2851.

10. Cfr. Santo Agostinho, *O Livre Arbítrio* (n. 5), I, 15, 33 (p. 70-71) e III, 5,15 (p. 185-186). Numa acepção mais ampla, há quem afirme que os seres comportam algum mal, cfr. João Duns Escoto, *Tratado do Primeiro Princípio*, Lisboa: Edições 70, 1998, IV, 57 (p. 90).

11. Cfr. Santo Agostinho, *Confissões*, Liv. VII, 16 (p. 174).

12. Cfr. Santo Agostinho, *O Livre Arbítrio*, I, 16, 35 (p. 73).

13. Cfr. Santo Agostinho, *O Livre Arbítrio*, II, 20, 54 (p. 158).

14. Cfr. *Constituição Apostólica «Gaudium et Spes»*, de 7 de dezembro de 1965, n. 13.

15. Cfr. João Paulo II, *Catecismo da Igreja Católica*, n. 2851.

16. Cfr. Santo Agostinho, *O Livre Arbítrio*, I, 3, 6 (p. 27).

17. Cfr. João Paulo II, *Carta Encíclica «Laborem Exercens»*, de 14 de setembro de 1981, n. 4.

2. O Livro dos Gênesis mostra, logo no seu início, dois exemplos que, podendo dizer-se reveladores da incidência do mal na origem da problemática constitucional da humanidade, ilustra essa apetecível ligação entre o mal e o bem:

(i) Num primeiro momento, a introdução do pecado original, se expressa a manifestação da liberdade que Deus conferiu ao ser humano, traduz a busca incessante do poder: depois de Deus ter proibido Adão de comer «da árvore da ciência do bem e do mal»,[18] a serpente diz que, se Adão e Eva comessem da árvore do paraíso que Deus havia proibido, em vez de morrerem, «sereis como deuses, conhecendo o bem e o mal»;[19]

(ii) Num segundo momento, uma vez que a preferência de Deus por Abel irou Caim,[20] é bem provável que Caim, matando o seu irmão,[21] visasse ter só para si o bem do olhar de Deus ou, pelo menos, afastar aquele que impedia que Deus olhasse para si e para os seus dons, lançando a Deus a pergunta cujo eco ainda hoje se perscruta sobre o papel dos direitos e dos deveres dos membros da sociedade entre si: «Porventura sou eu o guarda do meu irmão?».[22]

3. O julgamento de Eichmann em Jerusalém é, tal como os acontecimentos que o antecederam e lhe deram origem, um momento do drama da humanidade nesta luta imortal entre o mal, enquanto certa ausência de bem que tem na sua origem uma específica busca do bem, e o bem que terá sempre de ser, por definição, a ausência absoluta de mal.[23]

O julgamento de Eichmann reflete, num outro sentido, todo o drama da humanidade e de cada ser humano que, dilacerado numa eterna divisão dentro de si mesmo, comporta «uma luta dramática entre o bem e o mal»:[24] onde está o bem e termina o mal? Onde começa o mal e termina o bem?

Eis as dúvidas angustiantes que o julgamento de Eichmann, em Jerusalém, nos coloca.

18. Gn 2, 17.
19. Gn.3, 7.
20. Gn. 4, 3-7.
21. Gn. 4, 8.
22. Gn. 4, 9.
23. Essa ausência absoluta de mal, único verdadeiro bem imutável, é Deus (Mc 10, 18; Lc, 18,19), enquanto «único bem fonte de beatitude para a criatura racional e inteligente», cfr. Santo Agostinho, *A Cidade de Deus*, Liv. XII, Cap. I (2. vol., edição da Fundação Calouste Gulbenkian, Lisboa, 1993, p. 1080); João Paulo II, *Carta Encíclica «Veritatis Splendor»*, de 6 de agosto de 1993, n. 9.
24. Cfr. *Constituição Apostólica «Gaudium et Spes»*, de 7 de dezembro de 1965, n. 13.

II

4. A palavra *mal* tem, usando os ensinamentos de Santo Isidoro de Sevilha, segundo uma formulação proveniente de Santo Agostinho,[25] «um duplo significado: o que um homem pode fazer e o que pode sofrer».[26]

O julgamento de Eichmann ilustra essa dupla acepção da palavra mal: revela o mal feito por um homem vulgar, na Alemanha nazista, e, simultaneamente, o mal que esse mesmo homem acabou por sofrer, em Jerusalém.

Num certo sentido, numa formulação que remonta a Platão, fazer o mal é sempre uma forma de condenação do seu próprio autor a ser punido com o mal:[27] «quem faz o mal, será retribuído por ele».[28]

5. Karl Adolf Eichmann (1906-1962) é, enquanto funcionário do III Reich, o executor escrupuloso e eficiente de um plano de transporte de judeus para campos de concentração que, terminando com a execução de milhões de seres humanos, se alicerça numa concepção nazista de raiz antissemita.

Esse antissemitismo de raiz oitocentista, fazendo dos judeus a «antítese dos seus valores naturais» ou «o povo mais funesto da história universal», tendo como interesse vital «tornar a humanidade doente e perverter as noções de "bem" e de "mal", de "verdadeiro" e de "falso" num sentido mortal para a vida e infamante para o Mundo»,[29] acabou por construir em torno dos judeus uma teoria conspirativa visando o domínio da Europa:[30] o termo a Primeira Guerra Mundial e as dificuldades sociais da Alemanha de Weimar reforçaram essa responsabilização coletiva dos judeus,[31] transformando-se Hitler na personificação do propósito de afirmação da raça ariana e no aniquilamento dos judeus – o extermínio dos judeus transforma-se num objetivo de ação do próprio Estado.[32]

O mal revela-se aqui, apesar de aliado a um falso propósito político tido como um bem, um projeto coletivo protagonizado pelos órgãos do Estado, num gesto totalitário e soberbo de redefinir, tal como se fosse Deus, os conceitos de bem e de mal: o Estado nazista, ultrapassando mesmo a instigação bíblica da

25. Cfr. Santo Agostinho, *O Livre Arbítrio*, I, 1,1 (p. 19).

26. Cfr. San Isidoro de Sevilla, *Etimologias*, Madrid: Biblioteca de Autores Cristianos, 2004, V, 27, 1 (p. 521).

27. Cfr. Santo Agostinho, *De spiritu et littera ad Marcellinum liber unus* (35,58), in *Aurelii Augustini Hipponensis episcopi de spiritu et littera ad Marcellinum liber unus: e recensione Benedictinorum e Congregatione S. Mauri varietatem lectionum animadversionibusqve brevibus illustratus,* Lipsiae, 1767, (p. 75), in <http://www.archive.org/details/MN40358ucmf_0>.

28. Cfr. *Alcorão*, Sura IV, 123.

29. Cfr. Nietzsche, *O anticristo*, 9. ed., Lisboa: Guimarães Editores, 1997, p. 48 e 49.

30. Cfr. Nietzsche, *Para além de bem e mal*, 7. ed., Lisboa: Guimarães Editores, 1998, p. 174.

31. Note-se que, já nos finais do século XIX, Nietzsche afirmava não ter encontrado «um só alemão que goste dos judeus», *Para além de bem e mal*, p. 173.

32. Para mais desenvolvimentos, Paulo Otero, *A democracia totalitária*, Cascais: Principia, p. 96 ss.

serpente do Gênesis, leva a coletividade a tomar como bem aquilo que é o mal, conduzindo, segundo a expressão de Hannah Arendt, à banalização do mal.

E é dentro deste contexto de abdicação individual das consciências, numa alucinação coletiva em torno de um falso bem que é, genuinamente, um mal absoluto, que se insere o contributo de Eichmann na logística de execução ou extermínio dos judeus: ele é o funcionário que, num discutível grau de autonomia decisória, executa aquilo que outros, a montante dele, decidiram, numa alegada interpretação de um dominante sentimento antissemita.

Numa pura lógica jurídico-positiva ou positivo-legalista, Eichmann age sempre dentro da legalidade nacional-socialista: ele executa uma opção política que não tomou, conferindo vida a um projeto que, se não fosse por si executado, por outros seria, numa total fungibilidade do seu contributo e num cenário de ausência total de referências éticas sobre a vida humana e a sua inviolabilidade.

Poder-se-á mesmo questionar se Eichmann estaria, neste último sentido, expropriado de consciência ou numa total incapacidade de se motivar por diferentes valores. E, neste sentido, surgirá uma inevitável interrogação: será que, perante cenários de profunda perturbação social ou obnubilação das consciências gerada pela violência gratuita e massificada, enquanto revelações de mal absoluto, a dignidade humana não poderá ser ainda a raiz fundamentadora de causas de desculpabilidade de determinadas condutas? Ou, visto de ângulo diferente: serão todas as condutas humanas, apesar de radicalmente desumanas, suscetíveis de desculpa em nome das circunstâncias concretas formadoras (ou deformadoras) da personalidade ou consciência e da própria atendibilidade à dignidade humana do seu autor?

Deve o mal (absoluto) ter sempre como resposta o mal (justo)? Ou poderá o bem ajudar a entender a que luz o mal foi praticado e as razões da sua autoria, convertendo-se em fonte de desculpabilidade do autor do mal, introduzindo, deste modo, uma dicotomia entre «mal desculpável» e «mal indesculpável»?

Num certo sentido, tal como Caim mata Abel para atrair sobre si o amor de Deus, irado pelo ciúme de Deus olhar só para o seu irmão, o mal em Eichmann também visa ainda a um bem ou, em bom rigor, a um duplo bem: ao bem coletivo do Reich, exterminando os judeus responsáveis por todos os males, sem que existisse perfeita ou completa consciência da monstruosidade da conduta, e, num plano individual, há o bem do funcionário que, sendo diligente e eficiente, atrairia o olhar para si, enquanto serviçal zeloso, do seu «Deus».

O grande mal do mal está em não ser a absoluta ausência de bem: é essa acidental ligação do bem ao mal que, tornando este último desejado para se alcançar um bem, perpetua o próprio mal e, em nome do bem que leva consigo, permite até equacionar uma justificação ou desculpabilidade da conduta humana.

6. O julgamento de Eichmann conduz ainda, agora segundo uma ótica essencialmente jurídica, a uma outra dimensão institucional aferidora do mal, traduzida em condutas e atos que, tendo-o como destinatário e conduzindo à sua execução, são, profunda e radicalmente, contrários à juridicidade:

(i) Eichmann, refugiado na Argentina, em vez de ser extraditado, é, pura e simplesmente, raptado pelos serviços secretos israelitas e transportado clandestinamente para Israel, revelando-se aqui, de imediato, o tema da licitude dos meios face aos fins visados;

(ii) O tribunal que julga Eichmann, sendo um órgão judicial do Estado de Israel, invoca uma jurisdição universal para o julgar, suscitando, neste sentido, a problemática da legitimidade do julgador;

(iii) Independentemente da discussão se existiu um processo judicial genuinamente equitativo, assistiu-se à aplicação retroativa da lei penal incriminadora e a uma recusa de atendibilidade de causas de justificação ou desculpabilidade geradas pela lei do III Reich;

(iv) A pena capital aplicada, expressando a eliminação dos vencidos pelos vencedores, comporta consigo a legitimidade da violação da vida humana pelo Estado.

Em qualquer destas manifestações, é agora um Estado, alegadamente não totalitário e de base democrática, o protagonista do mal: o respeito pela legalidade e pelos direitos fundamentais, aplicando-os aos vencidos pelos vencedores, isto por mais hediondos que tenham sido os crimes de que vêm acusados, revela uma manifestação do bem. E a nenhum Estado é legítimo transformar esse princípio de *ius cogens* num simples privilégio de alguns: por paradoxal que possa parecer, são os vencidos, enquanto mais fracos nas mãos dos vencedores, que carecem de maior proteção. O Estado democrático e de Direito não pode tratar os seus adversários com os mesmos meios e as mesmas armas que o Estado totalitário usa contra os seus adversários: se o fizer, decididamente que o Estado democrático só nominal ou formalmente se diferencia do Estado totalitário.

Fazendo-o, respondendo com o mal, a arbitrariedade ou a intolerância àqueles que praticaram o mal ou são intolerantes, o Estado democrático e de Direito nega-se a si mesmo, adotando uma conduta que se torna tão condenável, senão mesmo ainda mais, atendendo aos seus pressupostos ideológicos, do que o Estado totalitário de matriz nazista: que um regime intolerante trate com intolerância os seus adversários é lógico e coerente, já não será admissível que uma democracia, baseada nos valores da tolerância e da juridicidade, responda com intolerância aos seus adversários.[33]

O julgamento de Eichmann veio demonstrar a flexibilidade da fronteira entre Estado totalitário e Estado democrático, revelando uma outra tentação totalitária

33. Sobre a tolerância e os intolerantes, cfr. John Locke, *Carta sobre a tolerância*, Edições 70, Lisboa, 1996; Karl Popper, *A sociedade aberta e os seus inimigos*, I, Editorial Fragmentos, Lisboa, 1993; *Idem*, *Conjecturas e Refutações*, Coimbra: Almedina, 2006; Paulo Otero, *Instituições políticas e constitucionais*, I, Coimbra: Almedina, 2007, p. 413 ss. e 655 ss.

dos Estados democráticos: usar o mal para se alcançar um bem, esquecendo que, moralmente, nunca é lícita a prática do mal para se atingir o bem[34] e, juridicamente, os fins não justificam todos os meios.[35]

O julgamento de Eichmann mostrou ainda que a realização da justiça, enquanto bem, pode estar unida ao mal, conduzindo à adoção de condutas e atos que, violando o sentido último da juridicidade, revelam o mal como pretenso instrumento para alcançar um bem que, contaminado ou conspurcado pelo mal, nunca será bem.

A aplicação da pena de morte a Eichmann, negando-lhe a dignidade como pessoa que nunca deixou de ser,[36] é a resposta de um Estado que, fundado numa fé bíblica, esquece que nem o seu Deus, apesar de saber Caim culpado da morte de Abel, puniu o homicídio com o homicídio, preferindo o arrependimento do homicida à sua morte.[37]

III

7. A tragédia do julgamento de Eichmann em Jerusalém radica, precisamente, no fato de, ao contrário do postulado «ninguém pague o mal com o mal»,[38] em plena segunda metade do século XX, o mal ter sido ainda a resposta ao mal: ao mal protagonizado pelo Estado nazista contra milhões de judeus, ali concretizado na pessoa de um vulgar serviçal dessa ordem odiosa, respondeu o Estado de Israel, afastando a juridicidade, usando a força para levar Eichmann para Jerusalém, julgando-o pelos seus juízes, aplicando-lhe uma lei própria retroativa e a pena capital, tal como qualquer Estado totalitário faria aos seus adversários.

Visando à realização de bem, isto é, a administração da justiça, Israel usou o mal. E, desse modo, em vez de justiça, produziu um julgamento em que o eco da injustiça concorre com o grito do mal de todos os crimes contra a humanidade praticados pelos nazistas.

Tal como Caim, depois de ter morto Abel, interrogava Deus, se era, porventura, guarda do seu irmão, igualmente Israel, depois de ter julgado e executado

34. Neste sentido, cfr. Rom 3,8; Paulo VI, *Carta Encíclica «Humanae vitae»*, de 25 de julho de 1968, n. 14; João Paulo II, *Carta Encíclica «Veritatis Splendor»*, n. 80; *Idem*, *Catecismo da Igreja Católica*, n.s 1756, 1761 e 1789.

35. Igualmente em termos morais a afirmação se mostra válida (cfr. João Paulo II, *Catecismo da Igreja Católica*, n. 1753). Porém, a nível político, Maquiavel admite que, por necessidade, a opção pelo mal se revele legítima (*O Príncipe*, Mem Martins: Publicações Europa-América, 1976, cap. XVIII, p. 95).

36. Sublinhando, referindo-se a Caim, que «nem sequer o homicida perde a sua dignidade pessoal, e o próprio Deus constitui-se seu garante», cfr. João Paulo II, *Carta Encíclica «Evangelium Vitae»*, de 25 de março de 1995, n. 9.

37. Cfr. Ambrosius (Mediolanensis), *De Caim et Abel*, in *O[mn]ia Op[er]a*, Basileae, 1506, (II, 10), cfr. <http://daten.digitale-sammlungen.de/~db/bsb00008238/images/index.html?id=00008238&fip= eayayztsewqeayaxssdasyztsqrseayaxs&no=10&seite=269>.

38. I Tessal, V, 14-15.

Eichmann, poderá questionar a humanidade inteira: «seria Israel, porventura, guarda de Eichmann?»

Num mundo em que todos somos guardas dos nossos irmãos, sem esquecer que o próprio Eichmann era também nosso irmão, o seu julgamento é, afinal, e também, uma interrogação gigante sobre a sempre pequenez do indivíduo perante o Poder do Estado e o perigo da tentação que esse Poder sempre representa para o indivíduo: afinal, mesmo num Estado democrático e fundado no Direito, o respeito dos direitos individuais pelo Poder continua a ser sempre um milagre.

É que, no limite, o julgamento de Eichmann suscita uma perturbadora e paradoxal inquietação: não deveriam os juízes que o julgaram e condenaram à morte ter feito, atendendo aos atropelos à juridicidade antes e durante o julgamento, aquilo que, por igual obediência às instâncias superiores, Eichmann foi acusado de recusar fazer?

Talvez mesmo com uma diferença agravante para quem julgou Eichmann: num Estado totalitário, desobedecer ao Poder é um ato heroico e, por vezes, fatal; num Estado democrático e de juridicidade, a recusa em obedecer à iniquidade da lei é um direito e um dever de todo o juiz, pois a ninguém é lícito colaborar ou cooperar com o mal ou a injustiça.[39]

Não o tendo feito, os juízes que julgaram Eichmann, sendo dotados de uma capacidade de motivação das suas vontades e de um esclarecimento intelectual bem superiores aos que Eichmann tinha, tornaram-se protagonistas de uma tragédia que encontrou no mal a única resposta para o mal. E, por esse motivo, o julgamento de Eichmann acabou por se configurar, historicamente, o julgamento do julgamento (ou dos julgadores) de Eichmann: se algum bem existiu, visando fazer-se justiça com o julgamento, ele terá si consumido pelo mal dos atropelos à justiça do julgamento – a justiça tem também, diz-nos o julgamento de Eichmann, uma dimensão processual ou procedimental.

E é o mal subjacente ao julgamento de Eichmann que a História registrará pelos séculos dos séculos, obnubilando até o próprio mal do genocídio que a realização da justiça visava sancionar através de Adolf Eichmann: há aqui, além de uma demonstração da essencialidade do respeito pelas normas processuais e procedimentais na realização da justiça, também a revelação do perigo de uma certa banalização do mal nas modernas sociedades democráticas ao nível do

39. Esta última ideia encontra-se já formulada em Cícero (*De Officiis*, Liv. I, 7, in <http://daten.digitale-sammlungen.de/~db/bsb00002326/images/index.html?id=00002326&fip=eayayztsewqeayaxssdasyztsqrseayaxs&no=16&seite=1>), sendo acolhida por Marsílio de Pádua (*O defensor da paz*, Ed. Vozes, Petrópolis, 1997, Parte I, Cap. XIX, §13 (p. 204)) e depois desenvolvida por João Paulo II, nos seguintes termos: recusar a participação «no ato de cometer uma injustiça é, não só um dever moral, mas também um direito humano fundamental» (cfr. João Paulo II, *Carta Encíclica «Evangelium Vitae»*, n. 74). Para mais desenvolvimentos, cfr. Paulo Otero, *O direito fundamental a não participar num ato injusto*, in P. Barbas Homem / E. Vera-Cruz Pinto / G. Portocarrero de Almada / P. Teixeira Pinto (org.), *João Paulo II e o Direito – Estudos por ocasião do 25.º aniversário do seu pontificado*, Cascais: Principia, 2003, em especial, p. 130 ss.

exercício da função jurisdicional por juízes que, tal como funcionários zelosos e cumpridores da lei positiva, abdicam do seu papel de últimos guardiões da juridicidade (processual e substantiva) – os atentados legislativos à vida humana não nascida ou terminal, objeto de um expresso ou tácito acolhimento judicial, ilustram a demissão do juiz ou a sua conversão em funcionário administrativo executor de uma qualquer vontade política.

8. O julgamento de Eichmann em Jerusalém, fazendo do mal a reposta ao mal, universalizou-se, colocando também no banco dos réus os juízes, o poder judicial e a essência do Estado democrático e de Direito: já não é Eichmann que está a ser julgado, antes são as instituições constitucionais do mundo ocidental que também se encontram a ser avaliadas quanto à sua capacidade de resposta ao mal, tenha ele como configuração crimes contra a humanidade, o terrorismo, a xenofobia ou outras formas de intolerância, sabendo-se que o bem, identificado com a justiça, se projeta em normas substantivas e processuais.

Resta sempre, em qualquer caso, a consolação aristotélica de que o mal integral se destrói a si próprio ou, em alternativa, a afirmação de Santo Agostinho de que o mal, se estiver bem ordenado, faz ressaltar ainda melhor o bem[40] – nesta última afirmação radica a esperança do legado filosófico do julgamento de Eichmann às gerações futuras.

40. Cfr. Aurelius Augustinus, *Enchiridion, ad Laurentium* o *De fide, spe et caritate liber I*, Cap. 10 (in <http://daten.digitale-sammlungen.de/~db/0004/bsb00045827/images/index.html?id=00045827&fip=eayayztsewqeayaxssdasyztsqrseayaxs&no=16&seite=102>).

II

HANNAH ARENDT, O JURÍDICO E O POLÍTICO

APRESENTANDO HANNAH ARENDT: PANORÂMICA GERAL

Maria Luísa Ribeiro Ferreira

Keywords: Philosophy, experience, politics, thinking, identity, tradition, reflection, human condition, modernity, action, teaching, learning.

Abstract: The present text tries to give a general overview of Hannah Arendt's philosophy, stressing some major issues present in her thought. We discuss the dialectical link she establishes between philosophy and real life and the ambiguous relationship she keeps towards philosophy (she denies being a philosopher and states her condition as a political theorist). We give a particular emphasis to her theses on the human condition and modernity and discuss her views on education, confronting them with our present situation.

Coube-me a tarefa ingrata – porque necessariamente superficial – de apresentar uma visão geral do pensamento de Hannah Arendt. Aceitei-a com a consciência da sua quase impossibilidade pois é trabalho para um livro de muitas páginas. Ao tentar concretizá-la optei por procurar dar uma informação mínima sobre os seus escritos e simultaneamente focar um ou outro tema da vasta obra arendtiana que se cruzasse com os meus interesses pessoais. Enquanto professora de Filosofia Moderna e de Didática da Filosofia foram-me essencialmente gratos dois tópicos: o olhar diferente que a autora apresentou sobre a condição humana, exposto em *The Human Condition*; os malefícios de uma educação que descurou o «saber» e valorizou o «saber fazer» em «The crisis in education».[1] Admito que o

1. Arendt, H., *The Human Condition*, Chicago: University of Chicago Press, 1989 (1. ed., 1958). Arendt, H. «The crisis in education», *Partisan Review*, 25/44 (1958). Este ensaio foi posteriormente

título do presente ensaio possa eventualmente criar falsas expectativas mas mantive-o por uma questão de fidelidade à comunicação feita no Colóquio *Eichmann em Jerusalém – 50 anos depois*.

FILOSOFAR SOBRE A EXPERIÊNCIA VIVIDA

> *«Os filósofos parecem ignorar como os homens são feitos, não conhecem o que eles comem, as casas que habitam, os fatos que usam, o modo como morrem, as mulheres que amam, o trabalho que fazem (...). Esta espantosa ignorância não perturba o curso preguiçoso da filosofia. Os filósofos não se sentem atraídos pela terra, são mais ligeiros que os anjos, não têm aquele peso dos vivos que amamos, nunca experimentam a necessidade de caminhar entre os homens.»*
>
> PAUL NIZAN[2]

Na sua obra *Les chiens de garde* Paul Nizan reiterou uma crítica que habitualmente se faz aos filósofos: a de se refugiarem num mundo próprio, ignorando as preocupações do homem comum e afastando-se do quotidiano. É uma crítica antiga, se nos lembrarmos do episódio relatado por Platão no *Teeteto*: Tales, embrenhado em pensamentos sublimes, cai a um poço, provocando o riso de uma ignorante serva da Trácia.[3]

Não sei se Arendt conheceu Paul Nizan, seu contemporâneo. Citei-o porque o seu texto nos faz perceber, por contraste, o modo como a pensadora alemã entendeu a filosofia. De fato ela sempre pensou a partir da sua vida e das suas experiências, aliás extremamente ricas. Dela não podemos dizer que teve «o peso dos anjos» ou que se desinteressou pela sorte dos seus contemporâneos pois refletiu o seu tempo a partir de estímulos concretos. Por isso, ao analisar o modo como o próprio pensamento se constitui, Hannah escreve que ele resulta «dos acontecimentos da experiência vivida e deve manter-se-lhes ligado vendo neles os únicos guias próprios para o orientarem».[4] Para ela, pensar implica debruçar-se sobre a atualidade e renunciar a isso é renunciar a sermos humanos. Embora de um modo não explícito a sua biografia está presente no seu pensamento, como foco inspirador dos seus interesses. Vejamos alguns traços gerais da sua formação intelectual que deixaram marcas indeléveis na sua obra: nascida em Hannover em 1906 numa família judaica não praticante, recebeu na infância e adolescência uma

integrado em *Between Past and Future*, New York: Viking, 1961, tendo sucessivas reedições. (citaremos a partir da edição da Penguin: London, 2006).

2. NIZAN, P., *Les chiens de garde*, Paris: F. Maspéro, 1974, p. 30.

3. PLATÃO, *Teeteto*, 74 a.

4. «(...) of incidents of living experience and must remain bound to them as the only guideposts by which to take its bearings», ARENDT, H., *Between Past and Future* (n. 1), p. 14.

educação aberta, destituída de preconceitos. Daí lhe adveio um espírito livre e uma curiosidade nunca satisfeita. O estudo foi sempre a concretização do seu desejo de viver, essa energia inesgotável que nem a doença conseguiu travar. Podemos dizer que estudou durante toda a vida: primeiro em Königsberg onde realizou o bacharelato, depois nas prestigiadas universidades de Marburg, Freiburg e Heidelberg onde cursou filosofia, teologia e filologia clássica. Aí foi aluna de Husserl, Heidegger, Bultmann e Jaspers, tendo realizado o seu doutoramento em filosofia sob a orientação deste. A subida do nazismo obrigou-a a sair da Alemanha e a passar sete anos em França. Com o eclodir da guerra o refúgio francês deixou de ser seguro e em 1941 partiu para os Estados Unidos onde se estabeleceu e organizou a sua vida. Tornando-se cidadã americana em 1951 começou a publicar as suas considerações sobre este mundo novo que primeiramente se lhe afigurou promissor mas do qual progressivamente se foi desencantando. Nele e sobre ele refletiu, escreveu e ensinou. Berkeley, Princeton, Columbia, Brooklin College, Chicago, New York e Aberdeen (na Escócia), foram universidades prestigiadas que a acolheram e acarinharam. Nelas ensinou e deu conferências, privilegiando sempre os seus alunos que muito prezava e aos quais considerava valer a pena dedicar-se inteiramente. Incapaz de abrandar o ritmo de trabalho e fazendo pouco caso dos conselhos médicos quanto à necessidade de uma vida mais saudável e calma[5] morreu em 1975 de um acidente vascular cerebral.

Ao olharmos para a sua obra verificamos que ela se construiu com os pés assentes no chão em que lhe foi dado viver. Por isso não escaparam ao seu olhar arguto os eventos marcantes da realidade social e política dos primeiros três quartos do século XX. Assim, pensou a Alemanha antes, durante, e depois da segunda guerra mundial. Analisou a América que lhe serviu de segunda pátria, nas suas grandezas e fragilidades, nomeadamente o caso Watergate e o conflito com o Vietname. Vivendo na pele duas guerras não dispensou a análise deste flagelo cujas causas e consequências esmiuçou em detalhe. Amante da cultura debruçou-se sobre todas as suas manifestações, da ciência à filosofia, da estética à literatura, da ética à política. Protagonista ativa na história dos homens atribuiu um papel central à temática do tempo relevando a metáfora kafkiana onde passado e futuro estabelecem uma relação agonística com o presente, numa tentativa de constantemente o destronar.[6] Encarou a tradição como o fio de Ariana que nos permite refletir, sem o qual a educação se transforma em mera aquisição de competências, inoperantes para o crescimento intelectual desejável para todos os seres humanos. E embora se considerasse uma «outsider» da tradição judaica, o judaísmo foi sempre uma referência e uma preocupação, de tal modo importante que não hesitou em oferecer a Hans Blücher (seu marido não judeu) um funeral hebraico, com todas as cerimônias e rituais da praxe. Mas apesar desta diversidade

5. «I am not going to live for my health» declarou Hannah a Mary McCarthy, cf. Brightman, C. (org.), *Between Friends. The correspondance of Hannah Arendt and Mary MacCarthy 1949-1975*, New York / London: Harcourt Brace and Company, 1995, p. 302.

6. Arendt, H., *The Life of the Mind-Thinking*, New York: Harcourt Brace & Company, 1978, p. 202.

de interesses foi como teórica política que Hannah Arendt se identificou quando interrogada sobre o seu estatuto de intelectual.[7]

O trabalho criativo e de análise crítica que empreendeu sobre todas estas temáticas foi concretizado de diferentes modos pois tanto se manifestou em pequenos/grandes artigos dispersos em jornais, como em ensaios publicados em revistas de especialidade, como em obras de longo fôlego nas quais delineou um pensamento original, como nas múltiplas cartas que escreveu a amigos e conhecidos, reveladoras de uma visão desassombrada do mundo e da história. Constituem a sua obra todos estes escritos de diferente natureza, de desigual extensão mas de fundamental interesse para os que pretendem dialogar com ela, para melhor a compreender.

A RELAÇÃO AMBÍGUA COM A FILOSOFIA

Embora se considere devedora da tradição alemã, há em Arendt um distanciamento deliberado relativamente a qualquer escola, com a consciência de não pertencer a nenhuma corrente e de dificilmente poder ser classificada. Daí a resposta dada a Hans Morgenthau num colóquio em Toronto: «Pergunta onde me situo. Não estou em lado nenhum. Não estou nas correntes do presente nem em nenhum outro pensamento filosófico».[8] O que não quer dizer que não tivesse os seus filósofos de eleição. Explicitamente cita Sócrates e Kant como pensadores do passado que mais a marcaram. Ao primeiro deve o seu entendimento sobre o que é pensar, bem como o exemplo de uma coerência total entre as opções políticas e o pensamento que as fundamenta. Do segundo foi-se progressivamente aproximando, inspirando-se na sua *Crítica da Faculdade de Julgar* para consolidar as suas (dela) teses políticas. Dos seus contemporâneos salientamos o apreço manifestado a Heidegger e Jaspers, sendo este último aquele que na sua opinião mais se identificou com o ideal do filósofo em que pensar e agir estão em perfeita sintonia. Mas Arendt frequentemente revelou animosidade perante pensadores seus contemporâneos, nomeadamente Adorno e a Escola de Frankfurt, da qual se distanciou, bem como de Sartre e de Simone de Beauvoir que decididamente não tomou a sério. Do pensador francês incomodou-a a encenação da mentira. Tentada a fazer uma recensão sobre o seu livro *Les Mots*, incensado pela crítica, confessou numa carta a Mary McCarthy que a leitura do mesmo lhe causou aborrecimento e mesmo aversão (o termo usado é «*disgust*»).[9] Noutra carta classificou o livro de Simone *La Force des Choses* como uma espécie de soporífero, considerou-o risível – «este é um dos livros mais cómicos que li»[10] – e espantou-se que ninguém o tivesse desmistificado.

7. Arendt, H., *Die verborgene Tradition: Acht Essays*, trad. francesa Sylvie Courtine-Denamy, *La Tradition cachée*, Paris: Charles Bourgeois, 1987, p. 223.

8. Citado por Courtine-Denamy, S., *Hannah Arendt*, Paris: Belfond, 1994, p. 125.

9. «I just finished reading *Les Mots* and was so disgusted that I was almost tempted to review the piece of highly complicated lying.», cf. *Between Friends* (n. 5), p. 172.

10. Segundo carta de 2 de abril de 1965, «this is one of the funniest books I read in years», cf. Arendt, H., *Between Friends* (n. 5), p. 176.

Se alguns dos seus contemporâneos tiveram relutância em classificá-la como filósofa – Heidegger foi um deles – ela própria confirmou esta perspectiva, dizendo de si mesma: «Não me sinto filósofa e também não creio que tenha sido recebida no círculo dos filósofos».[11]

Apesar dessa recusa explícita em se integrar no registro da filosofia, os seus permanentes posicionamentos desmentiram tal demarcação. Inegavelmente que foi filósofa alguém que afirmou: «Posso muito bem viver sem fazer nada. Mas não posso de modo algum viver sem tentar compreender o que aconteceu».[12] Para Arendt a filosofia não esgota o pensamento pois há muitas outras entradas possíveis no mundo da reflexão. Mesmo quando a quiseram classificar como filósofa política teve alguma dificuldade em aceitar o rótulo pois embora se reclamasse da teoria política não se assumiu como filósofa. O seu objetivo foi olhar a política com os olhos limpos de influências filosóficas.[13] Foi uma posição ambivalente quer quanto à filosofia quer quanto à política e Jaspers fê-la reconhecer este fato, confrontando-a com escritos seus que desmentem tal recusa.

SELECIONANDO ALGUNS TÓPICOS DO PENSAMENTO ARENDTIANO

Contestamos a posição de Arendt quanto à sua não pertença à filosofia pois verificamos que frequentemente trabalhou temáticas que se incluíam na categoria de filosofemas. Sem preocupação de enunciá-las na totalidade, escolhemos apenas alguns tópicos sobre os quais se debruçou. Um deles foi a própria atividade de pensar, a qual, recuperando a posição socrática, considerou como «um diálogo silencioso perseguido entre mim e eu mesmo».[14] Ninguém se consegue libertar deste parceiro de diálogo e há todo o interesse em não vivermos divididos. Pensamos sempre «em companhia»[15] e muitas das nossas ações orientam-se pelo desejo de não nos defrontarmos com uma parte de nós mesmos que nos perturba ou angustia. O pensamento é o diálogo do eu consigo próprio e, para preservarmos a nossa identidade, há que manter um diálogo permanente, sob pena de perdermos a liberdade de pensar. A tese de que o homem não consegue libertar-se desse parceiro de diálogo que existe em si mesmo foi recorrente nos escritos de Arendt. Dela se serviu para resolver certo tipo de questões de ética prática. Assim, foi sintomática a resposta dada à sua amiga escritora, Mary McCarthy quando esta lhe pediu conselhos para a construção do personagem Peter Levi em *Birds*

11. Arendt, H., *Die verborgene Tradition, Acht Essays* (n. 7), p. 222.

12. Citado em Hill, Melvyn A., *Hannah Arendt. The Recovery of the Public World*, New York: St. Martin's Press, 1979, p. 303.

13. «(...) with eyes unclouded by philosophy», cf. Arendt, H., *Essays in Understanding 1930-1954*, Jerome Kohn (ed.), New York: Schocken Books, 2005, p. 2.

14. Arendt, H., «Truth and Politics», publicado primeiro em *The New Yorker*, 1967. Usamos a trad. portuguesa *Verdade e Política*, Lisboa: Relógio d'Água, 1995, p. 34.

15. V. o artigo de Birulés, Fina, «Juzgar en Compañia» in: Maria Luísa Ribeiro Ferreira, Cristina Beckert, Margarida Amaral (coord.), *Hannah Arendt: luz e sombra*, Lisboa: Centro de Filosofia da Universidade de Lisboa, 2007, p. 101-111.

of America.[16] A escritora pretendia fundamentar a ação deste, recorrendo a Kant. Arendt criticou esta transposição de dados filosóficos para um romance onde os intervenientes não podiam considerar-se filósofos e onde seria absurdo justificar as suas ações a partir de teses. Para ela agimos em função do que pensamos e o pensamento é uma atividade eminentemente solitária, um diálogo que todo ser humano deve travar consigo mesmo. Comparou o pensamento ao trabalho de Penélope pois há um eterno recomeço, um fazer e um desfazer que impede a sua captação de um modo circunscrito. «Onde estamos quando pensamos?» foi uma questão recorrente que inquietou a filósofa ao longo da vida e que explicitamente formulou em *A vida do espírito*, um dos seus últimos escritos.[17] É impossível responder-lhe pois o pensamento não tem chão, processa-se a partir dos acontecimentos concretos mas imediatamente os ultrapassa, desenvolve-se numa temporalidade descontínua, num presente fugidio, incapaz de se fixar pois permanentemente oscila entre o passado e o futuro.

Para Arendt «Pensar e estar totalmente vivo são a mesma coisa».[18] Por isso as suas vivências foram objeto de reflexão. Assim aconteceu com o judaísmo, um tema forte entre as suas preocupações. Não podemos dizer que Arendt pensou dentro da tradição hebraica ou a partir dela. Contudo ela esteve presente nos seus escritos. O problema da identidade hebraica perpassa o livro em que se debruçou sobre Rahel Varnhagen, uma intelectual judia que abandonou a sua tradição e se converteu ao cristianismo, animando os círculos intelectuais da elite berlinense. As dificuldades de adaptação que experimentou, as críticas de que foi alvo por parte de cristãos e de judeus, foram aproveitados pela filósofa para analisar o estatuto dos judeus alemães do século XIX e os malefícios e ambiguidades de uma assimilação, dificilmente conseguida.[19] Esta personagem real que tanto a atraiu foi alguém com uma identidade indefinida e problemática pois perdeu o seu mundo não conseguindo situar-se noutro.

O sionismo tentou-a na juventude mas dele se foi progressivamente afastando. Quando visitou Israel impressionaram-na os *kibutzin* e a tentativa de uma vida partilhada onde os colonos se empenhavam numa causa comum. Mas isso não a impediu de tecer fortes críticas à política de Israel e ao modo como os judeus esqueceram os árabes quando implantaram o seu Estado. Desde cedo que se manifestou a favor de uma colaboração entre judeus e árabes, defendendo a existência de dois Estados bem como de uma administração local partilhada por ambos os povos. E constantemente se sentiu dividida entre um apoio afetivo a Israel e um ceticismo racional quanto às possibilidades da sua sobrevivência tal como foi concebido.

16. McCarthy, Mary, *Birds of America*, New York: Harcourt Brace Jovanovich, 1965.

17. «Where are we when we think?», cf. Arendt, H., *The Life of the Mind – Thinking* (n. 6), p. 195 e ss.

18. «To think and to be fully alive are the same», Arendt, H., *The Life of the Mind-Thinking* (n. 6), p. 178.

19. É um tema que se mantém em muitos ensaios e que é dominante nos volumes *Sechs Essays*, 1948 e *Die verborgene Tradition*, 1976.

A mesma ambivalência esteve presente no acompanhamento do julgamento de Eichmann. Descreveu-o com uma objetividade e um distanciamento que lhe granjearam as maiores críticas por parte dos judeus seus contemporâneos, sionistas ou não. Eichmann não foi por ela retratado como um monstro mas como um homem medíocre, desprovido da capacidade de dialogar consigo mesmo, incapaz de se distanciar das ordens recebidas mediante um exercício reflexivo. O seu pecado maior foi o de não pensar, e tal fato ficou evidente na defesa que de si próprio efetuou, à base de lugares comuns. Compreende-se que esta negação de um mal radical, reduzido à banalidade de quem se limitou a obedecer, possa ter sido interpretada como um branqueamento do criminoso embora tal não fosse o intuito da filósofa que considerou justa a condenação. Mas de um modo geral os judeus interpretaram a tese arendtiana da banalidade do mal como uma desvalorização dos crimes cometidos cujo caráter hediondo era explicado por uma ausência de pensamento. Também caiu mal na comunidade judaica o modo como Hannah pretendeu deslocar este caso para uma problemática de ética universal, dando ao Holocausto o estatuto de crime contra a humanidade e não especificamente contra os judeus. Na verdade Arendt pretendeu a todo o custo evitar que o julgamento de Eichmann pudesse ser interpretado como um ajuste de contas ou como uma vingança. Contudo este seu desiderato não foi compreendido. Como também foram mal vistas as denúncias que fez à atuação dos Conselhos Judaicos durante a guerra. Não querendo hostilizar os nazistas e pretendendo muitas vezes negociar com eles, esses Conselhos disponibilizaram informações e registros, facilitando a caça aos judeus e acabando por colaborar no envio de muitos para os campos de morte. Hans Jonas e Gershom Scholem foram particularmente severos (e segundo Arendt, injustos) nas críticas que levantaram à filósofa no que concerne a esta denúncia. Ela ressentiu-se desta acusação e quando Scholem, seu amigo de longa data, a censurou por não amar como devia o povo judeu, Hannah respondeu-lhe que o amor de um povo não podia figurar como uma categoria de análise política.[20]

O antissemitismo sempre a preocupou. Deu-lhe um especial relevo na obra em que analisou o sistema totalitário, debruçando-se sobre as suas vertentes social e política.[21] Considerou o imperialismo, o racismo e o antissemitismo como três pilares sobre os quais assentaram os regimes totalitários. Note-se que para ela os fenômenos totalitários do século XX não podiam identificar-se com o passado, tal como não era lícito traçar uma linha direta que ligasse este ao presente. A terrível originalidade do totalitarismo residiu na destruição dos elos com a tradição e no esquecimento dos critérios habituais de bem e de mal, presentes no homem comum. Os totalitarismos da nossa época deveram-se ao contributo de alguns aspectos particulares. A filósofa focou, entre outros, o papel determinante da máquina burocrática de um Estado que esqueceu os indivíduos e que tudo nivelou; o racismo que dividiu os homens entre iguais e «menos iguais»; o isolamento deliberado em que os excluídos ficaram encerrados, privados de

20. V. Young-Bruehl, Elisabeth, *Hannah Arendt. For the Love of the World*, New Haven: Yale University Press, 1982, p. 344 e ss. (carta aberta de Hannah Arendt a Gershom Scholem em *Encounter*).

21. Arendt, H., *The origins of totalitarianism*, New York: Harcourt Brace & Company, 1951.

direitos que até então se consideravam inerentes a toda a humanidade. Estão nesse caso os apátridas, as minorias étnicas e religiosas, certos grupos marginalizados em função das suas inclinações sexuais, numa palavra todos aqueles a quem, pelo exercício da violência, foi retirado o estatuto de pessoa. O uso do terror e a imposição de ideologias calaram não só os escrúpulos individuais como também o senso comum; e impediram o pensamento livre, ou seja, o diálogo do sujeito consigo mesmo. Assim explicou Arendt a atração ou mesmo a sedução dos fenômenos totalitários por parte das massas e, espantosamente, também por parte de certas elites intelectuais.

UM OLHAR DIFERENTE SOBRE A CONDIÇÃO HUMANA E SOBRE A MODERNIDADE

Há conceitos fundadores que constituem núcleos problemáticos transversais em muitas filosofias, poderíamos mesmo dizer em toda a filosofia. Apresentam-se como filosofemas que determinadas épocas elegem e que aceitam como evidências, limitando-se a tematizá-los e a desenvolvê-los para melhor os compreender. Susan Langer tem uma expressão feliz para designar tais conceitos: *generative ideas* (ideias geradoras).[22] Recebemo-las como herança que progressivamente se impõe às comunidades intelectuais por períodos de tempo mais ou menos longos. Mas, como tudo o que é humano, esses conceitos desgastam-se e deixam de responder às próprias expectativas que criaram. A contestação avoluma-se e, a dada altura, descobrimos que a unanimidade se perdeu e que são mais os críticos que os cultores. Isto ocorreu com o conceito de natureza humana, uma ideia geradora que na modernidade originou inúmeras obras mas cuja pertinência começou a ser contestada no século XX, acusada de ligações a teses essencialistas e fixistas. Hannah Arendt subscreveu este olhar crítico, fazendo-o, como lhe é próprio, de um modo original.

Na obra intitulada *A Condição Humana*[23] a filósofa sustentou que nada nos leva a supor a existência de uma natureza humana embora seja lícito falar da natureza das coisas. Isto porque o ser humano é uma pessoa, um «quem» (*who*) e as coisas são um «quê» (*what*).[24] Só um Deus poderia aceitar como legítima uma natureza humana, porque esse Deus teria criado os homens e como tal conseguiria ter deles uma visão global, abarcando todas as suas especificidades. Mas nenhum ser humano conseguiria alguma vez definir a sua natureza. Seria o mesmo que saltar sobre a sua sombra, o que é intrinsecamente impossível. Muitos pensadores pretenderam abordar esta questão, sem nunca a conseguirem resolver devidamente. Arendt lembra Santo Agostinho, o filósofo ao qual dedicou

22. Langer, Susanne, *Philosophy in a new key. A Study in the symbolism of reason, rite and art*, Cambridge, Massachusetts: Harvard University Press, 1996 (1. ed., 1942), p. 8.

23. Arendt, H., *The Human Condition*, Chicago: The University of Chicago Press, 1958. (Usaremos a edição de 1989. O que a seguir dizemos neste tópico é exaustivamente analisado pela autora nos três primeiros capítulos deste livro).

24. *Idem*, p. 11-12.

a sua tese de doutoramento e que em vão procurou responder a este mistério nas suas *Confissões*.[25] Esta impossibilidade levou a filósofa a utilizar um termo mais realista - condição humana.

A condição humana ancora-se no mundo. Constituem-na um conjunto de atividades e/ou capacidades que mudam radicalmente quando há alterações profundas na vida das pessoas. O exemplo apresentado é a fuga para um outro planeta devido a uma hipotética catástrofe na terra. Nesse caso tais indivíduos não partilhariam a condição humana mas nem por isso deixariam de ser homens nem de possuir uma natureza humana. As atividades que constituem a condição humana não se identificam com os traços essenciais da sua humanidade pois esta pode manter-se quando as primeiras deixam de existir. A situação hipotética dos emigrantes para um outro planeta onde fosse impossível trabalhar e agir não implicaria o fim da humanidade dos fugitivos pois eles continuariam sujeitos a determinadas condições. Pode então haver seres humanos que não partilhem das condições que consideramos essenciais para a vida humana mas que no entanto mantêm a sua humanidade.

As condições da nossa existência não explicam o que somos mas mostram-nos como vivemos. Quando falamos em condição humana englobamos nesse conceito quer aquilo que é dado quer aquilo que é construído pelos homens. Estes são condicionados mas também são criativos, produtores de coisas e de eventos. Os homens criam constantemente as suas próprias condições e elas são tão fortes quanto as condições naturais. O mais que se pode dizer da natureza humana é que é condicionada, que obedece a condições.

Abandonando o exemplo dos emigrantes planetários Arendt exemplificou a sua tese recorrendo a uma situação real – a modernidade – uma época de viragem em que as condições de vida se alteraram profundamente. A revolução científica da modernidade ou como também tem sido designada, a nova filosofia, foi tradicionalmente entendida como uma conquista, um desejo de explorar continentes tanto pelo conhecimento de outras terras como pelo alargamento do saber a domínios diferentes. Os modernos consideraram-se em ruptura com os seus predecessores: estavam firmemente convencidos de que iriam mais longe e de que lhes seria dado conhecer e explorar a natureza com o recurso a outros métodos, dela colhendo benefícios.

Em meados dos anos cinquenta do século XX alterou-se esta visão optimista da modernidade. As interpretações mais críticas desta época, nomeadamente no seu desejo de domínio da natureza e de afirmação de poder, divulgaram-se com as filosofias ecofeministas. Carolyn Merchant, Evelyn Fox Keller, Val Plumwood, Susan Bordo censuraram os pensadores modernos por estes defenderem uma lógica do senhor – (*a master's logic*) – responsável pela separação entre natureza

25. Arendt, H., *Der Liebesbegriff bei Augustin*, Berlin, 1929 (tradução inglesa *Love and Saint Augustine*, Chicago: The University of Chicago Press, 1996).

e cultura e pela reificação da primeira enquanto objeto conquistado.[26] Arendt foi contemporânea desses posicionamentos mas não os subscreveu. Partilhou no entanto com eles de uma visão crítica da modernidade que analisou exaustivamente, mostrando que nesta época de viragem se originou uma outra condição, um modo diferente de viver em que a vida contemplativa perdeu o seu prestígio.

Arendt elencou três atividades que definem a condição humana e que asseguram os aspectos fulcrais da nossa humanidade. São elas o labor, o trabalho e a ação. O labor é a expressão originária da condição humana pois diz respeito ao corpo e assegura-nos a vida. O termo inglês usado é *labour*, aplicado às funções do corpo. Pelo labor integramo-nos no ciclo da vida, crescemos, ultrapassamos doenças, etc. Todos temos uma vida biológica mas não é ela que nos distingue uns dos outros, pelo contrário aproxima-nos pois pela vida biológica todos somos parecidos. O *animal laborans* não tem lugar no espaço público, circunscreve-se ao domínio privado e à família. No entanto, cada um de nós é possuidor de uma biografia, de uma vida própria que transcende o espaço privado.

Pelo trabalho (*work*) permanecemos como espécie que vai configurando um mundo novo, relacionando-se com os outros através das suas produções, da sua *techné*. O labor é vivido mas o trabalho é produzido, é algo que fazemos e cujo resultado sai de nós mesmos, originando artefatos, produtos não naturais. O *homo faber* é diferente do *homo laborans* pois como o nome indica é um fabricante. Ao fabricar coisas provoca estabilidade, continuidade e solidez:

> «O *animal laborans* que, com o seu corpo e com a ajuda dos animais domésticos alimenta a vida, pode ser dono e senhor de todas as criaturas vivas mas é ainda o servo da natureza e da terra; só o *homo faber* se conduz como dono e senhor de toda a terra.»[27]

A ação (*action*) é um patamar superior das atividades humanas que nos faz aceder à história e consequentemente à imortalidade. A ação implica uma relação entre humanos, entre pares; é ela que transforma o mundo humano em morada. A ação não necessita de recorrer a coisas pois dispensa a mediação de objetos. Exige sim pluralidade e relacionamento pois é pela ação que nos diferenciamos uns dos outros. Todos partilhamos coisas mas cada um tem uma identidade própria, o que nos permite iniciar algo de novo, de imprevisível e de inesperado. A ação é o núcleo essencial da condição humana pois traça as fronteiras da humanidade e demarca-nos da animalidade e da escravidão.

26. V. KELLER, Evely Fox, *Reflexions on Gender and Science*, New Haven: Yale University Press, 1985; PLUMWOOD, Val, *Feminism and the Mastery of Nature*, London, New York: Routledge, 1993; MERCHANT, Carolyn, *Eearthcare. Women and the environment*, London, New York: Routledge, 1995; BORDO, Susan, *The flight to objectivity; essays on cartesianism and culture*, Albany: State University of New York, 1987.

27. «The *animal laborans*, which with its body and the help of tame animals nourishes life, may be the lord and master of all living creatures, but he still remains the servant of nature and the earth; only *homo faber* conducts himself as lord and master of the whole earth.» (ARENDT, H., *The human condition* (n. 23), p. 139).

A ação manifesta-se na política que se estabelece na relação e na pluralidade. Embora por vezes Arendt encare a política como palco onde a verdade perdeu o seu estatuto e se misturou com a opinião, ela também a perspectivou como atividade nobre, onde partilhamos uma ação comum e falamos uns com os outros.[28] A vida entre os homens exige ação tal como exige discurso.

Para os gregos a política foi uma atividade nobre a que nem todos acediam. Nem o labor nem o trabalho eram por eles considerados dignos. O que conferia dignidade ao ser humano era a autonomia e esta alcançava o seu auge na contemplação. Daí a política ser suplantada por eles pela teoria, que se afirmava como experiência do eterno. Pela política podemos almejar à imortalidade visto que imprimimos marcas. A capacidade de deixar vestígios permite que os homens atinjam um determinado tipo de imortalidade não individual. Mas a eternidade é diferente. A experiência do eterno ocorre fora da esfera dos negócios humanos, é uma espécie de morte social, bem retratada por Platão na alegoria da caverna. Aí o homem sai da companhia dos outros e fica só, fruindo uma eternidade que só a quietude consegue plenamente revelar.

A contemplação e a teoria que a Antiguidade e a Idade Média tanto valorizaram, permitem-nos experimentar a eternidade. Mas a época moderna subverteu a hierarquia estabelecida entre vida ativa e vida contemplativa e situou a condição humana na *vita ativa*. A contemplação como guardiã da verdade deixou de ter lugar entre os investigadores que deram prioridade ao «como» sobre o «porquê», substituindo o «ser» pelo «fazer». O mundo instrumentalizou-se, a utilidade suplantou o critério de verdade, a produção determinou a felicidade, passando esta a medir-se pela quantidade de prazer proporcionada pelo consumo. Hoje a condição humana representa o efeito perverso das promessas da modernidade seiscentista. A ação humana está nas mãos dos cientistas e estes agem no mundo do ponto de vista do universo e não da teia de relações humanas. O homem comum abdicou dos seus poderes colocando-os nas mãos de uns poucos e dispensou o bem mais precioso que possuía – pensar, refletir, dialogar consigo mesmo e com os outros. O caso Eichmann foi premonitório e Hannah quis-nos alertar para situações em que a própria humanidade foi traída.

UMA VISÃO PRAGMÁTICA SOBRE O ENSINO

O olhar crítico de Arendt sobre a sociedade americana abarcou temáticas diversificadas como a violência, a liberdade de expressão, a manipulação dos media, a cultura, as diferentes crises, as minorias, o racismo, a democracia, a autoridade, etc. E concretizou-se quer em obras de longo fôlego, quer em ensaios, quer em artigos. Escolhi um deles – «A crise na Educação» – que embora escrito no final dos anos cinquenta do século passado se reveste para nós de grande atualidade.[29] Trata-se de um texto de vinte e três páginas onde a filósofa revelou as

28. O ensaio «Verdade e Política» («Truth and Politics»), foi redigido após a controvérsia provocada pelo caso Eichmann. (Vj. nota 14).

29. Arendt, H., «The crisis in Education», Vj. nota 1.

suas ideias sobre o que é ensinar, denunciando as consequências perversas da (então) moderna pedagogia americana, cujo «sucesso» se alastrou rapidamente a outros países, entre os quais o nosso. É um ensaio que tem na sua base uma questão simples: «por que é que o Joãozinho não sabe ler?».[30] Hannah analisou o que se passava na maior parte das escolas americanas da época e, sem recurso a fontes sociológicas ou pedagógicas, fez-se eco das preocupações de grande parte dos pais e professores. Procurou responder-lhes com um texto que poderíamos classificar de senso comum, embora os pressupostos de que partiu e a acutilância da análise feita imediatamente o demarquem do registro da opinião. «A crise na educação» é um texto crítico, produto de uma reflexão filosófica sobre o que deveria ser aprender e ensinar; é o esboço de um projeto humanista de educação em que o privilégio é dado ao saber, enquanto a pedagogia se mantém em segundo plano. Trata-se de um apelo aos educadores, um aviso que ultrapassa o caso concreto americano e que pretende aplicar-se ao mundo da cultura pois esta está em riscos de desaparecer, caso o modelo se implante.

Aquilo que poderia ser entendido como uma crítica contextual à sociedade americana corresponde no entanto a um dos interesses maiores do pensamento arendtiano – a importância do tempo como um lugar de contenda. Não é por acaso que a introdução a *Between Past and Future* recorre à parábola kafkiana da luta entre as forças do passado e do futuro. O tempo é a trama da experiência educativa. Há um mundo comum ao passado e ao presente, um mundo que resulta do esforço de uma pluralidade de gerações. Pela educação a criança é acolhida nesse mundo que é o seu tempo, construído por todos aqueles que a antecederam. O presente tem que ganhar um sentido e este não é a aceitação imponderada do passado nem tão pouco se edifica através do «pathos» da novidade. A educação traz em si a promessa de novos começos, propiciando o surgimento do elemento novidade, presente em cada geração. A natalidade é assumida como valor.

Para responder à questão acima enunciada – «por que é que o Joãozinho não sabe ler?» – Arendt atendeu ao que lhe foi dado observar, ou seja, ao contraste entre as dificuldades reais que detectou na aprendizagem desenvolvida pelas crianças e as sofisticadas teorias pedagógicas e didáticas em que assentavam os programas escolares.

Note-se que o ensino teve um papel relevante na vida da filósofa, quer enquanto aluna na sua Alemanha natal, quer como professora depois do exílio americano. Partindo de vivências concretas, refletiu sobre os modelos pedagógicos que suportavam a educação na América, procurando em primeiro lugar detectá-los, depois compreendê-los e finalmente contestá-los, evidenciando as consequências nefastas dos mesmos.

O ensaio estrutura-se em quatro partes bem demarcadas. Na primeira avalia-se criticamente o sistema escolar americano, mostrando como ele é representativo

30. Arendt, H., «The crisis in Education», p. 171.

do fracasso de uma educação progressista.[31] A segunda parte detecta alguns pressupostos errados que servem de base a esta política educativa. As repercussões de tal política na instabilidade da sociedade contemporânea são analisadas na terceira parte enquanto que na última se defende o papel da autoridade e da tradição como elementos vitais em qualquer teoria da educação.

Ao tentar perceber a crise educativa que assolou a América no início dos anos sessenta do século passado, Arendt foi profundamente influenciada pela sua experiência enquanto estudante na Alemanha, o que lhe deu um ponto de comparação com as peculiaridades do novo mundo em que depois se inseriu. A escola americana desempenhou um papel determinante na integração social dos inúmeros imigrantes. É nela que aprendem um idioma comum, que partilham valores e práticas, que recebem conhecimentos que lhes permitirão aculturar-se. O povo americano é constituído por uma diversidade de indivíduos provenientes de culturas diferenciadas. A escolaridade de uma população deste tipo ajuda a integração e suaviza as divergências. Ensinar e aprender tornam-se atividades essenciais para a constituição de uma nação coesa. Mas os ideais de igualdade sobre os quais se construiu a sociedade americana, as promessas de libertação oferecidas pelos *Founding Fathers* a todos os que pretendessem construir um mundo novo, exigiam um paradigma diferente de educação. Este foi laboriosamente construído atendendo a uma situação nova. Só que o «pathos da novidade» trouxe também os seus perigos e é preciso estar alerta para obviar a certos efeitos perversos dele advenientes:

> «No que respeita à própria educação, a ilusão proveniente do *pathos* da novidade levou a consequências graves, no nosso próprio século.»[32]

Ao procurar compreender as causas do falhanço de uma educação progressista Arendt elaborou um diagnóstico que poderia ser (e que foi) classificado como nostálgico e conservador. Mas passados mais de cinquenta anos a questão «por que é que o Joãozinho não sabe ler?» continua a preocupar-nos, o que mostra a atualidade e a pertinência das reflexões de Arendt.

Manifestando a sua discordância quanto às teses de Rousseau bem como às daqueles que considera seus discípulos, nomeadamente William James e John Dewey, a filósofa empenhou-se em demonstrar a falsidade das mesmas pois assentavam em teses absurdas, ou seja, em pressupostos contrários ao mais elementar senso comum. Um deles é a crença de que a educação aprecia a novidade e deve procurá-la. Ora a educação não pode deixar de ser conservadora pois o seu objetivo é transmitir a herança dos conhecimentos, dos métodos e dos modos de viver que recebemos dos nossos antepassados.

31. «(...) the crisis in American education (...) announces the bankruptcy of progressive education», cf. *Ibidem*, p. 175.

32. «Now in respect to education itself the illusion arising from the pathos of the new has produced its most serious consequences only in our own century.» (cf. *Ibidem*, p. 174).

A educação emerge da tradição. Não podemos esquecer que o papel da educação é manter o passado, tornando-o presente, o que não é tarefa fácil. Qualquer criança sente que aprender é custoso. Arendt confirmou esta experiência e defendeu que demasiada facilidade prejudicava o desenvolvimento infantil. O que nos recorda a posição Kantiana no célebre texto com que iniciou o Semestre de Inverno de 1765-1766:

> «Toda a instrução da juventude tem em si o inconveniente de sermos obrigados a antecipar-nos aos anos com a perspectiva orientadora e, sem esperarmos pela maturidade do entendimento, temos de dar conhecimentos tais que, segundo a ordem natural, só poderiam ser compreendidos por uma razão mais exercida e experiente.»[33]

Arendt contrariou a ideia das escolas como lugares de recreio onde nenhum esforço seria exigido e onde a perspectiva lúdica dominaria. Uma das suas críticas mais pertinentes visou o ensino das línguas estrangeiras, que então se processava sem que as crianças aprendessem gramática sendo convidadas a entrar na língua de um modo natural, tal como aprenderam a falar. A crítica feita a este tipo de pedagogia assentou na experiência vivida pela própria filósofa quando teve que trocar o alemão pelo inglês. E lucidamente verificou que uma primeira e uma segunda língua não se aprendem do mesmo modo pois diferentes são os paradigmas gramatical e sintático que as enformam. Ignorá-lo poderá ser impeditivo de uma expressão correta e de um ensino conseguido.

Arendt também criticou a tese de que as crianças têm um mundo próprio e de que os adultos deveriam respeitá-lo, evitando invadi-lo. Tal situação conduziu a uma infantilização da escola que absolutizou os interesses das crianças, aceitando como normas a sua mundividência e os seus modos de agir. Para Hannah a criança é um ser em constante mutação, alguém que pretendemos educar para que se transforme num indivíduo autônomo, num habitante livre do mundo, capaz de agir nele e de eventualmente o modificar. O mundo em que a criança cresce não é o seu mundo pois nada existe que se assemelhe a um mundo infantil. A ideia de um mundo infantil que os adultos devem respeitar, tentando aproximar-se dele e não contrariá-lo, é, segundo ela, algo que prejudica a criança, colocando-se como obstáculo impeditivo do seu normal crescimento. Mas devemos aos mais pequenos a manutenção de um lugar onde se sintam seguros. E aqui as famílias deveriam desempenhar o papel de um escudo protetor relativamente ao mundo público onde mais tarde os jovens irão viver. O papel da escola deve ser o de permitir que as crianças cresçam e para tal terá que assumir-se como instituição mediadora entre a família e o mundo. O professor deverá ser alguém que conhece assuntos que os estudantes ignoram; é esse saber que o torna responsável pelo mundo. Os educadores deverão desempenhar o papel de representantes do mundo perante os jovens. Estes têm de ser guiados e, para tal, precisam de uma autoridade baseada no conhecimento e na tradição. A perda de autoridade significa a perda

33. Kant, *Nachricht von der Einrichtung seiner Vorlesungen in dem Winterhalbenjahre* von 1765-1766, AK, II, p. 305. (Tradução de Leonel Ribeiro dos Santos).

da tradição e sem ela a educação é impossível. O objetivo da escola é permitir que os alunos partilhem a experiência que o mundo «civilizado» alcançou. A rejeição da autoridade leva à rejeição da responsabilidade do mundo. Os professores e os pais que dispensam a autoridade tornam-se cúmplices da instabilidade. Pretender que uma criança se torne autorresponsável conduz geralmente a uma situação de risco: entregue a si mesmo, o jovem cai nas mãos de outros jovens e são os mais fortes que ditam as regras. Aprender exige esforço e os papéis de professor e de aluno não são permutáveis. A habilidade do professor deverá ser encontrar pontes que lhe permitam comunicar com os seus alunos sem que precise fingir ser um deles.[34]

Outra fonte de preocupações para a filósofa foi o excessivo relevo atribuído à pedagogia. Esta impôs-se como um objeto autônomo, em detrimento das matérias leccionadas. A importância de como ensinar tornou-se prioritária, esquecendo-se o papel essencial desempenhado pelos conteúdos. Os professores tornaram-se agentes pedagógicos e ninguém se preocupou se eles realmente dominavam os conteúdos programáticos. Ora estes são determinantes para introduzir os alunos no mundo da ciência, da arte e da cultura. Instalou-se uma indiferenciação entre o «saber» e o «saber fazer» (*«knowing that» and «knowing how»*) o que levou à sobrevalorização de capacidades adquiridas sem que se atendesse aos conhecimentos necessários para alcançá-las. A real dificuldade do trabalho escolar foi esquecida e a motivação dos alunos passou a ser a preocupação determinante dos docentes.[35]

Na análise que empreendeu à escola americana Arendt verificou não haver lugar para a meritocracia; tal fato poderia mesmo constituir uma ameaça aos ideais igualitários, cavando um fosso entre estudantes dotados e não dotados. Para evitar essa individualização, os alunos foram considerados em bloco, como se constituíssem um grupo, para o qual se propôs a aquisição de determinadas competências. Mais do que o saber, o sistema escolar americano valorizou o saber viver, acarinhando tudo o que permitisse uma boa socialização. Mas a filósofa entendeu que o objetivo da escola não deveria ser ensinar como viver, mas sim ensinar como é o mundo. Na sua perspectiva não podemos educar sem ensinar, embora possamos ensinar sem educar.

Alguns dirão que este ensaio é fruto de um desencanto com a organização escolar americana e que o texto em causa deve ser circunscrito a um dado país, a uma dada época e a uma dada perspectiva pedagógica – é a visão pessimista da aplicação do pragmatismo e do utilitarismo à educação. Mas quem ler atentamente o texto concluirá que escrever sobre educação não é um terreno filosoficamente

34. Não partilho da tese arendtiana de que não há um mundo da criança ou do adolescente pois entendo que são fases com características muito próprias a que é necessário atender quando ensinamos. Daí ser diferente o modo como as crianças pequenas e os adolescentes aprendem pois o universo significativo que habitam é distinto. Demasiada dificuldade provocará desânimo tal como um excesso de facilitação levará ao desinteresse.

35. «The Crisis in Education» (n. 1), p. 180.

neutro. Foi intenção de Arendt evitar que uma teoria da educação se identificasse com a pedagogia ou com a didática. Consideradas em si mesmas elas reduzem-se a metodologias esvaziadas de substância e só ganham dignidade se aproximadas da filosofia. E é deste modo que deverão ser entendidas na leitura de Arendt.

Embora a autora não cite Descartes há uma proximidade latente entre ela e o filósofo francês. Descartes iniciou o *Discurso do Método* afirmando (talvez ironicamente?) que o bom senso ou razão é a coisa melhor partilhada pois ninguém se queixa da sua falta.[36] Ora foi em nome do bom senso, que também identificou com a razão, que Arendt criticou as pedagogias progressistas.

A uma primeira leitura o texto pode parecer conservador, e é deste modo que alguns comentadores de Arendt o classificaram. Mas a sua acutilância leva-nos a um segundo olhar, sobretudo quando percebemos que não é um texto que se cinja a um período mas que, pelo contrário, ainda hoje nos interpela. Passados mais de cinquenta anos o caso português (e admito que também alguns outros) encaixa perfeitamente nestas críticas e identifica-se com o diagnóstico feito por Arendt. Na verdade, as múltiplas reformas ocorridas depois da revolução de abril procuraram acompanhar o *statu quo* das pedagogias americana e europeia. E o resultado foi, tal como Arendt denunciou, a secundarização do ensino e a valorização quase exclusiva da aprendizagem. O abaixamento de nível de que os professores universitários se queixam quando recebem nas suas instituições alunos do secundário radica nesta infantilização do ensino. Preocupados com a motivação dos alunos, os professores temem maçá-los e tudo fazem para dar um toque lúdico às suas aulas. A noção de esforço foi abolida e a profissão de ensinante foi substituída pela de animador de grupo, de conselheiro e de camarada.

Arendt chamou a nossa atenção para as diferentes funções de docentes e discentes. Alertou-nos sobretudo para o dever moral que todo o professor tem de dominar os conhecimentos que ensina, não os confundindo com métodos aliciadores. Tal só será possível quando o professor mantiver acesa a investigação entendendo que o seu saber nunca é suficiente e procurando permanentemente atualizá-lo, em prol dos seus alunos mas também de si próprio.

É pela sua ligação à experiência vivida que este texto de Arendt continua a interpelar-nos. Como aliás todos os seus escritos pois, por mais teóricos que se nos afigurem, neles está sempre presente o diálogo de um eu consigo mesmo. O que é a marca diferenciadora de todo o pensamento original.

36. DESCARTES, *Discours de la Méthode pour bien conduire sa raison et chercher la vérité dans les sciences*, in: Alquié, F. (org.), *Oeuvres Philosophiques*, Paris: Garnier, 1963, vol.1, p. 568.

HANNAH ARENDT Y EL CONCEPTO DE DERECHO. CONTRA LA TRADICIÓN[1]

MASSIMO LA TORRE

Keywords: Concept of law, law as constitutive, power, norm, foundation, legal institutionalism.

Abstract: This paper intends to present and discuss one a side of Hannah Arendt's philosophical legacy that has been mostly neglected. The issue here is her concept of law in the framework of her wider theory of human conduct and of the life of mind. A connection will be attempted between her theorizing of thinking, willing and judging and her scanty, but astute remarks about the nature of law. Her concept of power (as opposed to the notion of «force» and «violence») will also be taken into account, being considered and treated as a sort of introduction to the dimension of a legal experience no longer seen as a matter of coercion or command, but somehow as the representation of a play, a practice. Law, in short, to Arendt – it will be argued – is not there to reduce the number of chances given to human action, but instead to open new ways and novel areas of conduct. Law, to sum up, is not regulative, but constitutive. In this sense, Arendt's contribution is a criticism and an alternative to the traditional theory of law, which is obsessed by, and centres on, the experience and the mode of prescription.

En este trabajo me propongo presentar y discutir uno de los aspectos del legado filosófico de Hannah Arendt que, en gran medida, ha sido descuidado. El asunto aquí es su concepto de Derecho en el marco más amplio de su teoría de la

1. Traducción de Francisco M. Mora Sifuentes.

conducta humana y de la vida del espíritu. Una conexión puede intentarse entre su teorización del pensamiento, la voluntad, y el juicio y sus ciertamente escasas pero agudas observaciones sobre la naturaleza del Derecho. Su concepto de poder (opuesto a la noción de «fuerza» y «violencia») también será tomado en cuenta y tratado como una suerte de introducción a la dimensión de la experiencia jurídica, ya no vista como cuestión de coerción o de mandatos, sino como la representación de un juego, de una práctica. El Derecho para Hannah Arendt –se argumentará– no está ahí para reducir el número de oportunidades dadas a la acción humana, sino, más bien, para abrir nuevas formas y áreas de conducta. Dicho brevemente: que el Derecho no es regulativo sino constitutivo. En este sentido la contribución de Arendt es una crítica y una alternativa a la tradicional teoría del Derecho obsesionada como lo está por, y centrada en torno a, la experiencia y el modo de la prescripción.

I.

A pesar de lo que a menudo dijo sobre sí misma, Hannah Arendt no sólo fue una teórica política, sino principalmente una filósofa política o, mejor, una filósofa sin más adjetivos. Como se sabe, aprendió filosofía con Heidegger, después con Husserl y Jaspers, y teología con Bultmann. Aunque no pudo iniciar una carrera académica en la Alemania los años de 1930's y comenzar en 1933 un largo, aventurero y peligroso camino como expatriada y refugiada –como paria[2]–, nunca dejó de leer, de discutir, de escribir filosofía. Y no obstante que de que su fama y reconocimiento esté especialmente vinculado a un libro político como *Los origenes del totalitarismo*, toda su producción intelectual, pienso, está rodeada por un halo filosófico o incluso metafísico.

Sobre la condición humana, *Sobre la revolución* y *La vida del espíritu* (su último, incompleto y póstumo libro), son todos trabajos que de modo directo tratan temas que encontramos en los grandes clásicos filosóficos: la noción de acción y de práctica, la cuestión de la autodeterminación, la naturaleza del pensamiento y del razonamiento. Tópicos estrictamente metafísicos como el libre albeldrio, «la esencia», y el alma también son tratados eventualmente, por no hablar de sus permanentes reflexiones sobre las raíces del mal. Sabemos que fue una pensadora secular; no obstante, no evitaba a Dios y a la inmortalidad como problemas radicales para el espíritu reflexivo.

De esta forma, considero, es posible rastrear y delinear una metafísica en Hannah Arendt, no obstante que la misma nunca se presente sistemática o explícitamente como tal. Además, esta filosofía general suya es resultado de un diálogo que mantuvo con algunos de los filósofos más relevantes de su tiempo. Por supuesto, Heidegger está presente siempre; pero ella misma difícilmente es heideggeriana.[3] Wittgenstein no le es desconocido y en muchas de sus páginas

2. Cf. J. N. Shklar, «Hannah Arendt as Pariah», en: *Partisan Review*, Vol. 50, 1983, p. 64 y ss.

3. Como ejemplo de la actitud de Arendt respecto la gran filosofía de Heidegger, véase su *Prefacio* en: H. Arendt, *Men in Dark Times*, Harcourt, New York, Brace & World, 1968, p. viii-ix; cf. P. Flores

presta especial atención a la fenomenología de Merlau-Ponty. A pesar de que parece estar más atenta a los clásicos como Platón, Aristóteles, San Agustin, o Kant, hablaba al mismo tiempo de sus contemporáneos. No ignoraba a Carnap o a Habermas, o a la filosofía del lenguaje ordinario de Oxford.

Su producción –siendo muy original y, a veces, incluso idiosincrática en algunas formulaciones y en su terminología[4]– está, sin embargo, llena de reminiscencias e influencias. Hay una linea democrática libertaria o radical,[5] que la relaciona, considero, con pensadores políticos italianos tales como Andrea Caffi y Nicola Chiaromonte vía Mary McCarthy[6] y Dwight MacDonald. Y hay en su trabajo un interesante y sugestivo parecido de familia con otras dos mentes brillantes de su tiempo, ambas mujeres y filósofas. Me refiero a Simone Weil y María Zambrano. Algunos de los «motivos» de Simone Weil –estoy seguro– hacen eco claramente en más de algún ensayo escrito por Hannah Arendt: por ejemplo, la centralidad dada a la pertenencia [*enracinement*] para una vida humana significativa, y su repudio a la condición obrera [*condition ouvrière*] como una dimensión hostil para la libertad. Las experiencias e intereses de Simone y Hannah se parecen bastante. Ambas fueron educadas en el estudio de los clásicos, especialmente en la literatura y cultura de la Grecia clásica. Para ambas, el griego antiguo es el lenguaje filosófico verdadero. Ambas fueron educadas filosóficamente por carismáticos profesores que se movían en el marco del existencialismo o del idealismo: por Heidegger y Jaspers en el caso de Hannah; y por Alain en el caso de Simone.

María Zambrano comparte algunas de las mismas características, aunque, en su caso, el punto de partida no es la filosofía alemana o francesa, sino el refinado eclecticismo de Ortega y Gasset. No obstante, las referencias fundamentales de Zambrano se encuentran en los griegos clásicos y latinos. Ella hace de la propia vida del espíritu uno de sus tópicos favoritos. Esta vez no es San Agustin, sino Seneca el autor central sobre el alma.[7] En el caso de Zambrano también encontramos una apasionada defensa de la política como participación y cierta turbulencia y una aproximación a la filosofía política que no pretende evitar las cuestiones metafísicas u ontológicas. Para decirlo brevemente: «política, no meta-

D'ARCAIS, *Hannah Arendt. Esistenza e libertà*, Roma, Donzelli, 1995, cap. 2.

4. Un punto que fue destacado, por cierto con poca simpatía, tanto por Isaiah Berlin (véase: R. JAHANBEGLOO, *Conversations with Isaiah Berlin. Recollections of an Historian of Ideas*, Orion Books, London 1993, p. 81 y ss.) como por C. B. Macpherson (véase: *Hannah Arendt: The Recovery of the Public World*, ed. by M. A. Hill, New York , St. Martin's Press, 1979, p. 322).

5. El modelo ideal de un orden político de Arendt –debemos recordar– es esbozado a menudo como una especie de democracia direta, una *Räterepublik,* o una república de consejos de trabajadores. Véase por ejemplo, las últimas páginas de su denso libro *Sobre la revolución* (p. 225 y ss., de la edición de Penguin, Harmondsworth, 1979).

6. Mary McCarthy, por ejemplo, hablo de una reunión entre Chiaromonte y Arendt en Florencia donde discutieron sus respectivos puntos de vista (véase: M. MCCARTHY, *Postface*, in N. CHIAROMONTE, *The Paradox of History*, Philadelphia, University of Pennsylvania Press, 1985, p. 151).

7. Véase: M. ZAMBRANO, *El pensamiento vivo de Séneca*, Buenos Aires, Editorial Losada, 1944.

física» no podría ser un programa de investigación ya sea para Simone, o para Hannha y María.

A este trío uno tal vez debería añadir a Rachel Bespaloff, cuyo maravilloso ensayo De *l'Iliade*[8] era conocido por Hannah Arendt.[9] Su condición existencial fue de hecho cercana a la experimentada por Bespaloff (ambas eran judías, mujeres y filósofas, buscando refugio del horror que sobre ellas y el mundo pendía en la Francia de Vichy). Las sensibles observaciones de Bespaloff sobre la noción de Derecho en la Ilíada de Homero y en la Biblia, entre Atenas y Jerusalén, pueden haber influido en algunas reflexiones posteriores de Arendt. Particularmente, Arendt habría compartido la centralidad que Bespaloff da al Derecho, más que a la filosofía, como fundador y garante de la ciudad, es decir, de una vida común y plural sin violencia: «Quizá sea al gran legislador, y no al filósofo, a quien habría que considerar como heredero legítimo de la sabiduría de Homero y sucesor de Héctor»[10] [*Peut-être est-ce le grand legislateur, et no le philosophe, qu'il faut considerer comme l'Héritier légitime de la Sagesse d'Homer et le successeur d'Hector*]. Con todo, Bespaloff parece relacionar el sentido y el imperio de la justicia a las necesidades de la vida,[11] una pretensión a la que Arendt se opondrían firmemente.

En este trabajo, no obstante, no me propongo discutir los antecedentes o las afinidades intelectuales y políticas de Arendt. Quiero, más bien, esbozar qué posible concepto de Derecho podríamos derivar de las tesis filosóficas generales de Arendt. Me gustaría examinar qué lugar podría tener el Derecho en su «sistema». Mi argumento es que Hannah Arendt tiene, de hecho, su propio concepto de Derecho, que el mismo está relacionado con el entramado de su filosofía general y que ese concepto de Derecho es altamente original y, de algún modo, opuesto a la mayor parte de la tradición en teoría del Derecho. Incluso me atrevería a afirmar que sus puntos de vista sobre el Derecho son más interesantes y estimulantes para juristas y ciudadanos que muchas de las disputas escolásticas entre los teóricos del Derecho, como por ejemplo la famosa polémica sobre su «naturaleza» o sobre el positivismo jurídico «incluyente» o «excluyente».

II.1.

Para entender la noción del Derecho de Arendt debemos primero intentar tener una idea comprehensiva de su pensamiento. Es por ello que estimo importante ofrecer aquí un «esquema» general de su filosofía. Tal esquema puede esbozarse brevemente por medio de tres series de triparticiones concernientes, respectivamente, a la esfera (i) de la conducta humana, (ii) del espíritu o de la mente y (iii) del poder en términos generales. La primera serie, la concerniente a la actividad humana, la encontramos en su libro *La condición humana*. Aquí

8. New York, La primera edición por Brentano (1943); Paris, nueva edición por Allia (2004).
9. Véase por ejemplo la referencia de Arendt a Bespaloff en su: *Men in Dark Times*, p. 114.
10. R. Bespaloff, *De l'Iliade*, p. 80 (de la nueva edición).
11. Véase: *ibidem*, p. 83.

nos enfrentamos a tres fenómenos y a sus conceptos correlativos que se ven cubriendo la totalidad de la práctica humana. Estos son bastante conocidos y son los siguientes: *labor*, *trabajo*, y *acción*, o –para decirlo de modo distinto– el *laborar* o trabajar, *producir*, o fabricar, y el *hacer*, o actuar.

Respecto a la *labor* los seres humanos se comprometen y sufren para mantener y alimentar su ciclo vital. *Laborar* es lo que hace la gente para sobrevivir. Está orientada a las necesidades de la vida y es generalmente doloroso y sujeto a la necesidad. Es una actividad cuya finalidad claramente está fuera de sí. Sembrar y cosechar son instrumentales a tener alimento. El único sentido del laborar es mantener vivos los cuerpos humanos, mantener la vida de los hombres en movimiento. «Todo lo que el trabajo produce está destinado a alimentar en el proceso de la vida humana casi inmediatamente, y ese consumo, regenerando el proceso de la vida, que produce –o más bien, reproduce– nueva "fuerza de trabajo", necesaria para el sostenimiento posterior del cuerpo».[12] El trabajo es privado y no es capaz de lograr una dimensión pública; toma y deja a los seres humanos como sujetos puramente animales, sujetos a la naturaleza y gobernados por sus necesidades y su satisfacción. La realidad que da base a la intersubjetividad, al acuerdo y a cierto grado de certeza (lo que implica un elemento de estabilidad) no puede ser detectada y captada a través de un esfuerzo siempre contingente y codicioso. El saber no puede basarse en, o no puede implicar, necesidad extrema –Arendt no es una idealista hegeliana. Una humanidad específica, por otro lado, difícilmente puede encontrarse en esa labor tan dura e incesante.

El *trabajo* es una empresa distinta. Es la producción de un artefacto que tiene una forma. Detrás del artefacto hay una idea, un modelo. Su resultado no está destinado inmediatamente al consumo. Está destinado a durar en el tiempo, a soportar su propio uso. De hecho, es para usarse, no para consumirse. Por lo tanto, no está destinado a destruirse o absorberse a través del ciclo vital de la vida. Una silla, por ejemplo, claramente es el resultado alcanzado a través del trabajo, no está allí para su consumo sino para su uso. No está destinada a ser devorada o digerida por alguien que la usa, es decir, por alguien que se sienta en ella. Sin embargo, este *trabajo*, ese *hacer*, tiene su propia finalidad una vez más fuera de sí. Se trata de una *herramienta*. Su racionalidad intrínseca, como aquella ligada *al laborar*, permanece completamente instrumental.

Un flautero hace una flauta para un fin que no es idéntico al de su fabricación. La actividad no se mantiene a sí misma y necesita una justificación adicional y externa. Ahora, el hacer tiene su propia finalidad más allá del *hacerse* en sí mismo y es su diferencia fundamental de la *acción*. En la *acción*, el *hacer*, la finalidad está dentro de la propia actividad. El flautista no persigue un fin más allá de tocar la flauta. La acción es algo que hacemos sin otro fin ulterior, por el hecho de hacerlo.

12. H. Arendt, *On human condition*, 2. ed., Chicago, The University of Chicago Press, 1998, p. 99.

Y esto es así, porque la *acción* es en algún sentido una empresa colectiva, que debe hacerse en público, que requiere de una audiencia, de personas que se reúnan y se perciban juntas. La forma más relevante de *hacer*, de *acción* en este sentido –nos dice Hannah Arendt– es la política: personas que se reúnen para actuar coordinadamente y deliberar sobre el contenido y los límites de estar juntos –que es la comunidad. Ciertamente, Arendt podría haber suscrito la siguiente observación de Simone Weil: «Ciudad, la que no evoca lo social»[13] [*Cité, cela n'evoque pas du social*]. La política desde el punto de vista de Arendt no es funcional para satisfacer, para calmar necesidades sociales. La ciudad no es lo social –esta es la tesis principal que discute y encontramos a lo largo de su libro *Sobre la revolución*. El hombre político no es un gestor o un administrador, además de no ser un padre o un esposo, un amo o un pastor (que era un tema de *Sobre la condición humana*). Los derechos sociales podrían ser fatales para los derechos políticos que son los únicos que realmente hacen la diferencia en una democracia. En la perspectiva de Arendt, los derechos sociales, estando como lo están sujetos a necesidades reveladas por necesidades vitales, son hostiles a los derechos políticos que están basados en convenciones, no en la naturaleza; en la autodeterminación, no en la necesidad. La necesidad no conoce al Derecho y puede disponerse para violentar cualquier imperio de la ley.

Además, los derechos sociales, como derechos a recibir determinados bienes mediante su distribución, pueden ser fácilmente garantizados y –por así decirlo– a través de un estado de ánimo pasivo. La participación aquí sólo puede significar tener una parte de algo que se distribuye. Esto no implica, o no requiere de, una participación activa en el acto mismo de entrega. Por lo tanto, la verdadera ciudadanía no puede descansar sobre la urgencia, sobre un diseño para satisfacer necesidades básicas. La redistribución y la justicia social son externas a la ciudadanía. Esta es una de las afirmaciones más cuestionadas y controvertidas de Arendt.

II. 2

En el área del espíritu, del pensamiento en general, encontramos otra tripartición en el trabajo de Arendt. Esta vez se trata de la serie: el *pensar*, la *voluntad* y el *juicio*. El *pensar* en estricto sentido –nos dice– no es equivalente a conocer. Mientras que el conocimiento es la búsqueda de la *verdad*, el pensar es una empresa intelectual mucho más general y básica. Es, más bien, una búsqueda de *significado*. Este no puede ser «visto», sino únicamente entenderse y comprenderse.

Aquí Arendt se basa en la famosa distinción formulada por Kant, la que existe entre la *razón*, «Vernunft», y el *intelecto*, o el *entendimiento*, «Verstand». Mientras que el *intelecto* es la facultad de conocer, mediante la organización y la estructuración de datos sensibles mediante conceptos y proposiciones, la razón es de alguna manera anterior al intelecto en la medida en que ofrece categorías

13. S. Weil, *Venice sauvée*, Paris, Gallimard, 1968, p. 44.

últimas, ideas y principios. El conocimiento es el resultado de una pregunta que planteamos sobre la realidad, sobre lo que «es». Ahora bien, para tener y elaborar una pregunta debemos primero concebirla y entenderla, debemos dar sentido a la pregunta en sí misma, debemos darle un significado y una finalidad (una importancia). Para decirlo brevemente: debemos movernos desde lo que «es» a lo que «debería ser». Y esto sólo es posible a través de una actividad mental previa, más básica y trascendental, que es el *pensar*.

El *conocer* se dirige a la realidad; el *pensar* es una abstracción de ella. Para conocer tengo que enfrentarme a la realidad, aproximarme a ella. Para pensar necesito olvidar la realidad, tomar distancia de ella, de alguna manera salir de ella. Es –para utilizar las palabras de Aristóteles– «la vida de un extraño». Por ello, tradicionalmente la filosofía –pensando hasta el extremo– ha sido a menudo considerada como una especie de muerte; que significa, de hecho, dejar este mundo para llegar a ningún lugar, al de los pensamientos-objeto que son invisibles, que son tal vez como fantasmas a los ojos del hombre práctico. Es salir de este momento y de este lugar, «eternamente». Es, recordado las famosas palabras de Montaigne, «aprender a morir» [*apprendre à mourir*]. En este sentido el *pensar* es distinto al *hacer*. Mientras pienso –dice Hannah Arendt– no puedo emprender una acción. Entonces me encuentro en la condición de suspender cualquier hacer, *scholé*, de alguna manera en *ningún sitio* que luego puedo utilizar como criterio para medir y examinar la realidad, una vez que la tenga que evaluar. Luego entonces, el *pensar* es preliminar y necesario al *juzgar*. El *pensar* tiene que ver con *invisibles*, con *universales*, mientras que el juzgar tiene que ver con cosas reales, tiene como objetivo evaluar sus particularidades, sus peculiaridades, sus detalles concretos y singulares.

Cuando digo que algo está bien o está mal, estoy juzgando, pero puedo hacerlo porque previamente he pasado por un proceso de detección de datos sensibles y recreado pensamientos-objeto en mi mente. Es decir, tuve que pasar por un proceso de abstracción de la realidad a los particulares y reflejado sobre ella categorías, ideas y principios. Un regla general que encuentro por medio del pensamiento, desde que precisa un esfuerzo de la imaginación, es como ver algo invisible (la regla). El juzgar es la capacidad de referir a un particular, a algo visible, a un universal, a algo invisible –la regla general– tanto en el caso de que tengamos un universal listo a la mano como en el caso en que no lo tengamos. Una tarea ciertamente difícil. El juicio, para decirlo brevemente, se requiere –citando a Hannah Arendt– ya que «no hay regla disponible para la aplicación la regla».[14] Sin duda, se trata de una hermosa frase que encontramos repetida casi *expressis verbis* en el trabajo del segundo Wittgenstein y en una página de los *Essays in Jurisprudence and Philosophy* de Herbert Hart.[15]

14. H, Arendt, *The life of mind*, vol. 1, ed. por M. McCarthy, New York, Harcourt Brace & Company, 1978, p. 69.

15. Oxford, Oxford University Press, 1983, p. 106.

Por el pensar soy «dos-en-uno». Pienso en la medida en que discuto silenciosamente conmigo mismo. Alejado de la particular realidad del hacer, en ningún sitio del pensamiento abstracto, no soy más uno sino dos. Sin embargo esos «dos-en-uno» no son enemigos: ellos deben hacer amistad, puesto que, al final, van a encontrar la manera de llegar a un acuerdo. Se escuchan el uno al otro, incluso si disienten, si están en desacuerdo.

Este es ahora el punto donde radica la *diferencia* entre el *pensamiento* y la voluntad. Cuando yo deseo, soy consciente de que podría no desear. O debería decir: «quiero, pero no puedo». «Quiero» tiene sentido en la medida en que sé que está abierta para mi la posibilidad de «poder no querer». Desear o querer significa estar «en un desacuerdo contigo mismo».[16] El yo que quiere, el yo de *voluntad*, esta en contra del «dos-en-uno»; pero esta vez los «dos» que experimento dentro de mí son rivales. No se dan razones el uno al otro; no tienen el objetivo de alcanzar un acuerdo o entendimiento. No están preparados para escuchar al oponente, lo que quieren, en su lugar, es superar al otro, ganarle, doblegarlo. Su finalidad es completa, la victoria final del uno sobre el otro: la rendición del otro. Yo deseo, en la medida en que supero al otro dentro de mí mismo, otro que, no completa el proceso de desear y resistir. A través de la voluntad me auto-afirmo en la medida en que estoy en ese momento particular, contingente, del tiempo. No me olvido de mi mismo en absoluto; no me abstraigo de mi ser para encontrarme como un «dos-en-uno». «Esta esclavitud con respecto al ser –escribe Arendt– distingue el yo-volitivo del yo-pensante que también continúa entre yo y mi ser, pero en cuyo diálogo el ser no es el objeto de la actividad del pensamiento».[17] A través de la actividad de decidir finalmente se demuestra que yo soy de nuevo uno y solamente uno. «El mismo ser al que la actividad de pensamiento ignora en sus retiradas del mundo de las apariencias, se afirma y se garantiza a través de la reflexividad de la voluntad».[18] Ahora estoy completamente presente conmigo mismo sin ese doble fastidioso. Soy el que quiere y sólo lo que éste quiere.

El *pensar*, para decirlo brevemente, es una suerte de *diálogo*, en algún sentido una experiencia de «amistad», amistad –para utilizar la imagen de Aristóteles– con el el otro yo que está dentro de uno mismo. La *voluntad* es una disputa, un conflicto, una *pelea*; aquí no hay amistad involucrada. Tiene lugar en «la lucha interna entre lo que haría y lo que hago».[19] Es un «discusión acalorada», para utilizar las palabras de San Agustín. Además, a traves de la voluntad –digamos– corto el hilo causal que conecta hecho con hecho en una suerte de cadena genealógica, la gran cadena de hierro del ser. La voluntad trata con cosas que son «accidentales» que pueden o no pueden ser (necesariamente). Tiene que ver con «proyectos» no con objetos. Es «nuestro órgano mental para el futuro»;[20]

16. H. Arendt, *The life of mind*, vol. 2, p. 83.
17. H. Arendt, *Between past and future*, London, Penguin, 2006, p. 161.
18. H. Arendt, *The life of mind*, vol. 2, p. 195.
19. H. Arendt, *Between past and future*, p. 155.
20. H. Arendt, *The life of mind*, vol. 2, ed. por M. McCarthy, New York, Harcourt Brace & C., 1978, p. 13.

mientras que «la actividad de pensar puede entenderse como una suerte de pelea contra el tiempo en sí»,[21] producir el presente real sólo podemos alcanzarlo entre el pasado y el futuro.

Esto hace que nuestros respectivos estados de ánimo sean diferentes. El pensar es una especia de situación *nunc stants*, un tiempo extraño entre el pasado y el futuro, que nos ofrece serenidad; mientras que el estado de animo del desear es impaciente, preocupante, falto de sosiego [*Sorge*]. De hecho, el desear que tiene que ver con nuestro futuro no puede anticiparse y ello debería preocuparnos en su forma indescifrable actual. Quiero, pero nunca estoy seguro de que puedo y lo haré. Por el *pensar* no hay de que preocuparse: si pienso, puedo pensar y puedo hacerlode hecho pensamiento, y ello no es nada más que debo intentar conseguirlo.

La *voluntad* no tiene genealogía, no tolera ninguna; es un comienzo en sí mismo. El querer aunque puede derivarse del deseo no puede hacerlo del intelecto o de la razón. Es una suerte de salto a la realidad, una novedad de alguna forma inexplicable; es la manifestación misma de la libertad. No es que no haya ninguna ley que deba obedecer, sino que, más aún, no está obligado por el principio de no-contradicción, que sí restringe el *pensar*. Arendt enfatiza mucho este punto y en algún sentido lo dramatiza. La rareza ontológica de la *voluntad* es explicada en términos de una cierta especie de «estado de de excepción» ontológico, un golpe de estado en la de otra manera conservadora y repetitiva cadena del ser. «Por lo que respecta al deseo, por un lado, y a la razón, por otra –escribió–, el querer actúa como un «golpe de estado» [*coup d'état*], como en alguna ocasión dijo Bergson, y ello supone, por supuesto, que los actos libres son excepcionales».[22]

Puede decirse entonces que la noción de voluntad de Hannah Arendt es fuertemente decisionista, la manifestación, la epifanía, del estado de excepción[23] [*Ausnahmezustand*]. Es completamente soberana, en el sentido romántico del término. No se necesita justificación alguna para ella. Es un comienzo absoluto. El *pensamiento* y el *juicio*, por el contrario, no tienen esta fuerte implicación ontológica y «excepcionalista». Incluso podría pensarse como indiferente hacia el *liberum arbitrium*, o algunas alternativas posibles a su radicalismo.

El pensamiento lidia con invisibles, con «universales», y se mantiene completamente invisible hasta el final. No hay manifestación externa de él, «no aparece», mientras que el juicio se relaciona con «particulares», con casos visibles o con situaciones que son cualificadas intersubjetiva y públicamente. En todo caso, el pensamiento prepara el camino al juicio: de modo similar en que la consciencia es preliminar al conocimiento. El pensamiento prepara y produce los universales que el juicio está llamado a encontrar y a aplicar. En este sentido el juicio es el momento visible y público del pensamiento, esto es, una dimensión

21. H, Arendt, *The life of the mind*, vol. 1, p. 206.

22. H. Arendt, *Lectures on kant's political philosophy*, ed. por R. Beiner, Chicago, The University of Chicago Press, 1989, p. 3.

23. Cf. S. Jacobitti, «Hannah Arendt and the Will», *Political theory*, vol. 16, 1988, p. 53 y ss.

en la que de alguna manera el pensamiento está finalmente confrontado con una pluralidad de pensadores. «La manifestación del viento del pensamiento no es el conocimiento; sino la habilidad de distinguir el bien del mal, lo bello de lo feo».[24] Esto implica que el pensamiento no está completamente separado de la acción, que no es sino una forma alternativa de posible «buena vida», *vita contemplativa* contra *vita activa.* El actuar tiene lugar en un contexto de pluralidad de mentes y sujetos que juzgan, que están preparados para este tipo de actividad, esto es, preparados para juzgar a través de su pensamiento.

II. 3.

Finalmente, hay una tercera tripartición de Arendt, la referente al poder en general. En su trabajo la primera y más simple noción de poder es la de «resistencia» o fuerza, «*Kraft*» en alemán. Este es poder individual, el que uno puede utilizar para doblegar la voluntad de un oponente en una relación intersubjetiva, o para modificar la forma o detener el movimiento de un objeto. «La *fuerza* –escribe Arendt– inequívocamente designa algo en singular, una entidad individual; es la propiedad inherente a un objeto o persona y pertenece a su carácter, que puede ponerse a prueba a sí mismo en relación con otras cosas o personas, pero es esencialmente independiente de ellos».[25] No hay aquí capacidad de relacionarse, tener fuerza no implica ni ninguna necesidad de una comunidad de comportamiento; no se desprende de coordinación, sino de la naturaleza de la persona como tal.

La segunda noción de poder en Arendt es la noción de «poder» en sentido propio, «*Macht*», que se conceptualiza como capacidad de actuar conjuntamente. «El *poder* –escribe– corresponde a la habilidad no sólo de actuar sino de actuar conjuntamente. El poder nunca es una propiedad de un individuo sino que pertenece a un grupo y sigue existiendo sólo mientras el grupo se mantiene unido».[26] El poder político es la expresión paradigmática del *Macht*. El poder surge de la coordinación y el concierto, es el resultado de del compromiso mutuo de las personas. *Fuerza* tendremos en todo caso, ya que está conectada a la vida misma de cualquier ser humano; pero el *poder* requiere condiciones especiales: un acuerdo, promesas, consentimiento, una idea de empresa colectiva y, por ello, reglas convencionales. «A diferencia de la fuerza, que es el don y el poder de cada uno en su aislamiento contra todos los demás, el poder surge cuando y, sólo sí, los hombres se unen con la finalidad de actuar, y desaparecerá cuando, por la razón que fuese, se dispersen o se abandonen los unos a los otros».[27] El poder tiene un efecto constitutivo, desde el momento en que produce un esquema y un ámbito nuevo para el comportamiento humano. La *fuerza* es estéril, el *poder* es creativo en cuanto tiene la facultad de abrir nuevas perspectivas en el ámbito de la acción

24. H. Arendt, *The life of mind*, vol. 1, p. 193.
25. H. Arendt, *Crises of the Republic*, Harmondsworth, Penguin, 1972, p. 113.
26. *Idem, ibidem.*
27. H. Arendt, *On revolution*, p. 175.

humana. En el *poder* hay «un elemento de construcción del mundo».[28] Así, en una contienda entre «fuerza» y «poder», el poder siempre toma la delantera. La primera tenderá a sucumbir: «la fuerza nunca será lo suficientemente grande como para suplantar al poder».[29] Sin embargo, el poder es también fuerza o resistencia considerado desde un punto de vista externo, desde una perspectiva empírica.

Finalmente, tenemos la noción de «violencia», *Gewalt*, que es cercana a la de «fuerza», siendo un suplemento o un sucedáneo de ella. Pero este tipo de poder en general es, de hecho, una disrupción del poder en sentido propio, esto es, del *Macht*, del poder de actuar conjuntamente. En su *Denktagebuch,*[30] Arendt escribe: «lo opuesto de la violencia no es la ausencia de violencia sino el poder». El poder es comunicativo, discursivo, la *violencia*, por supuesto, no lo es, y ello se ve reflejado en su respectivas racionalidades. «La violencia [...] –nos dice– se distingue por su carácter instrumental».[31] Esto es dominio, la regulación que no es regulada, que sólo puede ser estrictamente instrumental o –utilizando la terminología de Jürgen Habermas– algo estratégico. Para la *violencia* todos los individuos son medios; ellos nunca son compañeros. Aquí mueves a la gente forzándola, pero tú no te mueves con ellos. Empujas, pero no eres empujado. De tal forma que podríamos decir que la metáfora de la violencia es la de un «movedor inmovil», *motor immobilis, causa non causata.*

La violencia es extremadamente costosa en términos de la energía que conlleva, y no pueda alcanzar la finalidad de fundamentar un orden político. «El poder y la violencia –dice ella– son opuestos; cuando uno gobierna de manera absoluta, el otro está ausente [...] la violencia puede destruir el poder; es sumamente incapaz de crearlo».[32] La estabilidad y la legitimidad, o la «autoridad» –en términos de Arendt– que acompaña a la estabilidad, son pre-requisitos de un orden político, del *Macht*. Ahora bien, la estabilidad puede producirse sólo a través de la actuación, de la acción, la evidencia de una esfera pública común entre una pluralidad de personas. La *violencia* no triunfa sobre la pluralidad, sólo puede suprimirla haciendo que la libertad individual sea superflua. La *violencia* actúa contra la pluralidad que del *poder*, del *Macht*, florece. La violencia la enfrentamos, la sobrellevamos, como un evento de la naturaleza; el poder lo experimentamos y lo practicamos, por el contrario, en el dominio de una realidad convencional, una nueva dimensión ontológica, una vez que nos dan un ámbito común de acción a través del compromiso mutuo, a través de promesas. La *violencia* la padecemos, el *Macht* lo disfrutamos. La violencia pertenece al modo del fabricar; el poder es un *hacer*.

La violencia no sólo destruye al poder, sino también al Derecho y a la comunicación que lo alimenta. Los discursos se paran; es el silencio el que gana. «Cuando

28. H. Arendt, *On revolution*, p. 175.
29. H. Arendt, *Men in dark times*, p. 23.
30. Vol. 2, p. 698.
31. H. Arendt, *Crises of the Republic*, p. 115.
32. *Idem, ibidem*, p. 125.

la violencia prima absolutamente, como por ejemplo ocurre en los campos de concentración de los regímenes totalitarios –escribe–, no sólo las leyes –las leyes guardan silencio [*les lois se taisent*], como se dijo en la Revolución Francesa–, sino que todo y todos deben callar».[33] A través de la violencia obtenemos no sólo ausencia de Derecho, sino también desarraigo; nuestro compromiso y fidelidad no cuentan y devienen absurdos. A través del poder, por el contrario, se nos da la oportunidad de echar raíces –para usar una expresión apreciada por Simone Weil–, desde el momento en que tenemos una participación y nos comprometemos con él y se nos pide que lo compartamos.

III.

Ahora, ¿qué es lo que hace que el Derecho encaje en este esquema general? ¿qué papel juega el Derecho en él? Aquí sólo puedo esbozar una respuesta. Me limitaré a enumerar algunas implicaciones de los puntos de vista de Arendt para el concepto de Derecho. La primera implicación es la siguiente.

En el esquema que Hannah Arendt nos ofrece de la vida del espíritu –de la mente–, el lenguaje no puede considerarse más como básicamente descriptivo o, en otras palabras, orientado a la verdad y al conocimiento. El lenguaje que aprendemos y recibimos en forma de *discurso*, y el discurso o puede explicarse o disfrutarse como la suma de esquemas de actos más unas pocas eyaculaciones como expresiones de sentimientos, de placer o dolor.[34] El lenguaje en su núcleo ni es pictórico, ni expresivo o emotivo.

Para Hannah Arendt el lenguaje está orientado al significado y esa es la diferencia con la verdad y es previa a ella. El significado –no la verdad– será el criterio por la cual evaluar la validez de las sentencias y emisiones lingüísticas. Esa centralidad del significado, como desconectada de la verdad, hace posible que se le dé un completo reconocimiento a todas aquellas formas del lenguaje no orientadas al conocimiento. Si el lenguaje en general ya no es paradigmáticamente cognitivo, sino más bien imaginativo, o normativo en un sentido amplio, lidia con «universales» o «invisibles», el lenguaje del Derecho –que claramente está lejos de tener una función descriptiva o cognitiva– cobrará significado pleno por méritos propios. El lenguaje jurídico y las reglas no serán menos racionales que la mayor parte del lenguaje ordinario.

Por lo tanto, en la perspectiva de Arendt el Derecho no será visto como un dominio irracional o emotivo de la experiencia humana. Puede tratarse tanto cognitivamente como racionalmente tal y como otras formas de lenguaje y discurso. Además, si el Derecho no es cognitivo, pero a la vez es significativo y basado en principios, y el significado es visto de en algún sentido anterior a la verdad, en la medida en que le da a esta su sentido y principios –y este parece ser el punto de vista de Arendt–, no deberíamos caer en la tentación de adoptar

33. H. Arendt, *On Revolution*, p. 18.
34. Véase: H. Arendt, *Men in dark times*, p. 15-16.

una visión del Derecho de corte imperativista. Es decir, debemos ser libres para negar que el Derecho es descriptivo y *prescriptivo* (prescripción considerada, en un paradigma cognitivista del lenguaje, como la única alternativa seria a la descripción), y todavía ser capaces de mantener que el Derecho está dotado de pleno sentido.

Entonces, dentro de la semántica de Arendt el hecho de que el Derecho no es cognitivo no lo empuja al dominio de la volundad, de las prescripciones e imperativos. El pensamiento y el juicio en su teoría de la vida del espíritu están separadas tanto del conocimiento y como de la voluntad.

Ahora, la conclusión de que el Derecho no es imperativo es esbozada por la propia Hannah Arendt. Para ella el Derecho no es una práctica o un dispositivo cuya finalidad sea restringir o reducir la pluralidad de la conducta humana. En la condición humana el lugar el Derecho está dentro de la *acción* y sirve para dar una estabilidad institucional al poder en sentido propio, al *Macht*. El *Derecho* es una especie de «muros» para el *poder*. «Así como una ciudad –escribe– sólo puede nacer físicamente después de que sus habitantes hayan construido un muro alrededor, así la vida política de los ciudadanos [...] podría empezar sólo una vez que el Derecho haya sido establecido y asumido».[35] El Derecho es una especie de cerco[36] que cualifica un espacio como de campo de juego. La conducta humana no está necesariamente constreñida o limitada mediante del Derecho. Por el contrario, el Derecho es algo cuya función y efectos son principalmente incrementar el ámbito de los cursos de acción posibles.

Permítase me citar su ensayo *Sobre la violencia*, donde establece una especie definición que me parece digna de mención. La cuestión de las reglas jurídicas –escribe– «no es que yo me someta a ellas voluntariamente o que reconozca teóricamente su validez, sino que en la práctica no puedo entrar en el juego [del Derecho] al menos que me ajuste a ellas; mi motivo para aceptar es mi deseo de entrar en el juego, y en la medida en que el hombre sólo existe entre los hombres, mi deseo de jugar es idéntico a mi deseo de vivir».[37] *Inter homines esse*, moverse entre seres humanos, es equivalente –recuerda– a una vida plena. No tenemos otro camino. Y el Derecho nos ofrece el ámbito donde desarrollar nuestra capacidad de relacionarnos [*relationality*], haciendo que nuestra vida humana sea lo que es.

Es por esto que «el conocido dilema: o bien el Derecho es absolutamente válido [...], o bien el Derecho es simplemente un mandato sin nada detrás más que el monopolio de la violencia estatal, es una falsa ilusión. Todas las leyes –concluye– son "directivas" mas que "imperativas". Dirigen la interacción humana de la misma manera que las reglas dirigen el juego».[38] Resumiendo: el Derecho es la estructura de la acción en su forma paradigmática de poder comunal, de *Macht*. Y la fuerza vinculante y validez del Derecho no se derivan de la violencia o de las

35. H. Arendt, «The Great Tradition I. Law and Power», in *Social Research*, vol. 74, 2007, p. 717.
36. Véase: H. Arendt, *Men in dark times*, p. 81-82.
37. *Crises of the Republic*, p. 157.
38. *Idem, ibidem.*

sanciones, o de la amenaza de un mal, ni tampoco –y esto debe tenerse presente– de la moralidad, sino de la realidad de actuar en concierto y del compromiso mutuo a la que esta realidad remite.

De hecho, Hannah Arendt anticipa gran parte del neo-institucionalismo jurídico contemporáneo para el cual no son las mandatos o las prescripciones el estado o las «piezas básicas» de las normas jurídicas sino más bien las instituciones, asimilandolas con una especie de juegos (serios), o áreas en las cuáles ejecutar y desarrollar acciones.[39] El Derecho para ella no era una práctica o constructo que tenga que ver con la restricción o reducción de la pluralidad de la conducta humana. La fuerza vinculante del Derecho viene dada por medio del modo de autoridad; de hecho «autoridad implica una obediencia en la que los hombres mantienen su libertad».[40] La conducta humana no está principalmente constreñida o limitada a través del Derecho.

Por el contrario, el Derecho, antes que cualquier otra cosa, es algo cuya función y efectos son incrementar el ámbito de posibles cursos de comportamiento. Es posible concebir el Derecho como una empresa coercitiva y represiva, si la miramos desde el punto de vista del Derecho Penal. Pero el Derecho Penal es una pieza de un puzzle más grande, cuyo marco es establecido por reglas que no son «imperativos» (como usualmente sí lo son las reglas de Derecho penal), más bien son –por utilizar la terminología de Arendt– «directivas». Para llegar a esta conclusión, Arendt basa su argumento en las observaciones que Alessandro Passerin d'Entrèves hace en su libro *La noción de Estado.*[41]

Passerin d'Entrèves, un filósofo del Derecho italiano, viejo amigo de Norberto Bobbio y colega de Herbert Hart en la Universidad de Oxford, para explicar el Derecho se refería a la práctica de un juego. En un juego las reglas se siguen como válidas, aunque no son coercitivas ni respaldas por algún tipo de castigo. La gente se atiene a ellas voluntariamente. Passerin d'Entrèves, para decirlo brevemente, da por hecho que la mayoría de las normas jurídicas son vinculantes independientemente de su posible sanción. Enfatiza el elemento de adhesión espontánea sobre la que descansan.

En la conceptualización de la dicotomía «directivas» versus «imperativos», Arendt va mucho más allá. Remodela el carácter no-coercitivo de varias normas jurídicas no tanto en términos de espontaneidad, sino dirigiendo su atención a las características lógicas y ontológicas de las reglas en cuestión. En un juego las reglas no sólo son regulativas o imperativas, en el sentido de que las reglas del juego son básicamente constitutivas, reglas que sirven para hacer que el juego

39. Para una revisión de los puntos de vista del neo-institucionalismo jurídico, permítaseme una referencia a mi trabajo: *Law as Institution*, Dordrecht, Springer 2010, cap. IV; así como: «Ota Weinberger, Neil MacCormick e il neoistituzionalismo giuridico», en: *Filosofi del diritto contemporanei*, ed. por G. Zanetti, Milan, Cortina, 1999, p. 1 y ss.

40. H. Arendt, *Between Past and Future*, p. 105.

41. Oxford, Oxford University Press, 1967. Véase el original italiano: *La dottrina dello Stato*, 2. ed., Torino, Giappichelli, 1967, especialmente, p. 187.

sea posible y practicable, como una esfera especial de conducta. Sin las reglas de ajedrez no hay ajedrez; en cambio sin reglas de Derecho Penal no habría tipo penal de homicidio, sin embargo desafortunadamente seguiría habiendo homicidios entre los seres humanos y este seguiría siendo un mal. Hannah Arendt toma de Passerin d'Entrèves la idea de asimilar los juegos al Derecho y la radicaliza. «Pienso –escribe en su ensayo *Sobre la violencia*– que la comparación de Passerin d'Entrèves del Derecho con las reglas válidas del juego puede llevarse más lejos. La cuestión de estas reglas no es que me someta a ellas voluntariamente que o reconozca teóricamente su validez sino que en la práctica no puedo entrar en el juego al menos que me ajuste a ellas».[42]

Arendt, en definitiva, propone una nueva formulación de la distinción de John Searle entre «reglas regulativas» y «reglas constitutivas», presentada por el filósofo americano en su libro *Speech Acts,*[43] sin ser consciente –sospecho– de tal distinción. Y hace de la misma un momento fundamental en su concepto de Derecho.

La reconceptualización del Derecho en términos de «directivas» o –para utilizar la terminología de John Searle– de «reglas constitutivas», tiene consecuencias revolucionarias para toda la teoría del Derecho. Una primera consecuencia es una idea distinta de en qué consiste la obligatoriedad de una provisión jurídica. En la doctrina jurídica tradicional, la fuerza vinculante de las reglas, o si se prefiere, su normatividad, se basa en una regla que está respaldada por una sanción, una sanción que es un mal, un mal que se amenaza en caso de violación de la regla. Aquí el modo de producción de una norma es el mandato. Un mandato es una voluntad que está dirigida al cumplimiento, que debe devenir necesaria, y para que llegue a ser necesaria está respaldada por coerción o violencia, que es el mal que se inflige al sujeto que es propenso a no cumplir la regla. Por lo tanto, para tener una sanción necesitamos tener un mandato previo, y un mandato implica un mandatario dotado del poder y fuerza necesaria para doblegar la voluntad de la gente dirigida por sus órdenes. Un mandato es el privilegio de un superior; una regla es el destino de un inferior. Este es el esquema tradicional del Derecho. Algunas veces, a este esquema, específicamente a la emisión de mandatos y a la ejecución de actos coercitivos para hacerlos efectivos, los teóricos del Derecho piden una justificación moral adicional para afirmar la normatividad de esos mandatos. Los mandatos y la violencia deberían por lo tanto acompañarse de un modelo de justificación moral. Ese esquema, en todo caso, no cambia la ontología de la situación mandato-obediencia; éste, únicamente puede colorearlo con alguna mezcla de moralidad. El deber, y su correspondiente obligatoriedad, sería la combinación de poder más justificación moral. Con bastante frecuencia la teoría del Derecho añade que el poder, como una situación fáctica, también puede producir normatividad, bien a través de un tipo de unidad dinámica ontológica (el poder normativo de lo fáctico [*normative Kraft des Faktischen*] de Georg

42. H. Arendt, *Crises of the Republic*, p. 157.
43. Cambridge, Cambridge University Press, 1967.

Jellinek), o bien en la medida en que sus operaciones son normalmente morales como tales (el Derecho como requerido por, e instrumental a, el bien común). La autoridad fáctica, entonces –dice por ejemplo John Finnis, un iusnaturalista contemporáneo– disfruta de una legitimidad moral en la medida en que es efectiva, ya que sólo a traves de la autoridad efectiva (del mandato) podemos organizar la sociedad e implementar algún bien común. Este es, quizás, «un principio escandalosamente rígido»[44] tal y como él admite; pero no tenemos alternativa. O más bien, hay una alternativa: la anarquía, pero sería perjudicial para cualquier forma de bien común entre los seres humanos.

Sin embargo, una vez que consideramos que las normas jurídicas no son imperativos, es decir, no son mandatos, sino que, en su lugar, son «directivas», una especie de reglas de juego, reglas constitutivas, reglas que no imponen obligaciones, pero que por ejemplo adscriben poderes, (v. gr. reglas secundarias en la terminología de H. L. A., Hart) o definen situaciones que le dan especial sentido o valor, o reglas que cualifican situaciones, de modo tal que X debería ser para Y, entonces debemos reconocer que –y esta es otra vez una cita de *Sobre la violencia* de Arendt– «la sanción de las normas [...] no son su esencia».[45] Podemos recordar que Hans Kelsen, quizás el teórico del Derecho positivista más importante, dijo justo lo contrario, y afirmó, que las sanciones son su principal preocupación, que, en efecto, son el preciso objeto intencional de las normas jurídicas.

Pero si las normas jurídicas no siempre y conceptualmente tienen por objeto las sanciones, o lo que es más, no están necesariamente respaldadas por sanciones, ¿en qué se basa su normatividad? La respuesta que Arendt da a esta cuestión es muy diferente de la que normalmente da la teoría del Derecho tradicional, la cual, cuando la normatividad ya no se conceptualiza basada en la fuerza, hace referencia a una obligación política o moral especial que puede o no ser intrínseca a la forma del Derecho. La normatividad del Derecho debería ser equivalente entonces a la legitimidad o justificación política o moral de las leyes.

Sin embargo, para Hannah Arendt una obligación política o moral es una especie de sinsentido. Y lo es porque una obligación política o moral debería ser confirmada por un ejercicio de pensamiento. Ahora bien, el *pensar* es una empresa que, aunque tiene que ver con invisibles, con universales, es puntual, contingente. El *pensar* comienza cada vez desde el principio. Los precedentes no son vinculantes aquí, y no hay reglas positivas a las que no pueda renunciarse. Este dominio no admite ninguna razón excluyente. El *pensar* no acepta las conclusiones de otro, ni alcanza conclusiones por sí mismo que no puedan ser derrotadas a través de un ejercicio más reflexivo del pensamiento. Esta es, en efecto, la fuerza de la conciencia, y esto es por lo que la perversidad puede reconducirse a la falta de pensamiento. La irreflexividad puede llevarnos a un comportamiento inmoral, o incluso maligno. El mal radical, puede decirse, es una negación de las condiciones necesarias tanto del «pensamiento» como de la

44. J. Finnis, *Natural Law and Natural Rights*, Oxford, Clarendon, 1980, p. 250.
45. H. Arendt, *Crises of the Republic*, p. 156.

«acción»: va contra el «pensamiento», porque es irreflexivo; va contra la «acción» porque es hostil a la pluralidad y a la novedad.

El mal radical, en efecto, es una forma extrema de irreflexividad. Una expresión de ello, y además una de las más peligrosas y llenas de terribles consecuencias, son las órdenes y los mandatos, en los que no cabe la capacidad de discutir con uno mismo, en ese «dos-en-uno» que es el *pensamiento*. De hecho, el pensar tiende a cuestionar cualquier cosa con la que se enfrente. «El pensamiento tiene, inevitablemente, un efecto que va minando y destruyendo todos los criterios y valores establecidos del bien y del mal; o, para decirlo brevemente, tiene un efecto destructivo sobre aquellas costumbres y reglas con las que tratamos en ética y moral».[46] El *pensamiento* tiene un rasgo, un carácter, subversivo que es intrínseco a la consciencia; de alguna manera, ese carácter, sin embargo, hace que la consciencia sea peligrosa y fatal para el Derecho. El Derecho necesita de una estabilidad y una fiabilidad en su propia fuerza vinculante que la justificación moral, en la medida en que está vinculada al pensamiento, parece incapaz de ofrecer. Es más, cuando pensamos, de alguna manera estamos en «ningún lugar», renegamos de cualquier pertenencia, mientras que el Derecho se refiere a un lugar especial que marca una diferencia para nosotros y por tanto puede proporcionarnos un sentido de pertenencia. A través del pensamiento somos vagabundos. «La ubicuidad del ego pensante está [...] en la *nada*».[47]

La normatividad especial y estable del Derecho viene dada a través de su especial naturaleza «constitutiva». El Derecho de alguna manera crea, «constituye», una nueva realidad, la «ciudad», una «casa», así que si nos aferramos a tal realidad, si tenemos la intención de ser un «ciudadano», es decir, de actuar dentro de la nueva realidad, debemos seguir ese Derecho, o mejor, hacer uso de él, emplearlo. «Mi motivo para la aceptación –dice Arendt– es mi deseo de jugar. Y ya que el hombre existe sólo entre los hombres, mi deseo de jugar es mi deseo de jugar es idéntico a mi deseo de vivir. Todo hombre nace en una comunidad con leyes pre-existentes que «obedece» sobre todo porque no hay otra manera de que entre en el gran juego del mundo».[48] Es precisamente porque tememos convertirnos en «vagabundos» por lo que somos respetuosos con el Derecho.

Sin embargo, uno no debe mal interpretar la manera especial de obediencia y del seguimiento de reglas, eso es simplemente la evaluación y el reconocimiento de un punto de vista existencial particular, de una ontología social y de una forma de vida, como una actitud proativa de apoyo o consentimiento.[49] Tal punto de vista de la noción de fuerza vinculante del Derecho de Arendt era engañosa, ya que ignoraba el carácter objetivo de la validez del Derecho. No se basa en la opinión o deseo de nadie, sino en el claro hecho de que la acción de alguien está

46. H. Arendt, *The life of mind*, vol. 1, p. 175
47. *Idem, ibidem*, p. 200
48. H. Arendt, *Crises of the Republic*, p. 157.
49. Esta es la interpretación que, por ejemplo, hace Bikhu Parekh. Véase: *Hannah Arendt and the Search for a New Political Philosophy*, London, Macmillan, 1981, p. 167.

de acuerdo con un esquema que podría no estar disponible, si ciertas reglas no se siguen o utilizan. El apoyo de tales reglas aquí viene sólo dado implícitamente a través del actuar de conformidad con tales reglas. Aquí, por consiguiente, uno puede confrontarse incluso con implicaciones no deseadas e inesperadas del propio actuar.

Anteriormente consideramos la tripartición de las formas en que la mente se compromete: *pensamiento*, *voluntad* y *juicio*. Ahora, ¿cuál de estas tres formas es la que mejor se relaciona con el razonamiento jurídico? Creo que ha lugar a pocas dudas: es el *juicio*. El pensamiento es demasiado abstracto e inestable; también tiene lugar en ningún lugar, en la nada de las entidades invisibles, de conceptos, de universales, y lejos de los demás y de la realidad del sentido común. El Derecho, sin embargo, está incorporado en la realidad; funda realidades. Para el juicio debe haber un punto de partida, o al menos una base a la que finalmente adentrarse y alcanzar, y el Derecho se ofrece a sí mismo como tal base. El pensamiento, por el contrario, disuelve cualquier base que se le ofrezca. «El pensamiento siempre debe comenzar de nuevo»,[50] lo cual sería demasiado para que el Derecho pueda soportarlo ya que haría imposible que las normas jurídicas cumplieran con su cometido. El pensamiento, en efecto, es de alguna manera hostil a las reglas generales. Cuando se piensa, «si lo que estás haciendo consiste en la aplicación de reglas generales de conducta a casos particulares que surgen en la vida diaria, te verás paralizado porque ninguna de tales normas es capaz de soportar la ráfaga del pensamiento».[51]

Para Arendt las leyes, las reglas jurídicas, son «ideas» en términos de «causas», no de «esencias» de la realidad humana,[52] de esa realidad que se da entre los seres humanos en el espacio que abre su pluralidad. De ahí que el Derecho no puede arreglárselas sin el sentido común, el sexto sentido –dice Arendt– que conecta los otros cinco con el contexto del ser. El sentido común es un sentido del ser que es preliminar a la experiencia empírica concreta. Es una especie de pre-entendimiento de la realidad, y realmente lo necesitamos en el Derecho, ya que, a diferencia de la moralidad, tiene un contexto, un tiempo y descansa, sobre la efectividad.

Para Arendt las leyes, las reglas jurídicas, son «ideas», en términos de «causas», no de «esencias» de la realidad humana, de esa realidad que se da entre los seres humanos en el espacio que abre su pluralidad. De ahí que el Derecho no pueda arreglárselas sin el sentido común, el sexto sentido –dice Arendt– concecta los otros cinco al contexto del ser. El sentido común es sentido del ser que es preliminar a la experiencia empírica concreta. Es una suerte de pre-comprensión de la realidad. Y realmente necesitamos del sentido común en el Derecho ya que, a

50. H. Arendt, *The Life of Mind*, vol. 1, p. 178.

51. *Idem, ibidem*, p. 175.

52. Véase: H. Arendt, *Denktagebuch*, ed. by U. Ludz and I. Nordmann, vol. 1, München, Piper, 2002, p. 465.

diferencia de la moralidad, tiene un contexto, un tiempo y un espacio, y descansa sobre la efectividad.

IV.

Tradicionalmente, es la voluntad, la decisión, la que se considera que ofrece una base fenomenológica para el Derecho. El Derecho es mandato, es prescripción, es discreción –esto es lo que las Facultades de Derecho y la tradición nos dicen. La voluntad consiste en una práctica de mandatos y obediencia. *Yo deseo* en la medida en que encuentro resistencia en la intención que estoy expresando. Hay deseo si puede haber una oposición, la «discusión acalorada» de San Agustín. Quien decide se relaciona con algún oponente. De alguna manera es la dinámica hegaliana de un amo midiéndose y probándose con un esclavo. Las decisiones, la *voluntad*, encajará muy bien en el esquema del Derecho considerado como series de mandatos, de imperativos. Pero si el Derecho es remodelado como conformado principalmente por directivas, por reglas que abren no cierran, que incrementan no reducen, los cursos de acción, que añaden no borran el número de oportunidades y de encrucijadas a lo largo de nuestro camino, lo que necesitamos y a lo que debemos referirnos más que al *juicio*, es a la facultad de encontrar la cláusula normativa general a través de la cual cubrir y dar sentido a la situación particular con la que estamos llamados a lidiar.

Así que, es el *juicio* la facultad de la mente que el Derecho básicamente y en su mayoría requiere. Pero para Hannah Arendt el juicio es algo que tiene que ver con la acción. El *juicio*, la facultad de una mente, y la *acción*, el actuar, una actividad práctica necesita y se refiere mutuamente el uno al otro, en el sentido de que la *acción* se refiere a deliberación y de que el *juicio* tiene que ser confirmado públicamente. El *juicio*, como la *acción*, tiene que ver con el mundo de lo visible, no de los invisibles. Tiene lugar en un concurso de apariencias; éste debe poder mostrarse. El Derecho es una cuestión de acción, no de *labor*, no de *trabajo*, de elaboración. Su significado se da en un sentido intrínseco, a sí mismo; su estado no es consecuencialista, sino deontológico. Su razón radica en permitir disfrutar a la gente de una porción especial de realidad que se abre. La razón del Derecho no está más allá del Derecho. El Derecho, por tanto, es en algún sentido equivalente o coextensivo a la *acción*, a la *vita ativa*, y es una cuestión de poder, *Macht*, es, de alguna manera, una cuestión de actuar en conjunto por el bien de actuar conjuntamente. El Derecho –dice ella– es una «institución de poder».[53] Y el poder debe referirse a reglas constitutivas para producir y estabilizar su propio mundo. «En política no es la vida sino el mundo el que está en juego».[54] Lo mismo podría decirse del Derecho.

53. H. Arendt, *Denktagebuch*, ed. by U. Ludz and I. Nordmann, vol. 2, München, Piper, 2002, p. 676.
54. H. Arendt, *Between past and future*, p. 155

Para el Derecho es intrínseco el modo de fundación. Los cuerpos colectivos, las sociedades son iniciadas a través de algún ato fundacional. Y para que esto tenga lugar y sea visible y duradero tiene que asumir la forma del *Derecho*.

El Derecho en este sentido es un comienzo, un *initium*. Esa propiedad lo diferencia de la muy distinta fenomenología de la necesidad empírica y de ser conceptualizado y comunicado por medio de leyes científicas. Las leyes como afirmaciones de la necesidad causal no pueden en ningún caso ser un comienzo; las mismas confirman o certifican una repetición, un perpetuo retorno. Pero el Derecho en el sentido normativo y jurídico del termino es la marca de una ruptura en la cadena causal. Algo nuevo está sucediendo y está estableciéndose. La natalidad de alguna manera es el evento pasajero con el que puede compararse una ley. La natalidad es el evento que – de acuerdo con Arendt – mejor ejemplifica y explica la autodeterminación. La autodeterminación, la libertad, no está pensada para ser un momento de voluntad, principalmente, como en la tradición de las doctrinas del «libre albeldrío». No es una experiencia interna, una expresión íntima de apoyo, sino es más bien como una facultad, una capacidad de actuar. Esta capacidad se expresa y se realiza através de la alteración de la necesidad de las leyes causales y los ciclos de la vida; es la facultad de comenzar un nuevo esquema de conducta. La autodeterminación entonces es fundamentalmente un *initium*, «dar a luz» a la novedad. Sus raíces primordiales las encontramos en el hecho de que los hombres nacen nuevamente cada vez y así empiezan una nueva historia. La natalidad es la forma básica del *initium*, y se abre a la experiencia existencial de la autodeterminación.

Ahora bien, la experiencia política de autodeterminación se encuentra en el momento constitucional, la práctica y el ato fundacional de una ciudad, de un cuerpo político. Este es el distintivo social de la natalidad individual.[55] De la misma manera, y consecuentemente, el Derecho, las reglas que establecen el marco institucional de una comunidad, de la *res publica*, la «ciudad», se refieren a la natalidad pues son un *initium* para la vida pública. Aquí también encontramos –de acuerdo con Arendt– una oportunidad para una reconciliación entre libertad y autoridad, ya que la libertad del *initium*, la Constitución, es la base del siguiente actuar en conjunto de los ciudadanos. Es más, estos encontraran en este ato primordial de autodeterminación una fuente y una razón de su obediencia a las reglas a ellos dirigidas a través de instituciones republicanas.

El Derecho no está regulando, sino más bien iniciando un nuevo esquema de conducta. Asimismo –como ha destacado el profesor Parekh– «el gobierno en una comunidad política no es el que manda sino "el que inicia" o "lidera"».[56] Esta fuerza operativa «iniciadora» es a lo que uno puede referirse también como «autoridad». La «autoridad» es la capacidad de ser «autor», y añadir algo nuevo al «mobiliario del mundo»; el «autor» que es en el contexto social sobre quien descansa una institución como un término o referencia y un momento original de

55. Cf. H. Brunkhorst, *Hannah Arendt*, München, Beck, 1999, p. 29.

56. B. C. Parekh, *Hannah Arendt and the search for a new political philosophy*, p. 165.

justificación. La justificación para las instituciones (y constituciones) por tanto para Hannah Arendt no tiene mucho que ver con relaciones o bienes particulares, sino más bien con un proceso de autoría especial y de alguna manera excepcional. Quizá uno puede hablar de *autoridad* como una especie de «poder constituyente» que es proyectado y, por así decirlo, repetido en el tiempo, aunque es completado y emplazado en tan solo un momento histórico de gran calidad.[57]

Con el Derecho se produce un salto, un incumplimiento, una ruptura, en la gran cadena del ser; igualmente, a través de la natalidad un nuevo ser nació para nosotros, para el mundo. El Derecho en cierto sentido reformula la novedad, el «milagro», que es una característica esencial de los asuntos humanos. Esto es anunciado por el hecho de la natalidad, esta es también toda la diferencia entre la «naturaleza» (donde gobiernan las leyes causales) y la «historia» (donde sólo tenemos reglas normativas, las leyes de los juristas, de quienes hacen las leyes y de los ciudadanos); la naturaleza está hecha de necesidad, la historia está hecha de acción. «Los procesos históricos son creados y constantemente interrumpidos por la iniciativa humana, desde el *initium* el hombre es, en la medida en que es, un ser actuante».[58] De alguna manera, cada ato es un «milagro», en la medida en que no está totalmente determinado a través de la necesidad eterna. «Cada ato, visto desde la perspectiva no del agente, sino del proceso en cuyo marco ocurre y cuyo automatismo interrumpe, es un «milagro» –es decir, algo que no podría esperarse».[59] La autodeterminación en este sentido no está reservada solamente para «algunos talentos», sino que al ser un rasgo de la acción humana como tal, está abierta para que todos puedan alcanzarla. Hacer una interpretación elitista de la noción de acción Arendt sería una burda equivocación.

Ahora bien, el Derecho es la formulación y la entidad visible de esta autodeterminación, de este «milagro». Como cuestión de hecho, el Derecho es tanto el comienzo como el final de un proceso de deliberación y de actuación conjunta de los seres humanos. Actuar concertadamente presupone reglas normativas para que pueda ocurrir y tener éxito; y su éxito final y resultado termina en algún tipo de decisión o conclusión que toma la forma y el efecto de una relga constituyendo un contexto para una acción futura, nueva.

Tal momento o acto de fundación a penas se puede conceptualizar como labor, porque es de alguna manera independiente de las necesidades de la vida y de su satisfacción: las reglas normativas, una constitución, no son directamente instrumentales o materiales a la satisfacción de necesidades. Ellas lidian con una esfera pública que ha de fundarse y garantizarse, no con la vida buena que cada

57. Cf. A. Kalyvas, *Democracy and the politics of the extraordinary. Max Weber, Carl Schmitt, and Hannah Arendt*, Cambridge University Press, Cambridge, 2008, capítulo 7.

58. H. Arendt, *Between past and future*, p. 169.

59. *Idem, ibidem*, p. 168. La referencia a los «milagros» en este argumento tiene apenas que ver con una dimensión «supra-natural» o con aquello que importa al misticismo o al cristianismo. Afirmar lo contrario (Véase: B. Parekh, «Hannah Arendt's Critique of Marx», en: *Hannah Arendt: The Recovery of the Public World*, ed. by M. A. Hall, St. Martin's Press, New York 1979, p. 87) sólo es posible al alto precio de dar por sentado una ontología específica, un determinismo, que es el que justamente Hannah Arendt rechaza.

uno de nosotros trata de perseguir de acuerdo con sus deseos o intereses. Tampoco es un acto de *elaboración*, de fabricación, ya que el Derecho no es un artefacto que una vez emitido o elaborado deviene independiente por la repetición del modo de su producción. El Derecho en este sentido es como una obra de teatro. Para que tenga sentido y sea lo que trata de ser en el mundo, una pieza de teatro debe ser representada. Está ahí para ser representada. Es teatro, si es representada. Lo mismo podría decirse de un concierto o de una sinfonía. El Derecho también está ahí para ser usado, para ser «ejecutado», para ser seguido y obedecido. El Derecho es, en la medida en que se actúa sobre él.

No obstante, a menudo nos confrontamos con un entendimiento del Derecho en términos de fabricación y con doctrinas que ven el Derecho «por completo en la imagen de la elaboración».[60] El Derecho es un texto, un hecho como una cosa, que no se refiere a un hacer o a un actuar, un hecho que se hace una vez para siempre y necesita ser «repetido» y experimentado de nuevo. El Derecho es un *fiat*. El Derecho es un orden que sólo puede ser padecido, tomado como es, como algo ya elaborado de una vez por todas. Pero entonces su resultado probable puede ser la violencia, no el poder; aquí, en efecto, el Derecho será un gran fracaso constitucional, ya que se aplica inmediatamente como un imperativo, como una directiva, cuyo sentido sin embargo debe encontrarse inevitablemente en algún otro lugar (por ejemplo, en la intención original del redactor, del emisor). Una cosa fabricada, efetivamente, encuentra su propio significado en la idea de lo que fue a los ojos del fabricante. El sentido de un hecho que se está ejecutando, sin embargo, descansa en el acuerdo de quienes son los atores de aquello que se está haciendo.

Finalmente llegamos a un punto donde el Derecho y el poder se solapan, pero no en el sentido weberiano de que el Derecho es instrumental a intereses sociales pre-políticos específicos. Tenemos poder, si estamos dentro del Derecho. Y el Derecho es vinculante en la medida en que este se «baña» –por decirlo de alguna manera– dentro del poder, dentro de la gente que actúa de forma conjunta y que construye su realidad colectiva especial. El Derecho produce un mundo que entonces sólo puede dar existencia en la medida en que dure y que tenga la capacidad de durar. «Las instituciones políticas, sin importar lo bien o mal diseñadas que estén, dependen del actuar del hombre para su existencia continuada; su conservación se consigue a través de los mismos medios que les dieron vida».[61]

Esta, por cierto, es la razón por la que Hannah Arendt se muestra tan escéptica de que los derechos humanos sean distintos de los derechos fundamentales de los ciudadanos. Un derecho humano que no se traduce inmediatamente en términos de ciudadanía, es un derecho sin los «muros» de una ciudad (a Arendt le gusta parafrasear un fragmento de Heráclito, B 44, donde el filósofo griego usa la metáfora de los muros para explicar el papel y la relevancia de las leyes), es decir, sin un contexto de reglas positivas y un espacio de acción común; de

60. H. Arendt, *Between past and future*, p. 139.
61. *Idem, ibidem*, p. 152.

alguna manera, por lo tanto, es una sombra, ya que no hay *Macht* detrás de él, no hay ciudadanos uniéndose para protegerlo, no hay ámbito público común. No hay posibilidad de que los titulares de derechos deliberen y decidan sobre sus propios derechos. «Los derechos de los hombres, supuestamente inalienables, han demostrado ser no vinculantes –incluso en países cuyas constituciones se basan en ellos– cuando fuera que la gente apareciera y que no fueran más ciudadanos de algún Estado soberano».[62] Los derechos humanos implican un orden constitucional y esto no puede sino echar raíces en una concreta comunidad política que tenga fronteras específicas. No hay ciudadanía global que sea más que una manera de hablar [*façon de parler*]: «nadie puede ser ciudadano del mundo de la misma manera que es ciudadano de su país».[63]

En esta perspectiva no puede haber entonces una cuestión de separación entre Derecho y política, porque el Derecho es radicalmente un producto de la política, y la política es ontológicamente un imperio del Derecho. Sin embargo, el poder puede ser «dividido», mientras que ello es imposible afirmarlo de la violencia. Tampoco es posible decirlo de la voluntad; la voluntad es una auto-afirmación de un yo unitario que ha superado la división. Es monológica, es tiránica; y debe serlo. Arendt de alguna manera comparte el punto de vista radical de Carl Schmitt sobre la decisión humana.[64] Pero esto para ella es sólo una razón de por qué no asumir una visión decisionista del poder. La decisión no es argumentativa y apenas puede compartirse. No se ajusta muy bien al dominio paradigmático de actuar conjuntamente que son la política y el poder.

O, si se prefiere, una decisión schmittiana es asunto de uno, de una unidad, mientras que el decidir arendtiano es asunto de muchos, de una pluralidad. Esto implica que su respectiva lógica difiera profundamente. Una decisión monológica o unitaria no puede sino excluir lo otro, lo diverso, lo diferente, lo cual no signifique ser igual lo unitario. Una decisión dialógica o pluralista, por su parte, tendrá que permitir y arriesgarse a ser inclusiva, discursiva.

La división y separación son, en efecto, internas al poder, ya que el poder es un asunto de coordinación y concierto basado en la experiencia de la pluralidad. El poder y el Derecho comparten el mismo código de conducta humana. Ambas son formas de *actuación*, no de *fabricación*. Y se refieren permanentemente el uno al otro. El Derecho es el producto y la base autoritativa para el poder. Esta es, finalmente, la base de por qué el *poder* no puede realmente estar limitado o controlado por el *Derecho* como una entidad independiente. La ontología del *poder* es la misma que la del *Derecho*. «El poder puede ser restringido por el Derecho pero, en última instancia, sólo puede controlarse por el poder».[65]

62. H. Arendt, *The origins of totalitarianism*, Schocken Books, New York, 2004, p. 372.

63. H. Arendt, *Men in dark times*, p. 81.

64. El énfasis que hace Hanna Arendt, sin embargo, es de la *búsqueda de*, más que la *afirmación de* la identididad. Véase: H. Arendt, *The Life of Mind*, vol. 1, p. 214: «la voluntad es la capacidad interna por la cual el hombre decide sobre «quién seremos» y cf. A. Kalyvas, «From the Act to the Decision. Hannah Arendt and the Question of Decisionism», en: *Political Theory*, vol. 32, 2004, especialmente p. 336-337.

65. H. Arendt, *Denktagebuch*, vol. 2, p. 676.

O «PRINCÍPIO» DA AÇÃO: ARENDT E MONTESQUIEU

MIGUEL MORGADO

Keywords: Montesquieu, regime político, princípio.

Abstract: There is no great abundance of literature on Arendt's sources when it comes to studying political thinkers, as opposed to philosophers, who influenced her thought. In spite of Arendt's explicit admiration for specifically political thinkers, such as Tocqueville or Machiavelli, studies of her intellectual relationship with those thinkers are still scarce. Here, some of Arendt's central theses, mainly regarding the question of action, are viewed from the perspective of Montesquieu's influence on her work. In particular, it is shown that the notion of «principle of action» is the direct outcome of Arendt's reflection on Montesquieu's theory of political regimes.

I

POLÍTICA

É bem conhecida dos estudiosos da obra de Hannah Arendt a sua rejeição da sugestão de Günter Gauss de que ela faria parte do «círculo dos filósofos». A sua «profissão», corrige Arendt, é a «teoria política».[1] Por outro lado, os estudos

1. «"What Remains? The Language Remains": A Conversation with Günter Gauss» in: *Essays in Understanding 1930-1954*, ed. J. Kohn, Nova Iorque: Harcourt Brace & Company, 1993, p. 1-2. Ver *The*

arendtianos desencadearam um grande interesse na consideração das relações entre o pensamento de Arendt e outros filósofos como Heidegger, Platão, Aristóteles ou até Karl Jaspers. Esse interesse nem sempre é acompanhado pela orientação igualmente importante de examinar as relações do pensamento de Arendt com outros pensadores *políticos* a quem a autora dedicou implícita ou explicitamente muita atenção, como, por exemplo, Cícero, Maquiavel, Tocqueville, Burke passando por Carl Schmitt e Montesquieu. Numa carta a Karl Jaspers, Arendt afirma que a «filosofia ocidental nunca teve um conceito claro do que constitui o político, e não o poderia ter, porque necessariamente falava do homem enquanto indivíduo e lidava com o fato da pluralidade de modo tangencial».[2]

Ora, os autores mencionados expuseram a sua meditação sobre a política à luz da experiência primária da vida política. Talvez por essa razão não se deixaram prender ao discurso de desprezo, ou pelo menos de subordinação da vida política, transmitido por toda a tradição da filosofia política desde Platão. Nas suas obras, a vida política, não estando essencialmente ao serviço da vida contemplativa – evitando a reprodução da hierarquia tradicional –, nem das delícias da vida privada ou pré-política, adquire uma dignidade própria, algo que obviamente atrai Arendt. Talvez se possa dizer do político o que Arendt comentou acerca da compreensão da faculdade da vontade, a saber, que os «homens de ação» estão «em melhores condições de lidar com os problemas da Vontade do que os homens de pensamento (...)».[3] Montesquieu, em particular, não duvidava da prioridade da realidade política. Apesar da importância de interpretações bem fundamentadas que indicam Montesquieu como o pai fundador da sociologia[4] e, portanto, como um continuador da desvalorização da política, ou pelo menos da sua diluição entre as «várias coisas que governam os homens» – «o clima, a religião, as leis, as máximas do governo, os exemplos das coisas passadas, os costumes, as maneiras»[5] –, o magistrado de Bordéus não deixa de sublinhar logo no início da sua obra que começará pela análise do regime político – da sua «natureza» e do seu «princípio» – porque esta dimensão da atividade humana tem «suprema influência» sobre as «leis» que governam os homens.[6] O seu estudo da política e do todo da realidade humana procede do que ele afirma no prefácio a *De l'Esprit des Lois*, «comecei por examinar os homens (...)», evitando assim

---

Life of the Mind, Nova Iorque: Harcourt Brace & Company, 1978, vol. I, p. 3.

2. Kohler, L; Saner, H. (eds.), *Hannah Arendt Karl Jaspers: Correspondence 1926-1969*, trad. inglesa R. Kimber, R. Kimber, Nova Iorque: Harcourt Brace & Company, 1993, carta n. 109, 4 de março de 1951, p. 166.

3. *The life of the mind*, vol. II, p. 6.

4. Ver, por exemplo, Aron, R., *As Etapas do Pensamento Sociológico*, trad. portuguesa M. S. Pereira, 3. ed., Lisboa: Dom Quixote, 1994; Manent, P., *A Cidade do Homem*, trad. portuguesa F. Oliveira, Lisboa: Instituto Piaget, 1994.

5. Montesquieu, *De l'esprit des lois, oeuvres complètes*, R. Caillois (ed.), Paris: Gallimard, 1949, XIX.4. Ver edição portuguesa de M. Morgado (introdução, tradução e notas), *Do espírito das leis*, Lisboa: Edições 70, 2011.

6. *EL*, I.3. Cf. Arendt, «What is Freedom?» in: Arendt, H., *Between Past and Future*, Nova Iorque: Penguin Books, 1977, p. 150.

o «conceito personificado»[7] de Humanidade ou de Homem, isto é, partindo dos homens na sua particularidade e pluralidade. E Arendt confirma que a análise que Montesquieu oferece das formas de governo assenta em fundamentos que são «elementos autênticos da condição humana e refletem-se em experiências humanas primárias».[8]

No presente texto tentarei examinar algumas das mais importantes *apropriações* do pensamento de Montesquieu levadas a cabo por Arendt ao longo da sua obra.

II

MONTESQUIEU

Numa recensão que ficou famosa pelo debate que despertou, Eric Voegelin repreendeu severamente Arendt por esta se referir em *The Origins of Totalitarianism* à «transformação da própria natureza humana» enquanto objetivo das ideologias totalitárias. O que incomodou Voegelin não foi a análise do sistema político totalitário, mas esta ideia de que a natureza humana é transformável e, portanto, mutável. Com um tom professoral, o pensador austríaco avançou que é contraditório supor mutabilidade numa «natureza» ou essência. Como descreve Dana Villa, a resposta de Arendt assumiu um tom «quasi-existencialista».[9] Mas não deixa de ser significativo que Arendt tenha invocado um autor que estava cronológica e intelectualmente tão afastado do pensamento «existencialista». É à autoridade de Montesquieu que Arendt recorre para esclarecer o fundamento da referência à «transformação da natureza humana» que tanto perturbara Voegelin.[10] Segundo Arendt, a alteração das condições da existência humana em geral, e a destruição da liberdade «enquanto realidade política e humana», em particular, levadas a cabo pelo movimento totalitário exigem a confrontação com o fato histórico sem precedentes de se ter colocado «em causa» a «natureza humana enquanto tal». O objetivo de aniquilar a «espontaneidade» como qualidade e a «pluralidade» como característica do mundo humano convertem o totalitarismo num movimento transformador da «natureza» humana. Contra a abordagem essencialista de Voegelin, Arendt sugere que não há como contornar a factualidade da proposição segundo a qual «historicamente, conhecemos a natureza do homem na medida em que esta tem existência». Se é verdade que o ser humano pode

7. Ver *The life of the mind*, vol. II, p. 153-156.

8. «On the Nature of Totalitarianism» in: *Essays in Understanding*, p. 338.

9. VILLA, D., *Politics, Philosophy, Terror. Essays on the Thought of Hannah Arendt*, New Jersey: Princeton University Press, 1999, p. 31-32. Contudo, o pensamento de Arendt não pode ser confundido com mais outra versão do «existencialismo». Basta ler *The Human Condition*, p. 235, nota 74.

10. Tendo em conta a opinião de Voegelin a respeito do pensamento de Montesquieu, podemos supor que o autor de *The New Science of Politics* não se deixou impressionar. Ver VOEGELIN, E., *The Collected Writings*, J. Gebhardt, T. A. Hollweck (eds.), Columbia: University of Missouri Press, 1999, vol. XXV, p. 163. Não pecamos por exagero quando dizemos que, para Voegelin, Montesquieu era um autor menor, e incapaz de estar à altura dos temas que tratou.

conhecer, determinar e definir a essência das coisas que o rodeiam, será que esta possibilidade está aberta quando ele se interroga a si mesmo? Será que pensar nos termos dessa possibilidade, escreve Arendt a pensar na imagem heideggeriana, não é o equivalente filosófico a «saltar sobre as nossas próprias sombras»? As características, capacidades e qualidades dos homens são conhecíveis enquanto se manifestam como objetos da experiência.[11] Rejeitar esta simples indicação equivale a insistir na «falácia metafísica» da teoria dos «dois mundos»: «nenhum reino das essências eternas nos consolará se o homem perder as suas capacidades essenciais».[12]

No final da sua resposta a Voegelin, Arendt admite que o «medo» com que escreveu o capítulo conclusivo do livro sobre o totalitarismo é bastante semelhante ao «medo» partilhado por Montesquieu e evidenciado no seu admirável prefácio a *De l'Esprit des Lois*. Arendt cita a seguinte passagem: «O homem, esse ser flexível, dobrando-se na sociedade aos pensamentos e impressões dos outros, é igualmente capaz de conhecer a sua própria natureza quando ela lhe é mostrada, e de perder até o seu sentimento quando ela lhe é tirada».[13] O receio de Montesquieu associado ao diagnóstico da «crise do nosso século» permite compreender os riscos que a sociedade de massas corre. A possível mutação das condições de existência dos homens no sentido da negação do exercício das capacidades humanas essenciais tem como implicação o esquecimento do homem de si mesmo. Montesquieu sublinha que enquanto ser que constitui o «ponto de menor necessidade» da cadeia cosmológica, enquanto ser que mais resiste à obediência infalível às relações necessárias, pode, «a todo o instante, esquecer-se a si mesmo».[14] A lição de Montesquieu é simples: a humanidade do homem pode ser esquecida. Arendt mostra-nos os caminhos escuros de um mundo que tende a negar as condições de exercício das capacidades essenciais dos homens. O homem pode esquecer que está dotado de certas capacidades que manifestam a sua humanidade.

Presumivelmente, a referência ao «esquecimento» adquire para Arendt uma importância significativa. Montesquieu, patenteando as suas profundas raízes romanas, aparece como um autor que recupera a importância da memória enquanto faculdade mental primordial, a amputação da qual tinha gerado uma inequívoca «perda» para a filosofia *política* ou para um «entendimento romano da política». O pensador francês pode ser invocado no debate com Voegelin porquanto ao recuperar a memória, e ao alertar para os riscos do esquecimento, não perde «o sentido do caráter profundamente temporal da natureza humana e da

11. Magni, G., *Hannah Arendt: Esperienze di libertà*, Milão: FrancoAngeli, 1999, p. 63. Ver *The human condition*, p. 193.

12. Arendt, «A Reply to Eric Voegelin» in: *Essays in Understanding 1930-1954*, J. Kohn (ed.), Nova Iorque: Harcourt Brace & Company, 1994), p. 409; *The human condition*, p. 10.

13. *EL*, prefácio, p. 230.

14. *EL*, I.1; Binoche, B., *Introduction à* De l'esprit des lois *de Montesquieu*, Paris: Presses Universitaires de France, 1998, p. 37.

existência humana».[15] Por outro lado, o esquecimento do homem por si mesmo parece ter profundas afinidades com o abandono do pensar. Neste sentido, e em termos arendtianos, o esquecimento do homem por si mesmo significa o esquecimento do outro que está em nós, ou que nos acompanha, quando pensamos, e a consciência de apenas um dos interlocutores do dois-em-um socrático.[16]

No entanto, a referência a Montesquieu na resposta a Eric Voegelin introduz ainda outro tema crucial. De acordo com Arendt, «Montesquieu viu que a civilização Ocidental já não estava assegurada por leis, embora os seus povos ainda fossem governados por costumes que ele não considerava suficientes para resistir a uma investida do despotismo».[17] Arendt parafraseia Montesquieu a partir do capítulo VIII do livro VIII de *l'Esprit des Lois*. Nesse lugar, Montesquieu reflete sobre a corrupção ou degeneração do «princípio do governo monárquico», o governo – digamos assim – maioritário da sua época, mas que atravessava uma crise decisiva.

> «A maioria dos povos europeus ainda é governada pelos costumes. Mas se, por meio de um longo abuso de poder ou por meio de uma grande conquista, o despotismo se estabelecesse em certo momento, nem os costumes nem o clima resistiriam, e, nesta bela parte do mundo, a natureza humana sofreria, pelo menos durante um tempo, os insultos que lhe fazem nas outras três partes do mundo.»[18]

Se as leis instituem e delimitam o espaço público, são os costumes que regulam o domínio social. Na interpretação de Arendt, uma vez destruída a legalidade e os seus fundamentos, perde-se a «capacidade para a ação política responsável» e as pessoas «deixam de ser cidadãos no sentido pleno da palavra». Montesquieu insinua que a Europa atravessa um período caracterizado pela deterioração da autoridade da lei e da legalidade. O colapso do espaço público não determinou o colapso da moralidade ou de padrões de conduta decente, pois os costumes ainda governam a «maioria dos povos europeus». Enquanto seres «privados», os homens europeus ainda persistem em seguir esses padrões de conduta decente porque a memória e o hábito da tradição persistem, o que de certa forma vai garantindo a sobrevivência da sua vida coletiva e mantém a barbárie afastada. Mas a vida moral está destituída de alicerces sólidos; a sua vitalidade é mera inércia. Como acrescenta Arendt, «não se pode esperar que a tradição possa prevenir o pior por mais do que algum tempo». É como se a inércia não pudesse evitar o atrito que a consome. Cada «incidente» é potencialmente devastador; cada «contingência» é ameaçadora. De acordo com Arendt, as grandes revoluções do final do século XVIII e do século XIX, varreriam os vestígios da força da moralidade tradicional. Os novos dilemas da nova sociedade que saiu dessas revoluções, e os desafios que os novos tempos trouxeram, não encontraram uma

15. *Life of the mind*, vol. II, p. 117 e nota 6, p. 230. Comparar com *Mes Pensées*, n. 579, 2062-2063.
16. Ver *The life of the mind*, vol. I, p. 185.
17. «A Reply to Eric Voegelin», p. 409.
18. *EL*, VIII.8.

tradição que lhes respondesse eficazmente, nem «categorias de entendimento e padrões de julgamento» resistentes.[19]

Para Arendt, Montesquieu não é apenas mais um continuador da «tradição» do pensamento político. Trata-se antes de alguém que «reviu» criticamente o produto dessa tradição e, vários anos antes da chegada das Revoluções políticas e industriais, antecipou a «ruptura iminente da continuidade tradicional».[20] Dizer que a Europa é governada *apenas* pelos costumes significa que os fundamentos desses costumes desapareceram, perderam credibilidade ou foram destruídos. Viver em sociedades governadas exclusivamente pelos costumes é viver, por assim dizer, suspenso por fios frágeis. A civilização europeia ainda decente, ainda livre, ainda segura, atravessa, segundo Montesquieu, um período de extraordinária fragilidade em que, nas palavras de do pensador do século XX Alain, «pode ser dilacerada por um único golpe; e a barbárie entra pela fenda».[21] A fragilidade decorre diretamente do fato de se ter tornado problemática a resposta à pergunta «porquê *estes* costumes?». Para Arendt, este comentário é precioso porque ilustra as consequências da dissolução da «trindade romana», isto é, da «autoridade», da «tradição» e da «religião». Com notável presciência, o diagnóstico de Montesquieu aplica-se à Europa do século XVIII, assim como à Europa de 1913 ou à Alemanha de 1932. Uma vez removidos os alicerces dos costumes ainda saudáveis da civilização europeia, o caminho estava aberto à barbárie, assim que as circunstâncias especificamente políticas mudassem. Não é seguro que a condição do homem europeu contemporâneo tenha sido substancialmente mudada, e que o «medo» de Montesquieu e de Arendt seja para nós injustificado. Quem se atreve a negar que abandonamos definitivamente o hábito de «não-pensar» que é responsável por uma adesão não examinada – e, por isso, frágil – das «regras de conduta» temporariamente vigentes na nossa sociedade? Podemos ser tão optimistas ao ponto de negar que a nossa interpretação das relações morais vai além da mera «codificação» e que a nossa adoção dos «códigos» morais em vigor são suficientemente sólidas para impedir uma codificação diferente no futuro? Se esta adesão aos códigos morais contemporâneos for apenas produto do hábito, então os receios de Arendt adquirem alguma plausibilidade, tendo em conta que os «valores» apropriados pelo homem contemporâneo também já não podem contar com a vitalidade nem da religião, nem da tradição.[22]

É neste sentido que Montesquieu (cuja religiosidade é muito duvidosa) refere explicitamente a utilidade da religião, já que é «necessário para a sociedade que haja alguma coisa fixa».[23] Noutra passagem, Montesquieu reflete sobre a sobrevi-

19. Arendt, «Understanding and Politics» in: *Essays in Understanding*, p. 315-317. Ver também *On Revolution*, Londres: Penguin Books, 1990, p. 116.

20. Arendt, «The Tradition of Political Thought» *The promise of politics*, ed. J. Kohn, Nova Iorque: Shocken Books, 2006, p. 40.

21. Alain citado por Raymond Aron, *Memoirs: fifty years of political reflection*, trad. inglesa G. Holoch, Nova Iorque: Holmes and Meier, 1990, p. 452.

22. Ver *The life of the mind*, vol. I, p. 177-178; *On revolution*, p. 117-118.

23. *EL*, XXVI.2; ver XII.29, XXIV.2.

vência da república romana a tanta convulsão e agitação, e conclui que «Roma era um navio mantido por duas âncoras na tempestade: a religião e os costumes».[24] A imagem da religião como uma «âncora» indica que a política não é movimento puro, mas antes uma combinação judiciosa de movimento e de estabilidade.

III

MEDO

A publicação de *The Origins of Totalitarianism* veio atualizar as tipologias tradicionais das formas de governo. O século XX tornou necessário que se acrescentasse uma nova forma de governo desconhecida de todos os grandes teóricos que se dedicaram à exposição de tipologias de regimes políticos, de Platão a Montesquieu.[25] O enquadramento tipológico que precede a caracterização do regime totalitário levada a cabo por Arendt é, no entanto, mais devedor do pensamento de Montesquieu do que de Aristóteles.[26]

A abordagem do autor francês no estudo das formas de governo é, no mínimo, curiosa: para «descobrir» a «natureza» dos regimes políticos «basta a ideia que os homens menos instruídos têm deles».[27] Na análise das formas de governo Arendt acompanha Montesquieu e não Aristóteles, que propunha que se partisse das melhores, ou mais esclarecidas, opiniões da cidade sobre os diversos regimes e sobre as concepções de justiça que estes articulavam. Talvez se pudesse argumentar que a preferência de Arendt resultava de Montesquieu refletir melhor as experiências políticas primárias dos cidadãos do que Aristóteles. Mas é difícil defender com razoabilidade essa comparação quando se lê a *Política*. Arendt acompanha Montesquieu porque este percebeu como nenhum dos seus predecessores que a análise estática ou «essencialista» da política é insuficiente. Montesquieu é o único pensador político que introduz nas suas tipologias como elemento de primeira ordem o movimento dos Estados ou, mais rigorosamente, as paixões que os fazem mover-se, o seu «princípio». Esta é uma verdadeira mudança de perspectiva, já que como Arendt sublinha «o movimento necessário de um corpo político nunca pode ser encontrado na sua essência, nem que seja por esta essência – uma vez mais desde Platão – ter sido sempre definida tendo em vista a permanência».[28] Voltaremos mais tarde ao tema do «princípio» do governo; mas pretende-se, desde logo, chamar a atenção de que uma política despida de movimento é uma política em que a ação não está presente, algo dificilmente compreensível na teoria de Arendt. Se a ação é o começo de algo novo cujo resul-

24. *EL*, VIII.13. Se acrescentarmos a passagem de *EL*, XIX.4 em que Montesquieu observa que «as máximas do governo e os costumes antigos ditavam [o tom] em Roma», temos a afirmação plena da trindade romana várias vezes referida por Arendt: religião, autoridade, tradição.

25. Ver carta de Karl Jaspers a Hannah Arendt (n. 141), 3 de abril de 1953, p. 208.

26. Ver Villa, D., «Introduction: the development of Arendt's political thought» in: D. Villa (ed.), *The Cambridge Companion to Hannah Arendt*, Cambridge: Cambridge University Press, 2000, p. 2, 37.

27. *EL*, II.1.

28. *The origins of totalitarianism*, p. 467.

tado final é imprevisível, se constitui a interrupção dos automatismos e processos sociais rítmicos, se na sua própria dinâmica tem dificuldade em se manter dentro de limites,[29] então parece evidente que Arendt se sentirá mais próxima de um pensador político canônico que também seja incapaz de conceber a política sem movimento.

Ao tentar definir o totalitarismo como uma forma de governo, Arendt começa por considerar se, à semelhança das restantes formas de governo, também contém um «princípio de ação». O terror, um dos ingredientes do governo totalitário, não é suficiente para «inspirar» as ações dos homens, para «guiar» o seu comportamento. Ora, se o totalitarismo anula, ou tenta anular, a capacidade humana de agir será talvez mais adequado considerar que o governo totalitário «não necessita e não poderia sequer usar um princípio de governo».[30] Ao contrário da virtude, da honra e até do medo, princípios de governo que, de acordo com Arendt, são retirados do «domínio da ação humana», o terror intromete-se no político, corrompendo-o com a sua estranheza. Mas mais do que o terror ser um instrumento de domínio e de submissão, a tese de Arendt indica que o terror é a «essência» do totalitarismo, com a sua confusão de «vítima» e «carrasco». Assim, o terror não constitui um princípio de ação. Porém, com vista a preparar os indivíduos para os papéis de vítima e carrasco, o totalitarismo precisa de um «substituto» do princípio de ação. Arendt encontra esse substituto na ideologia ou, mais especificamente, na logicidade inerente às ideologias modernas: a «ordenação dos fatos num procedimento absolutamente lógico que parte de uma premissa aceite axiomaticamente, deduzindo-se tudo o resto daí», e que, na prática, resulta no desprezo total pelos fatos e pela experiência.[31]

O esforço de Arendt visa demonstrar a novidade do totalitarismo em contraposição às tiranias e despotismos que a História sempre registrou. Quase ninguém duvida desta absoluta novidade histórica. Mas é preciso ver como Arendt confronta o «seu» totalitarismo com o despotismo de Montesquieu. O primeiro ponto a registrar é o modo como Arendt analisa o medo enquanto princípio de ação. Em Montesquieu, recorde-se, o medo constituía o princípio do governo despótico. Era a paixão que conduzia o movimento do despotismo. Curiosamente, Arendt não deixa de incluir o medo como princípio retirado do «domínio da ação humana». O terror tem consequências diferentes do medo. As antigas tiranias «abolem as barreiras» que as leis colocam entre os homens – o que equivale à destruição da liberdade enquanto «realidade política viva». Mas ainda assim subsiste um certo espaço entre os homens no qual estes se podem mover de acordo com «movimentos guiados pelo medo». Já o terror destrói por inteiro esse espaço, fundindo a pluralidade de homens num só Homem, cuja atividade tem por objeto a «aceleração do movimento da natureza ou da história».[32] Claro que Arendt admite que a sociedade totalitária é a sociedade do medo omnipresente.

29. *The human condition*, p. 177, 191.
30. *The origins of totalitarianism*, p. 467.
31. Ver ibid., p. 468-472; «On the Nature of Totalitarianism», p. 356-358.
32. *The origins of totalitarianism*, p. 466-467.

Mas nega que, nesse contexto, o medo tenha «utilidade prática», na medida em que desaparece o fundamento dessa utilidade, isto é, o «evitar os perigos que o homem receia».[33]

Contudo, em Montesquieu, o medo não parece ser um princípio retirado da atividade do homem enquanto ser político. Embora seja verdade que o medo nos despotismos fornece indicações à conduta dos homens no sentido de «evitar os perigos que o homem receia», subjaz a impressão genérica de que o medo é paralisante. A esterilidade que emerge como característica inconfundível dos despotismos é consequência dessa paralisia geral infligida pelo medo.[34] A análise de Montesquieu do comportamento dos indivíduos sob um despotismo revela precisamente a mesma anulação da capacidade para agir que Arendt associa ao totalitarismo. A relação entre as ordens do déspota e a obediência dos súditos é quase mecânica – «(...) a vontade do príncipe, uma vez conhecida, deve produzir o seu efeito tão infalivelmente quanto uma bola lançada contra outra deve produzir o seu». Porquanto o medo desumaniza o homem, reduzindo-o a uma condição infra-humana. Assim, «o homem é uma criatura que obedece a outra criatura que quer», a quem cabe viver como vivem os animais, ou seja pelo «instinto», pela «obediência», pelo «castigo».[35] A educação nos regimes despóticos tem como objeto cultivar o servilismo. Mas o servilismo só perdura no coração de um homem desumanizado pelo medo. Os povos que vivem sob o despotismo serão «tímidos, ignorantes, abatidos», bastante à semelhança da criatura infra-humana que encontramos no estado de natureza.[36] A timidez a que Montesquieu se refere não é difícil de interpretar. O contato entre os homens é um dos principais veículos para o desenvolvimento das capacidades humanas. Ora, o despotismo isola os homens uns dos outros.[37] De modo a que um só possa comportar-se arbitrariamente, toda a sociedade deve funcionar previsivelmente. A resposta dos súbditos é mecanicamente infalível; logo, é igualmente previsível. Infalibilidade, previsibilidade, servidão, imposição da vontade arbitrária, isolamento, medo: tudo isto dispensa a comunicação entre os homens. O despotismo é, portanto, o regime que aniquila a comunicação, a fonte mais natural de convivência entre seres humanos. Tocqueville confirmaria este passo: «O despotismo (...) retira aos cidadãos qualquer paixão comum, qualquer necessidade mútua, qualquer desejo de se entenderem, qualquer ocasião de agirem em conjunto; ele empareda-os, por assim dizer, na vida privada. Eles tendiam já a apartar-se: ele isola-os; eles esfriam-se uns aos outros: ele gela-os».[38] Este tipo de governo oferece um mundo sem amizade, no sentido greco-romano da palavra, que indica a ação desempenhada por amigos em

33. *The origins of totalitarianism*, p. 467.

34. Ver *EL*, V.13.

35. *EL*, III.10.

36. *EL*, V.14. Ver I.2.

37. Ver *EL*, IV.3.

38. Tocqueville, A., *O antigo regime e a revolução*, trad. portuguesa L. Bom, Lisboa: Editorial Fragmentos, 1989, p. 13.

comum. Queixava-se um eunuco que jamais havia conhecido «esse compromisso chamado *amizade*». E sob Tibério, «a amizade era vista como um perigo».[39]

É notável que Montesquieu utilize o termo «despotismo» para caracterizar o que era mais frequentemente assinalado como «tirania». Mas essa opção terminológica tem um propósito concreto. Montesquieu pretende ir além da concepção tradicional de tirania que desde Platão e Xenofonte era definida pela substituição do governo das leis pelo puro desejo ou vontade do tirano. Recorde-se que, na literatura grega pré-aristotélica, «déspota» era um termo neutro que designava o senhor do lar que governava, nesse domínio privado, escravos e pessoas de índole servil, como as mulheres. Aristóteles dotou os termos *déspota* e *despótico* de uma conotação política desconhecida até então. Aristóteles alargou o âmbito da palavra, tornando-a relativa à *polis*, e ao governo político de uma comunidade em geral, quando apresentou a monarquia dos «aisimnetas», que, segundo o filósofo, é de «tipo tirânico devido ao caráter despótico». O déspota é um tirano porque trata os seus concidadãos como escravos. Aquilo que estava de acordo com a natureza no âmbito do lar, torna-se irreconciliável com a natureza no seio da *polis*.[40] Com o recurso à denominação «despotismo», Montesquieu procura refletir aquele que é, na sua opinião, o traço marcante deste regime: a transformação da comunidade política na extensão do domínio privado do déspota. Por outras palavras, Montesquieu vê no fenômeno despótico a privatização radical da vida humana.

Nos despotismos toda a comunidade política torna-se num prolongamento do harém do déspota. A linha que separa o domínio privado do público desaparece: todos resignam-se ao seu espaço privado, e todo o domínio político é a mera extensão do espaço privado do príncipe. O espaço privado do súbdito, porém, é exíguo ao extremo, pois não ultrapassa o círculo que rodeia o indivíduo; é pequeno demais para englobar sequer a família; o «respeito por um pai» ou a «ternura pelos filhos e pelas mulheres» não se interpõem entre o súbdito, que é um homem, e a ordem que recebeu. Tudo o resto é privatizado pelo príncipe em proveito de si próprio; a esfera pública não existe. A inexistência, ou a extrema simplicidade, das leis civis reflete o colapso da separação entre público e privado: «Tudo se reduz a conciliar o governo político e civil com o governo doméstico, os oficiais do Estado com os do harém».[41] O próprio déspota é retratado como alguém profundamente viciado nos prazeres sensuais e alheado da ação política.

39. *Lettres Persanes*, n. 15; *Considérations sur la grandeur des romains*, XIV, vol. I, p. 143. Mas nas repúblicas democráticas a amizade é omnipresente (ver *Mes Pensées*, n. 604, 551).

40. Boesche, R., *Theories of Tyranny: From Plato to Arendt*, University Park: The Pennsylvania State University Press, 1996, p. 167-169; Aristóteles, *Política*, ed. bilingue com tradução portuguesa A. C. Amaral, C. C. Gomes, Lisboa: Vega, 1998, 1285a30-1285b3. Ver 1333b23-29.

41. *EL*, V.14; Krause, S., «Despotism» in: D. W. Carrithers, M. Mosher, P. A. Rahe (eds.), *Montesquieu's Science of Politics: Essays on the* Spirit of Laws, Lanham: Rowman & Littlefield Publishers, 2001, p. 240.

O «Monarca do Oriente» está afogado na mais perfeita solidão, o que em termos arendtianos deve ser traduzido por *isolamento*.[42]

Arendt refere passageiramente que Montesquieu não nos diz de que «aspecto da condição humana» decorre o medo como princípio do governo despótico, mas da leitura de Montesquieu não é difícil de compreender que se trata da experiência da *inferioridade* ou, mais rigorosamente, da *fragilidade*, tal como sucedia no estado de natureza descrito no livro I.[43] Alguns parágrafos mais adiante no mesmo ensaio, Arendt supõe que Montesquieu não explicitou a experiência originária de onde resulta o medo como princípio de (in)ação[44] porque o autor francês, à imagem e semelhança da «tradição», não considerava a tirania ou o despotismo um regime político «autêntico». Em certo sentido, o comentário de Arendt é compatível com o que acabei de dizer acerca do despotismo. Por um lado, Arendt sugere que o medo enquanto «princípio de ação» está «fundamentalmente relacionado com aquela ansiedade que experimentamos em situação de completo isolamento», e portanto com a negação da condição humana essencial da pluralidade, que nos impede de «partilhar o mundo com os nossos iguais». Mas como uma das condições de possibilidade da ação é a parceria com iguais, então Arendt acaba por admitir que falar do medo como um «princípio de ação» é uma «contradição nos termos», pois só pode reproduzir o sentimento de «impotência». O medo é, por essa razão, «verdadeiramente antipolítico».[45] Por outro lado, a anulação do político levada a cabo pelo despotismo implica que este não seja um regime *político* autêntico. Segundo Arendt, Montesquieu teria descoberto que o despotismo «é a mais violenta e a menos poderosa de todas as formas de governo». Porquanto o poder pressupõe a ação conjunta de vários homens, ao passo que a violência consiste na utilização de «instrumentos» para a imposição da vontade ou da disciplina de um homem, ou de um grupo restrito de homens, sobre os restantes. Mas como Arendt assinala que «o poder é, de fato, da essência de todo o governo» e que, em contrapartida, a violência já não o é, então parece que, em última análise, Arendt teria de concordar com Montesquieu na negação de que o despotismo seja um regime político «autêntico», na medida em que é o governo mais violento e menos poderoso dentre todas as formas de governo.[46]

IV

PRINCÍPIO

As dissertações de Arendt em torno da ideia de ação constituem uma parte crucial da sua obra e do seu conceito do político. «Assim, a ação não só mantém a relação mais íntima com a parte pública do mundo comum a todos nós, como é a

42. *Mes Pensées*, n. 225.
43. Arendt, «Montesquieu's Revision of the Tradition» in *The Promise of Politics*, p. 66; cf. *EL*, I.3.
44. Também em «On the Nature of Totalitarianism», p. 336.
45. *Ibidem*, p. 336-337.
46. Arendt, *On violence*, p. 41-42, 51-52. Ver *The human condition*, p. 202.

única atividade que a constitui».[47] O seu objetivo é, como todos sabem, reformular a distinção entre *praxis e poiesis* consagrada por Aristóteles, que a tradição, de uma forma ou de outra, aceitou, e que reflete uma inclinação para a depreciação da política. Ora Arendt julgou proveitoso retornar a Montesquieu para elaborar um aspecto decisivo da sua teoria da ação.

A ação descobre vários elementos: o «fim» que é prosseguido, o «objetivo» orientador e o «sentido» que o decurso da ação desvela. Porém, é a introdução de um quarto elemento que justifica a apropriação de Montesquieu por Arendt. Esse elemento é aquilo a que Arendt denomina «princípio de ação» e que remete para o conceito de «princípio do governo» elaborado por Montesquieu. Como vimos, o pensador francês sempre insistiu que no estudo das formas de governo a apreensão da sua «natureza» não era suficiente. Isto é: a superfície jurídica dos regimes políticos apenas nos dá acesso ao aspecto estático da política. Por si mesma não consegue explicar o movimento ou a atividade das várias formas de governo, e, portanto, é insuficiente para a compreensão abrangente do fenômeno político.[48]

Arendt aposta na resolução simultânea da distinção entre *praxis* e *poiesis*, por um lado, e a elaboração de um conceito coerente de liberdade. Nesse sentido, o homem só é livre quando age. Agir, para Arendt, é iniciar, começar de novo. O impulso para a ação é inspirado pelos próprios homens que constituem por si mesmos, ou melhor, pela sua natalidade, o fundamento do início. O fato da disposição humana para a ação resulta de a vida humana ser ela mesma um começo. O início (*initium*) que coincide com o nascimento de um homem é também o início de um ser dotado da capacidade de iniciar, até porque o seu nascimento é o início de alguém novo e irrepetível que irrompe num mundo cuja existência o precede; do ponto de vista do mundo, o nascimento significa interrupção da normalidade, significa a concretização do extraordinário.[49] Mas para que a ação seja efetivamente livre não pode ser condicionada, nem pela vontade, como queriam as teorias do livre-arbítrio, nem pelo intelecto, como insistiam as várias versões da tese do predomínio da razão na determinação da conduta. Para que a ação seja livre é preciso que brote de um «princípio», de um «princípio de ação». O princípio é o conteúdo político particular de um ambiente que se respira. É o «princípio de ação» que dispõe – mas não determina – os homens a agir, e é do mesmo «princípio» que a ação se «alimenta».[50] É «inesgotável», assim como a

47. *The human condition*, p. 198.

48. *EL*, livro III.

49. *The human condition*, p. 177.

50. «Introduction into Politics» in: *The Promise of Politics*, p. 194. Apesar de Arendt reivindicar Montesquieu como originador da noção de «princípio», ela omite o fato de Montesquieu sublinhar que o «princípio» tem a sua origem na alma humana, que é uma «paixão». Consequentemente, Arendt prescinde de toda a análise que Montesquieu expõe do lugar que a educação ocupa em *todos* os regimes políticos. Todos os regimes políticos contêm «leis da educação» porque é necessário cultivar a paixão ou a «modificação da alma» que os sustenta. O exercício da cidadania, seja ela qual for, é sempre preparado por uma educação que tem por objeto mais ou menos consciente fomentar e cultivar o respectivo princípio do governo. È por isso que «cada família particular deve ser governada de acordo com o plano da grande família que as inclui a todas». Assim, e porque «as famílias são um governo em si mesmas», as lei da educação variam conforme

sua «validade» é «universal». Os homens agem livremente se forem «inspirados» pelo «princípio». A ação individual e coletiva resulta, assim, não do condicionamento de motivos ou motivações interiores, mas de um exterior que é «demasiado geral para prescrever objetivos particulares», e que, no entanto, fornece uma medida que permite o julgamento de cada «intuito particular». Em rigor, o «princípio» não precede a ação; o agente «manifesta plenamente» o princípio apenas no decurso da própria ação. O princípio torna-se «plenamente manifesto» apenas com a aparição/aparência da liberdade. Esta concepção performativa de ação tem, segundo Arendt, um precedente na teoria da *virtù* de Maquiavel, autor que, à semelhança de Montesquieu, se dedicou a transmitir um significado novo à palavra virtude. Tal como o princípio se atualiza com o desempenho da ação, também a ação livre contém o seu fim em si mesma, e não num qualquer produto do seu desempenho que possa adquirir uma existência independente da ação.[51]

A inclusão do «princípio de ação» como inspirador da ação política permite a Arendt escapar aos problemas que decorrem de uma concepção de ação determinada por elementos interiores ao indivíduo, e assim «despersonalizar» a ação política. O domínio público não é, pois, o espaço em que a expressividade do «eu» tem lugar, isto é, a exteriorização das profundezas da subjetividade não é compatível com o político. A ação desvela a pessoa que age; porém, a pessoa que, no espaço público, é reconhecida pelos seus pares corresponde à máscara pública ou à individualidade que não traz consigo os elementos que caracterizam a sua existência privada (pré-política). A pessoa que se manifesta no espaço público enquanto agente revela uma identidade inconfundível, mas separada da(s) sua(s) identidades pré-políticas. Tal como o ator no teatro, o agente desempenha um papel que é o seu, mas que não se confunde com as aspirações, motivos ou desejos que determinam a sua existência pré-política. É por isso que o conceito arendtiano do político exige um esforço de contenção e disciplina aos homens que nele falam e agem.[52]

O «princípio de ação» é também precioso para Arendt porque possibilita-lhe detectar o *princípio* do movimento que é a ação sem recair numa estrita relação de causa-efeito, o que implicaria a destruição da sua teoria da liberdade. Permite-lhe igualmente situar os atos humanos (livres) numa dimensão avaliativa. Por outras palavras, o «princípio de ação» garante que os atos enquadrados pela teoria arendtiana da ação não sejam levados a cabo num vácuo psicológico e moral.[53]

---

o tipo de governo, o que significa que o seu objeto muda de acordo com o regime: «Cada um segue o espírito do governo, e leva para sua casa o que vê estabelecido fora dela» (*LP*, n. 86; *EL*, VII.9). A ligação profunda entre as experiências privadas e públicas, que é responsável pela manifestação do «princípio», afasta Montesquieu de Arendt. Em vários momentos, Montesquieu indica que estas paixões que constituem os princípios dos governos são mais poderosas que qualquer lei, seja ela política, religiosa ou moral, porque o «dever é uma coisa fria e refletida», mas coisas como a honra ou a virtude política são paixões «viva[s]» que se alimentam delas mesmas e afectam todas as outras (*MP*, n. 219).

51. «What is Freedom?», p. 152-153. Ver também a referência a Maquiavel em *The life of the mind*, vol. I, p. 130.

52. Villa, *Politics, philosophy, terror*, p. 140.

53. Ver «On the nature of totalitarianism», p. 332.

A avaliação dos atos de acordo com o «princípio de ação» é, de certa forma, autorreferencial, tendo em conta que o ato manifesta o princípio e parte do princípio, mas não é arbitrária, nem subjetiva. É por isso que Arendt escreve que talvez se possa dizer que o «princípio de ação» «é a convicção fundamental que um grupo de pessoas partilha». Arendt acrescenta à lista de Montesquieu outros possíveis «princípios de ação»: à honra, ao medo e à virtude, Arendt acrescenta outras «convicções fundamentais» registradas pela História como a «fama», a «liberdade», a «justiça», a «igualdade». Curiosamente, Arendt omite o quarto «princípio de governo» enunciado por Montesquieu e que, segundo o magistrado de Bordéus, constituía a mola do governo aristocrático: a «moderação».[54] Talvez essa omissão se deva ao fato de o governo aristocrático ocupar uma posição efetivamente menor na tipologia de Montesquieu; ou talvez Arendt tivesse destinado outras funções para a noção de «moderação». Afinal, a «moderação» é «uma das virtudes políticas, por excelência», e torna-se indispensável perante uma forma de atividade que é potencialmente avassaladora e difícil de conter, como é a ação livre.[55]

Porém, quando nos familiarizamos com o conceito arendtiano de ação, e quando compreendemos melhor a relação íntima entre o «princípio» da ação e a própria ação, percebemos de uma dificuldade. A descrição por Arendt da ação humana apresenta relações especiais de compatibilidade com um «princípio de governo» específico: a honra.

> «Ao contrário do comportamento humano – que os Gregos, tal como todos os povos civilizados, julgavam de acordo com "padrões morais", tomando em conta motivos e intenções, por um lado, e objetivos e consequências, por outro –, a ação só pode ser julgada segundo o critério da grandeza porque está na sua natureza romper com o que é comumente aceite e alcançar o extraordinário, em que o que quer que seja verdadeiro na vida comum e quotidiana deixa de se aplicar porque tudo o que existe é único e *sui generis*.»[56]

Se a ação só pode ser julgada pelo critério da grandeza, então o princípio que a alimenta ou a inspira deve igualmente apontar para a grandeza ou para o inesquecível. Dos princípios enunciados que se inscrevem melhor na exibição da grandeza podemos destacar a «fama» – ou «distinção» – homérica (Arendt)[57] e a «honra» (Montesquieu). Em *De l'Esprit des Lois*, Montesquieu refere explicitamente que no contexto formado pela honra «as ações dos homens não são julgadas como boas, mas como belas; não como justas, mas como grandes, não como razoáveis, mas como extraordinárias».[58] Note-se a insuficiência dos critérios especificamente morais na tarefa de julgar a ação quando a honra é o «princípio». Ora, também no pensamento de Arendt é arredada a validade dos julgamentos

54. *EL*, III.4.

55. Ver *The human condition*, p. 191. Esta omissão de Arendt pode não representar uma violação tão enorme da teoria política de Montesquieu como, à primeira vista, sugere. Ver *EL*, XXIX.1.

56. *The human condition*, p. 205.

57. Cf. «Introduction into Politics» in: *The Promise of Politics*, p. 195; «What is Freedom?», p. 152.

58. *EL*, IV.2.

estritamente morais no âmbito da ação. É verdade que Arendt considera incompatível a crueldade ou a maldade com a ação livre, mas tal deve-se mais ao fato da evidência da contradição entre a crueldade (ou a maldade) e a elevação que os atores procuram. Arendt procura revestir os julgamentos da ação de critérios ou enquadramentos estéticos e não estritamente morais.[59] Como a citação de Montesquieu reproduzida anteriormente revela, também a ação inspirada pela honra condena à insuficiência ou à irrelevância os critérios e os propósitos morais. Também aí o elemento estético se sobrepõe ao estritamente moral. Os limites da ação são estéticos porque a grandeza é da ordem da estética, não da moral.

Nas monarquias movidas pela honra, «uma ação que se faça sem alarde é, de algum modo, inconsequente».[60] Associando a tipologia de Montesquieu à concepção teatral de política de Arendt, podemos dizer que é a honra que leva os homens a ser atores no palco do mundo e a deixar a sua impressão nos espectadores que assistem ao desenrolar dos acontecimentos.[61] Não é a virtude *republicana*, tal como Montesquieu a define, que fornece o princípio de governo mais adequado ao conceito arendtiano de ação, mas paradoxalmente a honra *monárquica*. Não é a virtude patriótica repressora da individualidade, mas a honra individualizante e ambiciosa que aparece como o «princípio de ação» mais apropriado à ação que se deixa avaliar pelo critério da grandeza e que serve o desvelar da personalidade perante o testemunho dos outros.[62] Se excluirmos a «fama» ou a «distinção», só a honra dispõe os homens a agir de forma a deixar um rasto de grandeza e brilho que seja aparente aos olhos (e ouvidos) dos espectadores. A ação não se cumpre se a «glória» individual não for possível.[63]

Quando reparamos na rejeição de Arendt da virtude cívica avançada por Rousseau, torna-se impossível negar a incompatibilidade da teoria arendtiana da ação com a concepção de virtude que Montesquieu propõe, a qual, no essencial, é a mesma que a de Rousseau, isto é, igualitária, patriótica, unanimista, potencialmente bélica e coletivizadora, em suma, negadora da pluralidade humana.[64] Por outro lado, Arendt não pode aceitar que a ação tal como ela a entende seja inspirada pelo «princípio» da honra, pois esta funda-se na «experiência fundamental» das monarquias e de «todas as formas hierárquicas de governo», a saber, que os homens diferenciam-se pelo nascimento. Ora, a concepção monárquica de política impede a constituição de um espaço público em que todos se aceitem como iguais. A monarquia não pode negar a desigualdade *política* dos homens

59. Kateb, G., «Political Action: its nature and advantages» *The Cambridge Companion to Hannah Arendt*, p. 139-140.

60. *EL*, III.5.

61. Ver *The human condition*, p. 188.

62. Ibid., p. 176, 194. Também não deve ser subestimado o fato de a honra, mais do que a virtude, servir os propósitos da desobediência civil e do desafio ao poder político tirânico. Ver *EL*, IV.2; III.9 (primeiro parágrafo).

63. *The Human Condition*, p. 180.

64. Villa, «Introduction: the development of Arendt's political thought» *The Cambridge Companion to Hannah Arendt*, p. 15.

sem se contradizer. Em contrapartida, Arendt é relativamente mais atraída pela concepção de república, que se baseia na «experiência fundamental» da convivência entre os homens e da pertença a «um grupo de homens igualmente poderosos». Mas admite que as repúblicas não visam à distinção individual, apenas a limitação do poder de cada cidadão pelo poder do seu concidadão. A virtude ou o «amor da igualdade» (Arendt prefere não acrescentar as outras traduções sentimentais que Montesquieu enumera como o «amor à pátria» ou o «amor da frugalidade») reflete o fato republicano do não isolamento de cada indivíduo, que, por sua vez, é garantido pela igualdade de poder de todos os cidadãos. «Estar só significa não ter iguais».[65]

Nas palavras de Arendt, «se (...) a ação e a palavra são as duas atividades políticas proeminentes, a distinção e a igualdade são os dois elementos constituintes dos corpos políticos».[66] Assim, e tomando em conta apenas os «princípios de ação», a teoria da ação política de Arendt supõe a possibilidade de se combinar a monarquia e a república democrática de Montesquieu, ou a honra e a virtude, o que vale por dizer a igualdade e a distinção. Estas últimas são os dois «aspectos essenciais da pluralidade humana».[67] O republicanismo arendtiano tem no seu centro estes dois elementos que só na aparência são contraditórios, mas que acabam por ser a fonte do seu brilho e constituir os recursos indispensáveis de uma ideia de espaço público onde a liberdade humana se realiza.

65. «On the Nature of Totalitarianism», p. 336.
66. «The Tradition of Political Thought» *The promise of politics*, p. 62.
67. Kohn, J., «Introduction» *The promise of politics*, p. xxvi.

DO ESTADO TOTAL AO TOTALITARISMO: CARL SCHMITT E HANNAH ARENDT

ALEXANDRE FRANCO DE SÁ

Keywords: Totalitarianism, Weimar Republic, law, State, political parties.

Abstract: The present paper starts by showing that Hannah Arendt's analysis of totalitarianism is deeply related with Carl Schmitt's use of the concept of «totaler Staat» to characterize the Weimar Republic's last period. This characterization is based in three main topics: the normativistic conception of law, the occupation of State structures by political parties, and the impossibility to distinguish State and society. The paper tries to show that Arendt's approach to totalitarianism is guided by an analog threefold characterization: the loss of contact with reality, the identification of the State with the 'onion structure' of the party, and the politicization of the whole social and individual life. Finally, the author argues that Arendt's description of Adolf Eichmann in *Eichmann in Jerusalem* is essentially articulated with this approach: this threefold distinction provides the source for the understanding of Arendt's characterization of the way in which Eichmann talks, acts and thinks.

Ao desenvolver o conceito de totalitarismo, a análise de Hannah Arendt surge, desde a década de 1950, marcada por uma ambiguidade fundamental. Por um lado, Arendt evoca com o termo totalitarismo dois regimes políticos concretos do século XX, o nazismo alemão e o estalinismo soviético, os quais são considerados na sua obra como únicos e sem precedentes. Por outro lado, o conceito de totalitarismo é também usado por Arendt para evocar a situação existencial capaz de gerar o advento de tais regimes totalitários, situação essa que, sendo a *ratio essendi* que determina nazismo e estalinismo, não se esgota na configuração concreta desses mesmos regimes. Para compreender os contornos e o alcance desta ambiguidade importa considerar duas questões, cuja abordagem marcará precisamente o ritmo da nossa reflexão. Em primeiro lugar, tratar-se-á de abordar a origem da concepção arendtiana do totalitarismo, mostrando como a sua ambiguidade encontra nesta origem a sua gênese. Em segundo lugar, importa mostrar em que medida é esta ambiguidade que permite a Arendt aludir a traços humanos do fenômeno totalitário fora do contexto específico do totalitarismo, proporcionando assim o pano de fundo para a alusão arendtiana à «banalidade do mal», personificada na figura do ex-oficial das SS Adolf Eichmann e evocada aquando do relato do seu rapto na Argentina e do seu julgamento e execução em Israel.

Comecemos, então, pela origem da concepção arendtiana de totalitarismo. Tal concepção encontra a sua origem no conceito de «Estado total» cunhado por Carl Schmitt na Alemanha do início da década de 1930, a partir das referências iniciais de Giovanni Amendola ao Estado fascista italiano como um *stato totalitario*. No pensamento schmittiano, um tal termo é usado, a partir de 1931, para a caracterização da situação política na República de Weimar, a qual aparecia, aos olhos de Schmitt, como o ponto culminante no qual a neutralidade do Estado liberal do século XIX, com a sua não-intervenção social e com a sua compreensão positivista e normativista do direito, não poderia deixar de desembocar. Em 1930, Schmitt publicara um pequeno ensaio em torno do pensamento de Hugo Preuss, um dos principais mentores da Constituição da República de Weimar, e da sua concepção de um Estado liberal e democrático, neutro e pluripartidário, no qual a expressão da «opinião pública» surgiria como a instância capaz de resolver hipotéticos conflitos entre os poderes que, ambos democraticamente legitimados, mutuamente se equilibravam e limitavam: o Presidente do Reich, assim como o Chanceler e o Governo por ele nomeados, por um lado; o Parlamento e os Partidos nele representados, por outro.[1] Em face de tal concepção, a subsequente caracterização schmittiana da República de Weimar como um «Estado total» – ou, como ele explicitará, um «Estado total de partidos» – não poderia deixar de ter um matiz fortemente polêmico. E o caráter polêmico desta caracterização tornar-se-á claro pela consideração dos três pontos que nos permitirão compreender o seu conteúdo.

O primeiro ponto a considerar na confrontação de Schmitt com a República de Weimar consiste na confrontação com aquilo a que se poderia chamar a hegemonia de uma compreensão positivista e normativista do direito. Na República de Weimar, o direito era compreendido como não sendo senão a norma estabelecida pelo legislador, sendo a Constituição apenas um conjunto articulado de normas que esse mesmo legislador, mediante determinados procedimentos (a aprovação por uma maioria de dois terços de deputados), poderia alterar. Segundo Schmitt, tal compreensão do direito inviabilizaria a distinção entre a norma jurídica e a

1. Cf. Schmitt, Carl, *Hugo Preuss: Sein Staatsbegriff und seine Stellung in der deutschen Staatslehre*, Tübingen: Mohr, 1930.

ordem política que lhe serve de fundamento, impedindo assim a compreensão de que o direito envolve o elemento decisório para além do normativo, e de que um Estado poderia exigir, para sua salvação e conservação da sua ordem intrínseca, a abertura de um «estado de exceção».[2] Reduzindo o direito à pura normatividade e o Estado a simples personificação da unidade de um sistema normativo, como o apresentava Hans Kelsen, a República de Weimar via-se despojada de uma compreensão do direito que pudesse impedir aquilo a que se chamaria a sua corrupção interior, estando aberta a transformar o «espírito», a «substância» ou a «essência» da sua constituição política em nome do cumprimento formal dos procedimentos normativos.

O segundo ponto da confrontação de Schmitt com a República de Weimar, o qual o conduz a utilizar o conceito de Estado total para caracterizar o Estado neutro e liberal weimariano, derivaria da relação dos partidos políticos com o Estado. Segundo a representação de Hugo Preuss, assim como de todos aqueles que partiam da concepção liberal de uma dicotomia entre uma sociedade intrinsecamente livre e um Estado neutro, limitado e não interveniente diante dessa sociedade, a sociedade seria constituída pela competição espontânea entre interesses, opiniões e mesmo «visões do mundo» que, uma vez organizados, legitimamente poderiam aspirar à conquista do poder político no seio do Estado. Na República de Weimar, se a Constituição era entendida não como uma «substância» política, mas como um conjunto de normas carentes de interpretação, os partidos organizar-se-iam como movimentos sociais e grupos de pressão que, diante da neutralidade do Estado, procurariam ocupá-lo e eventualmente transformá-lo de acordo com a sua própria «visão do mundo». Para Schmitt, na Alemanha do início da década de 1930, era precisamente essa a atitude de partidos como o comunista e o nazista.

Finalmente, o terceiro ponto para a caracterização polêmica da República de Weimar como um Estado total deriva desta paulatina ocupação do Estado pelos partidos. Se os partidos ocupavam progressivamente o Estado, se os funcionários partidários se instalavam progressivamente em funções estatais, ocupando o «aparelho do Estado» e tornando-o cada vez mais indiferenciado dos partidos e dos seus interesses, tal quereria dizer que o Estado liberal, à partida neutro e não interventivo, se transformaria no instrumento da intervenção política desses mesmos partidos. Uma tal intervenção corresponderia não apenas a uma eliminação da não intervenção ou da neutralidade estatal no âmbito da vida social, mas até à extensão desta intervenção à totalidade dos aspectos da vida social. Provenientes da sociedade, os partidos, ocupando o Estado, tornariam esse mesmo Estado indiscernível da própria sociedade, convertendo assim em políticas todas as dimensões da vida social. É, em última análise, a esta indiferenciação entre Estado e sociedade que, no contexto da República de Weimar, Schmitt chama o aparecimento do «Estado total de partidos». Como escreve Schmitt: «Os partidos nos quais se organizam os diferentes interesses e tendências sociais são a própria sociedade tornada Estado de partidos, e como há partidos determinados econó-

2. Cf. Schmitt, Carl, *Politische theologie*, Berlin: Duncker & Humblot, 1996.

mica, confessional, culturalmente, também já não é possível ao Estado permanecer neutral em relação ao econômico, ao confessional, ao cultural. No Estado que se tornou na auto-organização da sociedade nada há, pelo menos potencialmente, que não seja estatal e político».[3]

O caráter polêmico da caracterização por Schmitt da República de Weimar como um Estado total adquire então, neste último ponto, a sua plena clareza. Uma tal caracterização aponta, por um lado, para a dispersão do Estado por todas as dimensões sociais e para a sua incapacidade de decidir politicamente, enfrentando os interesses, moderando os partidos e governando a sociedade. Como dirá Schmitt: «O atual Estado alemão é total por fraqueza e falta de resistência, surgindo da incapacidade para fazer frente ao assalto dos partidos e dos interesses organizados».[4] Nesse sentido, o Estado total de partidos aparece como total em função da substituição de uma governação racional e teleológica dos homens por uma administração mecânica e eficiente das coisas por elas mesmas. Por outro lado, esta caracterização remete para aquilo que, segundo Schmitt, deveria ser a resposta à fraqueza de um Estado total de partidos. Face a um tal Estado fraco, Schmitt evoca a necessidade de um Estado forte, um Estado «total no sentido da qualidade e da energia, tal como o Estado fascista se chama um "stato totalitário", com o que ele quer dizer, à partida, que os novos meios de poder pertencem exclusivamente ao Estado e servem o seu aumento de poder».[5] A distinção schmittiana entre um Estado fraco, total segundo a sua identidade quantitativa com a própria sociedade, e um Estado forte, total segundo a sua capacidade de se destacar qualitativamente da sociedade, governando-a e determinando-a, é apropriada por outros autores que, a partir dela, como faz Heinz Otto Ziegler, traçam a diferença entre o Estado autoritário (um Estado suficientemente forte para recuperar uma autoridade diante da sociedade) e o Estado total (um Estado no qual a diferença entre Estado e sociedade, Estado e povo ou Estado e partido se esbateria).[6]

Com a chegada do nazismo ao poder, em 1933, autores como Ernst Fortshoff propuseram-se a interpretar o emergente Estado nacional-socialista como um Estado total no sentido de um Estado dotado de autoridade, um Estado autoritário que reencontraria a sua diferença qualitativa e o seu poder diante dos interesses, dos partidos e dos movimentos presentes na sociedade. Segundo Forsthoff, a convergência entre o partido nacional-socialista e o poder estatal deveria significar a diferenciação do Estado não apenas em face de todos os partidos em geral, mas também face ao próprio movimento nazista em particular. Como escreve Forsthoff: «O Estado e o movimento não são identificáveis um com o outro. O movimento pode emergir na pessoa do seu líder. O Estado não. [...] O Estado está ligado à tradição, à lei e à ordem».[7] Naturalmente, a proposta de Forsthoff,

3. Schmitt, Carl, *Der Hüter der Verfassung*, Berlin: Duncker & Humblot, 1996, p. 79.

4. Schmitt, Carl, «Weiterentwicklung des totalen Staates in Deutschland», *Positionen und Begriffe*, Berlin: Duncker & Humblot, 1994, p. 213.

5. *Idem, ibidem*, p. 212-213.

6. Cf. Ziegler, H. O., *Autoritärer oder totaler Staat*, Tübingen: Mohr, 1932.

7. Forsthoff, Ernst, *Der totale Staat*, Hamburg: Hanseatische Verlagsanstalt, 1933, p. 31.

colocando o Estado num plano de superioridade institucional face ao partido e ao movimento nazista, não poderia deixar de ser rejeitada pelo nazismo. E ela foi-o explicitamente: como escreveu Alfred Rosenberg, num artigo publicado no primeiro aniversário da chegada de Hitler ao poder, o que então se realizava na Alemanha, para o nazismo, não era «a chamada totalidade do Estado, mas a totalidade do movimento nacional-socialista».[8]

Em face desta rejeição, Carl Schmitt tenta ainda, após a sua filiação no Partido Nacional-Socialista, propor uma interpretação do novo Estado alemão como uma superação da dicotomia entre Estado e sociedade, e como a sua substituição por uma tríade constituída por povo, movimento e Estado: uma tríade na qual o movimento fosse o eixo político-dinâmico da própria unidade política, articulando o polo político-estático do Estado e o polo não-político do povo.[9] No entanto, tais soluções de compromisso são rejeitadas explicitamente por juristas nazistas ortodoxos, como é o caso de Otto Koellreutter,[10] para quem o Estado, longe de deter qualquer autoridade ou de ser caracterizado por qualquer diferenciação qualitativa face ao povo e ao movimento, não seria senão uma sua emanação, isto é, um instrumento colocado ao serviço do movimento nazista e reduzido a mera expressão de um povo politizado e mobilizado pelo dinamismo deste mesmo movimento. Dir-se-ia, então, que o próprio nacional-socialismo se autointerpreta não como o advento de um Estado total e forte, mas como uma construção política original: uma construção assente na representação de um enfraquecimento do Estado, assim como de um desaparecimento da estrutura autoritária, hierárquica e dicotômica que contrapõe governantes e governados, Estado e sociedade. É precisamente dessa autocompreensão que Arendt parte na sua abordagem do totalitarismo, aproveitando para articulá-la implicitamente com os traços daquilo a que Schmitt chamou o Estado total de partidos. Vejamos, então, o modo como se processa essa articulação.

A primeira das marcas atribuídas por Schmitt à República de Weimar, enquanto Estado total de partidos, consiste, como vimos, na substituição da substância política pela pura formalidade e normatividade da ordem jurídica. A partir desta substituição da realidade pela forma, poder-se-ia dizer que o Estado total consiste numa construção cuja vida se caracteriza pela perda da relação com a realidade política propriamente dita. É esta mesma perda de contato com a realidade política que, segundo Arendt, caracteriza essencialmente o totalitarismo. Tanto o normativismo jurídico analisado por Schmitt como o totalitarismo analisado por Arendt se caracterizam, antes de mais, por prepararem os homens e as massas modernas para «não acreditarem em nada visível, na realidade da sua própria experiência»: «O que convence as massas não são fatos, nem mesmo fatos inven-

8. Rosenberg, Alfred, «Totaler Staat?», *Gestaltung der Idee: Blut und Ehre II*, Munique: Zentralverlag der NSDAP, 1936, p. 21.

9. Schmitt, Carl, *Staat, Bewegung, Volk*, Hamburg: Hanseatische Verlagsanstalt, 1933, p. 12.

10. Cf. Koellreutter, Otto, *Volk und Staat in der Weltanschauung des Nationalsozialismus*, Berlin, Pan-Verlagsgesellschaft, 1935, p. 11.

tados, mas apenas a consistência do sistema do qual supostamente são parte».[11] A insistência arendtiana na importância da propaganda para o totalitarismo evoca justamente esta perda de contato com a realidade, chamando a atenção para o fato de este traço do totalitarismo, longe de se esgotar nos Estados totalitários, se estender para além deles. Do mesmo modo que o Estado total de que fala Schmitt, no seu funcionamento, apaga a própria realidade sob o normativo, o totalitarismo de que fala Arendt dissolve a realidade partilhada pelos homens, assim como o senso comum que está na base dessa partilha, numa avalanche mediática que forja, no seu lugar, um mundo fictício inteiramente coerente, sistemático, fechado sobre si mesmo e imune à vida.

Como segunda marca determinante da República de Weimar enquanto Estado total, como vimos, Schmitt evoca a ocupação de um Estado neutro por partidos que o tornam indistinto das suas estruturas partidárias. Diria-se que, segundo Arendt, o totalitarismo consiste na consumação desta ocupação, através da assimilação entre Estado e partido e da conversão do governo numa «fachada impotente que esconde e protege o poder real do partido».[12] É a partir deste desaparecimento da autoridade estatal, na sua relação de superioridade hierárquica face à sociedade, que Arendt pode atribuir ao movimento totalitário uma forma «semelhante a uma cebola», na qual a estrutura hierárquica ou piramidal da autoridade é substituída por uma estrutura horizontal constituída por camadas que, encerrando-se sobre elas mesmas, isolam as camadas interiores de qualquer contaminação proveniente do contato com o exterior. Como escreve Arendt: «A multiplicação de cargos, a duplicação de funções, e a adaptação das relações dos simpatizantes do partido às novas condições quer dizer simplesmente que é retida a estrutura peculiar do movimento, de tipo cebola, em que cada camada era a frente da próxima formação, mais militante. A máquina do Estado é transformada numa organização de frente de burocratas simpatizantes, cuja função, nos assuntos domésticos, é espalhar confiança entre as massas dos cidadãos meramente coordenados, e cujos negócios estrangeiros consistem em enganar o mundo exterior, não-totalitário».[13] Face a um Estado que pressupunha uma autoridade e uma governação piramidal, o totalitarismo concebido por Arendt, herdando o processo de ocupação do Estado pelos partidos de que falara Schmitt, consiste na destruição da própria estrutura hierárquica do Estado e na sua redução à imanência fluida do movimento, admitindo que «qualquer forma de estrutura legal e governativa só pode ser um entrave para um movimento que está a ser embalado numa certa direção com velocidade crescente».[14]

Em terceiro lugar, se Schmitt, ao caracterizar a República de Weimar, associara o conceito de Estado total à politização de todos os aspectos da vida humana e social, dir-se-ia que o totalitarismo consiste, na análise de Arendt, nesta mesma politização. Para Arendt, politizando toda a realidade, o totalitarismo especificar-

11. Arendt, H., *The Origins of totalitarianism*, New York: Meridian, 1972, p. 351.
12. *Ibidem*, p. 395.
13. *Ibidem*, p. 413.
14. *Ibidem*, p. 398.

se-ia, na sua relação com a política, pela inevitável perda da facticidade, assim como pela identificação entre o real e o que é possível a um poder que se lhe depara sem encontrar resistências. Como escreve Arendt: «O problema com os regimes totalitários não é o de que eles desempenham o poder político de um modo especialmente impiedoso, mas o de que atrás da sua política está escondido um conceito de poder inteiramente novo e sem precedentes, tal como atrás da sua *realpolitik* se encontra um conceito de realidade inteiramente novo e sem precedentes».[15] Diria-se que, se a condição humana não pode deixar de partir daquilo a que em termos heideggerianos se chamaria uma experiência de finitude, isto é, um estar lançado e disperso num mundo já sempre dado, o totalitarismo que aqui está em causa consiste na promoção de uma experiência do mundo especificamente in-humana, na medida em que nela a própria realidade, longe de ter um estatuto propriamente fático, consistente e resistente ao poder, se reduz a algo simplesmente «posto» pelo processo de politização e «exposto» ao poder que determina esse mesmo processo.

A noção de que a caracterização arendtiana do totalitarismo encontra a sua origem no cruzamento entre a análise do nazismo e do estalinismo, por um lado, e o uso dado por Schmitt ao conceito de Estado total, por outro, é essencial para compreender o modo como Arendt completará tal caracterização através da evocação do tipo de homem promovido pela experiência totalitária. O caso de Adolf Eichmann será, como se sabe, o exemplo paradigmático para a caracterização deste modo de ser humano promovido por um poder totalitário. Ao caracterizar Eichmann como um homem banal, Arendt desenvolve já a sua análise num sentido que se articula com a ambiguidade do totalitarismo: longe de se basear na brutalidade, na ferocidade e no fanatismo dos sequazes de Hitler e de Estaline, o totalitarismo assentaria na promoção de um homem «normal, demasiado normal», um tipo de homem que se pode desenvolver e cultivar, com consequências imprevisíveis, em sociedades com configurações distintas das sociedades totalitárias do século XX. Vejamos brevemente, para concluir, o modo como um tal tipo humano se articula com os traços do totalitarismo presentes tanto na análise schmittiana do Estado total como na análise arendtiana do movimento totalitário.

À redução do fático ao normativo, e ao eclipse da riqueza da realidade fática pela consistência da propaganda, dir-se-ia que corresponde um homem incapaz de referir aquilo que diz à realidade. Esta incapacidade traduz-se em dois aspectos essenciais. Por um lado, aquilo que é dito é, para usar um termo de Heidegger, apenas um *Gerede*, aquilo que toda a gente diz precisamente porque por toda a gente é dito. O tipo humano que aqui está em causa é banal, antes de mais, precisamente porque não diz senão aquilo que se diz, desaparecendo atrás dos *clichés* que lhe saem como sendo apropriados à situação que se lhe depara. Por outro lado, aquilo que assim é dito, tendo a sua fonte apenas no lugar-comum que o origina, não possui mais nenhuma consistência proveniente da articulação com a realidade. A descrição por Arendt das últimas palavras de Eichmann, após

15. *Ibidem*, p. 417.

o julgamento e antes da sua execução, são aqui o melhor exemplo deste modo de falar peculiar ao homem promovido pelo poder totalitário: «Ele começou por afirmar enfaticamente que era um *Gottgläubiger*, expressando de uma maneira nazista comum que não era cristão e não acreditava na vida após a morte. Então prosseguiu: "Dentro em pouco, cavalheiros, *encontrar-nos-emos todos*. Tal é o destino de todos os homens. Viva a Alemanha, viva a Argentina, viva a Áustria. *Não as esquecerei*". Em face da morte, encontrara os clichés usados na oratória funerária. No patíbulo, a sua memória pregou-lhe a última partida; estava "exultante" e esquecera-se que era o seu próprio funeral.»[16]

Se a redução da fala àquilo que se diz, ao *Gerede*, e o «terrível talento para se consolar com *clichés*»,[17] consiste na característica mais imediata do homem formado pelo totalitarismo, correspondente à obstrução do acesso à realidade através de uma propaganda inteiramente coerente e fechada sobre si mesma, a ocupação do aparelho de Estado pelos partidos, tal como a que ocorre na República de Weimar analisada por Schmitt, do mesmo modo que a redução do Estado à expressão de um partido que o determina, característica do fenômeno totalitário segundo a caracterização de Arendt, encontra a sua correspondência no agir de um homem reduzido à condição de simples funcionário. Como no Estado total ninguém governa ou decide de forma transcendente, e tudo se passa como a pura e simples decorrência de um processo administrativo no funcionamento que lhe é imanente, o homem cultivado por uma tal situação totalitária distingue-se não apenas pela sua eficiência funcional, mas sobretudo por esta mesma eficiência funcional, assim como a carreira de sucesso que ela permite, constituir o único critério diretriz do seu agir. Eichmann é justamente o paradigma de um homem cujo agir é determinado exclusivamente pelo critério funcional da eficiência e da organização. O agir de Eichmann é, segundo a sua própria análise, justificado pela sua eficiência técnica; e esta eficiência depende de uma focalização nos meios que, tornando os fins indiferentes, erradica qualquer meditação sobre estes mesmos fins: «Eichmann afirmou mais do que uma vez que os seus dotes organizativos, a coordenação de evacuações e deportações atingidas pelo seu departamento, tinham ajudado de fato as suas vítimas; tinham tornado mais fácil o seu destino. Se aquilo tinha de ser feito, afirmava, seria melhor ser feito em boa ordem».[18]

Finalmente, correspondendo à politização de toda a vida social, enquanto elemento determinante do Estado total analisado por Schmitt e do totalitarismo analisado por Arendt, o homem totalitário surge não apenas caracterizado por um modo peculiar de falar e de agir, mas também – e sobretudo – por um modo de pensar distinto. Encontrando em Eichmann este paradigma de um modo distinto de pensar, manifestado no seu dizer feito de *clichés* e no seu agir inteiramente funcionalizado, Arendt aborda o modo de pensar de Eichmann por referência a um episódio no qual este, durante o seu julgamento, «declarou de repente, com

16. Arendt, H., *Eichmann in Jerusalem*, New York: Penguin, 1992, p. 252.
17. *Idem, ibidem*, p. 55.
18. *Idem, ibidem*, p. 190.

grande ênfase, que vivera toda a sua vida de acordo com os preceitos morais de Kant, e especialmente de acordo com uma definição kantiana de dever».[19] Não conseguindo relacionar-se com a realidade onde os outros se situam e reduzindo o seu agir a uma funcionalidade mecânica, Eichmann, como paradigma do homem totalitário, é aqui o homem incapaz de pensar a partir da perspectiva e do lugar do outro. Assim, face à pretensão de Eichmann de ter vivido dc acordo com a normatividade kantiana, Arendt observa que, no julgamento, embora Eichmann tenha surgido, «para surpresa de todos, com uma definição aproximadamente correta do imperativo categórico», ele «distorceu-o» no sentido de agir sem pensar, seguindo simplesmente as leis positivas. A sua conduta kantiana convergiria assim com o puro positivismo do seguinte imperativo: «age como se o princípio da tua ação fosse o mesmo que o do legislador ou da lei da terra – ou, na formulação de Hans Frank do "imperativo categórico do Terceiro Reich", que Eichmann pode ter conhecido: "age de tal maneira que o Führer, se conhecesse a tua ação, a aprovaria"».[20]

É, em última análise, esta amputação do pensar no homem, esta redução do homem a um funcionário banal, cumprindo mecanicamente a sua função e sendo incapaz quer de pensar criticamente por si mesmo quer de confrontar os seus juízos com os outros, que possibilita compreender a perplexidade arendtiana na evocação de uma «banalidade do mal», assim como justificar a ambiguidade da sua concepção de totalitarismo. É um homem banal, como Adolf Eichmann, e não apenas um militante fanático de uma ideologia totalitária, que pode corromper o seu pensar e o seu juízo crítico ao ponto de dizer apenas o que se diz e de agir cegamente segundo o que lhe é ordenado, mesmo quando tal implica cometer atos atrozes e criminosos. E tal significa a confirmação de que o totalitarismo não se esgota nele próprio, estendendo os seus traços para além das configurações totalitárias do poder e atingindo com os seus traços as várias formas políticas em que, mesmo sem tais configurações, os homens são cultivados como funcionários banalizados e acríticos.

19. Arendt, H., *Eichmann in Jerusalem*, New York: Penguin, 1992, p. 135-136.
20. *Idem, ibidem*, p. 136.

III

EICHMANN EM JERUSALÉM E A OBRA DE HANNAH ARENDT – A NOÇÃO DE BANALIDADE DO MAL

HANNAH ARENDT, ADOLF EICHMANN. DO MAL RADICAL E DA SUA BANALIDADE[1]

ANTÓNIO ARAÚJO

Keywords: Nazism, evil, banality of evil, judgment, public sphere vs. private sphere.

Abstract: In this paper, the author aims to discuss the «banality of evil», proposed by Hannah Arendt in *Eichmann in Jerusalem*, in the light of Arendt's thought on the issue of publicity and public space, on the one hand, and the Kantian critique of judgment, on the other. The purpose is to find a common path between the analysis of the origins of totalitarianism – where the problem of public v. private distinction is central – and the notions of «banality of evil» and «radical evil».

O tópico da publicidade atravessa toda a obra de Hannah Arendt, onde ocupa um lugar de destaque em *A Condição Humana* (1958), estando, todavia, já presente no seu primeiro livro do pós-guerra, *As Origens do Totalitarismo* (1951). Depois, será retomado na construção do conceito de «banalidade do mal» que marcou *Eichmann em Jerusalém* (1963) e, finalmente, na interpretação da obra de Kant, a terceira parte de *A Vida do Espírito* (1978-1982), que Arendt não chegou a concluir.

1. Intervenção no colóquio «Eichmann em Jerusalém – 50 Anos Depois», realizado na Faculdade de Direito da Universidade de Lisboa nos dias 27 e 28 de abril de 2011. Agradeço aos organizadores do Colóquio o convite para participar nesse encontro. Tratando-se de um texto que serviu de base a uma intervenção oral, optou-se por não colocar notas de rodapé nem indicação de referências bibliográficas.

A sua visão da publicidade pode sintetizar-se numa frase de Heidegger, que Arendt utiliza no prefácio a *Homens em Tempos Sombrios* (1968): *Das Licht der Öffentlichkeit verdunkelt alles*, que poderíamos traduzir como «A luz do público obscurece tudo». Nessa máxima de *Ser e Tempo*, Heidegger insurge-se contra a falsa autenticidade dos tempos modernos ou, mais precisamente, contra a força irresistível da trivialidade – da *tagarelice*, para usar as suas palavras – que destrói tudo quanto é real e autêntico ou verdadeiramente merecedor da atenção dos homens.

Para Arendt, a frase de Heidegger, simultaneamente sarcástica e perversa, era um resumo eloquente dos «tempos sombrios», da época em que «o domínio público perdeu a capacidade de iluminação que originalmente fazia parte da sua natureza», como escreveu no texto «Pensamentos sobre Lessing».

Arendt explicava assim o advento dos tempos sombrios:

> «Se a função do domínio público é iluminar os assuntos dos homens, proporcionando um espaço de aparências [a tradução mais correta talvez seja "espaço de aparecimento"], onde eles podem mostrar, em palavras e atos, para o melhor e para o pior, quem são e o que sabem fazer, então as trevas chegam quando esta luz é apagada pelas "faltas de credibilidade" e pelo "governo invisível", pelo discurso que não revela aquilo que é, preferindo escondê-lo debaixo do tapete, pelas exortações, morais ou outras, que degradam toda a verdade, convertendo-a numa trivialidade sem sentido.»

Hannah Arendt sente a falta daquele «espaço de aparecimento», de um local onde os homens possam mostrar, para o bem e para o mal, quem são e o que sabem fazer. A *polis* grega fornece a imagem perfeita desse local. Na *polis*, os homens dispunham de um espaço onde podiam expressar – e partilhar – as suas qualidades e, por isso, estavam protegidos da tagarelice e da futilidade. Nesse círculo restrito de excelência e distinção, os habitantes da cidade-Estado competiam entre si pelo apreço dos seus pares e, norteados por um ideal de imortalidade e heroísmo, relatavam acontecimentos passados, estórias de feitos notáveis e dignos de admiração. Desse modo, a *polis* surgia como uma verdadeira «organização da memória», que resgatava os homens da lei da finitude e do esquecimento. Os acontecimentos humanos, através de um contínuo trabalho de rememoração, eram libertados da erosão do tempo. De igual forma, a *polis* transportava o extraordinário para o quotidiano, dando um novo sentido à vida dos atenienses. Assim, escrevia Arendt, a *res publica* atuava para os romanos como um dispositivo contra a futilidade dos seus quotidianos.

Um local deste gênero – um «espaço agonístico», competitivo mas também persuasivo ou argumentativo – só pode nascer no seio de uma comunidade homogênea, em que todos os habitantes da cidade-Estado se conheciam e usavam da palavra em igualdade de condições. Homogeneidade moral, ausência de anonimato e igualdade política constituíam, assim, os três fundamentos da existência da *polis*. A sobrevivência do «espaço agonístico» dependia, pois, de um princípio de restrição de acesso ou, mais concretamente, da limitação dos direitos de cidadania aos atenienses livres do sexo masculino.

Daí que uma reabilitação da *polis* seja impensável nos nossos dias. A erupção da sociedade de massas e o alargamento dos direitos de cidadania arrasaram os fundamentos do «espaço agonístico», pois trouxeram a heterogeneidade moral para o espaço público, condenando-o ao anonimato e à desigualdade. Enquanto na Grécia clássica existia uma desigualdade entre os membros da *polis* e a multidão dos excluídos (escravos, mulheres, metecos), agora a diferenciação foi transportada *para o interior* do espaço público: *de jure*, a entrada nesse recinto está agora aberta a todos, mas, uma vez lá, não existem oportunidades iguais de intervenção e, mais ainda, não existe um critério claro que determine essa desigual capacidade de intervenção na esfera pública. Seja no acesso, seja na permanência, seja na intervenção, o espaço público, em especial nas sociedades de massas, parece exigir sempre um elemento de discriminação e, desse modo, a existência de elites surge quase como que uma fatalidade. Não admira, pois, que certos autores, como Margaret Canovan, Sheldon Wolin ou Hanna Pitkin, critiquem a obra de Arendt, considerando que a mesma incorpora dois princípios políticos contraditórios: por um lado, um princípio democrático, que se exprime no apelo à participação dos cidadãos; por outro, um princípio elitista, que concebe as restrições à cidadania como uma *conditio sine qua non* de sobrevivência do espaço público.

Procurando resolver esta aparente contradição no pensamento de Arendt, Maurizio Passerin d'Entrèves, num livro que constitui uma síntese notável daquele pensamento, sustenta que a autora de *A Condição Humana* adotou dois modelos de ação, um «expressivo» e outro «comunicativo», correspondendo estes, por sua vez, a duas visões do espaço público, ora como «cenário dramático» (de tipo elitista), ora como «espaço discursivo» (de tipo democrático). Sheyla Benahib fala, a este propósito, numa dualidade entre «espaço público agonístico» e «espaço público associacional». Mais do que proceder a estes *distinguo*, importa ter presente a própria evolução do pensamento de Arendt, que quando escreveu *A Condição Humana* possuía uma visão heroicizada, individualista e elitista da política, que mais tarde foi abandonando em favor da participação cívica nas decisões coletivas, o que a levará a, fascinada pela revolução húngara, defender uma «democracia de conselhos» em *Sobre a Revolução* (1963). Pela sua curiosidade, vale a pena recordar que, de acordo com a sua biografia mais completa, da autoria de Elisabeth Young-Bruehl, Arendt acompanhou com entusiasmo o 25 de abril de 1974.

Outro aspecto fundamental do seu pensamento político é a ideia de diluição das fronteiras entre público e privado, que Arendt inscreve no contexto mais vasto da sua complexa teoria da modernidade. Para Arendt, os tempos modernos são os tempos do «social», em que os homens «perderam o mundo» quando trocaram o espaço público de ação pelo espaço privado dos interesses econômicos. Importa recortar estes conceitos: segundo Arendt, o «social» consiste num processo de expansão desmesurada das atividades econômicas, que se desenvolveu desde o século XVIII, e acabou por transformar o econômico na questão política central das sociedades modernas. A «perda do mundo», por sua vez, designa a restrição ou mesmo a eliminação da esfera pública, do «espaço de aparecimento», e a sua progressiva mas irreversível substituição pelo mundo privado da introspecção solitária.

Na modernidade, o trabalho tornou-se a componente mais relevante da *vita ativa* e o *homo laborans* liquidou o *zoon politikon*. De acordo com Hannah Arendt, num mundo em que o trabalho tem um valor supremo, as atividades privadas dos homens abandonaram o círculo íntimo em que se moviam (*oikos*) para integrar a esfera pública. As necessidades econômicas tornam-se uma questão política central, a ponto de o espaço público da liberdade (política) ser dominado pelo espaço privado da necessidade (economia). Por outras palavras, a esfera privada dissolve-se no espaço público e este, por sua vez, passa a ser dominado por ela. É esta diluição entre público e privado que constitui o ponto fulcral da sua teoria da modernidade e explica a grande tragédia do nosso tempo: o totalitarismo. O que o sistema totalitário tem de específico, e absolutamente «novo», é a destruição, em simultâneo, da esfera da vida pública através do isolamento dos homens e da aniquilação das suas capacidades políticas, e da esfera da vida privada, no que esta implica de espaço de autonomia individual.

Essa ideia surge logo em *As Origens do Totalitarismo* e é aprofundada no conceito de «banalidade do mal» que celebrizou a sua reportagem sobre o julgamento de Eichmann. Depois de assistir ao julgamento de Eichmann, Arendt concluiu que o traço mais característico, ou mesmo essencial, da sua personalidade era a ausência de um móbil definido ou, mais precisamente, era o fato de ele «não se ter dado conta do que estava a fazer», afirmação que, do ponto de vista historiográfico, tem sido severamente criticada.

Arendt prossegue: «Eichmann não era estúpido. Foi a ausência pura de discernimento – o que não é a mesma coisa do que a estupidez – que lhe permitiu tornar-se um dos maiores criminosos da sua época. Isso é «banal» e mesmo cômico: por muito que nos esforcemos, não conseguimos descobrir em Eichmann um mínimo de profundidade diabólica ou demoníaca». Os crimes de Eichmann não resultaram da sua estupidez ou da sua maldade: eram, sim, um reflexo da sua insensibilidade ao mal, daquilo a que Arendt chamou «a ausência pura de discernimento». Para ela, o «caso Eichmann», bem como todos os «casos» do pós-guerra, suscitam uma das questões morais mais complexas de todos os tempos: a questão da natureza e dos mecanismos do juízo. De fato, o nazismo foi um fenômeno de tal forma «novo» que os homens não dispunham de regras ou códigos para lidar com ele e, como tal, *tiveram de se guiar única e exclusivamente pelos seus próprios juízos*.

Na Alemanha nazista, «os raros homens que continuaram a ser capazes de distinguir o bem do mal fizeram-no por sua própria iniciativa, e livremente. [...] Tiveram de julgar por si próprios todos os casos que se lhes deparavam, pois não existe regra para o que não tem precedentes». Esta é uma frase essencial: *não existe regra para o que não tem precedentes*. A escrupulosa aplicação de Eichmann no cumprimento minucioso de regras burocráticas talvez seja uma resposta possível à anomia que o Holocausto introduziu. Desse escrúpulo burocrático alimentava-se a fuga à formulação de um juízo crítico e, de fato, a abdicação da faculdade de julgar foi, para muitos, a forma de escapar à vivência da ordem totalitária. Na verdade, a partir do momento em que os homens deixam de se questionar sobre o sentido das suas ações, o horror torna-se uma trivialidade. É então que emerge «a terrível, a indizível, a impensável *banalidade do mal*».

Qual a relação de tudo isto com o problema da publicidade, por onde comecei a minha intervenção? Para compreendermos essa conexão, teremos de avançar até aos últimos escritos de Hannah Arendt, os dois volumes de *A Vida do Espírito – O pensar* e *O querer*. E, em especial, a sua interpretação da crítica kantiana do juízo (*O julgar*, a última parte da sua trilogia inacabada). No início de *O Pensar*, Hannah Arendt confessa que o seu interesse pela «vida do espírito» nasceu aquando do julgamento de Jerusalém. Uma vez mais, reconhece a impressão causada pela personalidade vazia de Eichmann: «Os atos eram monstruosos, mas o agente – ao menos aquele que estava a ser julgado – era bastante comum, banal, e não demoníaco ou monstruoso. Nele não se encontrava sinal de firmes convicções ideológicas ou de motivações especificamente más, e a única característica notória que se podia perceber no seu comportamento [...] não era estupidez, mas *irreflexão*». Foi essa «ausência de pensamento» que despertou o interesse de Arendt pelos problemas da «vida do espírito», procurando uma resposta para a seguinte e cruciante questão: até que ponto a prática do mal exige uma «ausência de pensamento»?

Como referi, Hannah Arendt já se tinha apercebido de que o «caso Eichmann» se relacionava, antes de mais, com a faculdade do juízo, com a «capacidade de distinguir o bem do mal e o belo do horrível». E é no estudo dessa faculdade que Arendt se depara com a crítica kantiana do juízo, a qual, em seu entender, constituía o fulcro da teoria política de Kant. Ao interpretar a crítica do juízo, Arendt sublinha a distinção entre *sensus communis* e *sensus privatus*. O *sensus communis* designa, desde São Tomás de Aquino, uma espécie de «sexto sentido» que «adequa as sensações dos cinco sentidos estritamente privados [...] a um mundo comum compartilhado por outros». Ele exprime, portanto, a necessária ligação do sujeito a uma comunidade ou, noutra perspectiva, a *necessária comunicabilidade do juízo*.

Relembremos que Kant, na *Crítica da Faculdade do Juízo*, definia o *sensus communis* do seguinte modo: «por *sensus communis* [...] tem que se entender a ideia de um sentido comunitário (*Gemeinschaftlichen*), isto é, de uma faculdade de julgamento que, na sua reflexão, considera em pensamento (*a priori*) o modo de representação de todo o outro, *como que* para ater o seu juízo à inteira razão humana e assim escapar à ilusão que – e a partir de condições privadas subjetivas, as quais poderiam ser tomadas por objetivas – teria influência prejudicial sobre o juízo».

Tomando esta definição, e a necessidade nela explícita de atender ao «modo de representação de todo o outro», Arendt sublinha que «os juízos, e especialmente os juízos de gosto, sempre se refletem sobre os outros e levam os seus juízos em conta. Isto é necessário porque sou humano e não posso viver sem a companhia dos homens». A faculdade do juízo assenta, pois, numa relação intersubjetiva, porventura dialógica, e numa dignificação da alteridade. Um sujeito reduzido ao *sensus privatus* dos cinco sentidos seria um sujeito incapaz de formular um juízo. A insanidade, di-lo Hannah Arendt, é a perda do senso comum ou, nas palavras de Kant, do «senso público».

A faculdade do juízo apoia-se, assim, numa clara distinção entre a esfera pública do *sensus communis* e a esfera íntima do *sensus privatus*. Por esse motivo, correspondendo a modernidade a uma hegemonia do «social» que tende a desvanecer a distinção entre a esfera pública e a esfera privada, poderemos qualificar o Holocausto como um fenômeno tipicamente «moderno», o mais «moderno» dos fenômenos e, por assim dizer, uma consequência natural – sublinho: uma consequência natural – da modernidade.

Questão que se deixa em aberto é a seguinte: que *sensus communis* poderia existir e prosperar na Alemanha nazista? Em caso de resposta negativa, torna-se difícil exigir, como o faz Arendt, que «um ser humano seja capaz de distinguir o bem do mal mesmo quando só pode guiar-se pelo seu próprio juízo» e – acrescenta – «mesmo que esse juízo esteja em contradição com o que julga ser a opinião unânime dos que o rodeiam». Daí que, como acentuam Suzanne Jacobitti, Jean Yarbrough e Peter Stern, o problema talvez não deva situar-se no âmbito do «julgar» mas antes no «pensar», uma vez que esse «diálogo silencioso do sujeito consigo próprio» (Arendt) constitui, só por si, uma defesa contra a prática do mal. Simplesmente, o «pensar», nesse caso, e com esse propósito, tem de receber o influxo da faculdade do juízo.

Esta, assentando num *sensus communis*, abre, pois, um espaço de convergência entre a publicidade crítica – ou a sua ausência – e a «banalidade do mal». Numa interpretação distinta, que aqui deixarei meramente enunciada, autores como Shiraz Dossa, ao debruçarem-se sobre o texto de Arendt sobre Eichmann, consideram que a capacidade para a prática do mal decorre de uma transposição para a esfera pública de uma «privacidade egoísta» (*self-interested privacy*).

Em suma, a visão que Hannah Arendt tem da modernidade é singularmente pessimista. Apesar disso, Arendt não se conformou à «banalidade do mal» nem se deixou abater pela fatalidade dos «tempos sombrios».

Por um lado, defendeu que o homem devia ir buscar ao passado os exemplos e os modelos que o presente lhe negava. Reconhecia, contudo, que essa tarefa não poderia desenvolver-se com apoio na tradição, que a modernidade destruíra. Devia, isso sim, basear-se no exercício seletivo da memória e na recolha criteriosa de pedaços do passado, ideia que Arendt foi buscar à «historiografia fragmentária» de Walter Benjamin e à «hermenêutica destrutiva» de Heidegger.

Por outro lado, Arendt nunca deixou de acreditar nos valores da autonomia e da solidariedade, isto é, na possibilidade de reconstruir o discurso democrático através do empenhamento cívico de todos os cidadãos.

A memória e o discurso eram, por conseguinte, as duas qualidades com que Hannah Arendt procurou responder à ameaça dos tempos sombrios, revelando um profundo humanismo, mesmo entre os escombros de um século atormentado por um mal que tanto surpreendia pela sua radicalidade quanto pela sua banalidade. Numa carta a Karl Jaspers, refere-se ao «mal radical» e alguns procuraram ver aqui uma contradição com o conceito de «banalidade do mal». Mas, em boa verdade, o que tornou o Holocausto tão terrivelmente singular foi a sua capacidade de converter o «mal radical» numa realidade acessível e concretizável por homens tão banais como Adolf Eichmann. A «banalidade do mal» não é, ao contrário do que disseram muitos dos críticos de Arendt, um conceito que vem relativizar o Holocausto e desculpabilizar os seus autores e executores. Constitui, isso sim, uma perturbadora denúncia da ilimitada perversidade dos homens vulgares, como os que se encontram neste anfiteatro da Faculdade de Direito, numa tarde de abril do ano de 2011. A reportagem de Hannah Arendt pode encontrar-se pontualmente datada em alguns aspectos, designadamente na descrição que faz do papel dos conselhos judaicos, como o demonstrou um recentíssimo livro de Deborah Lipstadt. Mas, na sua essência, a interpelação que dirige aos homens vulgares, como todos nós, representa a definitiva prova de que a obra de Hannah Arendt mantém uma incômoda e perturbadora atualidade. Infelizmente.

A RELEVÂNCIA DO CONCEITO DE BANALIDADE DO MAL NO PENSAMENTO POLÍTICO DE HANNAH ARENDT

MIGUEL NOGUEIRA DE BRITO

Keywords: Banality of evil, the political, judgment, opinion, collective responsibility, truth in politics.

Abstract: *Eichmann in Jerusalem* is certainly not a philosophical work like *The Human Condition* or *The Life of the Mind*, but it is neither a mere journalistic break in the life of a philosopher. It is argued that the concept of the banality of evil in fact epitomizes Hannah Arendt's political thought. The banality of evil is simply the consequence of the abandonment of thought by ordinary people and as such it aptly summarizes the basic tenets of Arendt's political thought: secularism, cosmopolitism, a radical contractualism, individual thought as the last stronghold of political community and the refusal of theory as the basis of politics and political thought. The banality of evil symbolizes at the same time ordinary people's responsibility for thought and the refusal, in a way, of political philosophy. This apparent paradox dissolves itself once we understand that for Arendt the political is the realm of opinion, not truth.

INTRODUÇÃO: O BATALHÃO DA POLÍCIA DE RESERVA N. 101

Pouco depois do fim da Segunda Guerra Mundial, uma mulher denunciou, no âmbito de uma desavença conjugal, o seu marido à polícia por fatos relacionados com a participação deste último, enquanto cumpria serviço no Batalhão da

Polícia de Reserva n. 101, no assassínio em massa de judeus e polacos na Polônia durante a ocupação nazista. Deu-se assim início à descoberta de alguns dos crimes mais hediondos praticados pelos alemães durante a guerra.

O historiador Christopher Browning descreve assim um desses crimes:

> «Nas primeiras horas de 13 de julho de 1942, os homens do Batalhão da Polícia de Reserva n. 101 foram acordados nas suas tarimbas (...). Eram homens de família de meia-idade, da classe trabalhadora e média-baixa, provenientes de Hamburgo. Considerados demasiado velhos para servirem no exército alemão, tinham sido destacados para a Polícia de Ordem. A maioria era composta por recrutas inexperientes sem experiência prévia no território alemão ocupado. Tinham chegado à Polônia menos de três semanas antes.
>
> (...)
>
> O comboio de camiões do batalhão saiu de Bilgoraj ainda de noite (...). A marcha era lenta e demorou entre uma hora e meia a duas horas a chegar ao destino – a vila de Józefów –, a uns meros trinta quilômetros de distância. Logo que o céu começou a clarear, o comboio deteve-se nas imediações de Józefów. Era uma vila polaca típica de modestas casas brancas com telhados de palha. Entre os seus habitantes contavam-se 1.800 judeus.
>
> Na aldeia a calma era total. Os homens do Batalhão da Polícia de Reserva n. 101 desceram dos seus camiões e formaram um semi-círculo à volta do seu comandante, o Major Wilhelm Trapp, um polícia de carreira de 53 anos (...).
>
> Pálido e nervoso, com voz sufocante e lágrimas nos olhos, Trapp lutava visivelmente para se controlar enquanto falava. O batalhão, disse ele queixosamente, tinha de levar a cabo uma tarefa terrivelmente desagradável. A missão não era da sua preferência, de fato era altamente lamentável, mas as ordens vinham das mais altas autoridades. Se lhes tornava a tarefa mais fácil, os homens deviam lembrar-se que na Alemanha as bombas caíam sobre mulheres e crianças.
>
> Voltou-se então para o assunto que os reunia. Os judeus tinham instigado o boicote americano que atingia a Alemanha, recordou-se um polícia de ter sido dito por Trapp. Existiam judeus em Józefów que estavam envolvidos com os resistentes, explicou ele segundo dois outros polícias. Ao batalhão tinha agora sido ordenado juntar estes judeus. Os de sexo masculino em idade de trabalhar seriam separados e levados para um campo de trabalho. Os restantes judeus – mulheres, crianças e idosos – seriam abatidos a tiro no local pelo batalhão. Tendo explicado o que esperava os homens, Trapp fez então uma oferta extraordinária: se algum dos mais velhos entre eles não se sentisse à altura da tarefa que os aguardava, poderia pôr-se de lado.»[1]

1. Cf. Browning, Christopher R., *Ordinary Men: Reserve Police Battalion 101 and the Final Solution in Poland*, Londres: Penguin Books, 2001, p. 1-2.

Entre os cerca de 500 homens que compunham o batalhão apenas uma dúzia aceitou a oferta do Major Trapp.[2] Quer dizer, apenas uma dúzia aceitou inicialmente. Com o desenrolar da carnificina, a inexperiência dos homens levava a que muitos dos crânios das suas vítimas explodissem, apesar das instruções precisas do médico do batalhão sobre o modo como os tiros deviam ser dados na base da nuca, provocando derramamento da massa encefálica e sangue que atingia os próprios atiradores. Alguns homens não conseguiram aguentar e pediram a sua dispensa. Para além disso, outros simplesmente não suportaram disparar sobre mulheres e crianças, sendo eles próprios pais de família. Seja como for, cerca de 80% dos polícias chamados a desempenhar a missão que lhe havia sido atribuída continuaram a disparar até 1.500 judeus de Józefów, uma vez separados os cerca de 300 homens em condições de trabalhar, estarem mortos.[3]

Pelas nove horas da noite, quando terminou a matança, cerca de dezessete horas depois do seu início, e os homens voltaram a subir para os caminhões que os tinham trazido, apareceu uma menina de 10 anos, sangrando a cabeça. Levada ao Major Trapp, este tomou-a nos seus braços e disse-lhe: «Tu permanecerás viva».[4] Mais tarde, e referindo-se ao massacre de Józefów, o Major Trapp confidenciou ao seu motorista: «Se este assunto dos judeus for alguma vez vingado na terra, haja misericórdia de nós, alemães».[5]

Qual a relevância de tudo isto para o tema que nos ocupa? Para responder a este pergunta, importa, antes disso, salientar dois aspectos.

Em primeiro lugar, os mesmos fatos históricos investigados por Christopher Browning foram também objeto de estudo por um outro historiador, Daniel Jonah Goldhagen, cujo livro com o título sugestivo *Hitler's Willing Executioners: Ordinary Germans and the Holocaust*, foi publicado em 1996, quatro anos depois da primeira edição da obra de Browning. Para Goldhagen, a Polícia de Ordem integrava-se na comissão do Holocausto do mesmo modo que os *Einsatzgruppen* e as SS.[6] Em relação ao discurso do Major Trapp perante os seus homens, procurando justificar a matança prestes a iniciar-se com a morte das mulheres e crianças alemãs inocentes às mãos dos bombardeamentos aliados, Goldhagen afirma: «A perversidade da mente alemã nazificada era tal que pensar nos seus próprios filhos não visava, não era pensado e, evidentemente, não despertava – excepto no caso de poucos – simpatia por outras crianças que por acaso eram judias. Em vez disso, pensar nos seus filhos incitava os alemães a matar os filhos dos judeus».[7]

As perspectivas de Goldhagen e Browning diferem em dois aspectos principais. Por um lado, Goldhagen acredita que a sociedade alemã estava imbuída

2. Browning, Christopher R., cit., p. 71.
3. *Idem*, p. 74.
4. *Idem*, p. 69.
5. *Idem*, p. 58.
6. Cf. Goldhagen, Daniel J., *Hitler's Willing Executioners: Ordinary Germans and the Holocaust*, Londres: Little, Brown and Company, 1996, p. 181.
7. *Idem*, p. 213.

toda ela, desde muito antes do período nazista, de um antissemitismo eliminacionista – com raízes no mundo medieval cristão – que faz com que as proporções de um fenômeno como o Holocausto não possam ser consideradas como uma radicalização cumulativa não deliberada da política nazista em relação aos judeus, assente em explicações burocráticas ou outras. Essa política era antes animada pela máxima opção eliminacionista possível.[8] Pelo contrário, Browning sustenta que uma sucessão de eventos traumáticos na história da Alemanha desde o início da Primeira Guerra Mundial até à crise de 1929 explica, por si só, a diferença entre o antissemitismo na Alemanha e nos restantes países europeus.[9]

Por outro lado, e como resultado da sua interpretação do papel do antissemitismo na história alemã, Goldhagen acredita num padrão de crueldade uniforme e generalizada dos alemães, designadamente dos membros do Batalhão da Polícia de Reserva n. 101, para com os judeus.[10] Pelo contrário, Browning sustenta que as atitudes desses membros não eram uniformes, mas antes impõem a adoção de uma visão diferenciada, no sentido em que diferentes grupos dentro do batalhão se portavam de diferentes modos.

Havia os assassinos fervorosos, que procuravam e desejam a oportunidade de matar judeus. Havia também, embora fosse o grupo menos numeroso, os que recusavam participar na matança. Entre estes, no Batalhão n. 101 apenas uma pessoa o fazia por razões de princípio; todos os restantes não criticavam os seus camaradas assassinos, mas limitavam-se a sustentar serem demasiado fracos para matar mulheres e crianças a sangue frio ou invocavam serem eles próprios pais de crianças em idades semelhantes. O maior grupo no Batalhão n. 101 compreendia aqueles que faziam o que lhes fosse pedido, isto é, aqueles que não arriscavam questionar a autoridade ou parecer fracos, mas também não se voluntariavam para a matança nem a celebravam. Crescentemente brutalizados, sentiam mais pena de si próprios, pela tarefa «desagradável» que lhe tinha sido cometida, do que das suas vítimas.[11]

O segundo aspecto que aqui importa salientar prende-se com o modelo teórico que constitui uma das inspirações da interpretação histórica proposta por Browning. Trata-se das experiências sobre «obediência à autoridade» conduzidas por Stanley Milgram. Milgram testou a capacidade individual de resistir à autoridade, em condições em que esta não se apoia em quaisquer ameaças de coação. De acordo com as suas experiências, influenciadas por sua vez pela vontade de

8. Goldhagen, Daniel J., cit., p. 422. Para uma crítica do trabalho de Goldhagen, cf. Finkelstein, Norman G. e Birn, Ruth Bettina, *A Nation on Trial: The Goldhagen Thesis and Historical Truth*, Nova Iorque: Metropolitan Books, 1998, *passim*.

9. Cf. Browning, Christopher R., *Ordinary Men* (n. 1), p. 197.

10. Segundo Goldhagen, considerando a possibilidade dada aos membros dos batalhões de polícia de recusarem participar na matança dos judeus, e o reduzido número daqueles que aproveitaram essa possibilidade, «[b]y choosing not to excuse themselves from the genocide of the Jews, the Germans in police battalions themselves indicated that they wanted to be genocidal executioners» (cf. *Hitler's Willing Executioners* (n. 6), p. 279).

11. Cf. Browning, Christopher R., *Ordinary Men* (n. 1), p. 215.

explicar o comportamento dos nazistas em relação ao Holocausto,[12] os voluntários eram instruídos por uma «autoridade científica» a infligir dor, através de falsos choques elétricos de intensidade crescente, sobre uma suposta vítima, cujas reações programadas de dor eram também de intensidade crescente. Dois terços dos voluntários mostraram-se obedientes ao ponto de infligirem uma suposta dor extrema. Embora reconheça as diferenças entre estas experiências e o massacre de Józefów, Browning sustenta que o comportamento dos polícias neste último acontecimento confere um considerável apoio às conclusões Milgram. Assim, a proximidade direta do horror da matança aumentava o número daqueles que recusam cumprir. Por outro lado, com a crescente industrialização do assassínio dos judeus e a sua transferência para os campos da morte, os polícias deixaram de sentir qualquer responsabilidade pela sua participação na morte dos judeus, embora estivessem muitas vezes encarregados de encaminhá-los para esses mesmos campos. Finalmente, e à semelhança do que se passava nas experiências de Milgram, muitos dos polícias deixavam de obedecer às ordens assim que deixavam de estar sob vigilância direta.[13]

Muito embora as justificações ideológicas fossem distintas (a crença nos resultados da ciência, no caso da experiência; a difusão do antissemitismo, no caso da Alemanha), o aspecto que verdadeiramente se mostra comum é a presença do hábito de obediência à autoridade, sem a qual nenhuma sociedade consegue sobreviver.[14] A sua importância, no caso dos homens do Batalhão da Polícia de Reserva n. 101, é confirmada pela circunstância de os mesmos, muito embora se encontrassem sem dúvida imbuídos do sentimento da sua superioridade racial e da inferioridade dos judeus, não terem sido explicitamente preparados para a tarefa específica de matar estes últimos, como sucedia com as unidades das SS conhecidas como *Einsatzgruppen*.[15] Segundo Browning, um outro aspecto evidenciado pelo comportamento dos homens do Batalhão da Polícia de Reserva n. 101, e não explorado nas experiências de Milgram, consiste na conformidade com o grupo.[16]

Feito este enquadramento do massacre de Józefów, compreende-se o significado do mesmo para o tema da banalidade do mal, introduzido por Arendt no seu livro sobre o julgamento de Adolf Eichmann em Jerusalém. Este episódio do Holocausto demonstra a pregnância do conceito, ainda que esse conceito possa

12. Na verdade, Milgram, Stanley, *Obedience to authority: an experimental view*, Nova Iorque: Harper & Row, 1974, p. 5, refere até como precedente a caracterização de Eichmann feita por Hannah Arendt e em que aquele surge não como um monstro sádico, mas como um burocrata obediente. A referência à experiência de Milgram não implica a aceitação da validade científica da sua investigação, mas visa apenas a salientar o modo como a mesma evidencia a plausibilidade de situações em que o mal não se explica pela personalidade individual do agente (neste sentido, cf., também, a experiência prisional conduzida em 1971 por Philip Zimbardo e pelo mesmo relatada em *The Lucifer Effect: Understanding How Good People Turn Evil*, Nova Iorque: Random House, 2007, *passim*).

13. Cf. Browning, Christopher R., *Ordinary men* (n. 1), p. 175-176.

14. *Idem*, p. 189.

15. *Idem*, p. 184.

16. *Idem*, p. 184 e ss.

não ser adequado no caso de Adolf Eichmann.[17] Os «homens vulgares» do Batalhão da Polícia de Reserva n. 101 são, de fato, exemplares mais plausíveis do conceito. Hannah Arendt afirmou que «Eichmann pode muito bem permanecer o modelo concreto daquilo que tenho para dizer».[18] Ainda que Eichmann não seja esse modelo concreto, o que releva da investigação histórica, isso em nada afeta a importância filosófica daquilo que Arendt tinha para dizer. Do ponto de vista histórico o que nos interessa fixar é a existência de pessoas normais, com motivos e intenções normais, como conseguir uma promoção ou não fazer fraca figura perante os companheiros, capazes de cometer crimes horrendos.

Mas quais as implicações desta noção de «banalidade do mal», que tanta celeuma tem causado desde a publicação do livro de Hannah Arendt? Nas páginas que seguem começarei por traçar a origem e a evolução do conceito no pensamento de Arendt (II). Num segundo momento, tentarei caracterizar a noção da banalidade do mal como parte de uma concepção secular do mal (III). Seguidamente, procurarei expor a conexão entre o conceito da banalidade do mal e a filosofia política de Arendt, designadamente a importância que nessa filosofia assume a capacidade de julgar e a recusa da política como teoria (IV).

II. A BANALIDADE DO MAL: DA EXPRESSÃO À IDEIA

A expressão «banalidade do mal» surge no livro *Eichmann em Jerusalém* duas vezes: uma no subtítulo do livro, «Uma reportagem sobre a banalidade do mal»; a outra, quando Arendt comenta as últimas frases de Eichmann, antes de ser executado.[19] Disse, então, Eichmann: «Muito em breve, senhores, *voltaremos a encontrar-nos*. Tal é o destino de todos os homens. Viva a Alemanha, viva a Áustria, viva a Argentina. *Não as esquecerei*». Eichmann, comenta Arendt: «[e]ncontrara, assim, diante da morte, o cliché usado nas cerimônias fúnebres. Já no cadafalso, a sua memória pregou-lhe uma última partida; sentiu-se eufórico e esqueceu-se que estava no seu próprio funeral». E prossegue: «[f]oi como se, naqueles derradeiros minutos, recapitulasse a lição que nos ensinou este longo estudo sobre a maldade humana – a lição de uma realidade terrível, que se situa

17. De resto, é precisamente essa a opinião de Cristopher Browning: o autor considera «*o conceito de «banalidade do mal» bastante pertinente para a compreensão de muitos dos perpetradores do Holocausto, mas não de Eichmann. Arendt foi enganada pela estratégia de auto-representação de Eichmann, em parte porque havia tantos perpetradores do tipo por que ele se pretendia fazer passar*» (cf. Browning, *Collected Memories: Holocaust History and Postwar Testimony*, Madison: The University of Wisconsin Press, 2003, p. 3-4).

18. Carta de Hannah Arendt a Gershom Scholem, de 24 de julho de 1963, in Arendt, *The Jewish Writings*, ed. de Jerome Kohn e Ron H. Feldman, Nova Iorque: Schocken Books, 2007, p. 471.

19. Na verdade, a expressão é apenas usada uma vez no texto, se tivermos em conta que o subtítulo não surge nos artigos publicados na revista *New Yorker*, e que deram origem ao livro [neste sentido, cf. Bernstein, Richard, «Are Arendt's Reflections on Evil Still Relevant?», in Seyla Benhabib (ed.), *Politics in Dark Times: Encounters with Hannah Arendt*, Cambridge: Cambridge University Press, 2010, p. 300].

além daquilo que as palavras podem exprimir e o pensamento pode conceber: a *banalidade do mal*».[20]

Num escrito posterior, Hannah Arendt explica assim a exiguidade dos usos da expressão no próprio livro que a cunhou: «o subtítulo do livro, *Uma Reportagem sobre a Banalidade do Mal*, pareceu-me tão notoriamente confirmado pelos fatos do caso que senti não precisar de mais explanações. Eu tinha apontado um fato que senti ser chocante porque contradiz as nossas teorias respeitantes ao mal, quer dizer, apontei algo verdadeiro, mas não plausível».[21]

No mesmo sentido, afirmou ainda num outro texto: «[a]lguns anos atrás, em reportagem sobre o julgamento de Eichmann em Jerusalém, falei da «banalidade do mal» e não quis com isto significar qualquer teoria ou doutrina, mas algo bastante fatual, o fenômeno das ações más, cometidas a uma escala gigantesca, insusceptíveis de ser reconduzidas a qualquer particularidade de perversidade, patologia ou convicção ideológica do agente, cuja única distinção pessoal consistia talvez numa extraordinária leviandade. Por mais monstruosas que fossem as ações, o agente não era monstruoso, nem demoníaco, e a única característica específica que se podia detectar no seu passado, bem como no seu comportamento durante o julgamento e o interrogatório policial que o precedeu, era algo inteiramente negativo: não estupidez, mas uma curiosa, genuinamente autêntica, incapacidade para pensar».[22]

Aquilo que Arendt apontou foi, afinal, a existência de uma «conexão interna entre a aptidão ou inaptidão para pensar e o problema do mal».[23] O que significa essa conexão?

O que o julgamento de Eichmann despertou em Arendt foi uma hipótese que lhe permitia responder à necessidade de compreender a natureza do mal nas condições do totalitarismo. Essa hipótese consistiu em questionar se a prática do mal seria possível na ausência, não apenas de «motivos vis», mas de quaisquer motivos, fossem eles quais fossem, e até de qualquer particular atividade de interesse ou volição. Por outras palavras, a hipótese consistente em admitir que a perversidade não seria uma condição necessária para a prática do mal. A questão que o acompanhamento do julgamento de Eichmann suscitou a Hannah Arendt foi, pois, esta: «poderia a atividade de pensar enquanto tal, o hábito de examinar e refletir sobre o que quer que seja que ocorre, independentemente dum conteúdo específico e dos resultados, poderia esta atividade ser de molde a "condicionar" os homens contra a prática do mal?» E não seria a premência de tal questão refor-

20. Cf. Arendt, H., *Eichmann em Jerusalém: Uma reportagem sobre a banalidade do mal*, tradução de Ana Corrêa da Silva, introdução de António Araújo e Miguel Nogueira de Brito, Coimbra: Edições Tenacitas, 2003, p. 329.

21. Cf. Arendt, H., «Personal Responsibility Under Dictatorship», *Responsibility and judgment*, edição e introdução de Jerome Kohn, Nova Iorque: Schocken Books, 2003, p. 18.

22. Cf. Arendt, H., «Thinking and Moral Considerations», *Responsibility and judgment* (n. 21), p. 159.

23. *Idem*, p. 166.

çada pelo «fato alarmante de que apenas as boas pessoas são incomodadas por uma má consciência, enquanto esta é um fenômeno muito raro entre verdadeiros criminosos? Uma boa consciência não existe senão enquanto ausência de uma má consciência».[24]

Muito embora *Eichmann em Jerusalém* se apresente quase como uma reportagem jornalística, a importância do tema aí tratado para Hannah Arendt é bem evidenciada pela circunstância de um dos seus últimos – e mais ambiciosos – livros, *The Life of the Mind*, se iniciar justamente com uma referência à banalidade do mal. Afirma aí Arendt que com a expressão não pretendia sustentar uma tese ou doutrina, embora estivesse consciente do fato que o mesmo ia contra a nossa tradição de pensamento, nos planos literário, teológico ou filosófico, sobre o problema do mal.

E acrescenta:

> «O mal, segundo aprendemos, é algo demoníaco; a sua encarnação é Satã, "um raio caído do céu" (Lucas 10:18), ou Lúcifer, o anjo caído (...) cujo pecado é o orgulho (...), nomeadamente, aquela *superbia* de que apenas os melhores são capazes: não querem servir a Deus, mas ser como ele. (...). No entanto, aquilo com que me defrontei era completamente diferente mas ainda inegavelmente fatual. Fui surpreendida por uma manifesta leviandade no agente, que tornava impossível encontrar o traço do mal incontestável das suas ações em qualquer nível mais profundo de raízes ou motivos. As ações eram monstruosas, mas o agente – pelo menos o agente real submetido a julgamento – era bastante ordinário, vulgar, e nem demoníaco, nem monstruoso. Não existia nele qualquer indício de convicções ideológicas firmes ou específicos maus motivos, e a única característica que se podia detectar no seu comportamento passado, bem como no seu comportamento no julgamento e, antes disso, no interrogatório policial, era algo inteiramente negativo: não estupidez, mas ausência de pensamento. (...) Clichés, frases feitas, adesão a códigos de expressão e conduta convencionais e padronizados têm a função socialmente reconhecida de proteger contra a realidade, quer dizer, contra a pretensão dirigida à nossa atenção pensante que todos os eventos e fatos formulam em virtude da sua existência. Se satisfizéssemos esta pretensão a todo o tempo cedo ficaríamos exaustos; Eichmann difere do resto de nós apenas por claramente não conhecer de todo tal pretensão.
>
> Foi esta ausência de pensamento – tão vulgar na experiência da nossa vida quotidiana, em que raramente temos o tempo, senão a inclinação, para *parar* e pensar – que despertou o meu interesse.»[25]

A fim de explorar a possibilidade de uma conexão entre a capacidade de pensar e o afastamento do mal, Arendt procura estabelecer, com base em Kant, uma distinção entre pensar e conhecer. Trata-se da distinção entre o pensar como o uso da razão para compreender e o conhecer enquanto intelecto capaz de obter

24. Arendt, H., «Thinking and Moral Considerations», cit., p. 160-161.
25. Cf. Arendt, H., *The life of the mind*, vol. 1, San Diego: Harcourt Brace & Company, 1978, p. 3-4.

conhecimentos certos e verificáveis.[26] Kant acreditava, com efeito, na necessidade de pensar para além das limitações do conhecimento e é esse, em grande medida, o sentido da distinção entre a razão teórica, que estabelece em bases sólidas a possibilidade do conhecimento, e a razão prática, que procura pensar questões que a razão suscita, mas sabe que nunca será capaz de responder enquanto objetos do conhecimento. As questões metafísicas da existência de Deus, da liberdade e da imortalidade são assim deslocadas do plano dos objetos possíveis do conhecimento para o plano das construções do pensamento. Segundo Arendt, Kant «descobriu o "escândalo da razão", quer dizer, o fato de que a nossa mente não é capaz de um conhecimento certo e verificável em relação a assuntos e questões sobre as quais no entanto não pode deixar de pensar».[27] A distinção entre pensar e conhecer encontra o seu paralelo na distinção entre a procura da verdade e a busca do sentido. O conhecimento procura a verdade, mas o pensamento busca o sentido. Ora, segundo Arendt, «a necessidade da razão não é inspirada pela procura da verdade, mas pela busca do sentido. E verdade e sentido não são o mesmo. A falácia básica, que precede todas as falácias metafísicas específicas, consiste em interpretar o sentido segundo o modelo da verdade».[28]

Com base nestas distinções, Arendt pode assim afirmar que a «[i]ncapacidade de pensar não é estupidez; pode ser encontrada em pessoas altamente inteligentes, e a perversidade é dificilmente a sua causa, desde logo porque a falta de pensamento, bem como a estupidez, são fenômenos muito mais frequentes do que a perversidade».[29]

A partir desta distinção entre pensar e conhecer, Arendt enuncia três proposições tendo em vista demonstrar uma conexão interna entre a capacidade de pensar e o problema do mal: *i)* a faculdade de pensar, ao contrário da sede de conhecimento, deve ser adscrita a todos e não um privilégio de alguns; *ii)* a faculdade de pensar põe essencialmente em questão todos os seus resultados, e por isso não podemos esperar obter alguma vez uma definição definitiva do que é bom e do que é mau; *iii)* o pensar não se move no mundo das aparências e, por isso, suscita-se a questão de saber o que pode ser relevante para o mundo em que vivemos de uma atividade sem resultados palpáveis.[30] A resposta a esta questão consiste em reconhecer que em momentos de emergência, em que tudo parece ruir, como sucede nos totalitarismos, o pensar deixa de ser um assunto marginal na política: «[q]uando todos são arrastados irrefletidamente pelo que todos os outros fazem

26. Cf. Arendt, H., «Thinking and Moral Considerations», *Responsibility and judgment* (n. 21), p. 163.

27. Cf. Arendt, H., *The life of the mind* (n. 25), vol. 1, p. 14.

28. *Idem*, p. 15. Sobre a reversão da precedência da verdade sobre o sentido no pensamento de Hannah Arendt, cf. Bergen, Bernard J., *The Banality of Evil: Hannah Arendt and the «Final Solution»*, Lanham: Rowman & Littlefield, 1998, p. 53 e ss.

29. Cf. Arendt, H., «Thinking and moral considerations», *Responsibility and judgment* (n. 21), p. 164.

30. *Idem*, p. 166-167.

e acreditam, aqueles que pensam são retirados do seu recolhimento porque a sua recusa em aderir é conspícua e assim torna-se uma espécie de ação».[31]

Tendo em vista ilustrar a relevância do conceito de banalidade do mal para a compreensão do totalitarismo, Arendt formula duas questões: primeiro, em que sentido eram diferentes aqueles poucos que se recusaram a participar? Segundo, admitindo que nem todos os que participaram eram simplesmente monstros, o que os levou a fazer o que fizeram? A resposta a estas questões passa pelo seguinte: os que não participaram foram os que se atreveram a pensar por si próprios; pelo contrário, terão sido precisamente os membros da «sociedade respeitável» que vergaram em primeiro lugar, ao substituírem um sistema de valores por outro.[32] E fizeram-no sem, como é próprio da modernidade, submeterem esse novo sistema de valores ao crivo da dúvida e antes invocando simplesmente a obediência devida aos superiores e às leis vigentes no país.

Numa carta escrita a Gershom Scholem em resposta às duras críticas que este formulou quanto ao livro *Eichmann em Jerusalém*, Arendt escreveu: «a minha opinião é agora de que o mal nunca é «radical», que é apenas extremo, e que não possui nem profundidade, nem qualquer dimensão demoníaca».

Em obras anteriores, Arendt usou, com efeito, o conceito de mal radical. Significa o conceito de banalidade do mal alguma inflexão no seu pensamento sobre o problema do mal?

Na verdade, não. A expressão «mal radical» designa o objeto do mal; a expressão «banalidade do mal» descreve o sujeito do mal. Ambas se reportam à realidade do mal nas condições do totalitarismo. O «mal radical» é a condição em que os seres humanos se tornam supérfluos,[33] a procura sistemática de transformar a natureza humana em algo que já não é humano e que diferencia o Holocausto de anteriores ocasiões históricas, na Europa, em que ocorreram assassínios em massa, genocídios, tortura e terror.[34] Segundo Arendt, uma das condições que permitiram esse fenômeno foi a criação de pessoas sem Estado num mundo em que existia uma ligação indissociável entre a nacionalidade e a qualidade de titular de direitos humanos. Existem assim condições para a eclosão do «mal radical» sempre que se torne necessário lidar com pessoas destituídas de estatuto jurídico e político. A emergência de massas de refugiados revela-se um problema tão grave, senão mais, no século vinte e um do que o era no século vinte.[35]

31. Arendt, H., «Thinking and Moral Considerations», cit., p. 188.

32. Cf. Arendt, H., «Personal responsibility under dictatorship», *Responsibility and judgment* (n. 21), p. 44 e ss.

33. Cf. Arendt, H., *The origins of totalitarianism*, introdução de Samantha Power, Nova Iorque: Schocken, p. 592.

34. Digo «na Europa», pois, como bem salienta Sven Kindqvist, «Auschwitz foi a aplicação industrial moderna de uma política de extermínio sobre a qual há muito assentava o domínio europeu no mundo» (cf. Lindqvist, Sven, *«Exterminem todas as Bestas»*, tradução da versão inglesa, Lisboa: Caminho, 2005, p. 202).

35. Cf. Bernstein, Richard, «Are Arendt's Reflections on Evil Still Relevant?» (n. 19), p. 298.

Ora, o mal radical encontra o seu complemento subjetivo na ideia de banalidade do mal, que é, na verdade, um dos modos da sua propagação, pois é especialmente através da ausência de pensamento que o mal radical pode «*alastrar e devastar o mundo inteiro precisamente porque se espalha como um fungo*», segundo a expressão da própria Hannah Arendt.[36]

III. UMA CONCEPÇÃO SECULAR DO MAL?

Segundo Susan Neiman, o livro *Eichamnn em Jerusalém* pode ser encarado como uma teodiceia moderna, uma vez que proporciona uma abordagem do mal à margem da Criação, sem deixar de procurar responder ao desafio para o qual qualquer teodiceia procura uma resposta: «mostrar como pode o mundo ser afirmado, até amado, sem negar o mal que encerra». Isso significa a possibilidade de explicar o mal sem referência a más intenções misteriosas.[37]

Tradicionalmente, a teodiceia visava conciliar a afirmação da omnipotência e infinita bondade divinas com a existência do mal no mundo. Nesse sentido, houve sem dúvida quem defendesse que Auschwitz significou a liquidação de toda a teodiceia, embora não falte também quem tenha procurado defender a posição teísta.[38] A via proposta por Arendt consistiu em negar, não tanto a posição teísta – embora certamente não a advogasse –, mas a transcendência do mal. E negar a transcendência do mal significava sustentar que um fenômeno de proporções tão dificilmente abarcáveis pela imaginação se tornou possível não apenas pelas intenções de alguns fanáticos racistas ou de alguns sádicos, mas pela conivência de uma maioria. Ora, as intenções de todos aqueles que integram essa grande maioria não visavam à eliminação de milhões de judeus, mas simplesmente o desempenho das missões que lhes haviam sido atribuídas.

É neste contexto que Arendt substitui a intenção pelo pensar. Foi também a incapacidade de pensar que tornou possível o Holocausto. E esta incapacidade de pensar é compatível não apenas com a ausência de intenções maléficas, mas até com boas intenções, pelo menos em condições normais, como a intenção de obedecer aos superiores ou a intenção de não onerar em demasia os camaradas de armas ou até mesmo a intenção de salvar o maior número de vidas possível.

É a ausência de intenções maléficas profundas, combinada com uma inaptidão para o pensar enquanto hábito de sujeitar as determinações e as ordens superiores à crítica, que permite a Arendt, por um lado, encarar Eichmann não como uma mente diabólica ou perversa, mas como um burocrata vazio. Ao mesmo tempo, foi também, segundo Arendt, a incapacidade dos Conselhos Judaicos de pensar as consequências dos seus atos, entregando listas de pessoas e bens a troca

36. Carta de Hannah Arendt a Gershom Scholem, de 24 de julho de 1963, in Arendt, *The jewish writings* (n. 18), p. 471.

37. Cf. Neiman, S., «Banality Reconsidered», in Seyla Benhabib (ed.), *Politics in dark times: encounters with Hannah Arendt* (n. 19), p. 306 e 309.

38. Sobre estas várias propostas, cf. Araújo, A., e Nogueira de Brito, Miguel, «Introdução», in Arendt, H. *Eichmann em Jerusalém* (n. 20), p. 31 e ss.

de salvar algumas vidas,[39] mesmo combinada com boas intenções, que permitiram aos nazistas um maior nível de eficácia no extermínio de milhões de pessoas. Chegamos, assim, a um resultado em que o Holocausto foi levado a cabo com base na atuação de milhões de pessoas com más intenções em sentido trivial, isto é, pessoas como Eichmann que «não queria ativamente a produção de cadáveres, mas estava disposto a caminhar sobre eles, literalmente, se isso fizesse progredir a sua carreira; espectadores bem intencionados que torciam as mãos de desespero e se retiravam para a emigração interior enquanto a catástrofe crescia à sua volta; e pessoas cujas intenções eram muitas vezes exemplares, mas cujos erros de julgamento os tinham conduzidos a ações que produziram os resultados opostos daqueles que pretendiam».[40]

A este propósito, fará mesmo sentido comparar a crítica da atuação dos Conselhos Judaicos com os comentários que mereceu a Hannah Arendt a atuação da Igreja Católica, e em particular do Papa Pio XII, em relação ao extermínio dos judeus.

Os aspectos do livro de Arendt que foram principalmente alvo de crítica – isto é, a recusa de ver Eichmann como um monstro, vendo-o apenas como um ser destituído da capacidade de pensar e a chamada de atenção para a atuação contraproducente dos Conselhos Judaicos – têm assim a mesma raiz. Trata-se da ideia segundo a qual as intenções dos intervenientes não podem ser estabelecidas com base em estados subjetivos, mas em fatos objetivos. Para Arendt esta ideia não conduzia a desculpar Eichmann, mas antes a localizar a sua responsabilidade não nas suas intenções, mas no simples fato de ignorar as consequências das suas ações.[41]

A importância, mesmo a necessidade, de uma concepção secular do mal, consiste em ele consistir numa arma importante para resistir à tentação da absolutização do mal, traço tão característico, afinal, da atual deriva da guerra contra o terror.[42] De resto, a própria Arendt chegou a encarar o caráter secular da garantia do pensamento contra o mal.[43]

IV. A BANALIDADE DO MAL NA FILOSOFIA POLÍTICA DE HANNAH ARENDT

Muito embora o livro *Eichmann em Jerusalém* não se assuma como uma obra teórica, ou sequer de defesa de uma tese, a verdade é que seria também incorreto encará-lo como um simples trabalho de reportagem jornalística. Na verdade, o conceito de «banalidade do mal» esboçado em tal livro assume uma importância

39. Cf. Arendt, H., *Eichmann em Jerusalém* (n. 20), p. 180 e ss.

40. Cf. Neiman, S., «Banality Reconsidered», in Seyla Benhabib (ed.), *Politics in Dark Times: Encounters with Hannah Arendt* (n. 19), p. 310.

41. *Idem*, p. 311.

42. Cf. Bernstein, Richard, «Are Arendt's Reflections on Evil Still Relevant?» (n. 19), p. 295.

43. Cf. Arendt, H., «Collective responsibility», *Responsibility and judgment* (n. 21), p. 157.

decisiva no contexto do pensamento político de Hannah Arendt. Essa importância é perceptível em múltiplas dimensões.

Em primeiro lugar, uma das críticas que o livro de Arendt suscitou consistiu em fundamentar a acusação que lhe foi dirigida de falta de amor ao povo judeu. Em contraste com esta ausência de identificação espiritual com os judeus enquanto povo, Elizabeth Young-Bruhel, biógrafa de Arendt, resumiu numa expressão feliz a verdadeira atitude que ganha expressão no pensamento político desta última: Hannah Arendt era movida pelo *Amor Mundi.*[44]

Na verdade, a violenta crítica a que *Eichmann em Jerusalém* foi sujeito na carta de Gershom Scholem já antes mencionada tem, em última análise, esta explicação: como pode uma judia alhear-se do sofrimento do seu povo ao ponto de permitir-se criticar eventos que não presenciou, como a atuação dos Conselhos Judaicos? Em resposta à suposta ausência do «amor pelo povo judeu», ou *Ahabath Israel*, Arendt afirmou: «nunca na minha vida «amei» qualquer povo ou coletivo – nem o povo alemão, nem o francês, nem o americano, nem a classe trabalhadora ou qualquer coisa desse tipo». Nem por isso Arendt se assumia menos como judia: se recusava a crença de um povo em si mesmo, afirmava claramente pertencer a esse povo «enquanto fato natural, para além de disputa ou argumento».[45]

Ora esta atitude de recusa de identificação com um coletivo é precisamente o complemento natural da responsabilização de todas as pessoas pelo pensamento, ou ausência dele. Mas esta mesma atitude, subjacente a todo o pensamento de Arendt, encontra aí outras importantes manifestações. Desde logo, a recusa da identificação da ação política com o exercício do poder coativo e com a própria ideia da soberania, mas antes com a ideia da deliberação, e, bem assim, a internacionalização dos direitos humanos e a exigência de uma justiça internacional como único meio eficaz de lidar com os crimes de genocídio próprios do século vinte.[46]

Um segundo aspecto que aqui merece ser realçado consiste na relação entre a responsabilidade com base no pensar e a distinção efetuada por Arendt entre as várias formas de vida ativa.

O ponto de partida de Hannah Arendt num dos seus livros fundamentais, The Human Condition, consiste na possibilidade de efetuar uma distinção significativa entre o *mundo da ação*, o *mundo da produção* e a esfera das necessidades. Segundo Arendt, «a idade moderna foi uma tentativa de excluir o homem político, quer dizer, o homem que atua e fala, da sua esfera pública, tal como a antiguidade

44. Cf. Young-Bruehl, Elisabeth, *Hannah Arendt: for love of the world*, New Haven: Yale University Press, 1982, p. xvii, 324 e 327.

45. Carta de Hannah Arendt a Gershom Scholem, de 24 de julho de 1963, in Arendt, H., *The Jewish Writings* (n. 18), p. 466-467.

46. Cf. Arato, Andrew e Cohen, Jean L., «Banishing the Sovereign? Internal and External Sovereignty in Arendt», in Benhabib, S., (ed.), *Politics in dark times: encounters with Hannah Arendt* (n. 19), p. 137 e ss.

foi uma tentativa de excluir o *homo faber*».[47] Mas não é apenas esta exclusão recíproca da ação política e do trabalho (no sentido de obra) que melhor caracteriza a idade moderna e a antiguidade segundo Hannah Arendt. Para a autora, o que está sobretudo em causa é a diferente hierarquização, e os seus efeitos, das atividades humanas que compõem o trio conceptual subjacente a The Human Condition: trabalho (*labour*), obra (*work*) e ação. Cada uma destas atividades fundamentais *«corresponde a uma das condições básicas sob as quais a vida na terra foi dada ao homem»*.[48]

Para Arendt, a ação é verdadeiramente a condição irredutível da vida humana: os homens podem forçar outros a trabalhar para eles e usar o mundo das coisas sem lhe acrescentarem qualquer objeto, mas uma vida sem discurso e ação não seria uma vida humana, porque não seria uma vida vivida entre os homens.[49]

Pois bem, quando Hannah Arendt afirma que a ausência de pensamento constituiu um dos fatores que tornou possível o Holocausto, como poderemos nós enquadrar essa categoria do «pensamento» na tipologia das formas da vida ativa? Já sabemos que o pensar se distingue do conhecer. Poderá então o pensamento integrar-se na forma de vida por excelência que é a ação política?

A verdade é que Arendt afirmou claramente que «pensar e agir não são a mesma coisa e na medida em que pretendo pensar tenho de retirar-me do mundo».[50] Segundo Arendt, a ação realiza-se no mundo, em conjunto com outros, enquanto o pensar envolve uma retirada do mundo para a solidão de um «diálogo interno de mim comigo próprio».[51]

Segundo alguns críticos, a sua análise da faculdade do julgamento, baseada na filosofia de Kant, constituiria o elo em falta que permitiria estabelecer uma relação entre a vida do cidadão e a vida da mente.[52] Existem, de fato, indícios fortes de que Arendt acreditava encontrar na crítica kantiana da faculdade do julgamento a base da filosofia política de Kant. Neste sentido, numa reflexão sobre a banalidade do mal, Arendt questionava: «[e]stá a nossa capacidade para julgar, para distinguir o bem e o mal, o belo e o feio, dependente da nossa faculdade de pensar? Coincidem a incapacidade para pensar e uma falha desastrosa daquilo que comumente chamamos consciência?»[53] Mas, por outro lado, Arendt sustentava que o «[p]ensar lida com invisíveis, com representações de coisas que estão ausentes; o julgar diz sempre respeito a particulares e a coisas que nos

47. Cf. Arendt, H., *The human condition*, Chicago e Londres: The University of Chicago Press, 1958, p. 159.

48. Cf. Arendt, H., *The human condition* (n. 45), p. 7.

49. Cf. Arendt, H., *The human condition* (n. 45), p. 7, 9, 98, 134, 175-176, 183-184.

50. Cf. Arendt, H., «On Hannah Arendt», in Melvyn Hill (ed.), *The recovery of the public world*, Nova Iorque: St. Martin's Press, 1979, p. 304.

51. Cf. Arendt, H., *The life of the mind* (n. 25), vol. 1, p. 185.

52. Cf. Villa, Dana R., *Politics, philosophy, terror: Essays on the thought of Hannah Arendt*, Princeton, New Jersey: Princeton University Press, 1999, p. 87.

53. Cf. Arendt, H., «Thinking and moral considerations», in *Responsibility and judgment* (n. 21), p. 160.

estão próximas».[54] Para além disso, o poder de julgar existe sempre pelo menos em «comunicação antecipada» com outros, por oposição ao caráter solitário do pensar.[55]

Existe na realidade uma tentação para aproximar o pensar do julgar e da ação política, particularmente visível em todos aqueles que adotam uma visão racionalista da política na linha de Habermas. Mas a verdade é que parece mais correto sustentar que no pensamento de Arendt o pensar não se identifica com as atividades políticas do debate e da deliberação. De acordo com esta interpretação do pensamento de Arendt, o pensar prepara o terreno para o julgar e a ação política de um modo essencialmente negativo, ao purgar os nossos hábitos de pensamento, regras e padrões ossificados.[56] A análise que Arendt faz do pensamento de Sócrates, «exemplo de um pensador que não era um profissional, que na sua pessoa unificava duas paixões aparentemente contraditórias, pelo pensar e pelo agir», é bem elucidativa a este propósito.[57]

Ainda que concorde largamente com este modo de ver, julgo que o mesmo não esgota as abordagens possíveis da relação entre o pensar e o problema do mal. Com efeito, em condições excepcionais, nas situações de emergência, o pensar transforma-se num modo de ação. Hannah Arendt di-lo aliás expressamente, em passagem já anteriormente citada: «[q]uando todos são arrastados irrefletidamente pelo que todos os outros fazem e acreditam, aqueles que pensam são retirados do seu recolhimento porque a sua recusa em aderir é conspícua e assim torna-se uma espécie de ação».[58] Isto leva-nos a pensar na excepcionalidade e no totalitarismo como situações em que a unidade política é o indivíduo e já não a comunidade. Ou, por outras palavras, situações, em que o indivíduo se torna o garante da comunidade política desfeita em que, apesar de tudo, se insere. Em tais situações, resta apenas escolher entre colaborar e resistir. Ao mesmo tempo, a existência de situações de excepcionalidade em que o pensar se faz ação leva também a considerar o caráter irrenunciável dos direitos fundamentais do pensamento, como a liberdade de consciência, a liberdade de expressão e a liberdade de imprensa.

O terceiro aspecto que aqui gostaria de abordar consiste nas perspectivas que *Eichmann em Jerusalém* abre para os problemas da obediência e consentimento à autoridade política, bem como as suas implicações para o problema da responsabilidade coletiva. Na já diversas vezes citada carta a Gershom Scholem, Hannah Arendt coloca o problema nos seguintes termos: «não pode existir patriotismo sem permanente oposição e crítica (...). Posso ainda admitir para além disso que,

54. Cf. Arendt, H., *The life of the mind* (n. 25), vol. 1, p. 193.

55. Cf. Arendt, H., *The crisis of culture*, Villa, p. 97.

56. Cf. Villa, Dana R., *Politics, philosophy, terror* (n. 52), p. 89.

57. Cf. Arendt, H., *The life of the mind* (n. 25), vol. 1, p. 167; *idem*, «Some questions of moral philosophy» e «Thinking and moral considerations», *Responsibility and judgment* (n. 21), p. 82 e ss. e 173 e ss., respectivamente.

58. Cf. Arendt, H., «Thinking and moral considerations», *Responsibility and judgment* (n. 21), p. 188.

designadamente, o mal feito pelo meu próprio povo me magoa mais do que o mal feito por outros povos».[59]

A esse propósito, é particularmente relevante o comentário que merece a Arendt o argumento usado pela defesa em todos os julgamentos por crimes de guerra e crimes contra a humanidade, desde os julgamentos de Nuremberg ao julgamento de Eichmann, incluindo também os julgamentos realizados na Alemanha. Esse argumento repetiu-se invariavelmente e consistiu no dever de obediência.

Segundo Arendt,

> «A obediência é uma virtude política de primeira ordem, e sem ela nenhum corpo político poderia sobreviver. A liberdade de consciência irrestrita não existe em lado nenhum, pois iria comprometer toda a comunidade organizada. Tudo isto parece de tal modo plausível que requer algum esforço detectar a falácia. A sua plausibilidade assenta na verdade de que "todo o governo", nas palavras de Madison, mesmo os mais autocráticos, mesmo as tiranias, "assentam no consenso", e a falácia consiste na identificação do consenso com a obediência. Um adulto consente, enquanto uma criança obedece; se se diz de um adulto que obedece, na verdade está-se a dizer que o mesmo apoia a organização, ou a autoridade, ou a lei, que exigem "obediência".»[60]

Arendt vai mesmo mais longe e afirma que «não existe tal coisa como obediência em assuntos políticos e morais», ao contrário do que sucederá no domínio da religião. Assim, a questão a dirigir a todos aqueles que participaram e obedeceram a ordens nunca deverá ser «Porque obedeceram?», mas «Porque consentiram?». A autora chega mesmo a afirmar que «muito se ganharia se pudéssemos eliminar esta perniciosa palavra «obediência» do nosso vocabulário de pensamento moral e político».[61]

Segundo Arendt está aqui em causa uma responsabilidade coletiva e política, decorrente da qualidade de membro de um grupo, da qual apenas se pode escapar através do abandono dessa comunidade.[62] A partir daqui Arendt extrai a conclusão de que o século vinte criou uma categoria de pessoas, os refugiados e apátridas, não pertencentes a qualquer comunidade internacionalmente reconhecida que na verdade não podem ser politicamente responsáveis. Mas independentemente deste importante corolário, cabe salientar que o seu pensamento assume aqui uma feição contratualista muito clara e até radical, ao não admitir qualquer terceira opção para além da escolha entre consentimento e obediência.[63]

59. Carta de Hannah Arendt a Gershom Scholem, de 24 de julho de 1963, in ARENDT, H., *The jewish writings*, cit., p. 467.

60. Cf. ARENDT, H., «Personal responsibility under dictatorship», *Responsibility and judgment*, cit., p. 46.

61. *Idem, ibidem*, *Responsibility and judgment* (n. 21), p. 48.

62. Cf. ARENDT, H., «Collective responsibility», *Responsibility and judgment* (n. 21), p. 149-150.

63. De modo semelhante, cf. CAVELL, Stanley, *The claim of reason*, Oxford: Oxford University Press, 1982, p. 23.

Importa salientar um quarto e último aspecto: a recusa da teoria como fundamento da política e do pensamento político. Segundo Arendt, existe de fato uma conexão entre o problema do bem e do mal e a capacidade de pensar e é por essa razão – uma vez que destrinça o pensar do conhecer – que «temos de conseguir "exigir" o seu exercício a toda a pessoa sã, seja ela erudita ou ignorante, inteligente ou estúpida».[64] Este modo de ver acaba por exprimir a atitude de oposição professada por Arendt em relação à filosofia política, ou pelo menos a uma certa forma de filosofia política.[65] O pensar tem uma função preparatória em relação à atividade política de julgar; é também a distinção entre o pensar e a esfera da política que permite compreender a relação que estabelece entre verdade e política.

A política não deve ser pensada, e muito menos levada a cabo, com base em categorias teóricas, mas enquanto objeto de juízos que exprimam *opiniões*. As opiniões nada têm que ver com a verdade absoluta a que aspiram os filósofos e os homens religiosos, certamente com base em pontos de vista distintos, mas apenas com a preservação da liberdade através da troca de opiniões, do debate e da argumentação. A esfera política nada tem a ver com a verdade filosófica, ou racional, pois esta «diz respeito ao homem na sua singularidade». As coisas passam-se de modo diferente com a verdade fatual, que é «política por natureza», uma vez que se relaciona sempre com outras pessoas, ao depender de testemunhos. Fatos e opiniões não são antagônicos e pertencem, segundo Arendt, ao mesmo domínio.[66] Por outro lado, os fatos informam as opiniões, mas podem também ser apresentados como meras opiniões, o que constitui «uma das muitas formas que a mentira pode assumir».[67]

A política e a procura da verdade (racional ou teórica) relacionam-se com diferentes formas de vida: a primeira é levada a cabo num «mundo de interdependência universal»; a segunda tem lugar entre mim e eu próprio na solidão do pensamento filosófico.[68] Daí também as tentativas de Arendt de repensar a política a partir das reflexões de Kant sobre a faculdade de julgar, pois está aí em causa, antes de mais, a faculdade do espírito humano em tratar do particular, bem como a sociabilidade, que não é simples dependência em relação aos nossos semelhantes, mas «a condição mesma do exercício do juízo».[69] Ao mesmo tempo, se não existe lugar para a verdade (para além da verdade fatual) na política, não pode existir política sem pensamento.

64. Cf. Arendt, H., *The life of the mind* (n. 25), vol. 1, p. 13.

65. Cf. Abensour, Miguel, *Hannah Arendt contre la philosophie politique?*, Paris: Sens & Tonka, 2006, p. 16 e ss. e 49 e ss.; cf. Arendt, H., *On revolution*, Londres: Penguin, 1990 (1965), p. 319, nota 1; *idem*, *The Human Condition* (n. 45), p. 220 e ss.

66. Cf. Arendt, H., «Truth and politics», *Between past and future: eight exercises in political thought*, Nova Iorque: Penguin Books, 1977 (1961), p. 238, 246.

67. Cf. Arendt, H., «Truth and politics» (n. 66), p. 250.

68. Cf. Arendt, H., «Truth and politics» (n. 66), p. 242.

69. Cf. Revault d'Allones, Myriam, «Le courage de juger», in Arendt, H., *Juger: Sur la philosophie Politique de Kant*, tradução do inglês de Myriam Revault d'Allones, Paris, Éditions du Seuil, 1991, p. 220; cf., ainda, a crítica de Alain Badiou, *Abrégé de Métapolitique*, Paris: Éditions du Seuil, 1998, p. 22, opondo-se a esta redução da política à opinião pública e simultânea obliteração da identificação militante da política, a única apta a revelar o nexo entre política e pensamento.

A BANALIDADE DO MAL COMO AUSÊNCIA DE DIREITO: BREVE REFLEXÃO A PARTIR DE EICHMANN EM JERUSALÉM

Luís Pereira Coutinho

Keywords: Banality of evil, meaning, person, personalism, law, unlaw.

Abstract: The «banality of evil» can be understood as an absence. At a first level, it can be understood as an absence of meaning. At a second, more profound level, it can be understood as an absence of the very subject who is able to think and act meaningfully, a subject named in the personalist tradition as «person». Indeed, Arendt's portrayal of Eichmann marks the possibility of destruction of personhood and its replacement by something quite different, which can be named as totalitarian agency. The difference between personhood and totalitarian agency is an important key to understanding the ontological difference there is between law and unlaw.

«As vossas ideias são apavorantes e os vossos corações fracos. Os vossos gestos de clemência e de crueldade são absurdos, cometidos com precipitação, como se fossem irresistíveis. Por fim, vocês temem cada vez mais o sangue. O sangue e o tempo.»

Paul Valéry

I. PRELIMINARES

A dissociação entre o conceito de Direito e o regime nacional-socialista constitui algo de insistentemente afirmado. A confirmar-se tal dissociação, os seus precisos contornos permanecem, no entanto, pouco claros. Nas linhas seguintes, verificaremos que o retrato por Arendt da «banalidade do mal» em *Eichmann em Jerusalém* se poderá revelar esclarecedor a este nível, assim por via negativa ou antitética.

II. A «BANALIDADE DO MAL» COMO AUSÊNCIA DE SENTIDO

II. 1. Em Arendt, a «banalidade do mal» caracteriza-se essencialmente por uma ausência – pela ausência de *sentido*. O sentido é, para a Autora, aquilo por que procuramos quando pensamos.[1] Nas suas palavras, «o que nos faz pensar» é precisamente «a necessidade de procurar o sentido de tudo o que é ou que acontece».[2]

O sentido não se confunde então meramente com o que é ou que acontece. Quando se fala em sentido, nunca se fala meramente de uma coisa ou de coisas. Estará sempre em causa um questionamento das coisas que pergunta, precisamente, pelo seu sentido. Por exemplo, quando se fala em *sentido do Direito*, não estão em causa meramente as normas que vigoram numa dada sociedade e que regem as relações de cada um com os outros. Quando se fala em *sentido do Direito*, está em causa algo que não se confunde com a mera existência dessas normas – algo que é procurado pelo sujeito no momento em que pensa o Direito, em que precisamente busca o seu sentido.

Deste modo, o sentido não terá realidade objetiva, ou seja, não terá realidade fora do espírito do sujeito que por ele procura e que eventualmente o encontra, então conhecendo-o ou reconhecendo-o. O sentido não será então independente daquele que o reconhece, podendo dizer-se que não se trata de uma coisa ou de um objeto, mas de algo reconhecido ou não pelo sujeito – uma qualidade, diríamos por aproximação – no âmbito de certa capacidade que lhe é própria *enquanto sujeito*.

Ora, é essencialmente isso aquilo que Arendt sugere sobre o sentido. E é essencialmente por isso que se trata de algo inteiramente estranho ao fenômeno por si retratado em *Eichmann em Jerusalém*. Efetivamente, o fenômeno totalitário, tal como descrito pela Autora, prescinde inteiramente do sujeito que procura pelo sentido. Idealmente, tal fenômeno converte o sujeito em mero agente de leis objetivas, objetivas porque tidas como científicas e assim supostamente independentes dos sujeitos que as conhecem (*v.g.* leis da raça, leis da evolução, leis da história, leis da economia).

1. Cf. ARENDT, H., *The Life of the Mind – I –Thinking*, San Diego: Harcourt Brace & Company, 1978, p. 57-58.
2. *Idem*, p. 166.

No limite, o bom sujeito totalitário não é verdadeiramente um sujeito, mas um agente, um sujeito objetivado. Ele é tanto melhor quanto as suas qualidades recognoscentes sejam eliminadas pelo «mundo objetivo». Mais ainda: ele é tanto melhor quanto a sua subjetividade passe a moldar-se de acordo com as tais leis, supostamente objetivas, da raça, da evolução, da história ou da economia.

Como ficou dito, é precisamente isso o que Arendt observa naquilo que denomina como «o fenômeno de Eichmann» e que expressamente qualifica como «o fenômeno moral, jurídico e político mais importante do nosso século», referindo-se evidentemente ao século XX.[3] Um fenômeno que essencialmente se traduz em um homem como Eichmann – uma «pessoa vulgar», «normal», nem mesmo destituída de força mental – ser ainda assim «totalmente incapaz de distinguir o bem do mal», dispondo-se a cumprir o papel de escrupuloso cumpridor de deveres assassinos.[4] E dispondo-se a fazê-lo, não em razão de uma qualquer convicção pessoal profunda, mas porque é isto que se faz no seu mundo, num mundo objetivo e moralmente indistinto. Um mundo destituído de sentido, que funciona por si, assim de um modo totalmente independente de uma qualquer capacidade de reconhecimento atribuída ao sujeito.

As mais confrangedoras passagens de *Eichmann em Jerusalém* são precisamente aquelas nas quais se assinala que as coisas se passaram como se passaram na Solução Final simplesmente porque se tornou normal ou regular que assim se passassem. E tal, independentemente de qualquer compromisso ou responsabilidade pessoal – ou pior ainda, sendo noções como a de responsabilidade pessoal tidas como evidências não problemáticas para os próprios envolvidos.

Há várias passagens de *Eichmann em Jerusalém* que ilustram isto. Tome-se como exemplo a seguinte passagem do Capítulo III:

> «Eichmann, porém, só precisava de evocar o passado para se convencer de que não estava a mentir aos outros nem a enganar-se a si mesmo: nessa altura tinha estado em perfeita harmonia com o mundo em que vivia. (...) [N]essa atmosfera generalizada (...) que (...) reinava no Terceiro Reich, era "evidente" que [Eichmann e isto para o próprio Eichmann] havia desempenhado um papel no extermínio dos judeus; era evidente que, se "ele não os tivesse transportado, os judeus não teriam sido conduzidos ao matadouro". "O que há para '*confessar*'*?*", perguntava ele.»[5]

Arendt retoma este ponto no epílogo, num momento em que denuncia o fracasso em que o julgamento de Eichmann, a seu ver, se traduziu. Para a Autora:

> «Intimamente relacionada com este fracasso estava a incapacidade notória dos juízes em compreender o criminoso que tinham sido chamados a julgar – tarefa que, entre todas, menos podiam ignorar (...). O problema, no caso de

3. Cf. Arendt, H., *Eichmann em Jerusalém – Uma reportagem sobre a banalidade do mal*, trad. portuguesa Ana Corrêa da Silva, Coimbra: Tenacitas, 2003, p. 213.

4. *Idem*, p. 80-81.

5. *Idem*, p. 108-109.

> Eichmann, era que havia muitos como ele, e que estes muitos não eram nem perversos nem sádicos, pois eram, e ainda são, terrivelmente normais, assustadoramente normais. Do ponto de vista das nossas instituições e dos nossos valores morais, esta normalidade é muito mais aterradora do que todas as atrocidades juntas, pois ela implica (...) que este novo tipo de criminoso, sendo, na realidade, um *hostis humani generis*, comete os seus crimes em circunstâncias tais que lhe tornam impossível saber ou sentir que está a agir erradamente»[6]

A razão de assim ser é simples, porventura perturbadoramente simples, e releva do fato de, a Eichmann – e a tantos outros como Eichmann –, nunca ser pedido qualquer conhecimento em que esse seja forçado a interrogar-se a si mesmo. Não lhe é pedido que reconheça sentido a seja o que for ou que deixe de o reconhecer. Apenas lhe é pedido que aja continuamente de acordo com o que é regular, de acordo com aquelas que são as leis do seu mundo, com o que é objetivo no seu mundo. O sujeito é inteiramente absorvido pelo mundo objetivo.

Será esta a tese fundamental de Arendt a respeito de Eichmann. Uma tese em muito semelhante à concepção heideggeriana da subjetividade moderna como tecnologia – ou seja, como subjetividade rendida às supostas leis objetivas do mundo objetivo. Em tal condição, diz Heidegger, o homem é reduzido a «homem da técnica», alguém levado a uma «segura estabilidade (...) correspondente à técnica», ordenando indigentemente o seu «planear e agir como um todo» a partir daí.[7] Ora, há um impressionante paralelo entre a «segura estabilidade correspondente à técnica» a que se refere Heidegger e a «banalidade do mal» a que se refere Arendt.

II. 2. Se em *Eichmann em Jerusalém* Arendt descreve a «banalidade do mal», a sua obra tardia é em muito marcada por uma reflexão sobre esse fenômeno. Tal reflexão – plasmada sobretudo em *A Vida do Espírito* – confirma que, para a Autora, a «banalidade do mal» releva fundamentalmente de uma objetivação do mundo, ou melhor dizendo, de uma rendição da subjetividade a essa mesma objetivação. O que Arendt fundamentalmente sublinha naquela obra – e também nas suas *Considerações Morais*, apenas parcialmente integradas em *A Vida do Espírito* e confessadamente inspiradas no fenômeno de Eichmann – é que essa objetivação terá sido o produto inevitável de uma ausência: da ausência de pensamento.

O *pensamento*, desenvolve Arendt, distingue-se do *conhecimento*. Este último – *maxime*, o conhecimento técnico ou científico – obedece a ditames metódicos que o adequam ao objeto a conhecer e que, no limite, o tornam independente

6. Cf. Arendt, H., *Eichmann em Jerusalém – Uma reportagem sobre a banalidade do mal*, cit., p. 355-356.

7. Cf. Heidegger, M., *Carta sobre o humanismo*, tradução portuguesa Pinharanda Gomes, Lisboa: Guimarães Editores, 1998, p. 79-80.

do sujeito que conhece. O melhor conhecimento é, pois, o conhecimento objetivo, ou seja, o conhecimento adequado ao objeto e independente do sujeito.[8]

Já o pensamento nunca é independente do sujeito. Traduz-se, nas palavras de Arendt, no «diálogo silencioso do eu consigo mesmo».[9] Nele, está pois em relação um «eu» que resiste à sua eventual objetivação, que o chama dessa possível queda. O pensamento, continua Arendt, «é o garante de um eu-sou-eu inteiramente silencioso».[10] E se essa atividade constitui conhecimento, trata-se de um conhecimento a-metódico e não objetivo. Trata-se de «consciência», de «conhecimento consigo mesmo e por si», a partir de si.[11]

8. Cf. *The Life of the Mind – I –Thinking* (n.1), p. 61 ss.

9. *Idem*, p. 74-75.

10. *Idem*, p. 75.

11. *Idem*, p. 74 e «Thinking and moral considerations», *Social research: An international quarterly*, vol. 38 (1971), (p. 417-446), p. 418. Verifica-se, pois, que as *Considerações Morais* de Hannah Arendt confiam numa determinada capacidade inteiramente subjetiva: a capacidade de alguém que «não se eclipsa subrepticiamente» no momento em que conhece, que antes conhece enquanto sujeito consciente de si enquanto tal e a partir de si, sendo o seu conhecimento necessariamente um *reconhecimento* (ou inversamente um *não reconhecimento*). E a hipótese de que Arendt declaradamente parte é a de que há uma associação entre a ausência dessa capacidade em Eichmann e o fato de o mesmo se ter disposto ao cumprimento de deveres assassinos. Conversamente, é a de que essa capacidade possa «ser de natureza tal que «condiciona» os homens a não fazer o mal». Muitos comentadores têm-se apressado a assinalar uma suposta ingenuidade de Arendt a este respeito. Procuram demonstrar que uma qualquer capacidade de pensamento – ou seja um mero processo de pensamento no âmbito de uma razão não assistida – não é algo capaz de prevenir o sujeito de atingir más conclusões e, inerentemente, de praticar más acções. Eventualmente, no entanto, tais comentadores estarão a pressupor uma acepção de pensamento ou consciência que não é a acepção de Arendt. De fato, a consciência, para a Autora, não corresponde necessariamente a um mero *processo* de pensamento, a um *iter* racional não assistido por quaisquer pressupostos. Aliás, Arendt ilustra ela mesma a falência de uma «consciência» reduzida a mero processo de pensamento ao reportar a invocação por Eichmann do imperativo categórico. Ao inerentemente reconhecer que «não há a mínima dúvida de que, num certo sentido, Eichmann seguiu de fato os preceitos kantianos». Precisamente aqueles preceitos que haviam confundido rectidão ética com ditames estritamente processuais ou formais como a universalização e a incondicionalidade, cf. *Eichmann em Jerusalém – Uma reportagem sobre a banalidade do mal* (n. 3), p. 201.

Se a consciência a que se refere Arendt não releva de um mero processo de pensamento, ao contrário do que sugerem os seus críticos, cumprirá então verificar exactamente do que releva. Na hipótese de leitura que aqui propomos, essa capacidade releva da Ética num sentido inteiramente diferente do sentido kantiano, que antes se aproxima daquele que Heidegger recupera. Neste sentido, a Ética pensa «a essência do homem» a partir da «verdade do ser», uma verdade rasurada no momento da redução do homem a «homem da técnica», alguém levado a uma «segura estabilidade (...) correspondente à técnica» (cf. *Carta sobre o Humanismo* (n.7), p. 79-80). E se, em Heidegger, o antídoto contra essa «segura estabilidade» encontra-se num renovado pensar a partir da verdade do ser, o pensamento de Arendt pode ser lido num sentido muito próximo. Nesta hipótese, a consciência de Arendt – a capacidade de conhecer ou reconhecer *consigo mesmo e a partir de si mesmo* – implica a recuperação de um «si mesmo» concordante com certa verdade não objetiva, mas subjetiva (a verdade correspondente a um «eu-sou-eu inteiramente silencioso», essencialmente definidora do sujeito enquanto tal). Ou seja, a consciência pressupõe uma recuperação do sujeito na sua verdade mais própria, antitética àquilo que *se* é no mundo tecnológico, àquilo que se é quando «senhor-toda-a-gente», na fórmula da Autora.

Será importante assinalar que as *Considerações Morais* terminam com um tratamento da máxima socrática segundo a qual é pior estar em desacordo consigo mesmo do que em desacordo com a genera-

A ausência de pensamento equivale, pois, a uma ausência dessa forma de conhecimento. E equivale inevitavelmente a uma ausência daquelas coisas – designadas por Arendt como «coisas do pensamento» – que existem apenas no espírito daquele que pensa. Coisas que não são, então, objetivas.[12] Fala-se primordialmente do sentido. Mas também se poderia falar da justiça ou do Direito enquanto Direito – ou seja, daquele Direito que para ser Direito tem de ter sentido. Trata-se de realidades totalmente erradicadas do mundo de Eichmann – um mundo em que «tudo o que é «visível» para o espírito está totalmente ausente» nas palavras de Arendt.[13] Ou seja, um mundo reduzido à normalidade das coisas, à regularidade tecnológica, à objetividade.

O que Arendt sugere, em suma, é que essas são as condições do fenômeno traduzido na «banalidade do mal», um fenômeno em que «é evidente» que se verifica o extermínio dos judeus, em que «é evidente» que os judeus são transportados para a morte, mas em que ninguém age «a partir da sua afirmação como mau» ou reflete sobre si mesmo como mau, desde logo porque nunca é forçado a refletir sobre «si mesmo» enquanto alguém relevante na determinação do seu conhecimento e do seu mundo. Ou seja, a derrocada observada no Terceiro Reich é a derrocada de um mundo inteiramente objetivo, que irreleva o pensamento enquanto capacidade de estar em relação consigo mesmo e que tem consequentemente como irrelevantes aquelas coisas – eventualmente plenas de significado para aquele que as pensa – mas que não são mais do que «coisas do pensamento».

II.3. Ilustrando um pouco mais este último aspecto, é de recordar uma passagem muito representativa em que Arendt recupera a referência de Sólon a coisas que apenas têm pensavelmente «medida» no espírito humano – que têm a medida desse «espírito», *que não têm outra medida que não essa*. Uma referência que seria convertida em Platão como respeitante a «ideias que apenas

---

lidade. Ora, o que esta máxima fundamentalmente traduz e o que a torna tão sugestiva é a possibilidade, nela indiciada, de se estar de acordo com a generalidade, mas em desacordo consigo mesmo (em desacordo com a verdade própria do ser). Ora, aquele que tem consciência dessa possibilidade, tem consciência, diz Arendt. *Está em relação consigo mesmo*, tem consciência de si enquanto tal e, nessa *sua* consciência, teme perder-se, abandonar-se àquilo que *se* é geralmente. Aquele que teme mais do que tudo estar em desacordo consigo mesmo (disse Sócrates e repete Arendt), sabe que é preferível sofrer a injustiça do que praticá-la. E tal porque sabe que a justiça é um lugar referido a uma *verdade do ser* (a uma eticidade essencial) antitética àquilo que se é no mundo tecnológico. Efetivamente, sabendo que a justiça tem a medida dessa verdade e não outra, esse sujeito sabe que perdê-la equivale a perder-se a si mesmo. É por isto que Arendt entende que o pensamento («o conhecimento consigo e por si», a consciência) tem uma natureza tal que previne o sujeito de ser e fazer o mal. Confirmando-se que assim é, as *Considerações Morais* de Arendt serão eventualmente muito pouco modernas. Mas nada terão de ingênuo.

12. Diz Arendt que o pensamento (o conhecimento partir de si mesmo) incide sempre sobre objetos que são *para nós* e não sobre objetos percebidos pelos sentidos e que nos sejam estranhos, cf. «Thinking and Moral Considerations» (n. 11), p. 423-424.

13. A descrição de Arendt aproxima-se impressionantemente da descrição heideggeriana do mundo do «Eles» ou do «Se» – o mundo do «Senhor toda a gente» de que Eichmann será o paradigma, aquele que «não é mau nem deixa de o ser» e que «por isso mesmo se torna capaz do mal infinito», cf. *Idem*, p. 445.

são perceptíveis pelos olhos do espírito».[14] Tais ideias – como a de justiça, de verdade, de harmonia ou de bem – são aquelas que o filósofo percepciona na «procura do sentido» em que o pensamento se traduz. Algo que nada tem que ver com método, que antes tem que ver com «espanto» ou «maravilhamento», na formulação comum entre os Antigos que Arendt recupera.

Ora, muito significativamente, Arendt recupera também a ideia socrática segundo a qual a procura em que o pensamento se traduz não deixa lugar para a existência «da desarmonia, da fealdade ou [e por fim] do mal». E a explicação que encontra para isso é precisamente a mesma explicação que Sócrates havia dado. Uma explicação que essencialmente se traduz em ser absurdo supor que coisas como a fealdade ou o mal tenham sentido: nesses casos, disse Sócrates e repete Arendt, «as coisas são apenas as coisas que vemos». Os «olhos do espírito» nelas nada percepcionam para além daquilo que elas são, nelas não encontram nenhum sentido, é impossível que nelas se detenham com «espanto» ou «maravilhamento».[15]

Numa linguagem moderna, dir-se-á que nesses casos, as coisas reduzem-se à sua pura objetividade. É absurdo supor que tenham sentido na medida em que seja absurdo supor um sujeito que as reconheça como tendo sentido, que nelas encontre refletida a essencial medida do seu espírito. Ora, um mundo em que o mal é banal é um mundo inteiramente destituído dessa medida. Caracteriza-se precisamente pela redução das coisas à sua pura objetividade. E caracteriza-se por algo ainda mais absurdo. Algo que Sócrates não poderia encarar porque nunca poderia antecipar o domínio do método que caracteriza a Modernidade.

De fato, Sócrates estaria longe de imaginar um mundo que chegasse ao ponto de converter o sujeito em mero agente das coisas como elas são na sua pura objetividade. Um mundo em que *não só o sentido falta como a própria ideia de sentido se torna incompreensível*, sobretudo na medida em que se torne incompreensível relevar como conhecimento um qualquer conhecimento não metódico, relevar consequentemente como tais realidades sem outra medida que não a do espírito humano. Ora, um mundo em que não só o sentido falta como a própria ideia de sentido é incompreensível é o mundo de Eichmann: nele encontra-se a «banalidade do mal».

É neste último contexto que deve ser entendida a tantas vezes mal interpretada ideia de Arendt segundo a qual o pensamento previne aquele que nele se envolve do mal. Nesta ideia não está em causa a ideia simplista e implausível de que todos aqueles que pensam são incapazes do mal. O que está em causa é a ideia de que *o pensamento por definição mantém presente a compreensibilidade da ideia de sentido*. Nessa medida, o pensamento, se não torna impossível o mal, torna impossível que o mal seja banal. Torna impossível que aquele que pratica ações más esteja de tal modo embrenhado nas leis objetivas do mundo

14. Cf. *The life of the mind – I –Thinking* (n. 1), p. 170.
15. *Idem*, p. 150.

objetivo – esteja de tal modo tecnologizado – que passe a encarar o mal como algo «evidente».

III. A «BANALIDADE DO MAL» COMO AUSÊNCIA DE DIREITO

III.1. Abordado o retrato arendtiano da «banalidade do mal» como ausência de sentido, torna-se agora possível compreender o porquê de essa ausência corresponder a uma ausência de Direito, confirmando-se a dissociação inicialmente sugerida.

Assim será, na pressuposição de que, ao Direito, se encontra subjacente *um sujeito* – a pessoa – *capaz de refletir sobre o sentido das suas ações, de as avaliar em consciência,* sendo pois *responsável* pelas mesmas. Com efeito, a hipótese a explorar a partir de *Eichmann em Jerusalém* é a de a *pessoa* nesse sentido constituir a antítese do agente totalitário – i.e., do sujeito objetivado ou tecnologizado, cujas ações criminosas são não problematicamente «evidentes» –, na mesma exata medida em que uma ordem de Direito constitua a antítese de uma ordem totalitária. Encontrar-se-á, pois, *ali, na diferença entre os sujeitos subjacentes, o nuclear elemento da distinção entre Direito e não Direito.*

Nessa linha, o fenômeno de Eichmann enquanto fenômeno singularmente relevante – ainda que perturbadoramente generalizado no contexto do século XX – traduz-se na ausência ou destruição em Eichmann de *pessoalidade* ou *personalidade* no sentido exposto: essa dá lugar a *subjetividade como tecnologia* ou *agência totalitária* no momento em que Eichmann se abstém de pensar sobre o sentido das suas próprias ações para se limitar a seguir indigentemente os processos e regularidades objetivas do seu mundo. Algo que o coloca «fora do Direito» no mais radical sentido possível e que inerentemente explica, tanto a integral incompreensão dos seus juízes quando perante si, como o fracasso do seu julgamento, aspectos tantas vezes assinalados por Arendt. Pois na medida em que os juízes de Eichmann, chamados a aplicar *o Direito*, pressupusessem um sujeito capaz de compreender o sentido (ou ausência dele) das suas ações – e, bem assim, da ordem que as condena ou absolve –, não poderia, de fato, Eichmann ter gerado neles outra coisa senão a mais profunda incompreensão.

III.2. Será relevante recordar neste contexto que a ideia de personalidade – enquanto algo que particularmente se traduz na capacidade de pensar e, muito particularmente, de avaliar na profundidade de si mesmo o sentido das suas ações, tornando-se responsável pelas mesmas –, sendo seguramente não estranha à tradição ocidental, é também algo sobre que incide a atenção de certa linha contemporânea de pensamento – *o personalismo* – que emerge sobretudo no confronto com as experiências totalitárias.

Tal linha – que encontra os seus expoentes em Autores como Emmanuel Mounier, Martin Buber, Jacques Maritain ou Gabriel Marcel –, parte da ideia de que *os seres humanos são pessoas*. Só aparentemente se trata de uma tautologia, já que, como bem sintetiza Christian Smith,[16] «afirmar que os seres humanos são pessoas e não algo de distinto, e compreender todo o significado e ramificações de tal orientação, é afirmar uma posição distinta de outras posições que, assim, não é nem autoevidente nem universalmente partilhada (...). Nessa posição, assenta-se em que há qualidades características dos seres humanos insusceptíveis de redução a outras realidades, de natureza não personalista». Muito particularmente, recusa-se a redução dos seres humanos a «elementos constitutivos» de uma qualquer ordem ou sistema «objetivo», assim meramente ordenados às respectivas necessidades e propósitos. No personalismo, os seres humanos são – ou têm a potencialidade de ser – algo mais.

Poderá dizer-se que o pensamento tardio de Arendt se encontra, também ele, fundamentalmente centrado na identificação desse *algo mais* que caracteriza o humano. Com efeito, a identificação pela Autora daquelas que são as capacidades humanas fundamentais – *pensar*, *querer* e *julgar* – constituirá precisamente uma resposta a essa questão.

Das mesmas capacidades, aquela que Arendt identifica como inteiramente ausente em Eichmann é, como já vimos, a capacidade de pensar – sugerindo, no mesmo passo, que, em Eichmann, o que afinal se observa é a corporização ou internalização de certo modo «objetivador» de pensar os seres humanos, culminante nas experiências totalitárias.[17] Um modo que tendeu a centrar-se em leis, processos ou regularidades objetivas ou supostamente objetivas – nos casos mais característicos em leis, processos ou regularidades referidos à história, à evolução ou à economia – e, mais ainda, tendeu a fazê-lo de um modo totalizador, em termos que procuraram (e ainda procuram) encerrar nessas leis a própria subjetividade do ser humano.

Com efeito, aquilo que Arendt chama de totalitarismo emerge no momento em que aquelas leis logram conformar a realidade, constituindo-se a partir delas sistemas efetivamente existentes e, mais perversamente ainda, agentes desses sistemas, que se encaram a si mesmos como tais.[18]

16. Cf. *What is a person? – Rethinking humanity, Social life and the moral good from the person up*, Chicago e Londres: The University of Chicago Press, 2010, p. 102-103.

17. Arendt não tem vindo a ser considerada no âmbito da chamada tradição personalista. Mas o que assim se verifica é que, na mesma Autora, sobretudo na sua obra tardia, o que afinal encontramos é uma elaboração muito valiosa daquela que constituirá a essência da personalidade. Uma essência precisamente traduzida na *capacidade de pensar* enquanto *capacidade de estar em relação consigo mesmo*, ou seja, em relação com *uma profundidade de si irredutível à técnica* – às leis, processos e regularidades do mundo objetivo ou supostamente objetivo.

18. Cfr. *The origins of totalitarianism*, San Diego: Harcourt Brace & Company (1. ed., 1951) 1976, em especial, p. 341 ss. Na síntese de Tony Judt, «a importância perene da obra maior de Arendt releva, não tanto da originalidade da sua contribuição, mas da qualidade da sua intuição central. O que Arendt melhor compreendeu foram as características morais e psicológicas daquilo que denominou como totalitarismo (...). Os regimes totalitários dominam os indivíduos a partir do seu interior», cf. *Hannah Arendt and Evil*, in Judt, T., *Reappraisals – Reflections on the Forgotten Twentieth Century*, Nova Iorque: Penguin Books, 2008, (p. 73-92), p. 75.

No momento em que tal sucede, a ideia de personalidade – e a inerente ideia de responsabilidade – é inevitavelmente erradicada. No totalitarismo, há regularidades inexoráveis e agentes das mesmas, agentes de ações igualmente inexoráveis – ações evidentes, tão evidentes quanto o eram para Eichmann.

III.3. A conexão que assim se evidencia entre um sistema totalitário e os seus agentes é antitética, insista-se, à conexão entre uma ordem de Direito e a pessoa – o sujeito não reduzido à inexorabilidade e, portanto, não irresponsável. Com efeito, é precisamente essa irredutibilidade que o Direito assume ou pressupõe, pelo menos enquanto a ideia de responsabilidade lhe permaneça co-essencial.

Enquanto assim seja, numa ordem de Direito não há *regularidades* inexoráveis ou *agentes* das mesmas, mas algo de inteiramente distinto: há *normas* e *pessoas* que reconhecem em consciência o seu *sentido* e que por isso, em caso de incumprimento, são responsáveis.[19] Ao Direito não pode, pois, ser estranho tal *sentido*; mais precisamente, ao Direito não pode ser estranho o conhecimento ou reconhecimento desse mesmo sentido – afinal a substância mesma do Direito, aquilo que o Direito essencialmente é[20] – por parte daquele que o cumpre ou incumpre.

É algo próximo disto, refira-se, que tem vindo a ser desenvolvido contemporaneamente por Joseph Vining. Nos seus termos, o Direito «pressupõe, cria e exige a pessoa»,[21] correspondendo-lhe necessariamente um ator que «nunca se encontra capturado ou transformado em processos que meramente são»[22] e, bem assim, um *sentido* que nunca se confunde com o que «meramente é». Haverá um modo de pensamento caracteristicamente moderno – assinala-o Vining em passagem cuja ressonância arendtiana é assinalável – que «elimina o ator», dissolvendo-o «naquilo que é, naquilo que acontece» e, assim, rasurando o eco na consciência – ou em consciência – «daquilo que é ou acontece».[23] Por contraposição, o pensamento jurídico apenas persistirá se e enquanto soubermos «emergir de um círculo com a virtualidade de nos aniquilar, submergindo-nos no que meramente é, seja a materialidade ou a história».[24]

Nessa medida, poderá dizer-se, o Direito contrapõe-se ao domínio irrestrito da ciência moderna, preservando um ente – a pessoa – que esta não apreende nem compreende:

19. Uma aproximação à distinção entre *norma* e *regularidade* – uma distinção paralela à distinção entre *pessoa* e *agente* e entre Direito e não Direito – pode ser encontrada em Joseph Vining, cf. *From Newton's Sleep*, Princeton: Princeton University Press, 1995, p. 331.

20. Para mais desenvolvimentos, cf. o nosso *A Autoridade moral da Constituição – da fundamentação da validade do direito constitucional*, Coimbra: Coimbra Editora, 2009, em especial, p. 641 ss.

21. Cf. *From Newton's Sleep* (n. 19), p. 186.

22. *Idem*, p. 235.

23. *Idem*, p. 104.

24. *Idem*, p. 128.

«Law stands in the way of science; law, and person and sense of self, are mutually sustaining and interpenetrating. So law stands in the way of self-destruction, and the person stands in the way of destruction, for the loss of self and the loss of law proceed together, but grasping the one stops departure of the other.»[25]

III.4. Perante a assinalada correspondência entre Direito e pessoa – antitética à correspondência entre as diferentes formas de totalitarismo e os seus agentes –, a questão que inescapavelmente se coloca é a seguinte: será a pessoa uma mera construção artificial, acriticamente aceita pelos juristas mas eventualmente tão fictícia quanto o *Übermensch*, o agente de classe ou o *homo oeconomicus*?

Nesta exposição, não temos seguramente a pretensão de responder a esta última questão. Afigura-se-nos importante, no entanto, registrar que se trata de uma questão não estranha ao pensamento jurídico.

Desde logo, é de registrar o tratamento de Manuel Gomes da Silva, marcadamente inserido na tradição aristotélico-tomista. Assinalavelmente, o mesmo Autor colocou a hipótese de a *personalidade* – a irredutível «capacidade de consciência e de vida própria»[26] – constituir uma mera «estrutura artificialmente sobreposta à natureza por convenção e rotina». Tendo encarando a mesma hipótese, Gomes da Silva rejeitou-a. Com efeito, no âmbito daquela tradição, pensou a pessoa como uma «exigência ontológica» relevante da essência mesma do homem – uma exigência em que o humano se cumpre, se realiza no seu fim, «tornando-se ato».[27] E na medida em que o Direito – o Direito e não o «torto» – pressuponha e preserve essa exigência, haverá uma correspondência entre «o fim do direito» e «o fim do próprio homem».[28]

Se Gomes da Silva se revela marcadamente tributário da teleologia inerente à tradição aristotélico-tomista, o pensamento de Joseph Vining desprende-se, pelo menos em termos explícitos, dessa tradição. Neste outro Autor, a conexão entre Direito e pessoa releva de uma coessencialidade ontológica e não tanto teleológica. Com efeito, o que este último Autor essencialmente aduz é que *o ente pessoa permanece enquanto permaneça o Direito – o autêntico Direito – que a pressupõe e preserva*, não sendo assim a «questão sobre o que *somos* nós» verdadeiramente distinta da «questão sobre o que o Direito *é*».[29]

E especificamente quanto à realidade mesma (ou não convencionalidade) da pessoa, o que Vining adianta é uma proposição de natureza comparativa – raciocinando pois mais por via negativa do que positiva –, que não deixa por isso

25. Cf. *From Newton's Sleep* (n. 19), p. 207.

26. Cf. Gomes da Silva, Manuel, *Esboço de uma concepção personalista do direito – reflexões em torno do cadáver humano para fins terapêuticos e científicos*, Lisboa, 1965, p. 69 e 105.

27. *Idem*, p. 61 ss. e 115-116.

28. *Idem*, p. 136.

29. Cf. *From Newton's Sleep* (n. 19), p. 128.

de ser muito esclarecedora. Com efeito, o que Vining adianta é que a *pressuposição que a pessoa consubstancia é inteiramente diversa, quanto à sua natureza e inerentemente quanto ao seu estatuto ontológico, das meras «pressuposições de trabalho» que obedecem aos cânones da ciência moderna.*

Esta última posição de Vining surge sumarizada no seguinte passo:

> «There is the possibility that the presuppositions which must be entertained to do legal work need only be working presuppositions and that one can remain agnostic as to them to the end of one's life (...). In law the possibility of conscious illusion, the living to the end of one's life with only working assumptions cannot be absolutely denied. Economics operates with a working assumption of economic man, physics works with particles, waves and other units of thought and discourse that are only working assumptions. But, on the other hand, economics and physics are not so pervasive in life. The door is closed on economics and physics at 5:00 or 10:00 in the evening and the whole person returns home or goes out to search for home. Atual belief in that which is presupposed in law may be necessary, in the largest sense, necessary beyond the necessities the logic that cannot even begin without definition of entities. Belief may be necessary to atual and atually experienced obligation and authority, to atual persistence in legal work that can lead to atual obligation and authority.»[30]

Deste modo, sendo uma pressuposição dos juristas e podendo ser uma construção, a *pessoa* distinguir-se-á de outras construções do humano – marcadamente artificiais – por envolver uma abertura à totalidade da experiência humana e, assim, àquela experiência que transcende as necessidades *objetivas* da lógica. Muito particularmente, a *pessoa* enquanto pressuposição apenas se tornará apreensível ou compreensível por *referência a elementos que não relevam de uma experiência objetiva do mundo, mas da autoexperiência do sujeito*: elementos como a convicção, como os inerentes sentidos de devida obrigação e de reconhecida autoridade. Parafraseando Miguel de Unamuno, a pessoa será uma construção não artificial do humano na exata medida em que o homem seja um sujeito e não um objeto.[31]

Também esclarecedor é um outro passo, no qual Vining enfrenta em termos explícitos a questão de saber se, na sua pressuposição da pessoa, os juristas se estão a enganar a si mesmos, não tendo então a pressuposição da pessoa envolvida

30. Cf. *From Newton's Sleep* (n. 19), p. 207.

31. Esclarece Steven D. Smith que Joseph Vining reafirma que «as pessoas, elas mesmas, têm um estatuto ontológico pessoal e não objetivo», algo surpreendentemente rasurado nos modos naturalistas ou objetivadores de pensar o humano que caracterizam a ciência moderna. Para Vining, esse estatuto ontológico pessoal e não objetivo encontra abrigo no Direito e no pensamento que incide sobre o Direito. Assim, acrescenta Steven D. Smith, se Vining resiste ao naturalismo em favor do personalismo «o que é distintivo, porventura único, no seu pensamento é o fato de encontrar a base para a sua resistência não primariamente na religião, ou mesmo nas humanidades, mas naquele que muitos encarariam como o lugar mais improvável – o Direito», cfr. *Persons all the Way Up*, Research Paper N. 10-003, Legal Studies Research Paper Series, University of San Diego School of Law, 2010.

no Direito maior crédito do que a negação da pessoa envolvida na ciência – sendo, no limite, a pressuposição da pessoa algo «meramente útil», tanto quanto o são as pressuposições contrárias da ciência. Para o Autor, tal não é o caso:

> «There is a difference whatever the final judgment on lawyer's assertions may be. Lawyers presuppose mind, to be sure, as they go about their business, but they are not doing so for the purpose of «seeing what would happen if» or of predicting. The presupposition of mind is a useful presupposition, has a use, in securing willing obedience and the joint pursuit of shared purposes as they are expressed through law, which is derived by legal method. But this usefulness – if the term useful can be used without moving into a detached and manipulative stance – is not realized without belief. It is the positive assertion of the existence of mind and caring person that makes the presupposition useful in law; whereas in science it is not the assertion that is useful but the hypothetical proposition, which is set up and sought to be disproven and which is refined and changed as the facts are surveyed. Indeed, in science the transformation of hypothetical into positive assertion gets in the way of modifying or discarding the predictive device. In law the assertion or the belief is prior to the methodological presupposition, though certainly lawyers (and people generally) work to maintain the possibility of belief. And hearing and understanding, willing obedience, mind and meaning, are part of the experience of the lawyer and the nonlawyer, part of the evidence, not merely propositions derived from the evidence. The evidence (again, if experience of these things is to be treated as *evidence*, to make the two cases at all comparable) is not of a kind which a scientist would admit, for the scientist is always detached and outside that which he or she Works.»[32]

III.5. Em essência, temos vindo a defender uma conexão entre personalidade e Direito. Ora, não devemos terminar sem assinalar que afirmar uma conexão necessária entre personalidade e Direito não equivale a afirmar uma conexão necessária entre personalidade e *direitos* (referimo-nos os direitos fundamentais reconhecidos pelos modernos Direitos ocidentais). Assim, na medida em que a personalidade *não* seja o critério último da titularidade de direitos (ou de todos os direitos), antes se encontrando tal critério na dignidade humana.

O que se afirma traz implicado que – ao contrário do que frequentemente se sugere, em muitos casos a partir da equívoca fórmula «dignidade da *pessoa* humana» –, a ideia de *personalidade* e o valor da *dignidade humana* não se confundem.

A dignidade humana – isto é, o valor intrínseco de todos os seres humanos meramente enquanto tais, um valor susceptível de se formular como «igualdade fundamental de todos na humanidade comum»[33] – consubstancia o *fundamento*

32. *Persons all the Way Up*, p. 145-146.

33. Formulação de Joseph Ratzinger, *A Europa de Bento na crise de culturas*, Braga: Alêtheia, 2005, p. 54.

do Direito e é na sua razão última que os seres humanos são titulares de direitos.[34] Já a personalidade consubstancia o *pressuposto do Direito* – ou, se se preferir, o elemento ontológico coessencial ao Direito –, pois para que o Direito chegue a ser a ordem de uma sociedade, impõe-se que os seres humanos cheguem a ser pessoas e, deste modo, cheguem a ser os titulares dos *deveres* correspondentes àqueles direitos.

Os binômios que assim se desenham são, pois, essencialmente, os binômios *personalidade e dignidade humana, fundamento e pressuposto do Direito, direitos e deveres.*

34. Para mais desenvolvimentos, cf. o nosso *A autoridade moral da Constituição* (n. 20), p. 144 ss.

EICHMANN EM JERUSALÉM: ENTRE O POLÍTICO E O JURÍDICO NO PENSAMENTO DE HANNAH ARENDT

Rui Guerra da Fonseca

Keywords: «thinking», «willing», «judging», the political, law, justification, judge, court.

Abstract: The Eichmann trial decisively influenced Hannah Arendt's life and philosophical thought. This paper addresses the direct influence of the Eichmann trial in *The Life of the Mind*, Arendt's last book. In particular, it attempts to show that reading *The Life of the Mind* taking into account the Eichmann trial can be illuminating when considering Arendt's classification of basic human faculties – «thinking», «willing» and «judging». Namely, such reading clarifies the correspondence between the faculties of «thinking» and «willing» and the categories of the legal and the political.

INTRODUÇÃO

O tema em questão – uma análise do julgamento de Eichmann, em Jerusalém, à luz de uma dualidade de intencionalidades refletidas no pensamento de Hannah Arendt, entre o *político* e o *jurídico* – é propiciado por uma leitura retrospectiva de *A Vida do Espírito*, obra que, originada em textos de conferências e lições – e especialmente iniciada em 1972 para apresentação no ano seguinte nas Conferências Gifford[1] –, viria a ser a última obra de Arendt.

Na verdade, Hannah Arendt faleceu subitamente a 4 de dezembro de 1975, uma quinta-feira, e tinha terminado no sábado anterior a segunda parte de *A Vida do Espírito* – «*Querer*».[2] Pensada para ser dividida em três partes – «*Pensar*», «*Querer*» e «*Julgar*» (como o núcleo de *A Condição Humana*, dividida em «*Labor*», «*Trabalho*» e «*Ação*»[3]) – *A Vida do Espírito* veria a luz do dia apenas com as duas primeiras, muito embora a edição preparada por Mary Mccarthy, já depois da morte de Hannah Arendt, faça acompanhar a obra de um Apêndice que consiste nas lições de Arendt sobre a filosofia política de Kant dedicadas à faculdade do *juízo*.[4]

E uma leitura retrospectiva, como acima de diz, não apenas por ser *A Vida do Espírito* posterior à primeira edição de *Eichmann in Jerusalem – A Report on the Banality of Evil* (1963), mas, sobretudo, porque esta última parece ter constituído um momento determinante do pensamento de Arendt que viria a culminar na primeira, a sua última obra. Logo nas primeiras palavras da Introdução a *A Vida do Espírito* Hannah Arendt faz questão de dar a conhecer ter o julgamento de Eichmann constituído um dos fatos determinantes – «o impulso imediato» – da sua preocupação com *as atividades do espírito*, em virtude da «irreflexão» (ausência de «pensar») que tanto a surpreendeu no antigo tenente coronel da SS: isso conduziu diretamente à primeira parte da obra em questão, ao «Pensar».[5] Mas é menos o propiciado pela observação da figura de Eichmann em si que aqui interessa, e mais uma outra linha. Na verdade, *Eichmann em Jerusalém* constitui um relato – e uma análise – percorrido, da primeira à última linha, por uma dualidade de intencionalidades ou «disposições» na expressão de Hannah Arendt, bem expressa no contraponto entre o «espetáculo» ou «*show* político» montado por David Ben-Gurion, Primeiro-Ministro de Israel responsável pela captura de Eichmann na Argentina e pela montagem de toda a envolvente do processo (e ver-se-á que o sentido deste *político* é pejorativo, contrariamente a outro(s)), e a atitude e atuação do coletivo de três juízes que conduziu o julgamento e proferiu a decisão condenatória em primeira instância,[6] que em geral é louvada por Arendt

1. Cf. Mccarthy, M., «Nota da edição original», in: Arendt, H., *A vida do espírito – Volume I – Pensar*, Lisboa: Instituto Piaget, p. 9; Mccarthy, M., «Posfácio da Edição Original», in: Arendt, H., *A vida do espírito – Volume II – Querer*, Lisboa: Instituto Piaget, p. 240 e 246 ss.

2. Cf. Mccarthy, M., «Posfácio da edição original» (n.1), p. 239.

3. Cf. Arendt, H., *The human condition*, Chicago: University of Chicago Press, 1998.

4. Segundo Mary Mccarthy, depois da morte de Hannah Arendt «foi encontrada uma folha de papel na sua máquina de escrever, que continha apenas o título «Julgar» e duas epígrafes. Em algum momento, entre o sábado em que acabou «Querer» e a quinta-feira da sua morte, deve ter-se sentado para enfrentar a última secção» – cf. Mccarthy, M., «Posfácio da edição original» (n.1), p. 240-241.

5. Cf. Arendt, H., *A vida do espírito – Volume I – Pensar* (n.1), p. 13 ss.

6. Existem vários relatos do julgamento de Eichmann, que ora realçam aquela envolvente do processo e seus antecedentes, ora valorizam uma visão objetiva do próprio julgamento. Mas, normalmente, há em tais relatos cedências constantes à subjetividade: à subjetividade de quem assiste ao desenrolar de fatos e histórias de vida de atrocidade por parte das testemunhas (vida essa que, por vezes, é da própria família ou

(e não parece que constitua sinal contrário a este a sua posição quanto ao que deveria ter sido o fundamento da condenação, como se verá).

Numa passagem do Epílogo, em que cita o coletivo de juízes, Hannah Arendt dá-nos mesmo, talvez melhor do que em qualquer outra, a noção do impacto que tal dualidade produziu no seu pensamento, e onde a afinidade com o que viria a ser cerca de dez anos mais tarde *A Vida do Espírito* começa inequivocamente a desenhar-se. Referindo-se ao problema do *grande número de objetivos* que alguns (ou quase todos?) pretendiam que o julgamento servisse (como disse o Tribunal, *«all of which were ulterior purposes with respect to the law and to courtroom procedures»*), e vincando que «[*t*]*he purpose of a trial is to render justice, and nothing else*»,[7] o coletivo de juízes viria a assentar uma ideia marcante, tanto em si mesma, como pelo que espicaçou no pensamento de Hannah Arendt: «The court, moreover – mantenho o original, que corresponde ao discurso indireto de Arendt conjuntamente com citações da decisão –, could not overstep these limits without ending "*in complete failure*". Not only does it not have at its disposal "*the tools required for the investigation of general questions*", it speaks with an authority whose very weight depends upon its limitation. "*No one has made us judges*" of matters outside the realm of law, and *no greater weight is to be attached to our opinion on them than to that of any person devoting "study and thought"* to them.»[8]

O que há aqui que sublinhar é a expressão *study and thought* – estudo e pensamento: se o *julgar* a eles se não resume, não deixam os mesmos de ser *condição* deste. Hannah Arendt não terminou o «*julgar*»; mas nem por isso deixou de começar a desvendar que para tal o espírito há-de ir buscar ao «pensar» a quietude e passividade que lhe são características. E com isto se dá já lugar à necessidade de uma análise mais detalhada.

de amigos), e acompanhou a presença física de Eichamnn no julgamento (à qual era certamente impossível ficar indiferente). Muito embora ceda consideravelmente a essa subjetividade no relato, Haim Gouri, por exemplo, tendo disso consciência, afirma (e fá-lo também claramente para si próprio, e noutros momentos do texto por outras palavras): «In the end, you have to remind yourself that this is a court of law. The power of the trial arises, in part, from these hours that seem to be wasted on dry, long-drawn-out arguments, on technicalities. [§] But the trial will eventually return to the substance of the case, and you will once again be enveloped in that atmosphere that is so difficult to convey.» (cf. Gouri, H., *Facing the Glass Booth*, Detroit: Wayne University Press, 2004, p. 138). E não estará em *A Vida do Espírito* o derradeiro esforço de Hannah Arendt pela (sua) objetividade relativamente ao *caso Eichmann*, laborando sobre um conflito manifestamente sentido e então elevado a possibilidade teórica (objetiva)?

7. Trata-se de um claro apelo aos próprios fundamentos da *rule of law*, expressando assim o tribunal a sua essencial *legalistic approach* (sobre a ideia de *legalism*, e partindo de uma noção genérica fundamental como «the ethical attitude that holds moral conduct to be a matter of rule following, and moral relationships to consist of duties and rights determined by rules», cf. Shklar, J. N., *Legalism. Law, Morals and Political Trials*, Cambridge, London: Harvard University Press, 1986, p. 1 ss., passim.

8. Cf. Arendt, H., *Eichmann in Jerusalem. A report on the banality of evil*, London: Penguin Books, 2006, p. 253-254.

I

Para Arendt, a Vontade «[surge] como motor da ação, isto é, como um «poder de começar *espontaneamente* uma série de coisas ou estados sucessivos (Kant)».[9] Se a vontade «é tão obviamente o nosso órgão do espírito para o futuro como a memória é o nosso órgão do espírito para o passado», bem poder dizer-se que «o problema principal com a vontade é que ela lida não apenas com coisas que estão ausentes dos sentidos e precisam de ser tornadas presentes por meio da capacidade de representação do espírito, mas com coisas, visíveis e invisíveis, que nunca existiram de todo»: na viragem para o futuro – «que em princípio é indeterminável e portanto um possível anunciador de novidade»[10] – a preocupação já não é «com "objetos" mas sim com *projetos*, e não é decisivo se eles são formados espontaneamente ou como reações antecipadas a circunstâncias futuras»; e, «assim como o passado se apresenta sempre ao espírito sob o disfarce da certeza, a característica principal do futuro é a sua incerteza basilar».[11] Sempre na perspectiva do eu-indivíduo, para Hannah Arendt «[d]ificilmente pode existir algo mais contingente do que os atos voluntários, que – na pressuposição da vontade livre podem todos ser definidos como atos dos quais sei que podia tê-los deixado por fazer. Uma vontade que não é livre é uma contradição nos termos – a menos que compreendamos a faculdade da volição como um mero órgão auxiliar executivo de seja o que for que a razão ou o desejo propuseram».[12]

O que na época moderna surge como inteiramente novo, e que a caracteriza também, enfatizando o «futuro» como domínio da vontade que «começou a tomar o lugar da Razão como mais alta faculdade humana», é a noção de *progresso*, «um dos artigos mais sérios e complexos da feira de superstição do nosso tempo».[13]

Segundo Jaspers, «a liberdade humana é garantida pelo fato de não possuirmos *a* verdade; a verdade coage, e o homem só pode ser livre porque não conhece a resposta às perguntas mais importantes: «Tenho que querer porque *não* sei. O Ser que é inacessível ao conhecimento só pode ser revelado à minha volição. Não saber é a raiz de ter que querer»,[14] e isto viu Hannah Arendt partilhado por Heidegger, numa fase inicial do seu pensamento, com a introdução do *Sorge* como termo filosófico (com o «*Ser e Tempo*»), significando tanto «cuidar

9. E «qualquer homem, pelo fato de nascer, é um novo começo»: cf. Arendt, H., *A vida do espírito – Volume II – Querer* (n.1), p. 14.

10. Cf. Arendt, H., *A vida do espírito – Volume II – Querer* (n.1), p. 24.

11. *Idem, ibidem*, p. 20.

12. *Idem, ibidem*, p. 21.

13. Cf. Arendt, H., «Da violência», in: Arendt, H., *Crises da República*, 2. ed., São Paulo: Ed. Perspectiva, 2004, (p. 91-156) p. 114. A ideia de progresso é uma constante na ascensão do liberalismo, um dos objetos de reflexão constante até Max Weber, e um importante elemento utilizado como justificativo do uso da força: sobre esta problemática, cf. Guerra da Fonseca, R., *O fundamento da autotutela executiva da Administração Pública. Contributo para a sua compreensão como problema jurídico-político.* Coimbra: Almedina. 2012, p. 167 ss., p. 342 ss.

14. Cf. também Jaspers, K., *Razão e contra-razão no nosso tempo*, s.l.: Editorial Minotauro, Lda., s.d., *max.* p. 65 ss.

de» como «preocupação com o futuro».[15] O ponto é que, se o «querer, parece, é caracterizado por uma liberdade infinitamente maior do que aquela de que goza o pensar», tal «nunca foi [e não é] sentido como uma pura bênção»: o enfatizar do futuro e do progresso expõe «o homem de pensamento à contingência de todas as coisas humanas mais radicalmente e mais implacavelmente do que alguma vez acontecera antes», e o quc «scmprc tinha sido desde o fim da antiguidade o "problema da liberdade"» entra agora na «casualidade da história» e no «caráter aleatório das decisões pessoais com origem numa vontade livre» que não é «guiada nem pela razão nem pelo desejo».[16]

A vontade, como momento da liberdade ou «capacidade de iniciar algo de novo», vem assim a contrastar com o tradicional *liberum arbitrium*: este «decide entre coisas igualmente possíveis e que nos são dadas, por assim, dizer, em *statu nascendi* como meras potencialidades, ao passo que a capacidade de começar algo realmente novo pode, muito bem, não ser precedida por nenhuma potencialidade, que em seguida figuraria como uma das causas do ato realizado».[17]

Assim se chega ao antagonismo, ao conflito «entre duas atividades do *espírito* que aparentam ser incapazes de coexistir». Nas palavras de Arendt, «[q]uando formamos uma volição, isto é, quando concentramos a nossa atenção em algum projeto futuro, não nos alheamos menos do mundo das aparências do que quando estamos a seguir um raciocínio. Pensar e querer são antagônicos apenas na medida em que afetam os nossos estados psíquicos; é verdade que ambos tornam presente para o espírito aquilo que está realmente ausente, mas o pensar atrai para o seu presente que perdura aquilo que existe ou pelo menos existiu, ao passo que o querer, estendendo-se para o futuro, se move numa região onde não existem tais certezas».[18]

O pensar necessita da hegeliana «quietude do passado», uma quietude, como diz Hannah Arendt, «garantida pelo fato que o passado não pode ser desfeito e que a Vontade "não pode querer retrospectivamente"», e assim, o «abismo entre o passado e o futuro» em que se localiza o «eu pensante, embora possa absorver o que já não é sem nenhuma perturbação vinda do mundo exterior, não pode reagir com a mesma equanimidade aos projetos de futuro formados pela vontade». Na verdade, «[t]oda e qualquer volição, apesar de ser uma atividade do espírito, tem relação com o mundo das aparências no qual o seu projeto deve ser realizado; *em flagrante contraste com o pensar, nenhum querer é alguma vez empreendido por si mesmo ou encontra a sua satisfação no próprio ato* [it. nosso]. Qualquer volição não só diz respeito a particulares mas – e isto é de grande importância – espera ansiosamente o seu próprio fim, quando o querer uma coisa se tiver transformando no fazê-la. Por outras palavras, a disposição normal do eu que quer é a impaciência, a inquietação, e o cuidado (*Sorge*), não apenas por causa de a alma

15. Cf. Arendt, H., *A vida do espírito – Volume II – Querer* (n.1), p. 26-28.
16. *Idem, ibidem*, p. 33-34.
17. *Idem, ibidem*, p. 35.
18. *Idem, ibidem*, p. 41.

reagir em relação ao futuro com receio e esperança, mas também porque o projeto da vontade pressupõe um eu-posso que de modo nenhum se encontra garantido. A preocupada inquietação da vontade só pode ser aplacada pelo eu-quero-e-eu-posso, isto é, por uma cessação da sua própria atividade e pela libertação do espírito da dominação dela».[19]

Em suma, e escutando ainda as próprias palavras de Arendt, «a vontade quer sempre *fazer* alguma coisa e por isso despreza o puro pensar, cuja inteira atividade depende de "não fazer nada"». Como a Autora acentua, «nenhum teólogo ou filósofo louvou alguma vez a «doçura» da experiência do eu que quer, da mesma maneira que os filósofos tiveram o costume de louvar a do eu pensante», com as exceções de Duns Scotus e de Nietzsche (e este, se duvidou da existência da faculdade de pensar, também não tinha o querer por adquirido), ambos tendo entendido a vontade «como uma espécie de poder» e deleite do eu que quer consigo mesmo («na medida em que o eu-quero antecipa um eu-posso; o eu-quero-e-eu-posso é o deleite da vontade»).[20]

Mostram-se, pois, radicalmente diferentes as disposições da vontade e do pensar. Enquanto a «disposição predominante da Vontade é a tensão», já a «disposição predominante do eu pensante é a *serenidade*, o simples gozo de *uma atividade que nunca tem de superar a resistência da matéria*» [é nosso este último it.]. Ora, em termos radicais, aquela tensão «só pode ser ultrapassada pelo fazer, isto é, abandonando por completo a atividade do espírito; uma passagem do querer para o pensar não produz mais do que uma paralisia temporária da vontade, tal como uma passagem do pensar para o querer é sentida pelo eu pensante como uma paralisia temporária da atividade do pensar». Mas se esta tensão «traz a ruína da "tranquilidade do espírito"», então «a única tarefa que resta à Vontade é na verdade "querer não querer"».[21]

II

Este antagonismo dissecado por Hannah Arendt não tem como não se refletir no Estado, na coisa pública gerida por homens.[22] O problema é o da imparcialidade da razão, e se esta é o verdadeiro «tribunal» – nisto se identificando Kant e Hegel – só a sua imparcialidade ou não comprometimento com o *ex novo* da vontade pode dar sentido à aristotélica substituição do «governo de homens» pelo

19. Cf. Arendt, H., *A vida do espírito – Volume II – Querer* (n.1), p. 43.

20. *Idem, ibidem*, p. 32 e 43-44.

21. *Idem, ibidem*, p. 44-45.

22. Sobre esse reflexo, essencialmente ao nível da separação de poderes e do uso da força nesse contexto, cfr. Guerra da Fonseca, R., *O fundamento da autotutela executiva da Administração Pública*, (n.13), p. 640 ss. Vertendo a tensão entre passado e futuro numa *construção giroscópica* da ordem constitucional (sem expressa referência ou afectação orgânicas nesse contexto, porém), cfr. Tribe, L. H., *The invisible constitution*, Oxford / New York: Oxford University Press, 2008, p. 207 ss., e fig. VI.

«governo de leis», num percurso provindo de Locke;[23] caso contrário, o perigo é o da permanência de um subreptício «governo de homens» sob a capa de um «governo de leis».[24]

O que caracteriza especificamente a política, como tarefa de realização do justo espaço-temporalmente possível, é uma intencionalidade constitutiva orientada para a criação, para o novo, para resultados que não se contêm apenas na positivação de critérios de ação, mas que são o perspectivar de consequências materiais (e espirituais) no todo social, portanto, visando uma conformação que tanto é imediatamente de comportamentos como de transformação da realidade exterior à autodeterminação dos cidadãos.[25]

Já o *especificamente jurídico* se afasta dessa intenção conformadora, não pretendendo criar, não sendo movido pela inovação, mas apenas pela determinação do que em certo *caso*, em que o fato é *dado,*[26] é justo. E, portanto, como intencionalidade também, é-lhe estranha uma iniciativa *própria*, dependendo essencialmente de *hetero-iniciativas* que, por o serem, permitem que o objeto seja

23. Sobre a imparcialidade como objetividade ou imparcialidade racionalizadora no âmbito da distinção entre realização do direito pelo juiz e pela administração, já no contexto do antagonismo e dualidade de disposições que vimos referindo no texto, cf. Guerra da Fonseca, R., *O fundamento da autotutela executiva da Administração Pública,* (n.13), p. 580 ss.

24. Referindo que o ««governo pelas leis» visa evitar não só arbítrio do governo, mas também assegurar espaços de liberdade, de não interferência, aos governados (distinção público/privado)», no contexto da distinção entre ««estruturas de lealdade»» (sociedades totalitárias) e ««estruturas de legalidade»» (sociedades democráticas) como formas de identificação conducentes à coesão política, cf. Andrade Esteves, M. A., *A Constitucionalização do direito de resistência*, Lisboa: AAFDL, 1989, p. 134-135. Sobre este problema, cf. Castanheira Neves, A., *Teoria do Direito*, Coimbra: Universidade de Coimbra, 1998, p. 77 ss.; Barbas Homem, A. P., *O Justo e o Injusto,* Lisboa: AAFDL, 2001, p. 53 ss.; Schmitt, C., *Teoría de la Constitución,* Madrid: Alianza Editorial, 2003, p. 150 ss.; Arendt, H., «Da Violência» (n.12), p. 120; Marques Guedes, A., *Direito Administrativo*, Lisboa: AAFDL, 1957, p. 102 ss.; *Idem*, «A Administração Pública», in: Marques Guedes, A., *Estudos de direito administrativo*, Lisboa: 1963, p. 20; *Idem*, *As funções do estado contemporâneo e os princípios fundamentais da reforma administrativa*, s.l.: Secretariado da Reforma Administrativa, 1968, p. 4 ss. Para Wade, H. W. R. / Forsyth, C. F., *Administrative Law*, 9. ed., New York: Oxford University Press, 2004, p. 24, esta substituição do «governo de homens» pelo «governo de leis» não passaria de uma *ideia quixotesca.*

25. É essa intencionalidade que, por sua vez, caracteriza a iniciativa, e que, independentemente do que a possa determinar, parte sempre de uma *voluntas* em certo sentido originária. Sobre este aspecto e o que segue no texto, cfr. Guerra da Fonseca, R., *O fundamento da autotutela executiva da Administração Pública,* (n. 13), p. 580 ss., p. 605 ss.

26. O *caso* ou o fato dado é aqui o contrário do fato a criar ou da criação do caso, e não se identifica necessariamente com «conflitos de interesses» (próprios, acrescentaríamos): como diz José de Oliveira Ascensão, é indiferente para a noção de função jurisdicional «que essa tarefa surja na solução de conflitos de interesses ou na pronúncia abstracta de regras» – cf. Oliveira Ascensão, J., «A reserva constitucional de jurisdição», *O Direito*, Ano 123, vols. II-III (1991), (p. 465-485) p. 468. Já Kelsen considerava que «[d]o ponto de vista da norma geral que tem de ser executada pela função judiciária», era de «importância secundária» o caráter de «controvérsia do processo judicial»: em especial no processo criminal, ela seria «uma mera formalidade» (cf. Kelsen, H., *Teoria geral do direito e do estado*, 3. ed., São Paulo: Martins Fontes, 2000, p. 391).

tratado como *dado*. Daí que o princípio não seja agora de *voluntas* ou de ação, mas de passividade.

Esta grande dicotomia não é, afinal, outra coisa que a transposição para o funcionamento do Estado da dual intencionalidade humana, que em tudo se manifesta, e inevitavelmente também no momento do poder, entre o «sim» e o «não», entre o «fazer» e o «não fazer», entre o «avançar» e o «ficar», entre o «conformar» e o «preservar», entre o «constituir» e o «reconstituir», dualidade essa que é o fruto da incerteza e da finitude.

Tal dualidade corresponde àquela que Hannah Arendt celebrizou, no âmbito da *Vida do Espírito*, entre o *pensar* e o *querer*. O problema está em que se «o pensamento aspira à e termina na contemplação, e a contemplação não é uma atividade mas uma passividade»,[27] «[e]mbora seja sempre o mesmo espírito que pensa e quer, como é o mesmo eu individual que une corpo, alma e espírito, de maneira nenhuma é natural que se possa confiar em que a avaliação do eu pensante permaneça imparcial e "objetiva" no que toca a outras atividades do espírito».[28]

Uma vez que Hannah Arendt não terminou o «*julgar*», o respectivo contributo ou lugar na *vida do espírito* e ante a dualidade que se referiu está longe de ser evidente. Mas pode recorrer-se às suas lições sobre a filosofia política de Kant, a respeito do problema do *juízo*, para daí tentar extrair algo do seu pensamento a esse respeito. Aí destaca Arendt que as ligações entre as duas partes da *Crítica da Faculdade de Julgar* «estão mais intimamente ligadas com o político do que qualquer outra coisa nas duas outras críticas»: (i) uma dessas ligações encontra-se na mais decisiva diferença entre a *Crítica da Razão Prática* e a *Crítica da Faculdade de Julgar* – enquanto as leis morais da primeira «são válidas para seres inteligíveis», as regras da segunda «têm a sua validade estritamente limitada aos seres humanos sobre a terra»; (ii) outra dessas ligações está precisamente em tratar a faculdade de julgar de singulares que «como tais, contêm algo de contingente em relação ao universal» que normalmente é aquilo com que o pensamento está a lidar. Segundo Arendt, o «juízo do singular» (belo/feio, certo/errado) não tem lugar algum na filosofia moral kantiana, isto é, *o juízo não é a razão prática*: enquanto esta última *raciocina* e *me diz o que fazer ou não fazer, dita a lei e é idêntica à vontade, que prescreve mandamentos e fala por imperativos*, o juízo, contrariamente, emerge de *um prazer meramente contemplativo ou inativo deleite* (nas próprias palavras de Kant). Mas tal só é possível, como pensamento crítico, com a abertura aos juízos dos outros e ao seu confronto com os meus, o que implica colocar-me na sua posição – e a faculdade que o possibilita é a *imaginação*: nisto consiste o *alargamento do espírito*; e «[p]ensar com espírito alargado significa que se treina a imaginação para partir em visita ...». Mas a «visita» não

27. Arendt, H., *A vida do espírito – Volume I – Pensar* (n.1), p. 16.

28. Arendt, H., *A vida do espírito – Volume II – Querer* (n.1), p. 13 e 29. É este «não se poder confiar» que a separação de poderes pretende resolver ou minimizar ao nível do Estado, já que os seus órgãos são inevitavelmente ocupados e dirigidos por indivíduos cujo espírito vive nessa mesma dualidade: cf. Guerra da Fonseca, R., *O fundamento da autotutela executiva da Administração Pública*, (n.13), p. 640 ss.

significa a substituição dos nossos pontos de vista pelos do outro (preconceito): implica, por minhas palavras, a libertação em relação aos nossos *particulares* para compreensão dos do outro, e então a libertação em relação aos seus *particulares* – é a «imparcialidade» como verdadeira *reflexão sobre os assuntos humanos*, que nos permite atingir *o nosso próprio ponto de vista geral.*[29]

Que a regra da *ação* não é a mesma do *julgar* diz definitivamente Kant com os exemplos da guerra e do soldado: não é por *julgarmos* o soldado «sublime» que a máxima prática «*não deve haver guerra*» se nega ou inverte – esse apenas seria o resultado para um «louco idealista».[30] O tema não pode aqui ser desenvolvido, nem dar início a esse eventual desenvolvimento é propósito deste breve texto. Mas não pode deixar de destacar-se ainda o relevo dado por Hannah Arendt à afirmação de Kant de que «*É belo o que agrada no mero ato de o julgar*».[31] Será simplista – ou pior ainda – soltar aqui que *o que é justo é belo*? Talvez nem tanto. Não se resiste a mais uma citação: «Quanto menos idiossincráticos forem os nossos gostos tanto melhor podem ser comunicados; a comunicabilidade é uma vez mais a pedra de toque». A imparcialidade em Kant é chamada «desinteresse», o deleite desinteressado no Belo. ... Se, portanto, o § 41 [na *Crítica da Faculdade de Julgar*] fala de um «Interesse no Belo», fala realmente de ter um «interesse» pelo desinteresse. ... Porque podemos chamar bela a uma coisa, temos um «*prazer na existência dela*» e é nisso «que consiste todo o interesse». Numa das reflexões das suas notas, Kant observa que o Belo nos ensina a amar sem autointeresse [*ohne Eigennutz*]. E a característica peculiar desse interesse é que «interesse apenas em sociedade».[32]

Parece não apenas forçado mas talvez mesmo *desviado* (do pensamento de Hannah Arendt) que se pretenda ver no «*julgar*» uma mera hegeliana síntese entre o *pensar* e o *querer*. Se não é este o momento para tal apreciação, não deixa de ser da máxima relevância – e centrando estes aspectos de novo no tema – que pensemos um pouco na relação entre estes vários elementos ou *disposições*, tentando assim compreender a proposta de Arendt quanto ao que deveria ter sido a decisão e os seus fundamentos no caso de Eichmann.

III

Como se sabe, Hannah Arendt deixou-nos uma «proposta» quanto ao que, a seu ver, deveria ter sido a decisão condenatória do *caso Eichmann*.[33] Atentemos na respectiva parte final:

29. Cf. Arendt, H., «Apêndice: Julgar. Extratos de lições sobre a filosofia política de Kant», in: Arendt, H., *A vida do espírito – Volume II – Querer* (n.1), p. 254-256.

30. Cf. Arendt, H., «Apêndice: Julgar. Extratos de lições sobre a filosofia política de Kant» (n.26), p. 258-259.

31. *Idem, ibidem*, p. 263.

32. *Idem, ibidem*, p. 268.

33. Cf. Arendt, H., *Eichmann in Jerusalem* (n.7), p. 277 ss.

«Let us assume, for the sake of argument, that it was nothing more than misfortune that made you a willing instrument in the organization of mass murder; there still remains the fact that you have carried out, and therefore actively supported, a policy of mass murder. In politics obedience and support are the same. And just as you supported and carried out a policy of not wanting to share the earth with Jewish people and the people of a number of other nations – as though you and your superiors had any right to determine who should and who should not inhabit the world – we find that no one, that is, no member of the human race, can be expected to want to share the earth with you. This is the reason, and the only reason, you must hang.»[34]

A proposta de Hannah Arendt quanto ao fundamento da decisão judicial no caso de Eichmann tem uma incidência e referência iminentemente *políticas* – no sentido de referência ao «modo de vida em e da comunidade».[35] Note-se, aliás, a presença forte do verbo «querer», diretamente relacionado com o *político – não pode esperar-se que qualquer membro da raça humana «queira» partilhar o mundo com quem não quer partilhá-lo com ele a ponto da sua eliminação física.*

Esta politicidade que Hannah Arendt transporta para o fundamento da decisão – do «julgar» – não nega esta última disposição, *na sua perspectiva*, nem tão-pouco o julgamento como *legalistic approach*, que a Autora constantemente louva. Desde logo, porque o «julgar» diz respeito, ou é um problema, «dos seres humanos sobre a terra», portanto, referido ao político, e que não se identifica plenamente com o «pensar». Mas nem por isso deixa de depender deste último (aliás, como o próprio «querer»). Se o «julgar» é de *singulares* – que aqui, no julgamento judicial em que a justiça é o único fim, são *seres humanos de carne e osso sobre a terra* –, suporta-se sempre num «pensar» essencial do *universal*:[36] não sendo o «julgar» um raciocínio meramente silogístico (o único que pode *cortar todas as amarras com a experiência da vida*,[37] a decisão judicial, implicando uma reflexão sobre justiça (um universal), implica já ter *testemunhado atos justos e injustos*.[38]

34. Cf. ARENDT, H., *Eichmann in Jerusalem* (n.7), p. 279.

35. Esta última expressão é minha, e não empregue por Arendt: cf. GUERRA DA FONSECA, R., *O fundamento da autotutela executiva da Administração Pública*, (n.13), p. 487 ss., *passim*.

36. Se a função política (raciocinando agora em termos funcionais) tem por vocação encarregar-se do universal, à maneira de Hegel (cf. ROMMEL, G., *L'art de juger*, Bruxelas: Ed., La Charte / Bruylant, 2008, p. 2; referindo-se ao poder legislativo, em Hegel, como «poder de organizar o universal», sendo a lei expressão do «geral» e os atos do executivo expressão do «particular», e mostrando a retroação da *dimensão de universalidade* da lei ao pensamento aristotélico, cf. GOMES CANOTILHO, J. J., *Direito constitucional e teoria da constituição*, 7. ed., Coimbra: Almedina, 2003, p. 714-715), esse universal, como «geral», não deve confundir-se com os objetos do «pensar» para Hannah Arendt, que estão num momento «fora do mundo». O «geral» é já, na linha da Autora, uma opção, um «querer», que não dispensa o momento prévio do «pensar»: pensar a justiça, por si – o que é ela –, nada estabelece ainda quanto ao «modo de vida em e da comunidade».

37. Cf. ARENDT, H., *A vida do espírito – Volume I – Pensar* (n.1), p. 99.

38. *Idem, ibidem*, p. 99.

Mas se a parte reflexiva do «julgar» parece aproximá-lo do político, tal é, na verdade, aparente, pois tal aproximação situa-se apenas ao nível de um «pensar» comum ao «julgar» e ao «querer». Pois em relação a este último – onde o político se situa como opção – já o «julgar» e o juiz dele se distinguem. A posição do «julgar» e do juiz é a do *espectador,* do *interesse pelo desinteresse,*[39] mas *que apenas interessa em sociedade.* Esta «descida» ao «modo de vida em e da comunidade» não é, assim, optativa (que caracteriza o político como «querer», querer o novo que ainda não existiu, criar), mas um pensar para um fim – porque todo o pensar é para um fim[40] –, fim esse que é a compreensão do *sentido.*[41] Daí que Hannah Arendt enobreça o trabalho do coletivo de juízes em duas vertentes fundamentais: (i) no tratamento da prova, num contexto processual em que a maior parte das testemunhas traz fatos, que são uma questão de *verdade* e não de *sentido*, que não contribuem por si para o apuramento deste último relativamente ao arguido, propriamente; (ii) e na procura do conhecimento da *pessoa Eichamnn* (os seus motivos, o seu eventual arrependimento), pressupondo corretamente, segundo Arendt, que a verdade (dos fatos) não implica o sentido.[42]

CONCLUSÃO

Em síntese, o que Hannah Arendt critica relativamente ao julgamento de Eichmann é a tentativa de o transformar numa «intenção», num «projeto» – isto é, político – quando o julgamento deve ocupar-se apenas de objetos e não de projetos. É pois essa dimensão intencional do político, que extravasa a função do «julgar», que a Autora critica enquanto «show». Não a referência da decisão à política, como coisa de homens na terra, «modo de vida em e da comunidade», mas uma *opção* por criar algo de novo a partir do «julgar».[43] Esta é conclusão, porém, que apenas se alcança através de uma leitura da obra de Arendt em complementaridade retrospectiva, projetando sobre *Eichmann in Jerusalem* o efeito interpretativo resultante de *A Vida do Espírito.* Esta última obra – e obra última – parece ser o seu derradeiro esforço de disciplina de pensamento, pretendendo resolver o caráter ainda «sanguinolento» da crítica que ficou plasmada na primeira.

Nem por isso as conclusões de Hannah Arendt em *Eichmann in Jerusalem* – designadamente, a sua proposta de fundamentação da decisão judicial – deixam de merecer crítica sob vários pontos de vista e de análise. Desde logo, do Direito Penal, no que obviamente não entraremos, nem é escopo do presente texto. Mas

39. Cf. Arendt, H., *A vida do espírito – Volume I – Pensar* (n.1), p. 13 ss., e em especial 104 ss.; cf. também *supra*, II.

40. *Idem, ibidem,* p. 64.

41. *Idem, ibidem,* p. 81-89, 106.

42. *Idem, ibidem,* p. 25.

43. À luz desta dualidade objeto / projeto (politicamente conformador da realidade através de um *novo* originado numa intencionalidade a tal dirigida) pode analisar-se a distinção entre a sentença condenatória em si, e a respectiva execução (designadamente, a cremação de Eichmann numa fornalha especial, e o espalhar das cinzas no Mediterrâneo para lá dos limites das águas territoriais israelitas, de modo a impossibilitar qualquer memorial que pudesse constituir «última morada» e lugar de peregrinação).

também do ponto de vista do personalismo jurídico, relativamente à pena de morte, e à ponderação inerente à proposta de Arendt: ainda que ninguém quisesse partilhar o mundo com Eichmann (e não o queria a sua família?), que dever-ser implicaria a sua morte? Seria essa uma «vontade geral» juridicamente admissível, e o tribunal um seu intérprete aceitável (isto em caso de resposta afirmativa à primeira questão)? Ou não haveria nisso justamente um «projeto» escondido, que faria do tribunal um criador intencional de «fatos novos», o que é característico de uma intencionalidade política que não lhe deve ser permitida, bem diferente da politicidade (modo de vida em e da comunidade) que é considerada em momentos judiciais tão diversos (como quando um tribunal é chamado a interpretar – com vista à aplicação de normas – categorias como as de «interesse público», «ordem pública» ou mesmo fins de prevenção geral no domínio dos fins das penas)?[44]

O *caso Eichmann* está tanto na origem de *A Vida do Espírito* e das suas intencionalidades que se projetam ao nível do Estado – entre o *político* e o *jurídico* –, como constitui ainda hoje um cenário excelente para a respectiva (re)análise. Uma pergunta não pode, no entanto, deixar de lançar-se: se Hannah Arendt repensasse ou reescrevesse a sua proposta quanto aos fundamentos da sentença condenatória de Eichmann já depois de *A Vida do Espírito*, tê-lo-ia feito nos mesmos termos em que o fez em 1963?

44. Cf. Guerra da Fonseca, R., *O fundamento da autotutela executiva da Administração Pública*, (n.13), p. 626. Na elaboração da proposta de Arendt quanto aos fundamentos da decisão condenatória de Eichmann, pesou certamente uma constatação sua: a de que os judeus nunca até então haviam sido confrontados com o genocídio (cf. Arendt, H., *Eichmann in Jerusalem* (n.8), p. 153). Tal pode ter levado Hannah Arendt a «querer» ver aqui uma necessidade ou (falsa) justificação de «prevenção geral».

IV

O JULGAMENTO DE EICHMANN

JULGAR EICHMANN NO INTERESSE DA JUSTIÇA

PAULO DE SOUSA MENDES

Keywords: Eichmann trial, criminal and procedural law, banality of evil, justice, responsibility.

Abstract: In this paper the author discusses the trial of Eichmann and Arendt's concern that his trial should only serve to render justice, and nothing else. He analyzes and comments on passages from the book and from her letters that best expressed her opinion that other purposes – like the propaganda produced by Prime Minister Ben-Gurion and Chief Prosecutor Gideon Hausner – were not legitimate. Hence, doing justice is not the same as applying a fair penalty, and this implies that there is a purpose in holding a trial that goes far beyond the proper purpose of the criminal penalty. The author stresses that Arendt gives an excellent lesson to experts in criminal law, who are often engaged in a discussion about the purposes of criminal sanctions, but who less often pay attention to the scope of the trial itself.

INTRODUÇÃO

Na reportagem sobre o julgamento de Eichmann publicada na revista *The New Yorker*, no sucessivo livro *Eichmann in Jerusalem* e no respectivo pós-escrito, assim como na correspondência que manteve com amigos e oponentes, Hannah Arendt insistiu sempre na ideia-força de que Adolf Eichmann devia ser julgado no interesse da Justiça, e nada mais.

É minha intenção delimitar precisamente o alcance dessa ideia-força, escrutinando as passagens do livro e da correspondência de Arendt que revelam que o interesse da Justiça foi constantemente ameaçado pela concorrência de outros objetivos que parecem ter norteado o julgamento de Eichmann.

I. EM BUSCA DA JUSTIÇA

Nunca, por nada deste mundo, Arendt deixaria fugir a oportunidade histórica de assistir ao julgamento de Eichmann. Em junho de 1960, Arendt revelou à amiga Mary McCarthy: «Ando a magicar na ideia de conseguir que alguma revista me possa enviar como repórter ao julgamento de Eichmann».[1] Ao pedir uma bolsa de investigação à Fundação Rockfeller, em dezembro de 1960, escreveu: «[...] tenho de fazer a cobertura deste processo; falhei os julgamentos de Nuremberg».[2] Haveria de conseguir também que William Shawn, redator-chefe da revista *The New Yorker*, a contratasse para fazer a reportagem do julgamento, o que acabou resultando na publicação de uma série de cinco artigos, genericamente intitulados «A Reporter at Large: Eichmann in Jerusalem» (1963).[3] A sua vontade de presenciar o julgamento estava ligada à expectativa de que este servisse para se fazer Justiça. Se não tivesse essa expectativa, então – Arendt disse-o claramente – não se teria deslocado a Jerusalém.[4] Mas rapidamente se apercebeu de que o processo contra Eichmann estava destinado a culminar num «julgamento-espetáculo»,[5] tendo em vista satisfazer objetivos políticos, aliás muito nobres, mas que – em sua opinião – não serviam a Justiça.

II. A ENCENAÇÃO DE UM JULGAMENTO-ESPETÁCULO

David Ben-Gurion, Primeiro-Ministro de Israel, mandou raptar Eichmann na Argentina e trazê-lo para Israel, para ser julgado pelo seu papel na «Solução Final» (*Endlösung*) da questão judaica.[6] Ben-Gurion foi o encenador invisível deste processo, falando pela voz da acusação pública, protagonizada pelo próprio Procurador-Geral de Israel, Gideon Hausner, que – nas palavras sarcásticas de Arendt – «representa[va] o Governo e d[eu] o seu melhor para obedecer ao mestre».[7]

1. «Hannah Arendt to Mary McCarthy (New York, June 20, 1960)», *Between friends: the correspondence of Hannah Arendt and Mary McCarthy 1949-1975* (org.: C. Brightman), New York: Harcourt Brace, 1995, (p. 80-82) p. 81.

2. *Apud* Buerkle, D. C., «Affect in the Archive: Arendt, Eichmann and *The specialist*», in: AA.VV., *Visualizing the Holocaust: Documents, aesthetics, memory* (org.: Bathrick, Prager & Richardson), New York: Camden House, 2008 (p. 211-238) p. 236.

3. «A Reporter at Large: Eichmann in Jerusalem», in: *The New Yorker*, 16 February 1963, p. 40-113; 23 February 1963, p. 40-111; 2 March 1963, p. 40-91; 9 March 1963, p. 48-131; 16 March 1963, p. 58-134.

4. Cf. Arendt, H., *Eichmann em Jerusalém: Uma reportagem sobre a banalidade do mal* (trad. por A. Corrêa da Silva e revisão por A. de Araújo & M. Nogueira de Brito do orig. *Eichmann in Jerusalem*), Coimbra: Tenacitas, 2003, p. 366.

5. Arendt, H., *Eichmann em Jerusalém*, cit., p. 57.

6. Sobre a captura de Eichmann, cf. Lipstadt, D. E., *The Eichmann Trial*, New York: Schocken Books, 2011, p. 10-18.

7. Arendt, H., *Eichmann em Jerusalém*, cit., p. 57.

Na verdade, era flagrante a submissão do Procurador-Geral, enquanto autoridade judiciária, ao Primeiro-Ministro, enquanto representante do poder executivo, desde logo porque Hausner aceitou que Ben-Gurion se imiscuísse no desenho da estratégia de acusação. O julgamento de Eichmann, tal como Ben-Gurion o concebera, devia focar todos os crimes do regime nazista contra os judeus e até os crimes do antissemitismo ao longo da História. Hausner enviou a Ben-Gurion um primeiro esboço do despacho de acusação, que este comentou pormenorizadamente.[8] Tal reforçou a determinação de Hausner de abarcar os crimes do nazismo contra os judeus, em vez de se cingir – conforme lhe sugeriram as autoridades de polícia criminal[9] – aos fatos que podiam ser imputados diretamente a Eichmann.[10] Hausner reconheceu, contudo, que o intuito de responsabilizar Eichmann por todos os crimes do nazismo contra os judeus deparava com uma enorme falta de meios de prova, o que reduzia as chances de condenação do réu no final do julgamento.[11] Hausner procurou sobremaneira vincular Eichmann a acontecimentos nos territórios do Leste (o Warthegau, a Prússia Ocidental, Dantzig, a província de Poznan e a Silésia do Norte),[12] dado que aí se situara o centro de gravidade da «Solução Final», mas Eichmann poucos sinais lá deixara. Hausner ultrapassou a dificuldade procurando demonstrar que Eichmann poderia, ainda assim, ser acusado do genocídio no seu conjunto, por isso mesmo que dirigira o Departamento Judaico do Serviço Central de Segurança do Reich (*Reichssicherheitshauptamt* – R.S.H.A.) e, nessa qualidade, organizara a «Solução Final» e centralizara a deportação e concentração da população judaica nos campos de extermínio. Hausner diria mais tarde que a escolha dessa estratégia tinha sido «uma das decisões mais difíceis que tive de tomar».[13]

Ben-Gurion queria que o julgamento de Eichmann ganhasse a dimensão de um evento mundial.[14] Teddy Kollek, chefe de gabinete do Primeiro-Ministro, e Yekutiel Keren, comissário da polícia de Jerusalém, foram encarregados de garantir a logística e a cobertura mediática do julgamento. Kollek e Keren asseguraram a utilização da recém-construída Casa do Povo (*Beth Ha'am*)[15] e a adaptação do seu auditório às necessidades do julgamento, incluindo a construção da famosa cabina de vidro à prova de bala para o réu.[16] A cobertura mediática foi assegurada através

8. Cf. Cesarani, D., *Eichmann: His life and crimes*, London: Vintage, 2005, p. 256.

9. A investigação policial esteve a cargo do *Bureau 06*, dirigido pelo oficial superior Avraham "Rami" Zellinger, e o interrogatório de Eichmann foi realizado pelo inspetor-chefe Avner Less. O interrogatório policial começou a 29 de maio de 1960, dando lugar a 275 horas de gravação e 3.564 páginas de transcrição (cf. Cesarani, D., *Eichmann*, cit., p. 241-243, p. 249-250).

10. Cf. Cesarani, D., *Eichmann*, cit., p. 252.

11. Cf. Arendt, H., *Eichmann em Jerusalém*, cit., p. 320-322. Igualmente, cf. Cesarani, D., *Eichmann*, cit., p. 252-253.

12. Cf. Arendt, H., *Eichmann em Jerusalém*, cit., p. 289.

13. Cesarani, D., *Eichmann*, cit., p. 252. Igualmente, cf. Lipstadt, D. E., *The Eichmann Trial*, cit., p. 51-55.

14. Cf. Lipstadt, D. E., *The Eichmann Trial*, cit., p. 29-36.

15. Cf. Arendt, H., *Eichmann em Jerusalém*, cit., p. 57.

16. Cf. Cesarani, D., *Eichmann*, cit., p. 253-254.

da venda dos direitos de transmissão televisiva a uma sociedade americana, a *Capitol Cities Broadcasting Corp.*, desde logo porque Israel não tinha os meios tecnológicos para o efeito.[17] A este propósito, Arendt ironizou acerca do fato de «o programa americano que faz[ia] a cobertura do julgamento [ser] patrocinado pelas empresas Glickman, de modo que a sua emissão [era] constantemente interrompida por publicidade imobiliária – os negócios não param».[18]

De início, a assistência na sala era composta sobretudo de jornalistas (450 acreditações), mas também de diplomatas (45) e membros de organizações nacionais e estrangeiras (50), apenas restando 165 lugares para o público israelita.[19] Arendt notou que, passado pouco tempo, a composição da assistência mudara radicalmente. Os jornalistas debandaram e a sala ficou repleta de «sobreviventes», gente de meia-idade e idosa, imigrantes da Europa, como ela.[20] Os jovens israelitas não vieram, nem sequer vieram os judeus de Israel. Arendt viu nestas ausências um sinal do fracasso das intenções mobilizadoras de Ben-Gurion, que queria que o julgamento servisse para mostrar aos israelitas, sobretudo àqueles que eram demasiado jovens para conhecer a História, o significado de viver entre não-judeus e a segurança que só Israel lhes poderia proporcionar.[21]

De fato, Ben-Gurion pretendia que o julgamento de Eichmann fosse pretexto para dar uma série de «lições» a judeus e gentios, a israelitas e árabes, ao mundo em geral. Arendt resumiu essas lições da seguinte maneira:

> «Havia uma lição para o mundo não judaico: "Queremos demonstrar a todas as nações do mundo a forma como milhões de seres humanos, pelo simples fato de terem nascido judeus, e um milhão de bebés, pelo simples fato de serem bebés judeus, foram assassinados pelos nazis". Ou, segundo o Davar, o órgão do partido Mapai, que Ben-Gurion dirig[ia]: "Que a opinião mundial saiba isto: a Alemanha nazista não foi a única responsável pela destruição de seis milhões de judeus europeus". Ou ainda, como afirmou o próprio Ben-Gurion: "Queremos que as nações do mundo o saibam... e se envergonhem". Quanto aos judeus da Diáspora, era necessário lembrar-lhes que o judaísmo, "com os seus quatro mil anos de idade, com as suas criações espirituais e conquistas éticas, com as suas aspirações messiânicas", tivera sempre que enfrentar "um mundo hostil"; que os judeus tinham degenerado ao ponto de caminhar para a morte como ovelhas para o matadouro, e que só a criação de um Estado judaico permitira aos judeus ripostar, coisa que os israelitas tinham feito na Guerra da Independência, na aventura do Suez e nos incidentes que ocorriam quase diariamente nas desditosas fronteiras de Israel. E se aos judeus que se encontravam fora de Israel era necessário mostrar a diferença entre o heroísmo dos israelitas e a docilidade submissa dos judeus, havia também uma lição para os judeus no interior de Israel: "a geração de israelitas que cresceu depois do

17. Cf. Cesarani, D., *Eichmann*, cit., p. 254.
18. Arendt, H., *Eichmann em Jerusalém*, cit., p. 58.
19. Cf. Cesarani, D., *Eichmann*, cit., p. 255.
20. Cf. Arendt, H., *Eichmann em Jerusalém*, cit., p. 61.
21. *Idem, ibidem*, p. 60.

holocausto" estava em risco de perder os laços que a uniam ao povo judaico e, consequentemente, à sua própria história. "É necessário que os nossos jovens se lembrem do que sucedeu ao povo judaico. Queremos que conheçam os fatos mais trágicos da nossa história". Por fim, um dos motivos para levar Eichmann a julgamento era o de "caçar outros nazis que permaneciam escondidos – e a sua ligação, por exemplo, a certos dirigentes árabes".»[22]

Arendt considerava estas lições supérfluas, em parte, e completamente enganadoras, noutra parte.[23] O antissemitismo já estava desacreditado, não porque os judeus se tivessem tornado mais populares, mas porque, como dizia o próprio Ben-Gurion, a maioria das pessoas «apercebeu-se de que o antissemitismo, nos nossos dias, pode levar à câmara de gás e à fábrica de sabão».[24] Igualmente supérfluo era explicar aos judeus da Diáspora a hostilidade que a História sempre lhes tinha dispensado.[25] Errada era a mensagem que Ben-Gurion queria passar pelo contraste entre o heroísmo israelita e a docilidade dos judeus caminhando para a morte, pois nenhum outro grupo, nem nenhum outro povo não-judeu se havia, alguma vez, comportado de forma diferente, já que o triunfo dos algozes radica sempre na submissão das vítimas, conquistada à força de lhes demonstrar que existem muitas coisas bastante piores do que a morte.[26] Errada era também a pretensão de fortalecer a «consciência judaica», desde logo porque a própria criação do Estado de Israel visara acabar com a velha dicotomia, religiosamente fundada, entre judeus e gentios.[27] Segundo Arendt, Ben-Gurion só teve razão numa coisa: o julgamento desempenhou, realmente, um importante papel na descoberta de outros nazistas.[28]

Hausner seguiu o tom dado por Ben-Gurion, não só no despacho de acusação, mas também – aliás, sobretudo – nas alegações orais iniciais (que se prolongaram por três sessões).[29] Assim, disse: «Não é um indivíduo quem ocupa o banco dos réus neste julgamento histórico, nem é apenas o regime nazista, mas o antissemitismo ao longo de toda a História».[30] Arendt denunciou este requisitório, dizendo que «[e]ra má história e retórica barata; pior ainda, estava em flagrante contradição com o objetivo de levar Eichmann a julgamento, pois sugeria que Eichmann talvez não fosse mais do que o inocente executor de um destino misterioso e preestabelecido, senão mesmo do próprio antissemitismo, um instrumento

22. Arendt, H., *Eichmann em Jerusalém*, cit., p. 62-63.

23. Cf. Arendt, H., *Eichmann em Jerusalém*, cit., p. 63.

24. *Apud* Arendt, H., *Eichmann em Jerusalém*, cit., p. 63.

25. Cf. Arendt, H., *Eichmann em Jerusalém*, cit., p. 63.

26. *Idem, ibidem*, p. 64-65.

27. *Idem, ibidem*, p. 64.

28. *Idem, ibidem*, p. 65.

29. Cf. Poliakov, L., *Le procès de Jérusalem: Juger Adolf Eichmann*, 1. reimp., Paris: Calmann-Lévy, 2009 (1. ed., 1963), p. 107-116. Para um relato circunstanciado das alegações orais iniciais de Hausner, cf. Lipstadt, D. E., *The Eichmann Trial*, cit., p. 61-66.

30. *Apud* Arendt, H., *Eichmann em Jerusalém*, cit., p. 72-73.

porventura necessário para desbravar "o caminho ensanguentado que este povo tem percorrido" para cumprir o seu destino».[31]

Arendt achava que o julgamento de Eichmann, dominado pelas intenções de Ben-Gurion e pelos esforços da acusação, corria o risco de deixar de fora o «indivíduo, a pessoa de carne e osso, que estava sentado no banco dos réus».[32] Em suma, o julgamento de Eichmann não serviria, dessa forma, para fazer Justiça.

III. A ESTRATÉGIA DA ACUSAÇÃO PÚBLICA

No despacho de acusação submetido ao Tribunal Distrital de Jerusalém, em 2 de fevereiro de 1961, no âmbito do Proc. 40/61 (Procurador-Geral *vs.* Adolf Eichmann), Eichmann era acusado de quinze crimes, ao abrigo de uma lei israelita de 1950, destinada a punir os nazistas e os seus colaboradores.

Os primeiros quatro (1-4) eram «crimes contra o povo judaico», previstos e punidos pela Secção 1.ª da Lei Penal contra os Nazis e os Colaboradores dos Nazis.

Em primeiro lugar, Eichmann foi acusado de causar, juntamente com outros, a morte de milhões de judeus. Neste tocante, foi destacado o papel que desempenhara na implementação da «Solução Final» e as instruções que dera para o extermínio de judeus na Alemanha, nas potências do Eixo e nos países ocupados. Ademais, a acusação alegou que Eichmann ordenara aos comandantes do campo de Auschwitz que utilizassem o gás *Zyklon B* e assegurara o seu fornecimento em quantidades suficientes. Neste quadro, a acusação acrescentou que, imediatamente após a ocupação da Polônia, Eichmann levara a cabo atos de deportação e extermínio de populações judaicas. Eichmann foi apontado como responsável pelas operações das unidades móveis (*Einsatzgruppen*) de assassinos na Rússia, em 1941. Também lhe foi imputada a morte dos judeus deportados para os guetos do Leste. Igualmente lhe foi atribuída a responsabilidade pela morte de aproximadamente meio milhão de judeus na Hungria.

Em segundo lugar, Eichmann foi acusado de sujeitar milhões de judeus a condições de vida desumanas, fazendo deles escravos e deportando-os, antes de matá-los.

Em terceiro lugar, Eichmann teria de responder pelas ofensas graves (físicas e morais) causadas a milhões de judeus, durante o período nazista, através de escravidão, fome, detenções em massa, espancamentos e boicotes econômicos.

Em quarto lugar, Eichmann foi acusado de promover a esterilização de judeus e de ordenar a interrupção da gravidez de mulheres judias em Theresienstadt, a partir de 1942.

31. Arendt, H., *Eichmann em Jerusalém*, cit., p. 73.
32. *Idem, ibidem*, p. 74.

Todos esses fatos foram cometidos – segundo a acusação – com a intenção de destruir o povo judaico e ocorreram no período posterior a agosto de 1941, data em que Eichmann fora informado da ordem do *Führer* para «destruir o povo judaico».

Os pontos seguintes (5-7) tratavam dos mesmos crimes, desta feita qualificados não como «crimes contra o povo judaico», mas como «crimes contra a humanidade», igualmente previstos e punidos pela Lei Penal contra os Nazis e os Colaboradores dos Nazis. A diferença estava no fato de não terem sido perpetrados com a intenção de destruir um povo inteiro, reportando-se, portanto, ao período anterior a agosto de 1941. O ponto 5 acusava Eichmann da prática de crimes muito semelhantes aos dos pontos 1 e 2. O ponto 6 acusava-o por ter perseguido os judeus por motivos de ordem racial, religiosa e política. O ponto 7 referia-se à pilhagem de bens dos judeus através de várias formas de violência e assassínio.

O ponto 8 era relativo a «crimes de guerra» contra judeus.

Os crimes contra não-judeus, também qualificados como «crimes contra a humanidade» ao abrigo da Lei Penal contra os Nazis e os Colaboradores dos Nazis, constavam dos pontos 9 a 12 e incluíam a deportação em condições desumanas de meio milhão de cidadãos polacos com a intenção de reinstalar os alemães nas suas casas, a deportação de catorze mil eslovenos, de dezenas de milhar de ciganos e de noventa e três crianças checas da aldeia de Lidice para a Polônia, onde foram mortas.

Todos esses crimes eram puníveis com a pena de morte, nos termos da Lei Penal contra os Nazis e os Colaboradores dos Nazis.

Os últimos pontos (13-15) tratavam do envolvimento de Eichmann em «organizações criminosas», designadamente as *S.S.*, o Serviço de Segurança do Partido Nacional-Socialista (*Sicherheitsdienst – S.D.*) e a *Gestapo*.

Estes eram os únicos crimes que não eram puníveis com a pena de morte.

A acusação considerou que Eichmann se encontrava no centro da conspiração contra o povo judaico e que, por força da sua posição, era responsável pela execução de todos esses crimes horríveis, sob todos os pontos de vista.[33] Em todas as fases, Eichmann teria desempenhado um papel de primeiro plano. Eichmann teria sido mesmo o grande responsável pelo extermínio do povo judaico. Após a ordem do *Führer* para exterminar o povo judaico, Eichmann teria recebido pessoalmente essa incumbência da parte do chefe de todas as polícias do Terceiro Reich, Reinhard Heydrich.[34] De resto, Eichmann participara na Conferência de Wannsee (janeiro de 1942), destinada à coordenação de todos os esforços com vista à implementação da «Solução Final»,[35] e, na sequência, foi designado por

33. Cf. «Le réquisitoire de Gideon Hausner (extraits)», in: POLIAKOV, L., *Le procès de Jérusalem*, cit., (p. 107-116) p. 108.

34. Cf. POLIAKOV, L., *Le procès de Jérusalem*, cit., p. 110.

35. Cf. ARENDT, H., *Eichmann em Jerusalém*, cit., p. 176.

Heydrich, que convocara a conferência, como «chefe do serviço competente» para todas as questões relativas ao extermínio dos judeus, como ele próprio confessou durante o interrogatório policial.[36] A acusação tentou, assim, demonstrar que o réu era a figura-chave das medidas de extermínio.[37]

Na sua reportagem sobre o julgamento, Arendt criticava a enorme amplitude da acusação contra Eichmann, assim como discordava da estratégia seguida pelo Procurador-Geral na audiência de julgamento. Disse que Hausner se desviara do assunto, a ponto de colocar uma procissão de testemunhas a depor sobre fatos que, embora macabros e verdadeiros, não tinham nenhuma ou quase nenhuma ligação aos atos do réu.[38] Segundo Arendt: «Hausner reunira uma "trágica multidão" de pessoas que tinham sofrido, todas elas determinadas a não perder esta oportunidade única, todas elas convencidas de que tinham direito ao seu dia em tribunal. Os juízes podiam ter questionado o procurador sobre a sensatez, e até mesmo a oportunidade, de fazer do julgamento uma ocasião para "retratar situações gerais", e de fato fizeram-no, mas, uma vez que uma testemunha tinha tomado assento, tornava-se difícil interrompê-la, apressar o seu depoimento, "por causa da honra da testemunha e por causa do assunto em questão", como disse o juiz Landau».[39] Ainda que os seus relatos fossem secundários para o processo.

IV. O ACÓRDÃO DO TRIBUNAL DE JERUSALÉM

Arendt criticava a acusação pública. Também não poupava a defesa, protagonizada pelo Dr. Robert Servatius, um advogado alemão contratado por Eichmann e pago pelo Governo israelita,[40] cuja atuação considerou como simplesmente inepta.[41]

Diferentemente, Arendt louvava o profissionalismo e a imparcialidade dos juízes. Eram três judeus alemães – Moshe Landau (juiz presidente), Benjamin Halevi e Yitzahk Raveh[42] – que, para Arendt, representavam o melhor da ciência jurídica alemã. Em particular, Arendt admirava Landau. Em carta a Karl Jaspers, descreveu-o como uma pessoa extraordinária, graças às qualidades de modéstia, inteligência e abertura de espírito.[43] Arendt elogiou a condução das sessões pelo

36. Cf. Poliakov, L., *Le procès de Jérusalem*, cit., p. 112-113.

37. Cf. «La plaidoirie du Dr. Robert Servatius» (extraits), in: Poliakov, L., *Le procès de Jérusalem*, cit., (p. 117-128) p. 120.

38. Cf. Arendt, H., *Eichmann em Jerusalém*, cit., p. 71-72.

39. Arendt, H., *Eichmann em Jerusalém*, cit., p. 280-281.

40. Cf. Cesarani, D., *Eichmann*, cit., p. 245-248.

41. Cf. Arendt, H., *Eichmann em Jerusalém*, cit., p. 61-62. A opinião de Arendt quanto ao desempenho do Dr. Servatius não terá sido a mais justa. Outros notaram que foi uma boa escolha (neste sentido, cf. Cesarani, D., *Eichmann*, cit., p. 15 e 246, e Lipstadt, D. E., *The Eichmann Trial*, cit., p. 87-91, 107-131 e 138-140).

42. Cf. Cesarani, D., *Eichmann*, cit., p. 255-256. Igualmente, cf. Lipstadt, D. E., *The Eichmann Trial*, cit., p. 41.

43. Cf. «Hannah Arendt à Karl Jaspers (Jerusalém, 25 de abril de 1961)», in: Arendt, H., *Les Origines du totalitarisme: Eichmann à Jérusalem*, Paris: Gallimard, 2002, (p. 1.333-1.334) p. 1.333.

juiz presidente, num total de cento e catorze sessões (11 de abril a 14 de agosto de 1961[44]).[45] Em consonância com tais apreciações positivas, Arendt elaborou, por fim, uma interpretação do veredicto mais simpática do que aquela que fizera das alegações orais do procurador.

Segundo Arendt:

> «O veredicto divide-se em duas partes, sendo que a mais extensa é, de longe, um retomar das teses da acusação. Ao começar pela Alemanha e ao acabar no Leste, os juízes adotaram uma abordagem completamente diferente do caso e mostraram a sua intenção de se concentrar naquilo que Eichmann tinha feito e não naquilo que os judeus tinham sofrido. Numa óbvia reprimenda à acusação, os juízes declararam explicitamente que um sofrimento daquela dimensão estava "para além da compreensão humana", que era matéria para "os grandes poetas e escritores" e não podia ser tratada numa sala de tribunal. Em contrapartida, os atos e os móbiles que o tinham causado estavam aquém da compreensão humana e eram, esses sim, susceptíveis de ser julgados. Chegaram ao ponto de declarar que tirariam as suas conclusões a partir da sua própria apresentação dos fatos. Ora isto implicava da parte deles um trabalho colossal, pois de outra maneira ter-se-iam perdido completamente. Trataram de adquirir um domínio sólido da intricada organização burocrática que estava por trás da máquina de destruição nazista, por forma a conseguirem perceber claramente qual era a posição do arguido. Aqueles que se interessam pela história do período nazista podem ler com proveito o texto do veredicto, ao contrário do que se passa com o discurso de abertura de Hausner, já publicado em livro. Mas o veredicto, onde felizmente não se encontram vestígios de retórica barata, teria demolido por completo as teses da acusação, não tivessem os juízes encontrado boas razões para considerar Eichmann responsável por alguns crimes perpetrados no Leste (além do crime principal que Eichmann tinha confessado, o de ter enviado seres humanos para a morte com plena consciência daquilo que estava a fazer).»[46]

Arendt sintetizou em quatro pontos a matéria de fato dada como provada pelo coletivo de juízes:

> «Em primeiro lugar, havia que estabelecer se Eichmann tinha ou não participado nos massacres coletivos perpetrados no Leste pelos *Einsatzgruppen* e planeados por Heydrich, em março de 1941, numa reunião a que Eichmann assistira. [...]. [Mas] o envolvimento de Eichmann nesta importante fase da Solução Final tinha sido apenas na medida em que recebia os relatórios dos assassinos, os quais por sua vez tinha de resumir antes de os entregar aos seus superiores. [...]. Assim, a única coisa que ficou provada foi que Eichmann estava bem informado acerca do que se passava no Leste, o que nunca esti-

44. Cf. Arendt, H., *Eichmann em Jerusalém*, cit., p. 320.

45. Na verdade, Arendt não assistiu a todas as sessões do julgamento, mas assistiu apenas às alegações iniciais, aos depoimentos das testemunhas arroladas pela acusação e aos primeiros dias de declarações do réu (cf. Cesarani, D., *Eichmann*, cit., p. 15).

46. Arendt, H., *Eichmann em Jerusalém*, cit., p. 283.

vera em causa. Nestas circunstâncias, o que é surpreendente é que o tribunal tenha concluído que este fato constituía prova suficiente da real participação do réu.»[47]

«O segundo ponto prendia-se com a responsabilidade de Eichmann na deportação de judeus dos guetos da Polónia para os campos de morte circundantes. Esta questão era menos controversa. Era, de fato, "lógico" supor-se que o especialista em transportes tivesse desenvolvido a sua atividade no território administrado pelo Governo Geral. Sabemos, no entanto, através de muitas outras fontes, que os responsáveis pelos transportes em toda esta região eram os chefes supremos das *S.S.* e da polícia – para grande desgosto do Governador Geral Hans Frank, que, no seu diário, se queixava sem cessar de interferências nesta matéria, sem nunca mencionar o nome de Eichmann. [...]. A não ser que aceitássemos a tese, completamente absurda, da acusação, segundo a qual Eichmann teria conseguido inspirar as ordens de Himmler, o simples fato de Eichmann ter expedido judeus para Auschwitz não prova, de maneira alguma, que todos os judeus que aí chegaram tenham sido enviados por ele. Tendo em conta que Eichmann negou veementemente a sua responsabilidade nesta matéria e tendo em conta a inexistência de qualquer outra prova neste sentido, as conclusões do tribunal neste ponto parecem, infelizmente, constituir um caso de *in dubio contra reum.*»[48]

«O terceiro ponto em discussão tinha a ver com a responsabilidade que podia ser atribuída a Eichmann por tudo aquilo que se passara nos campos de extermínio, onde, segundo a acusação, ele teria desfrutado de uma grande autoridade. Relativamente a esta questão, os juízes rejeitaram todos os testemunhos acumulados ao longo do processo, o que só abona a favor da sua imparcialidade e do seu alto sentido de justiça. [...]. Começaram por explicar que havia duas categorias de judeus nos campos, os chamados "judeus de transporte" (*Transportjuden*), que constituíam a maioria da população e que, mesmo do ponto de vista dos nazis, nunca tinham cometido qualquer delito; e os judeus "sob custódia" (*Schutzhaftjuden*), que tinham sido enviados para campos de concentração alemães por terem cometido alguma transgressão e que, de acordo com o princípio totalitário de que todo o terror do regime devia ser dirigido contra os "inocentes", eram consideravelmente mais bem tratados do que os primeiros [...]. Não estavam sujeitos à seleção e, em regra, sobreviviam[.] Eichmann nunca tivera nada a ver com os *Schutzhaftjuden*; mas os *Transportjuden* – a sua especialidade – eram, por definição, condenados à morte, com exceção dos vinte e cinco por cento de indivíduos excecionalmente fortes que poderiam vir a ser selecionados para trabalhos forçados em qualquer campo. Na versão apresentada pelo veredicto, contudo, este ponto já não estava em discussão. Evidentemente que Eichmann sabia que a esmagadora maioria das suas vítimas estavam condenadas à morte. Mas a selecção para os trabalhos forçados era realizada pelos médicos das *S.S.* no terreno; e as listas dos deportados eram geralmente feitas pelos Conselhos Judaicos nos países

47. Arendt, H., *Eichmann em Jerusalém*, cit., p. 283-284.
48. *Idem, ibidem*, p. 284-285.

de origem, ou pela polícia de ordem, nunca por Eichmann e a sua equipa. Eichmann não tinha, portanto, qualquer poder de decisão sobre quem devia morrer e quem devia viver; e nem sequer podia sabê-lo.»[49]

O quarto e último ponto versava sobre a autoridade de Eichmann nos territórios do Leste: «[e]m que medida era Eichmann efetivamente responsável pelas condições de vida existentes nos guetos, pela indizível miséria que aí reinava, e pela sua liquidação final? Afinal, tinha sido esta a questão central da maior parte dos testemunhos».[50] O veredicto concluíra «[...] que Heydrich tinha recebido plenos poderes para pôr em prática a Solução Final, sem qualquer limitação territorial; e portanto que Eichmann, o seu principal representante nesta matéria, era igualmente responsável em todo o lado».[51] Arendt discordava desta conclusão e expressou a sua opinião, não a do tribunal, de que Eichmann não possuía quaisquer «poderes executivos» na região.[52] Neste tocante, Arendt considerava que «[t]ambém aqui, Eichmann fora só um especialista em "transportes" e "emigração"».[53]

Mais do que explicar as conclusões do tribunal quanto à matéria de fato, Arendt, na verdade, comentou-as e criticou-as, a ponto de ficarmos com a sensação de que, na opinião dela, Eichmann fora responsabilizado por fatos mais vastos e muito mais graves do que aqueles que seria justo e razoável inscrever no seu raio de ação, confinado à «[...] própria natureza do seu trabalho – a concentração e a deportação dos judeus».[54] Só que, assim, ficamos sem perceber as razões de Arendt para elogiar o veredicto. Nem sequer percebemos as suas razões para opor o veredicto aos termos da acusação, pois o tribunal acabara sufragando os fatos e as teses do procurador. Arendt fez um grande esforço para demonstrar que o coletivo de juízes se afastara das teses da acusação, mas a verdade é que o acórdão confirmou praticamente todos os crimes, um por um.[55] O tribunal só absolveu Eichmann do assassinato de noventa e três crianças checas da aldeia de Lidice (ponto 12 da acusação).[56]

Quanto a diferenças entre o veredicto e a acusação, é possível, quando muito, destacar o superior esforço do tribunal para identificar e fundamentar o título de imputação pelo qual Eichmann deveria ser punido, atenta a existência de inúmeros intervenientes nos crimes de massa de que vinha acusado.

Arendt expôs este aspecto da seguinte forma:

> «Eichmann, importa lembrar, afirmara sempre que era culpado apenas na medida em que "ajudara e incentivara" os atos criminosos de que era acusado,

49. Arendt, H., *Eichmann em Jerusalém*, cit., p. 286.
50. *Idem, ibidem*, p. 287.
51. *Idem, ibidem*, p. 288.
52. *Idem, ibidem*, p. 288.
53. *Idem, ibidem*, p. 290.
54. *Idem, ibidem*, p. 337.
55. *Idem, ibidem*, p. 320.
56. *Idem, ibidem*, p. 321.

mas que nunca cometera um ato manifestamente criminoso. O veredicto, para grande alívio de quem acompanhou o processo, reconheceu, num certo sentido, que a acusação não tinha conseguido provar o contrário. Esta era, de fato, uma questão importante: estava em causa a verdadeira essência deste crime – que não era um crime vulgar – e a verdadeira natureza deste criminoso – que não era um criminoso comum. Implicitamente, o veredicto reconhecia também um fato estranho: nos campos de morte, eram os próprios detidos, as próprias vítimas, que manejavam "o instrumento fatal com as próprias mãos". Mais do que correta, a forma como o veredicto se expressou foi verdadeira: "Descrevendo as atividades do réu à luz do artigo 23.º do nosso Código Penal, devemos dizer que elas eram essencialmente as de alguém que instiga, através do seu conselho ou assessoria, outros a cometerem atos criminosos, que autoriza ou ajuda outros a cometerem atos criminosos". Mas, "num crime de tal monta e complexidade como aquele que nos ocupa, em que participaram muitas pessoas, a diversos níveis e em atividades distintas – os autores dos planos, os organizadores e os executantes, cada qual conforme o cargo que ocupava – não faz grande sentido recorrer aos conceitos comuns de instigação e conselho na prática de um crime. Tais crimes foram cometidos em massa, não só no que toca ao número de vítimas, mas também no que se refere ao número daqueles que os perpetraram, e a distância, mais próxima ou mais remota, a que cada um destes muitos criminosos se encontrava daquele que, materialmente, dá morte à vítima nada significa. Pelo contrário, o grau de responsabilidade aumenta geralmente à medida que nos vamos afastando do homem que maneja o instrumento fatal".»[57]

Afinal qual foi o título de imputação aplicado a Eichmann?

No ordenamento jurídico israelita, inspirado nos sistemas de *common law*, a conspiração (*conspiracy*) é um título de imputação que pressupõe que o agente tenha participado no planeamento do crime, mesmo que depois não tenha tomado parte na sua execução como autor material (*principal offender*). A acusação pública qualificara Eichmann como um conspirador quanto à generalidade dos crimes por que era acusado, do mesmo passo que lhe negara o simples papel de funcionário zeloso que obedecia cegamente às ordens, sem pensar no destino das vítimas, o que, a ser assim, não autorizaria mais do que a sua qualificação como cúmplice (*accomplice*). O coletivo de juízes afastou, porém, a aplicação ao caso concreto da figura da conspiração. Mas isso não significa que tenha diminuído a importância do contributo de Eichmann para a «Solução Final». Pelo contrário, o coletivo de juízes considerou que as categorias tradicionais da comparticipação criminosa não se aplicavam à estrutura extraordinariamente ampla dos «crimes contra o povo judaico», quer do ponto de vista dos elementos objetivos (*actus reus*), quer do ponto de vista dos elementos subjetivos (*mens rea*). Com efeito, a «matança dos judeus...», a «causação de graves males aos judeus...» e outras fórmulas legais semelhantes são, por definição, completamente incompatíveis

57. Arendt, H., *Eichmann em Jerusalém*, cit., p. 322-323 (itálicos suprimidos). Para leitura de um extrato do acórdão, cf. «La sentence (Audience du 15 décembre 1961)», in: Poliakov, L., *Le procès de Jérusalem*, cit., p. 307-308.

com a descrição dos clássicos crimes contra as pessoas e não admitem na sua realização a normal distribuição de papéis da comparticipação criminosa. A campanha de extermínio dos judeus, segundo o tribunal, deveria ser considerada como um único ato abrangente, que não podia ser subdividido em atos ou operações levadas a cabo por diferentes indivíduos, em diversos períodos de tempo e em diferentes lugares. O acusado estava por dentro do segredo do extermínio de judeus a partir de junho de 1941 e ocupou um papel central na campanha de extermínio a partir de agosto de 1941, razões pelas quais todas as ações lhe deveriam ser imputadas a título de responsabilidade coletiva ou organizacional.[58] Em suma, o tribunal concebeu um título de imputação novo e adequado à natureza dos macrocrimes que estavam em causa.

Eichmann foi condenado na pena de morte (15 de dezembro de 1961).[59] A pena foi confirmada pelo Supremo Tribunal de Justiça israelita (29 de maio de 1962).[60] O pedido de clemência de Eichmann foi recusado pelo Presidente de Israel, Itzhak Ben-Zvi (31 de maio de 1962).[61] A execução teve lugar menos de duas horas depois de Eichmann ter sido informado de que o seu pedido de clemência fora rejeitado.[62] Eichmann foi enforcado, o seu corpo cremado (a seu pedido) e as cinzas lançadas no Mar Mediterrâneo, longe das águas territoriais de Israel.[63]

V. O INTERESSE DA JUSTIÇA

Para Arendt, a Justiça distinguia-se da atitude de Ben-Gurion, bem como da do Procurador-Geral. A Justiça não permitia a atitude do Procurador-Geral, exigia isolamento, autorizava tristeza, mas prevenia a cólera.[64]

A Justiça exigia que o réu fosse processado, defendido e julgado, e que todas as outras questões, aparentemente de maior importância, ficassem em suspenso.[65]

A Justiça insistia na importância de Adolf Eichmann.[66]

Será que o Tribunal de Jerusalém não deu importância à pessoa do réu? Na verdade, Arendt considerou o julgamento de Eichmann um fracasso, em grande parte porque o tribunal fora incapaz de lidar com um novo tipo de criminoso, o assassino de massa que nunca havia cometido um assassinato.[67] Cabe, por isso, perguntar: será que Arendt tinha ideias diferentes das do Tribunal de Jerusalém

58. Cf. *Judgment in the Trial of Adolf Eichmann*: http://www.ess.uwe.ac.uk/genocide/Eichmannv.htm (consultado em 20.11.2011).

59. Arendt, H., *Eichmann em Jerusalém*, cit., p. 324.

60. *Idem, ibidem*, p. 325.

61. *Idem, ibidem*, p. 326.

62. *Idem, ibidem*, p. 326.

63. Cf. Cesarani, D., *Eichmann*, cit., p. 322-323.

64. Cf. Arendt, H., *Eichmann em Jeru*salém, cit., p. 58.

65. *Idem, ibidem*, p. 57.

66. *Idem, ibidem*, p. 58.

67. *Idem, ibidem*, p. 287 e p. 353.

quer quanto aos fatos que deviam ser imputados a Eichmann, quer quanto ao título de imputação adequado ao assassino de massa?

No livro *Eichmann em Jerusalém,* Arendt não tem uma narrativa autônoma, nem revela o seu próprio juízo sobre os fatos que deveriam ser imputados a Eichmann. Na medida em que se trata de uma reportagem, Arendt vai apenas acompanhando o julgamento e fazendo os seus comentários, variando no tom, que vai da pura descrição à ironia, por vezes chegando a roçar o sarcasmo. O tom não agradou aos críticos, o principal dos quais, Gershom Scholem, lhe disse, em carta, que não aprovava «[...] a insensibilidade, o tom frequentemente quase sarcástico e malevolente que era usado no tratamento de assuntos que nos tocam no ponto mais sensível».[68] À parte o tom, Arendt insistiu sempre que tinha escrito uma simples reportagem. Na entrevista televisiva que concedeu a Thilo Koch, gravada em Nova Iorque (24 de janeiro de 1964), Arendt repetiu que «[o seu] livro não contém, para dizer a verdade, qualquer tese. É uma apresentação de contas que se limita a expor todos os fatos que estiveram em discussão no decurso do processo de Jerusalém».[69] Seja como for, Arendt manifestava, a cada passo, a sua opinião e parecia não concordar com a orientação do julgamento. Mas se não contavam os fatos da acusação, que o Tribunal de Jerusalém acolheu, quais eram os fatos relevantes? Eichmann limitava-se a trabalhar, fechado no seu gabinete, parece dizer Arendt! É verdade: fechado no seu gabinete, Eichmann assinava papéis e fazia um diligente trabalho de burocrata. Não era um nazista sádico diretamente envolvido em atos materiais de extermínio. Ao acentuar esta diferença, Arendt não visava, porém, desculpar Eichmann, como decorre do fato de aceitar que a condenação acabaria por ser sempre basicamente a mesma. E a pena de morte não a impressionou (aplicada pela primeira e única vez em Israel).[70] Arendt tampouco atribuiu grande relevo às objeções postas à legitimidade do julgamento, que considerou serem meramente legalistas e não prejudicarem a ideia de Justiça.[71] Arendt até procurou, no epílogo, refutar com argumentos jurídicos algumas dessas objeções.[72] Em suma, Arendt não se afastou assim tanto do veredicto do coletivo de juízes como seríamos tentados a pensar à primeira vista.

Arendt mostrou-se melindrada com as polêmicas que a sua reportagem sobre o julgamento de Eichmann suscitara, considerando como ataques pessoais muitas das críticas que lhe foram dirigidas.[73] Em especial, ofendeu-se com a crítica daqueles sectores da comunidade judaica que afirmavam que ela descul-

68. «Scholem an Arendt (Jerusalem, 23./24. Juni 1963)», in: Arendt, H., & Scholem, G., *Der Briefwechsel*, Berlin: Jüdischer Verlag im Suhrkamp, 2010, (p. 428-434) p. 429.

69. «Le *Cas Eichmann* et les Allemands: Entretien avec Thilo Koch», in: Arendt, H., *Les Origines du totalitarisme*, cit., p. 1410.

70. Cf. Lipstadt, D. E., *The Eichmann Trial*, cit., p. 173.

71. *Idem, ibidem*, p. 164-166.

72. Cf. Bernstein, R. J., *Radical Evil: A Philosophical Interrogation*, 6. reimpr., Cambridge (UK)/ Malon (USA): Polity, 2007 (1. ed., 2002), p. 217.

73. Cf. Neiman, S., «Banality Reconsidered», in: AA.VV., *Politics in Dark Times: Encounters with Hannah Arendt* (org.: S. Benhabib), Cambridge/New York: Cambridge University Press, 2010, (p. 305-315) p. 305.

pabilizara Eichmann. Na entrevista conduzida por Thilo Koch, Arendt respondeu desta forma às críticas:

> «Nenhuma pessoa que tiver lido o meu livro poderá afirmar que eu "inocentei" os crimes da época nazista. Passou-se o mesmo com o livro de Hochhuth: dado que Hochhuth criticara a posição de Pacelli à época da Solução Final, logo disseram que ele tinha, desse modo, inocentado Hitler e as *S.S.*, apresentando Pio XII como o verdadeiro culpado. É na base dessa absurdidade, a qual ninguém sustentou e que é fácil de invalidar, que se procura provocar a discussão. Passa-se o mesmo com a controvérsia em torno do livro sobre Eichmann. Diz-se que eu teria "inocentado" Eichmann e demonstra-se, a seguir, a culpabilidade de Eichmann – a maior parte das vezes a partir de citações tiradas do meu livro!»[74]

Nessa resposta, Arendt aludia implicitamente à indignação causada pelas referências que fizera na sua reportagem à atitude colaboracionista dos Conselhos Judaicos (*Judenräte*) por ocasião das deportações de massa.[75] Mas a indignação também sobreveio pelo fato de muitos leitores julgarem que Arendt estava assim a diminuir a culpa do grande organizador das deportações para os campos de morte. Os indignados não perceberam, porém, as ideias que Arendt tão radicalmente tentara comunicar a todos seus leitores.

VI. O PENSAMENTO DE ARENDT SOBRE A «BANALIDADE DO MAL»

Arendt negava a ideia tradicional de que o mal é algo de ininteligível. Também negava que o mal fosse necessariamente fruto de uma ação intencional. Esta dupla negação é tão radical e anti-intuitiva que acabou gerando imensa incompreensão. Estamos tão convencidos de que fazer o mal tem de ser intencional que a simples ideia de alguém ser um arquiteto do Holocausto sem intenção parece servir para desculpá-lo e, do mesmo passo, parece implicar que o Holocausto não era um mal abissal e horrendo. Descrevendo Eichmann como um palhaço incapaz de pensamentos profundos, tornava-o merecedor de desprezo, mas não suscitava a nossa cólera ou revolta. Arendt não pretendia, porém, desculpá-lo. É verdade que Eichmann não odiava os judeus, até teria preferido não ser envolvido no seu extermínio e da única vez em que assistiu a atos de barbárie ficou maldisposto.[76] Será que isso o distinguia de um nazista arrogante e impiedoso? Talvez não. Arendt pretendia apenas mostrar que não é a intenção, mas a capacidade de juízo que está no âmago da ação moral.[77] A influência da ética kantiana leva-nos, inadvertidamente, a acreditar que a única coisa boa em si mesma é a boa vontade.[78]

74. Arendt, H., *Les Origines du totalitarisme*, cit., (p. 1.410-1.415) p. 1.412.

75. Sobre a avaliação da ação dos Conselhos Judaicos feita por Arendt, cf. Benhabib, S., «Arendt's *Eichmann in Jerusalem*», in: AA.VV., *The Cambridge Companion to Hannah Arendt* (org.: D. Villa), 1. reimp., Cambridge / New York: Cambridge University Press, 2002 (1. ed., 2000), (p. 65-85) p. 69-71.

76. Cf. Neiman, S., *Politics in dark times*, cit., p. 308.

77. *Idem, ibidem*, p. 309. Igualmente, cf. Swift, S., *Hannah Arendt*, London / New York: Routledge, 2009, p. 80-82.

78. Cf. Bernstein, R. J., *Radical Evil*, cit., p. 219.

Pelo contrário, Arendt considerava que, defronte do Holocausto, as boas intenções eram irrelevantes, tanto mais que um número surpreendentemente elevado de pessoas bem-intencionadas colaboraram na «Solução Final», revelando uma tremenda indiferença pela sorte das vítimas. O que Eichmann queria, tal como muitos outros, não era a morte de milhões de judeus, mas ascender na carreira.[79] Seja como for, não restavam dúvidas de que Eichmann fizera sempre o seu melhor para que a «Solução Final» fosse mesmo final.[80]

Julgar o homem. O homem é seguramente ínfimo perante a monstruosidade dos fatos.[81] É um medíocre adorador de Hitler, igual a centenas de outros.[82] Arendt tinha razão quando dizia não haver profundidade nos seus pensamentos. Acresce que, sentado à secretária, Eichmann não praticou materialmente qualquer crime. Mas olhando os fatos no seu conjunto, Arendt afirmava a responsabilidade de Eichmann como assassino de massa. Não se afastava, portanto, do veredicto do Tribunal de Jerusalém. As dúvidas de Arendt sobre a Justiça do julgamento não afetaram, a seus olhos, a credibilidade do seu desfecho, nem mesmo quando conduziu à pena de morte, efetivamente executada, o que ela disse ser o único desfecho consequente.

CONCLUSÕES

A reflexão de Arendt põe em crise, isso sim, os conceitos da ética tradicional. De fato, a «banalidade do mal» perturba as categorias do nosso pensamento moral e as suas refrações no direito penal.[83]

A reflexão de Arendt é perturbante ainda noutro aspecto. Na verdade, Arendt lembra que fazer Justiça significa muito mais do que simplesmente aplicar a pena justa.[84] Há uma função do julgamento que transcende largamente a finalidade da própria pena, o que não pode deixar de constituir uma excelente lição para os penalistas, tantas vezes ocupados com a discussão dos fins da pena criminal, mas raras vezes atentos à função do próprio julgamento. Creio que também por causa disso o pensamento de Arendt é muito esclarecedor para um penalista.

79. Cf. Neiman, S., *Politics in dark times*, cit., p. 309.

80. Cf. Arendt, H., *Eichmann em Jerusalém*, cit., p. 210.

81. Cf. Bernstein, R. J., *Radical Evil*, cit., p. 219.

82. Cf. Poliakov, L., *Le procès de Jérusalem*, cit., p. 9.

83. Cf. Bernstein, R. J., *Radical Evil*, cit., p. 222; igualmente, cf. May, L., *Crimes Against Humanity: A Normative Account*, Cambridge: Cambridge University Press, 2005, p. 164; por fim, cf. Luban, D., «State Criminality and the Ambition of International Criminal Law», in: AA.VV., *Accountability for Collective Wrongdoing* (org.: Isaacs & Vernon), Cambridge: Cambridge University Press, 2011 (p. 61-91), p. 61-62.

84. Cf. Horsman, Y., *Theaters of justice: judging, staging, and working through in Arendt, Brecht, and Delbo*, Stanford: Stanford University Press, 2011, p. 21.

ALGUMAS CONSIDERAÇÕES SOBRE O CASO EICHMANN

KAI AMBOS[1]

Keywords: International criminal law, general part of criminal law, Nuremberg, Eichmann process.

Abstract: In this paper the author discusses the trial of Adolf Eichmann, defending three theses. First, the Eichmann trial can be approached differently, depending on an insider (legal) or outsider (social science/anthropological) perspective. Second, the at the time of the trial recently founded State of Israel was able to guarantee a fair trial, although in similar circumstances (adjudicating events of macro-criminality) other States have been and are unable to do so. Third and most importantly, however, the judgement is not entirely convincing as regards the application of the law, in particular with regard to the modes of responsibility.

INTRODUÇÃO

Limitarei a minha palestra a uma análise técnica do julgamento. Para tal, referir-me-ei a trabalhos anteriores, em particular o meu trabalho de Livre Docência (*Habilitation*), que elaborei e apresentei há mais de 10 anos, na Universidade de Munique, e que foi publicado no ano de 2002.[2] Neste trabalho fiz uma

1. Texto redigido em língua portuguesa pelo Autor e revisto por Vânia Costa Ramos.

2. Cf. AMBOS, K., *Der Allgemeine Teil des Völkerstrafrechts*, Berlin: Duncker & Humblot, 2002, em particular p. 182 ss. Existe uma versão de síntese atualizada, em espanhol: *La parte general del derecho penal internacional*, Montevideo: Konrad-Adenauer-Stiftung, 2005, reimp. Bogotá: Temis, 2006, p. 216

análise das questões de «parte geral» do julgamento, ou seja, das formas de imputação utilizadas e das possíveis causas de justificação e de exculpação.

Gostaria de apresentar aqui *três teses*. A *primeira* tese – a única em que vou referir-me ao livro de Hannah Arendt – é a de que no caso Eichmann vimos pela primeira vez, pelo menos de forma explícita neste tipo de casos de macrocriminalidade, uma confrontação entre os operadores judiciários, os *insiders* – ou seja, o procurador, o juiz, o defensor – e os observadores externos, os *outsiders* – como o historiador, o antropólogo, etc. A *segunda* tese é a de que o então recém-criado Estado de Israel demonstrou no caso Eichmann a sua capacidade para conduzir um processo justo, um *fair trial*, num contexto em que outros Estados não foram capazes de o fazer. Temos de lembrar que Eichmann não era um criminoso qualquer, mas sim o organizador do Holocausto. A *terceira* tese é a de que, no campo da autoria e da participação, o acórdão é, por um lado, muito confuso e, por outro lado, estabelece a responsabilidade de Eichmann em relação à sua participação na empresa criminal da «Solução Final».

I. *OUTSIDERS* VS. *INSIDERS* E O *FAIR TRIAL* OU PROCESSO EQUITATIVO

Sobre as primeiras duas teses direi muito pouco, pois são bastante evidentes. A primeira tese pode ser comprovada analisando-se os depoimentos dos operadores do julgamento que ainda hoje estão vivos. Assim, Gabriel Bach, o procurador substituto (o segundo procurador israelita do julgamento), disse, numa entrevista recente,[3] o seguinte:

> «Eu não sabia nada sobre Hannah Arendt antes de ela vir. Ela chegou poucos dias antes do julgamento e foi-me então dito: chegou uma filósofa da América, Hannah Arendt, que quer escrever contra o processo – antes mesmo de o processo começar. Algo me soou um pouco estranho e fiz saber-lhe que estaria disponível para me encontrar com ela para falarmos sobre os problemas que ela levantasse. Dois dias depois recebi a resposta: ela não estava disponível para conversar com ninguém do Ministério Público. Fiquei novamente surpreso – quer dizer, ela não tinha de aceitar o que nós afirmávamos, mas daí a não estar disponível para falar com qualquer pessoa do Ministério Público, era algo estranho. Ainda assim, dei então instruções, não só para que ela pudesse estar presente todos os dias, mas também para que pudesse consultar todos os documentos, tanto da defesa como da acusação, de modo a poder formar uma ideia sobre quaisquer problemas que tivesse.
>
> «E depois ela escreveu este livro. [...] não só expressou ideias estranhas, como efetivamente reproduziu de forma totalmente deturpada muitos dos documentos que citou [...]. Entre outras coisas, escreveu, por exemplo, que

ss.; e em português: *A parte geral do direito penal internacional. Bases para uma elaboração dogmática*, São Paulo: Ed. Revista dos Tribunais, 2008, p. 250 ss.

3. Deutschland Radio Kultur, 7.4.2011, disponível em <http://www.dradio.de/dkultur/sendungen/thema/1431281/> (consulta em 24.01.2012; tradução do alemão por Vânia Costa Ramos).

retratámos Eichmann de forma tão negra que teríamos minimizado a culpa de Hitler e de Himmler. Ela escreve isto neste livro. É também, naturalmente, ridículo. É claro que Hitler e Himmler foram quem concebeu a ideia. Eichmann foi responsável pela sua execução. Mas o fato de ele ser tão fanático e de, por isso mesmo, ter sido mantido durante todo o tempo como responsável do departamento dos assuntos judaicos não diminui a culpa daqueles que tomaram anteriormente as principais decisões.

«Todas estas coisas são muito, muito estranhas e dificilmente poderão ser aceites. [...] é absolutamente erróneo afirmar que ele apenas executava ordens de uma qualquer forma banal. Nós conseguimos realmente demonstrá-lo neste processo.»

Parece então que Hannah Arendt não queria conhecer – e muito menos entender – a perspectiva dos operadores. Para estes, representados por Bach, Hannah Arendt fez um retrato errado do julgamento, distorcendo também a «verdade» do julgamento. Este aspecto foi igualmente objeto de crítica num livro publicado dois anos depois do acórdão.[4] Evidentemente isto é apenas em parte verdade. De fato, para Hannah Arendt a perspectiva estritamente jurídica não tinha interesse. Ela trata de compreender o fenômeno Eichmann como «banalidade do mal», ou seja, como um representante do sistema nazista que apenas pode existir e funcionar porque havia muitas pessoas banais, tão medíocres como o próprio Eichmann, que formaram a engrenagem do sistema ou, inclusivamente, se converteram em operadores indispensáveis da máquina de destruição nazista.[5]

É evidente que a crítica de Hannah Arendt causou muita inquietação entre os procuradores, mas é importante reconhecermos as diferenças de perspectiva, sendo a dela exterior ao processo, ademais desinteressada das questões técnicas do processo penal e focada tão-somente nos aspectos sociológicos, psicológicos e antropológicos do processo. Ambas as perspectivas são legítimas e cumprem funções importantes, mas diferentes. As duas perspectivas refletem a tensão entre uma visão externa interdisciplinar, como se de uma comissão interdisciplinar de verdade se tratasse, e a visão interna jurídica de um Tribunal penal, que apenas quer determinar se o acusado é ou não culpado.[6]

Sobre a segunda tese, vale a pena recordar que, no caso Eichmann, o Estado de Israel demonstrou uma grande independência, garantindo um *fair trial* a Eichmann.[7] Eichmann pode até escolher o advogado (alemão) que quis, nazista ou

4. Cf. Robinson, J., *And the crooked shall be made straight: The Eichmann Trial, the Jewish catastrophe and Hannah Arendt's narrative*, New York: Macmillan, 1965.

5. Para uma defesa de Arendt e uma análise da expressão «banalidade do mal», o recente Luban, D., «Hanna Arendt as a theorist of international criminal law», *International Criminal Law Review*, 11 (2011), p. 621 ss., alegando que a crítica de Arendt «*raises questions that are still relevant today*» (p. 621).

6. Ver também recentemente Birn, R., «Criminals as manipulative witnesses: A case study of SS General von dem Bach-Zelewski», *Journal of International Criminal Justice* («*JICJ*»), 9 (2011), p. 444 ss., aludindo à «[...] *inherent tension between historical narratives and legal requirements*» (p. 474).

7. Sobre a detenção de *Eichmann* em Buenos Aires e a posterior sanação da violação de soberania da Argentina, cf. Ambos, K., *Der Allgemeine Teil des Völkerstrafrechts* (como na nota 2), p. 190. Sobre

não.[8] O próprio procurador Bach afirmou, na entrevista já citada,[9] que no primeiro encontro que teve com Eichmann o informara do seu direito de se recusar a prestar declarações e de ser assistido por um advogado. Na vasta doutrina jurídica sobre o processo, em particular na inglesa e na alemã, existe amplo consenso de que Eichmann beneficiou de um *fair trial.*[10] Nunca será de mais enfatizar este aspecto, pois neste tipo de processos existe lamentavelmente o perigo de aplicação de um direito penal do inimigo[11] e de se realizar um processo de fachada, sem possibilidade real de o arguido se defender.

II. A FORMA DE RESPONSABILIDADE DE EICHMANN: AUTOR, CÚMPLICE OU OUTRO TÍTULO DE IMPUTAÇÃO?

A *fairness* do processo também ficou demonstrada através das teorias de parte geral aplicadas para fundamentar a responsabilidade de Eichmann. Todavia, esta parte da sentença – esta é a minha *terceira* tese – é bastante confusa.

Em primeiro lugar, o Tribunal de Jerusalém não considerou suficiente para fundamentar a responsabilidade penal de Eichmann a sua simples pertença a um grupo declarado criminoso pelo Tribunal de Nuremberg.[12] O Tribunal considerou necessário que Eichmann tivesse atuado para cometer delitos, ou seja, que tivesse assumido uma conduta ativa, para além da mera pertença:

> «A acusação tinha de provar a pertença do acusado a estas organizações – e tal pertença não é controvertida – e, *adicionalmente*, que o acusado *tinha participado na prática de crimes,* na qualidade de membro destas organizações – e isto foi provado.»[13]

---

a doutrina do *male captus, bene detentus*, relevante nesse contexto, cf. Paulussen, C., *Male captus bene detentus? Surrendering suspects to the International Criminal Court*, Antwerpen: Intersentia, 2010.

8. Eichmann foi defendido pelo Dr. Robert Servatius (cf. Taylor, T., *Die Nürnberger Prozesse*, 2. ed., München: Heyne, 1996, p. 496; Grosse, C. *Der Eichmann-Prozess zwischen Politik und Recht*, Frankfurt/M: Lange, 1995, p. 22).

9. Na versão completa da entrevista, não reproduzida no sítio da Internet indicado.

10. V. as referências em Ambos, K., *Der Allgemeine Teil des Völkerstrafrechts* (como na nota 2), nota 110.

11. Sobre o tema, desenvolvidamente, cf. Cancio Mélia, M./Gómez-Jara Diez, C. (coords.), *Derecho penal del enemigo. El discurso penal de la exclusión*, Madrid: Edisofer/Buenos Aires-Montevideo: BdeF, 2006, onde se pode encontrar um artigo meu no tomo I , p. 119-162.

12. Eichmann foi membro das SS, do SD e da Gestapo, todas declaradas como organizações criminosas pelo Tribunal de Nuremberga. Além disso foi declarada criminosa a *Korps der Politischen Leiter der NSDAP* (Corpo dos Dirigentes Políticos do Partido Nacional Socialista dos Trabalhadores Alemães). Não foram consideradas criminosas a SA, o Governo do Império e a junta militar como alto comando da *Wehrmacht* (Internationaler Militärgerichtshof, *Der Prozeß gegen die Hauptkriegsverbrecher vor dem Internationalen Gerichtshof Nürnberg*, Nürnberg: Internationaler Militärgerichtshof, 1947, tomo 1, p. 286-314).

13. «District Court of Jerusalem, case of Adolf Eichmann, 12 December 1961», *International Law Reports*, 36, 5-276, parágrafo 215 (ênfase do Autor). Tradução do Revisor. No original: «*The Prosecution had to prove the Accused's membership in these organizations – and this membership is not in dispute –*

Com isto, o Tribunal revelou-se mais garantista do que o nosso direito penal, pois nos nossos Códigos é declarada punível a simples pertença a uma associação criminosa ou terrorista, sem mais.[14]

O segundo aspecto em que se manifesta o *fair trial* é na questão da *conspiracy*. Neste contexto, é preciso ter em conta que o direito penal israelita baseia-se principalmente no sistema do *common law* de influência inglesa,[15] e somente depois do julgamento de Eichmann se fez sentir alguma influência do direito continental europeu.[16] Por isso, a *conspiracy*, como construção do *common law,* foi usada pelo procurador na acusação contra Eichmann. Porém, o Tribunal rejeitou essa figura, alegando que não era suficiente a existência de provas que demonstrassem que Eichmann tinha conspirado para eliminar judeus, se não se conseguisse demonstrar uma participação concreta de Eichmann na «Solução Final»:

> «Não consideramos que uma pessoa que consinta na prática de um ato ou de atos criminosos (porquanto esta é a essência da *conspiracy*) se torne *ipso facto* responsável, sem quaisquer fundamentos adicionais de responsabilização, como agente efetivo de todos esses fatos. [...] Tal responsabilidade exige [...] algo mais do que um mero consentir, tal como instigar, auxiliar e até, em casos extremos de existência de um objetivo comum, [...] pelo menos a presença do acusado durante a prática do crime.»[17]

Isto traz-nos ao ponto de a responsabilidade individual, propriamente dita, ter sido a forma de responsabilidade que o Tribunal usou para condenar Eichmann. Temos aqui, em primeiro lugar, um problema linguístico. Como a sentença foi

---

and in addition that the Accused took part in the commission of crimes, as a member of these organizatio*ns – and this has been proved*».

14. V. o estudo profundo de Morozinis, I., *Dogmatik der Organisationsdelikte: eine kritische Darstellung der täterschaftlichen Zurechnungslehre in legalen und illegalen Organisationsstrukturen aus strafrechtsdogmatischer und rechtstheoretischer Sicht sowie ein Beitrag zur Lehre vom Tatbestand*, Berlin: Duncker & Humblot, 2010.

15. «District Court of Jerusalem, case of Adolf Eichmann, 12 December 1961» (como na nota 13), parágrafo 189: «[...] *in conformity with the rules of English Common Law, from which they are derived* [...]».

16. Tal ficou a dever-se sobretudo a Sheneor Zalman Feller, um judeu de origem romena, jurista prático e professor em Bucareste, que emigrara para Israel em 1964 e se tornara professor catedrático na *Hebrew University* (HU), a partir de 1967. Ele introduziu alguns conceitos originários dos direitos romeno e soviético (pois exercera também como procurador na União Soviética) e foi orientador de doutoramento de Mordeachi Kremnitzer e Miri Gur Arye, que se tornaram depois professores na HU e foram muito influentes em algumas reformas legais (agradeço ao Prof. Mir Gur Arye por partilhar esta informação comigo).

17. «District Court of Jerusalem, case of Adolf Eichmann, 12 December 1961» (como na nota 13), parágrafo 188. Tradução do Revisor. No original: «*We do not consider that a person who consents to the perpetration of a criminal act or acts (for this is the essence of the conspiracy), makes himself* ipso facto *liable, without any additional ground of responsibility, as atual perpetrator of all those acts.* [...]. *Such responsibility demands* [...] *something more than mere consent, such as soliciting, aiding, abetting, and even in the extreme case of common purpose* [...] *at least the presence of the Accused at the commission of the crime.*»

originalmente redigida em hebraico, a língua oficial do Estado de Israel, e muito poucas pessoas sabem ler esta língua, quase todos os analistas têm de partir da versão inglesa,[18] ou de outra versão traduzida.[19] Isso pode explicar, em parte, a confusão terminológica que existe nesta parte do acórdão em relação às formas de autoria e de participação. O Tribunal usa palavras diferentes, que são inconsistentes e contraditórias: por um lado, diz que Eichmann é um *accomplice.*[20] Desta forma, tendemos a pensar na cumplicidade de tipo continental europeu. Mas no *common law* e no direito inglês o *accomplice* não é necessariamente um mero cúmplice no sentido do nosso direito, ou seja, um simples auxiliar ou colaborador num crime.[21] Pode entender-se a palavra *accomplice* também no sentido do nosso coautor ou do «colaborador necessário» espanhol.[22] No mesmo acórdão fala-se depois de *principal ofender.*[23] Ou seja, no clássico *common law*, *principal of first degree*, o que seria na nossa terminologia um «autor material». Mas no *common law* usa-se o termo *principal* somente em oposição a *secondary participant*, ou seja, a pessoa que tem um papel menos importante na execução do crime. Aqui fica também patente que o Tribunal não segue o modelo diferenciado ou dualista da participação (*Differenzierungsmodell*), no qual são distinguidas, logo ao nível da imputação, diferentes formas de comparticipação (normalmente, as formas de autoria, instigação e cumplicidade, acrescendo ainda a forma espanhola de colaboração necessária), mas antes o sistema unitário de autor (*Einheitstätermodell*),[24] no qual não interessa efetivamente a forma específica de comparticipação,

18. Publicado originalmente nos *International Law Reports* (como na nota 13).

19. Existe também uma versão alemã em Less, A.W. (org.), *Schuldig: das Urteil gegen Adolf Eichmann*, Frankfurt: Athenäum, 1987.

20. «District Court of Jerusalem, case of Adolf Eichmann, 12 December 1961» (como na nota 13), parágrafo 194: «[...] *everyone who acted in the extermination of Jews, knowing about the plan for the Final Solution and its advancement, is to be regarded as an accomplice in the annihilation of the millions who were exterminated* [...]».

21. Enquanto A. Ashworth, *Principles of Criminal Law*, 6. ed., Oxford: OUP, 2009, p. 404 s., parece entender a *complicity* no sentido de cumplicidade ou outras formas de participação secundária («*principal is a person whose acts fall within the legal definition of the crime, whereas an accomplice is anyone who aids, abets, counsels, or procures a principal.* [...]. *Two persons can be co-principals, so long as together they satisfy the definition of the substantive offence and each of them inflicted wounds on the victim with the required fault, for example*»), Smith, J. C./Hogan, B./Ormerod, D., *Criminal Law*, 13. ed, Oxford: OUP, 2011, p. 190 s., não fazem uma distinção tão clara («*The distinction between a joint principal and an aider or abettor is sometimes a fine one.* [...], *the test would be: did D2 by his own act contribute to the causation of the actus reus? If he did, he is a principal*»).

22. Segundo o art. 28.º, n. 2, do CP espanhol também seriam considerados autores «[*l*]*os que cooperan a su ejecución con un ato sin el cual no se habría efetuado.*» Recentemente, a favor de uma introdução na Alemanha, Díaz y García, M., *Goltdammer's Archiv für Strafrecht* («*GA*»), 2011, p. 259, 282 s.

23. «District Court of Jerusalem, case of Adolf Eichmann, 12 December 1961» (como na nota 13), parágrafo 194: «*His responsibility is that of a 'principal offender' who perpetrated the entire crime in co-operation with the others.*» O Tribunal compara aqui este tipo de responsabilidade com a responsibilidade de duas pessoas que colaboram na falsificação de um documento (*ibid.*: «*Two persons may collaborate in the forging of a document, each one of them forging only a part of the document*»).

24. «District Court of Jerusalem, case of Adolf Eichmann, 12 December 1961» (como na nota 13), parágrafo 197: «[...] *we wish to emphasize that in any case the Accused is regarded as committing the*

mas tão-somente o tipo de contribuição (causal) para o resultado criminoso.[25] A questão do título de imputação é particularmente relevante face à circunstância de Claus Roxin ter elaborado a teoria do domínio do fato através de um aparelho organizado de poder (*Organisationsherrschaftslehre*) contemporaneamente ao julgamento de Eichmann, tomando este caso como paradigma.[26] Todavia, o Tribunal de Jerusalém não fez uso desta teoria. De fato, não a podia sequer ter conhecido porque apenas foi publicada depois do julgamento.

No caso real de Eichmann, o que realmente se aplicou foi a fundamentação da responsabilidade de Eichmann por participação na «Solução Final», ou seja, qualquer forma de comparticipação, indiferentemente de se concluir por um tipo de autoria (*perpetration* ou *co-perpetration*) ou somente por uma forma de cumplicidade (*aiding and abetting, other assistance*). Realmente, apesar da recusa de uma responsabilidade coletiva pura, o ponto de referência no caso Eichmann é a organização coletiva da «Solução Final». Isto retira-se, por um lado, das várias referências à «Solução Final»:

> «[...] todos os atos perpetrados durante a execução da Solução Final da Questão Judaica devem ser tidos em conta como um só todo, e a responsabilidade do acusado deve ser determinada em conformidade com isso.[27] [...].
>
> «Por este motivo, o acusado será condenado (se não for encontrada uma causa de justificação para os seus atos) pelo crime geral da "Solução Final" em todas as suas formas, como cúmplice na prática do crime, e a sua condenação estender-se-á a todos os múltiplos atos que compõem aquele crime, incluindo tanto os atos em que ele teve participação ativa através do seu Departamento, bem como os atos cometidos pelos seus cúmplices noutros Departamentos da mesma frente.»[28]

---

crime itself [...] *whether he committed an act in order to facilitate or to aid another in carrying out the extermination* [...], *or whether he counselled or solicited others to exterminate* [...]».

25. Sobre os diferentes tipos de modelo unitário de autor, recentemente Rotsch, T., «*Einheitstäterschaft*» *statt Tatherrschaft*, Tübingen: Mohr Siebeck, 2009, p. 131 ss. e *passim*.

26. Roxin publicou o seu artigo fundamental sobre «Straftaten im Rahmen organisatorischer Machtapparate» em *GA*, 1963, p. 193-207. Naturalmente já tinha trabalhado antes no artigo e por isso a elaboração da sua teoria foi realmente paralela ao julgamento de Eichmann, que terminou com o acórdão de 12.12.1961. O trabalho de Livre Docência (*Habilitation*) de Roxin, *Täterschaft und Tatherrschaft*, no qual a teoria do domínio do fato seria desenvolvida amplamente, foi publicado em primeira edição em 1963 (8. ed. de 2006); sobre a *Organisationsherrschaftslehre*, v. aí p. 242 ss.

27. «District Court of Jerusalem, case of Adolf Eichmann, 12 December 1961» (como na nota 13), parágrafo 190. Tradução do Revisor. No original: «[...] *all the acts perpetrated during the implementation of the Final Solution of the Jewish Question are to be regarded as one single whole, and the Accused's criminal responsibility is to be decided upon accordingly*».

28. «District Court of Jerusalem, case of Adolf Eichmann, 12 December 1961» (como na nota 13), parágrafo 195. Tradução do Revisor. No original: «*Hence, the Accused will be convicted (if no justification for his acts are found) of the general crime of the 'Final Solution' in all its forms, as an accomplice to the commission of the crime, and his conviction will extend to all the many acts forming part of that crime, both the acts in which he took an active part in his own sector and the acts committed by his accomplices to the crime in other sectors on the same front*».

Por outro lado, o acórdão refere-se ao aparelho de poder nazista, no qual Eichmann participou conscientemente:

> «Desde o início ficou claro que era necessário um complexo aparelho para levar a cabo a tarefa. Todos aqueles que eram admitidos no segredo do extermínio, a partir de uma certa patente, tinham também consciência de que tal aparelho existia e que estava em funcionamento, muito embora nem todos soubessem como operava cada parte da máquina, com que meios, a que ritmo, e nem mesmo em que local. Por isso, a campanha de extermínio era um único ato abrangente, que não pode ser dividido em atos ou operações levadas a cabo por diversas pessoas, em momentos e locais diferentes. Uma equipa de pessoas levou-o a cabo conjuntamente a todo o tempo e em todos os locais.»[29]

Finalmente, Eichmann é considerado responsável como qualquer pessoa que tenha participado conscientemente na empresa criminosa nazista de extermínio dos judeus:

> «Mas, mais importante do que isso: em um crime, enorme e complexo, como aquele que estamos agora a analisar [a Solução Final], no qual muitas pessoas participaram a vários níveis e através de diferentes modos de atuação – os planeadores, os organizadores e aqueles que executaram os atos, de acordo com os vários níveis – não terá muito sentido usar os conceitos normais de aconselhamento ou incitamento à prática de um crime. Na verdade, estes crimes foram cometidos em massa, não só tendo em conta o número de vítimas, mas também o número daqueles que praticaram o crime. E a circunstância de qualquer um dos muitos criminosos estarem próximos ou distantes do efetivo assassino da vítima nada significa quanto à medida da sua responsabilidade. Pelo contrário, em regra o grau de responsabilidade aumenta à medida que nos vamos afastando do homem que usa o instrumento mortal com as suas próprias mãos e chegamos aos níveis mais elevados de comando, os "*counsellors*" na linguagem do nosso Direito. No que diz respeito às vítimas que não morreram, mas que foram colocadas em condições pré-ordenadas para conduzir à sua destruição física, é particularmente difícil de definir em termos técnicos quem terá ajudado seja quem for: se aquele que perseguiu as vítimas e as deportou para um campo de concentração, se aquele que as forçou a trabalhar lá.»[30]

29. «District Court of Jerusalem, case of Adolf Eichmann, 12 December 1961» (como na nota 13), parágrafo 193. Tradução do Revisor. No original: «*It was therefore clear from the outset that a complicated apparatus was required to carry out the task. Everyone who was let into the secret of the extermination, from a certain rank upwards, was aware, too, that such an apparatus existed and that it was functioning, although not everyone of them knew how each part of the machine operated, with what means, at what pace, and not even at which place. Hence, the extermination campaign was one single comprehensive act, which cannot be divided into acts or operations carried out by various people at various times and in different places. One team of people accomplished it jointly at all times and in all places.*»

30. «District Court of Jerusalem, case of Adolf Eichmann, 12 December 1961» (como na nota 13), parágrafo 197 (ênfase do Autor). Tradução do Revisor. No original: «*But more important than that: In such an enormous and complicated crime as the one we are now considering* [the final solution, K.A.], *wherein many people participated at various levels and in various modes of activity – the planners, the organizers and those executing the acts, according to their various ranks – there is not much point in using the ordinary concepts of counselling and soliciting to commit a crime. For these crimes were committed*

«[...] mesmo que consideremos cada sector de execução da Solução Final separadamente, não existe um único sector em que o acusado não tenha, de uma forma ou de outra, atuado, com um grau variável de intensidade. Por isso esta via alternativa também nos conduziria a considerá-lo culpado da totalidade das atividades de extermínio.»[31]

Conclui-se, pois, que o Tribunal basicamente argumentou que os macrocrimes devem ser tratados de maneira a respeitar a sua especificidade. As formas comuns de autoria e de participação não servem neste contexto, desde logo porque não contemplam a relação especial entre a criminalidade sistêmica e a individual, num contexto de macrocriminalidade. Não obstante ser evidente que o direito penal internacional deve ocupar-se, em primeiro lugar, da macrocriminalidade e que o direito penal nacional tratará, em princípio, da criminalidade normal e individual, as fronteiras entre os níveis sistêmico e individual nem sempre são claras. Enquanto o direito penal nacional, em qualquer caso, visa o agente individual, já o ICL, por outro lado, nunca poderá descurar o contexto político, social, econômico e cultural dos fatos criminosos («*the crime base*»). Portanto, o ICL terá de ultrapassar, em muito, o estabelecimento de meras responsabilidades individuais. É também evidente que os níveis sistêmico e individual não podem ser mutuamente excludentes, mas sim complementares; uma preponderância unilateral de um sobre o outro não permitiria que fossem tomadas em consideração cabalmente todas as complexidades do fenômeno da macrocriminalidade.

Se bem que Eichmann tenha sido condenado, por fim, como *principal offender*, com fundamento nos diversos atos de apoio e colaboração na Solução Final, o Tribunal argumentou a favor de um tipo de *responsabilidade coletiva* ou *organizacional* muito similar à da figura de *joint criminal enterprise* («jce»), que podemos traduzir por «empresa criminal conjunta», figura essa que foi usada pelos Tribunais penais *Ad Hoc*, em particular o Tribunal para a Antiga Jugoslávia

---

en masse, not only in regard to the number of the victims, but also in regard to the numbers of those who perpetrated the crime, and the extent to which any one of the many criminals were close to, or remote from, the atual killer of the victim, means nothing as far as the measure of his responsibility is concerned. On the contrary, in general, the degree of responsibility increases as we draw further away from the man who uses the fatal instrument with his own hands and reach the higher ranks of command, the 'counsellors' in the language of our Law. As regards the victims who did not die but were placed in living conditions calculated to bring about their physical destruction, it is especially difficult to define in technical terms who abetted whom: he who hunted down the victims and deported them to a concentration camp, or he who forced them to work there.»

31. «District Court of Jerusalem, case of Adolf Eichmann, 12 December 1961» (como na nota 13), parágrafo 198. Tradução do Revisor. No original: «[...] *even if we view each sector of the implementation of the Final Solution separately, there was not one sector wherein the Accused did not act in one way or another, with a varying degree of intensiveness, so that this alternative way would also lead us to find him guilty all along the front of extermination activities*».

(«ICTY»).[32] Esta figura é, porém, muito criticada na doutrina[33] e tem sido até hoje rejeitada pelo Tribunal Penal Internacional (permanente).[34]

Regressando à *Organisationsherrschaftslehre*, até hoje continua por resolver – e no julgamento de Eichmann tal não foi analisado – se uma pessoa como Eichmann, pertencendo ao nível intermédio do regime nazista, pode ter domínio do fato com base nesta teoria. Já no meu trabalho de *Habilitation* tinha dito o seguinte sobre este ponto:

> «[...] Numa observação mais atenta [...] não pode negar-se que só a cúpula da organização, que em regra está formalmente constituída como Conselho de Defesa Nacional, como Junta ou mesmo como mero Governo, pode exercer um domínio absoluto por meio de e sobre o aparelho organizado de poder que lhe está subordinado. Além do mais, esta entidade representa de uma forma particular o Estado e é responsável por eventuais ingerências nos direitos fundamentais, a cuja não verificação o cidadão tem direito perante o Estado. Todo o restante poder é apenas derivado e, como tal, imputável no seu exercício ao Governo do Estado. Apenas o domínio do Governo do Estado não pode ser bloqueado por cima ou perturbado por qualquer outra forma. Pelo contrário, tal "perturbação" é inteiramente possível no que respeita a um funcionário de nível alto ou médio como Eichmann: as suas ordens para o transporte de judeus para os campos de concentração poderiam ter sido suspensas ou anuladas a todo o tempo pelos seus superiores. Do mesmo modo, o seu poder de direção sobre os executores diretos poderia ter sido transferido sem problemas pelos seus superiores, pois, em última instância, os autores diretos não eram responsáveis perante Eichmann, mas sim perante a cúpula de direção nacional-socialista. [...].
>
> «Deve dizer-se, portanto, que o domínio da organização apenas poderá fundamentar-se, sem margem para dúvidas, em relação àqueles homens-de--trás do Estado cujo poder de direção e cujas ordens não podem ser, sem mais, suspensas ou anuladas, ou seja, a respeito daqueles que, neste sentido, podem dominar e governar "sem perturbação". De acordo com o que foi dito, isto é acontece apenas quanto ao governo formalmente constituído, isto é, a

32. A doutrina da «jce» foi introduzida pela primeira vez no caso *Tadic*, Appeals Chamber Judgment, 15.7.1999 (IT-94–1-A), parágrafo 172 ss.; recentemente, *Prosecutor v. Gotovina et al.*, Trial Judgment 15.4.2011 (IT-06-90-T), parágrafo 1950 ss.; cf. Ambos, K., *Internationales Strafrecht*, 3. ed., München: C.H. Beck, 2011, § 7, nms. 30-31, com referências a jurisprudência e *case law*.

33. Cf. Ambos, K., «Joint Criminal Enterprise and Command Responsibility», *JICJ*, t. 5 (2007), p. 159-183 (versão espanhola em *Revista de Derecho Penal y Criminologia*, Universidad Nacional de Educación a Distancia. Facultad de Derecho, 2. época, t. 19, Janeiro 2007, p. 39-78); o mesmo, Ambos, K., *Internationales Strafrecht* (como na nota 30), § 7, nm. 32, com mais referências.

34. Cf. *Lubanga Decision on the Confirmation of Charges*, ICC 01/04-01/06, Jan. 27, 2007, par. 329, 334-5 (discutindo a *jce* segundo a «abordagem subjetiva» e acabando por rejeitá-la); ver também *Mbarushimana Decision on the Confirmation of Charges*, ICC 01/04-01/10, Dec 16, 2011, par. 280-2 (referindo a *jce* e considerando genericamente que as formas de responsabilidade admitidas pelo ICTY não podem ser aplicadas automaticamente perante o ICC, mas aplicando, ainda assim, o padrão de *jce* da «contribuição significativa») Ambos, K., *Internationales Strafrecht* (como na nota 32), § 7, n. m. 31, *in fine*, com indicação de bibliografia.

própria cúpula da organização, e, em casos excepcionais, também relativamente à direção das forças de segurança militares ou policiais ("Generais") que se encontram fora do Governo civil. Acresce ainda que a sua capacidade de dominar a organização deve ser aceite, sem mais, quando estes governam pessoalmente ou quando pertencem ao Governo.

«Pelo contrário, os autores que não pertencem à cúpula da organização, mas, por exemplo, ao nível médio de direção, possuem, quando muito, domínio da organização dentro do aparelho relativamente aos *seus* subordinados. Eles não têm, portanto, domínio sobre todo o aparelho, mas, no máximo, sobre uma *parte* deste. Este domínio parcial justifica a sua consideração, em todo o caso, como autores mediatos relativamente à parte dos acontecimentos sob o seu domínio. Por outro lado, a sua dependência face à cúpula da organização parece ir contra uma autoria mediata e a favor de uma coautoria fundada na divisão funcional do trabalho. Sem tal divisão do trabalho, nunca se poderia ter executado a "Solução Final". E tão-pouco poderia a máquina de extermínio de um campo de concentração como Auschwitz, concretamente sob as ordens e supervisão do comandante de campo Höß, ter funcionado de modo tão eficiente. [...].»[35]

No meu artigo mais recente para o Livro de Homenagem a Claus Roxin, por ocasião do seu 80.º aniversário (celebrado a 15 de maio de 2011), escrevi o seguinte:

«Todavia, se esta [a organização] for colocada no centro da imputação penal e se compreender o domínio da organização como domínio sobre ou através da organização (global), um domínio parcial, como acontece no caso dos receptores/emissores intermédios de ordens, não é suficiente para fundamentar o domínio da organização. Participantes na macrocriminalidade com "domínio parcial", que ao mesmo tempo recebem e emitem ordens, são como tal (no máximo) coautores. O eventual défice de equiparação de direção em relação aos destinatários das suas ordens (que poderão ser autores imediatos) deverá ser tido mais em conta do que o seu défice de domínio face à cúpula da organização, uma vez que este último impede o seu domínio sobre a organização (global).»[36]

35. Ambos, K., *Der Allgemeine Teil des Völkerstrafrechts*, (como na nota 2), p. 603/4-5 (ênfase no original; sem notas de rodapé). Tradução do Revisor. Já no meu trabalho, «Tatherrschaft durch Willensherrschaft kraft organisatorischer Machtapparate – Eine kritische Bestandsaufnahme und weiterführende Ansätze», *GA* t. 145 (1998), p. 226-245 (versão espanhola publicada, *inter alia*, em *Revista de Derecho Penal y Criminologia* (Universidad Nacional de Educación a Distancia. Facultad de Derecho, 2.ª Época, t. 3, janeiro 1999, p. 133-165), na p. 238, não quis ir «muito mais longe do que até ao funcionário intermédio *à la Eichmann*». Para uma análise da recente aplicação da doutrina no caso do antigo Presidente peruano Alberto Fujimori, cf. Ambos, K., «The Fujimori Judgment: A President's Responsibility for Crimes Against Humanity as Indirect Perpetrator by Virtue of an Organized Power Apparatus», *JICJ* 9 (2011), p. 137-158; ver também o n.º especial da *ZIS*, 2009, p. 552 ss., <www.zis-online.com>.

36. Ambos, K., «Zur *Organisation* bei der Organisationsherrschaft», in: B. Schünemann *et alii* (orgs.), *Festschrift für Claus Roxin*, Berlin: De Gruyter, 2011, (p. 837-852) p. 850 s. (sem notas de rodapé). Tradução do Revisor. O trabalho foi publicado também em espanhol em *InDret* 3/2011, <www.indret.com (consulta em 25.01.2012)>.

De qualquer forma, parece evidente – e neste aspecto o Tribunal de Jerusalém tem razão – que as formas comuns de autoria e de participação não podem ser aplicadas sem mais a atos cometidos num contexto macrocriminoso. Como esta criminalidade se caracteriza por uma mistura de estruturas individuais e coletivas de imputação[37] e, além disso, por uma organização que planifica, coordena e finalmente executa os atos criminosos, devemos colocar esta última no centro das nossas atenções. Como afirmei no livro de homenagem a Roxin:

> «O aparelho organizado de poder é como um "sistema constituído de ilícito" – no sentido da dicotomia de Lampe – ao mesmo tempo parte e motor do "sistema de ilícito". Desta forma, encontra-se no centro da imputação penal e "coletiviza" – no sentido da dupla (coletiva-individualizada) imputação já reconhecida no direito internacional penal ("princípio de imputação do fato global") – a abordagem penal clássica do ponto de vista individual. A cúpula da organização serve-se da funcionalidade do aparelho para realização do "sistema de ilícito". Atua mediatamente através do aparelho em conjunto com os autores imediatos para realização dos objetivos supra-individuais da organização, aos quais, em última análise, todos os membros da organização se subordinam.»[38]

Pode assim surgir uma nova perspectiva para a *Organisationsherrschaftslehre*. A questão central é a de saber se pode ficar integrada no sistema de imputação individual como forma de autoria mediata, ou se deve alcançar um significado autônomo, como forma independente de imputação em casos de macrocriminalidade.

37. Cf. Ambos, K., *Internationales Strafrecht* (como na nota 32), § 7, nm. 10 ss.

38. Ambos, K., *Festschrift für Claus Roxin* (como na nota 36), p. 847-848 (sem notas de rodapé). Tradução do Revisor.

EICHMANN EM JERUSALÉM 50 ANOS DEPOIS: UMA MODALIDADE ESPECÍFICA DE RETROATIVIDADE DA LEI PENAL[1]

MIGUEL GALVÃO TELES

Keywords: Criminal law, retroactivity, complex types, state of nature.

Abstract: This paper addresses the objections according to which Eichmann was subjected to retroactive law and trialed by a 'victor's tribunal'. As to the first objection, it is defended that there was no rule of international law determining *nullum crimen sine lege prævia*, and so the issue of retroactivity should be addressed at a metapositive (but not natural law) level, which ultimately could justify it, also taking into account that the criminal types established by the Israeli law are complex types composed by simple types, which were already punishable under the law applicable to the facts in the places they were committed. As to the second objection, it is defended that what is commonly called 'victor's justice' should be theoretically viewed as representing a second level state of nature.

INTRODUÇÃO

1. No epílogo de *Eichmann em Jerusalém*, Hannah Arendt afirma que:

1. Agradeço a colaboração que me foi prestada pelo Miguel Nogueira de Brito, pela Ana Rita Duarte de Campos e pela Margarida Torres Gama. A segunda supriu a limitação dos meus conhecimentos em matéria de direito penal e deve-se-lhe a nota 7. A terceira ajudou na recolha de material e deve-se-lhe a nota 8.

> «O julgamento de Eichmann suscitou três tipos de objeções. Em primeiro lugar, o mesmo tipo de objeções que já tinham sido levantadas em relação aos julgamentos de Nuremberg e agora se repetiam: Eichmann era julgado segundo uma lei retroativa e comparecia perante o tribunal dos vencedores. Em segundo lugar, as objeções que visavam apenas o tribunal de Jerusalém enquanto tal, na medida em que, por um lado, questionavam a sua competência e, por outro, o acusavam de não tomar em devida consideração o fato de Eichmann ter sido raptado. Em terceiro lugar, e estas eram as mais importantes objeções ao teor da acusação propriamente dita – Eichmann deveria ter sido acusado de crimes "contra a humanidade" e não "contra o povo judaico" – e, consequentemente, à lei do abrigo da qual foi julgado. Esta objeção levava à conclusão lógica de que só um tribunal internacional teria competência para julgar tais crimes.»[2]

Vou, neste texto, considerar particularmente o primeiro tipo referido de objeções, e dentro deste, em especial a que se reporta à «aplicação retroativa da lei penal». Só incidentalmente, e nem sempre da mesma perspectiva que Hannah Arendt, me referirei às demais.

Tomarei como pontos de partida de reflexão a lei israelita 5.710/1950, ao abrigo da qual Eichmann foi julgado,[3] e o processo a que Eichmann foi submetido.[4]

Eichmann foi condenado pelo Tribunal da 1.ª instância de Jerusalém, em 11 de dezembro de 1961, com confirmação pelo Supremo Tribunal em 29 de maio de 1962. Foi aplicada a pena de morte.

2. Resumidamente, a lei 5.710 contém disposições que punem atos praticados especificamente contra judeus (crimes contra o povo judeu), incluindo a «pertença a organização inimiga», e depois, genericamente, crimes contra a Humanidade, crimes de guerra e genocídio. A caracterização dos crimes contra a Humanidade e dos crimes de guerra baseia-se na Carta do Tribunal de Nuremberg e nos trabalhos da Comissão de Direito Internacional sobre a formulação dos princípios de Nuremberg, mas já com autonomização conceptual dos crimes contra a Humanidade relativamente às situações de guerra. A caracterização do genocídio funda-se na Convenção de 1948.

Os crimes contra judeus, com exceção da pertença a organização inimiga, são, no fundo, crimes contra a Humanidade, *lato sensu*, em que judeus ou o povo judeu são as vítimas.

2. ARENDT, H, *Eichmann em Jerusalém* (1963), trad. port. de Ana Correa da Silva com revisão e introdução de António Araújo e Miguel Nogueira de Brito, 2. ed., Coimbra: Tenacitas, 2004, p. 332.

3. Pode ver-se, em tradução inglesa, em <http://www.preventgenocide.org/il/law1950.htm>.

4. O processo e as decisões podem ver-se em The Nizkor Project <http://www.nizkor.org/hweb/people/e/eichmann-adolf/>.

As incriminações restringem-se a atos cometidos, durante o regime nazista ou durante a Segunda Grande Guerra, em «território inimigo» – definido como território da Alemanha durante o período nazista, de qualquer Estado do Eixo durante a guerra ou ainda como qualquer território *de facto* sob autoridade alemã ou de Estado do Eixo, também durante a guerra.

Ao incriminar especificamente os atos, a lei implica a atribuição aos tribunais israelitas da competência para julgar – e assim foi entendido por aqueles.

3. A lei israelita 5.710 é, tanto quanto julgo saber, a segunda (a primeira terá sido o *War Crimes Act* australiano, de 1945) a estabelecer jurisdição universal (na acepção de jurisdição penal de tribunais nacionais, independentemente do lugar da prática do fato e mesmo da nacionalidade dos arguidos ou das vítimas).

Mas a lei israelita é muito particular. A jurisdição universal quanto a, digamos, atos contra a Humanidade, tem sido justificada pela natureza internacional das infrações a que se reporta. No caso israelita, esse tipo de justificação foi implicitamente excluído tanto pelo Tribunal de Jerusalém como pelo Supremo Tribunal, mesmo quanto aos domínios em que poderia ser utilizada, por referência a Nuremberg.

De qualquer modo, a justificação não abrangeria, enquanto tais, os crimes contra os judeus. Aí, a lei terá estabelecido uma espécie de relação pessoal retroativa entre o Estado de Israel e a qualidade de judeu.

Como quer que seja, o argumento dos tribunais israelitas consistiu sempre na invocação de que a soberania territorial permitia julgar segundo a lei do Estado a que o território pertença. Com esse fundamento afastaram a arguição da defesa de incompetência do tribunal. Ironicamente, hoje Israel protesta de forma viva contra a jurisdição universal reclamada e praticada por outros Estados.

CAPÍTULO I

A QUESTÃO DA RETROATIVIDADE DAS INCRIMINAÇÕES DA PERSPECTIVA, AO TEMPO, DO DIREITO INTERNACIONAL

4. Na substância, a principal alegação de direito formulada pela defesa de Eichmann reportava-se à retroatividade das incriminações. Os tribunais israelitas deram-lhe particular atenção. Como Israel não dispunha de Constituição escrita e rígida, a arguição de retroatividade foi feita por referência ao Direito Internacional.

A resposta dos tribunais situou-se em dois planos: primeiro, o Direito Internacional só seria aplicável na ordem interna mediante incorporação e, em tal ordem, o direito estadual prevaleceria; segundo, de qualquer modo, embora muitas legislações o estabelecessem, o *princípio nullum crimen nulla pœna sine lege prævia* teria valor ético, mas não constituiria princípio de Direito Internacional.

5. No que especificamente toca à questão da norma *nullum crimen sine lege prævia* enquanto hipotético princípio de Direito Internacional, aquela pode ser considerada de dois modos: ou tomando a norma enquanto objeto de obrigações dos Estados uns perante os outros, ou considerando-a enquanto fundamento de situações jurídicas subjetivas dos indivíduos. A segunda modalidade pressupõe a subjetividade internacional dos indivíduos, que só se começa a consolidar depois da Segunda Guerra. Até a existência de instrumentos internacionais referentes a direitos humanos, o único fundamento pensável para conceber o princípio como princípio internacional consistiria no que era o art. 38.º, n. 1, alínea *c*), do Estatuto do TPJI e no preceito com idêntica numeração do Estatuto do TIJ, nos quais são considerados «fontes» de Direito Internacional os princípios gerais de direito aceites pelas «nações civilizadas». Ora, não só a disposição não parece legitimar a conversão de regimes internacionais, ainda que disseminados, na obrigação internacional de os adotar internamente, como havia exceções graves ao reconhecimento do princípio *nullum crimen sine lege prævia*: além da Alemanha nazista e da União Soviética, o próprio Reino Unido – como aliás foi salientado pelos tribunais israelitas. Por outra parte, os próprios julgamentos de Nuremberg e de Tóquio excluem a relevância internacional do princípio.

O primeiro instrumento internacional a fazer-lhe referência é a *Declaração Universal dos Direitos Humanos*, de 10 de dezembro de 1948 (art. 11 (2)). Israel não era ainda membro das Nações Unidas. A Convenção Europeia dos Direitos Humanos (1950/1953) reafirma o princípio (art. 7) e o mesmo faz a Convenção Americana (1969, art. 9). A norma tinha-se generalizado com a *Convenção Internacional sobre Direitos Civis e Políticos* (art. 15), adotada pelas Nações Unidas em 1966. A afirmação internacional do princípio *nullum crimen* aparece praticamente sempre com a ressalva da criminalização pelo Direito Internacional, e o *Covenant*, assim como a Convenção Europeia, explicitam ainda que «*nothing in this article shall prejudice the trial and punishment of any person for any act or omission which, at the time when it was committed, was criminal according to the general principles of law recognized by the Community of Nations*».[5]

A formação da norma internacional proibitiva da retroatividade penal foi articulada com o reconhecimento da figura dos crimes de Direito Internacional, sendo-lhe subsequente.

De qualquer modo, não parece que se possa dizer, pelo menos até a segunda metade dos anos 60, que a regra *nullum crimen* valesse como norma de Direito Internacional. E os atos praticados por Eichmann foram muito anteriores.

5. Quanto julgo ter podido apurar, a Constituição portuguesa terá sido a primeira a combinar a exclusão da retroatividade desfavorável da lei penal com a ressalva de incriminação pelo Direito Internacional ao tempo dos fatos (Constituição de 1976, art. 29.º, ns. 1 e 2).

CAPÍTULO II

A CONSIDERAÇÃO ÉTICO-JURÍDICA DAS INCRIMINAÇÕES: RETROATIVIDADE QUANTO A FATOS QUE VIERAM A SER CARACTERIZADOS, *LATO SENSU*, COMO CRIMES CONTRA A HUMANIDADE

6. A análise tem de subir a um degrau superior, meta-jurídico-positivo.

Esta transição não implica nenhum jusnaturalismo. Sou um relativista, na estrita acepção de que os sujeitos empíricos possuem autonomia ética e de que ninguém pode tomar as suas concepções ou asserções como concepções ou asserções de todos. Mas cada um pode procurar fazer valer as suas posições, quando a natureza destas o exija, em conflito porventura com as de outros. As concepções fundam-se em postulados práticos valorativos, que não são demonstráveis, embora sejam mostráveis. E nesse plano pode intervir ponderação de razões.

Do que aqui se trata é, por ora, precisamente de ponderar razões. Tal ponderação reporta-se, antes de mais, ao tema da retroatividade. Para a ela proceder, tornam-se necessárias algumas mais observações, com ponto de partida de novo jurídico-positivo.

7. Apesar da fortíssima limitação dos meus conhecimentos de direito criminal, atrevo-me a afirmar que o genocídio e os crimes contra a Humanidade são o que se poderia chamar *crimes complexos*, por virtude de o seu tipo considerar fatos que, já de per si, seriam crimes, na generalidade das ordens jurídicas, e que ficam *consumidos* pelo novo tipo. Por exemplo, o genocídio ou os crimes contra a Humanidade podem envolver homicídio, ofensas corporais, sequestro, rapto... O que há depois de particular é, no genocídio, um dolo específico (destruição, no todo ou em parte, de um grupo nacional, étnico, racial ou religioso, como tal) e no crime contra a Humanidade a inserção num «*ataque generalizado ou sistemático contra qualquer população civil com conhecimento do ataque*» (versão do Estatuto de Roma); e, em ambos os casos, há uma ampliação do bem jurídico protegido.

Quanto se disse vale também para os crimes contra o povo judeu (com ressalva da pertença a «organizações inimigas»), enquanto são crimes contra a Humanidade.

8. Esqueçamos, por um momento, a lei israelita e consideremos a situação juridicamente mais delicada: Eichmann estava a ser julgado na Alemanha, por fatos «imputáveis» a território alemão. Demos por adquirido que os tribunais alemães não aplicariam, como não aplicaram, a Carta de Nuremberg. Eichmann seria julgado pelos crimes definidos nos tipos simples. Tomemos, para simplificar, o homicídio.

O homicídio era crime segundo o Código Penal alemão em vigor no tempo do nazismo. Imaginemos, por absurdo prático (nunca haveria acusação), que Eichmann era julgado criminalmente num tribunal do III *Reich*. Ou, para tornar as coisas ligeiramente menos incredíveis, imaginemos que, sempre durante o III *Reich*, o filho de um judeu, morto em campo de extermínio para onde fora enviado por intervenção de Eichmann, intentava ação de responsabilidade civil, nos termos do § 839 do BGB, conjugado com o art. 173 da Constituição de Weimar, contra Eichmann e o *Reich*. Ninguém terá dúvidas de que, se alguma destas praticamente inimagináveis situações acontecesse, Eichmann e, se fosse caso disso, o *Reich* seriam absolvidos, com a simplicíssima afirmação, feita mais ou menos discretamente, de que o *Führerprinzip* impunha a subordinação às determinações do *Führer* e que uma delas era a do «extermínio» dos judeus. Aliás, juiz que fizesse outra coisa, condenava-se a si próprio à morte.[6]

Mas pensemos agora num tribunal alemão a julgar depois da queda do nazismo (e, para simplificar, depois da cessação da ocupação aliada).

As autoridades alemãs não foram especialmente zelosas na promoção criminal por fatos praticados durante o nazismo. Mas há vários exemplos de julgamentos e condenações, embora a penas muito baixas, para aqueles que não foram os autores materiais da infração, caracterizados como cúmplices, na base da ideia (conveniente) de que não poderia haver instigação da instigação.[7]

A ideia parecia ter sido definitivamente afastada com a investigação de Roxin sobre a autoria mediata.[8] Mas aparentemente terá regressado no julgamento

---

6. Todavia, em três casos, tribunais brasileiros tiveram a coragem de condenar um Estado (Paraná) ou a União em responsabilidade por tortura ou homicídio (casos Walter Picoits, Vladimir Herzog e Manuel Fiel Filho). Veja-se o meu artigo «State Responsibility and Defaults of the Past», a ser publicado pelo T.M.C. Asser Instituut, em obra relativa ao The Hague Prize atribuído a Dame Rosalyn Higgins.

7. Entre outros, acórdãos BGH de 29.01.1952 [BGHSt 2, 234], de 12.02.1952 [BGHSt, 2, 173], de 19.12.1952 [BGHSt, 3, 357], sentenças do Landgericht de Berlin de 08.05.1950, do Landgericht de Frankfurt am Main de 25.08.1950, do Landgericht de Ulm de 29.08.1958, do Landgericht de München de 21.07.1961, do Landgericht de München de 21.01.1965, do Landgericht de Frankfurt am Main de 19-20.08.1965 e do Landgericht de Düsseldorf de 3 de setembro de 1965.

8. Na sua tese de habilitação, publicada em 1963, sob o título *Tätershaft und Tatherrschaft*, Claus Roxin constrói um tipo de autoria mediata fundado na existência de «aparelhos organizados de poder». De acordo com esta construção, o domínio da vontade de quem executava os fatos puníveis, por parte dos elos superiores de uma cadeia hierárquica, assentava no funcionamento «automático» da organização, que garantia a execução do fato punível independentemente de quem, em concreto, viesse a concretizá-lo. Claus Roxin trata, com algum detalhe, o caso Eichmann, referindo um dos argumentos que haviam sido convocados pela defesa deste, com fundamento numa arguição de causalidade virtual, a saber, se Eichmann se tivesse recusado a executar as ordens que lhe eram transmitidas, outrem, certamente as haveria levado a cabo. A observação veio a ser assumida por Roxin como elemento caracterizador da autoria mediata, em virtude da existência de aparelhos organizados de poder e tópico essencial da distinção entre esta figura e a da instigação: enquanto na última a decisão sobre a prática dos fatos puníveis não prescinde de uma decisão

de 1.ª instância de Demanjuk.[9]

De qualquer modo, as determinações do *Führer* não foram atendidas como causas de justificação ou de exclusão da culpabilidade.

A negação da vinculatividade – e da plena vinculatividade – das determinações e ordens do *Führer* representa uma subversão total relativamente à concepção nazista do Direito. Não havia aqui a possibilidade de fazer o que fizeram os tribunais alemães e o Tribunal Europeu dos Direitos Humanos nos casos do Muro de Berlim: uma interpretação do direito passado *human rights friendly*.[10] Algumas poucas vezes os tribunais justificaram aquela «subversão» com a primeira parte da fórmula de Radbruch, segundo a qual prescrições que não visam à justiça, e que são intoleravelmente injustas, não são direito.[11]

9. Tenho sustentado que, quando se verifica uma ruptura global no processo jurídico, com apelo a uma fundamentação originária, quando, como costumo dizer, é introduzida uma *lex nova*,[12] o direito passado deixa de ter autoridade própria para ser agora aplicado, mesmo relativamente a fatos passados, isto é, a fatos anteriores à ruptura. Se a *lex nova* envolver um juízo negativo sobre a legitimidade do poder anterior, não basta sequer um *reconhecimento* pelo direito subsequente do direito precedente para que aquele seja aplicável a fatos passados: o direito novo tem de dar título para que a atendibilidade da vigência passada do direito pretérito se verifique. A concessão desse título basear-se-á na necessidade de ter em conta a efetividade e as situações criadas. Mas há legitimidade para selecionar, que

do autor que, em última análise, detém o poder de decidir cometer ou não o ilícito, a autoria mediata em razão da existência de um aparelho organizado de poder prescinde desse poder de decisão, constituindo o funcionamento do mesmo e a fungibilidade do agente a razão de ser da imputação da autoria aos «homens de trás» que, de antemão, sabem que a sua ordem será cumprida, independentemente de quem, em concreto, vier a efetivá-la. Neste sentido, vide Roxin, Claus, *Autoria y Domínio del Hecho en Derecho Penal*, 7. ed., Madrid: Marcial Pons, 2000, a p. 269 ss.

9. «Der Spiegel Online» (12 de maio de 2011), «Freigelassen, aber nicht freigesprochen», consulta em 25 de outubro de 2011, <http://www.spiegel.de/panorama/justiz/0,1518,762280,00.html>; «Welt Online» (12 de maio de 2011), «John Demjanjuk zu fünf Jahren Haft verurteilt», consulta em 25 de outubro de 2011, <http://www.welt.de/politik/deutschland/article13367603/John-Demjanjuk-zu-fuenf-Jahren-Haft-verurteilt.html>; «Frankfurter Allgemeine Zeitung» (12 de maio de 2011), «Demjanjuk zu fünf Jahren Haft verurteilt», consulta em 25 de outubro de 2011, <http://www.faz.net/aktuell/politik/inland/ns-kriegsverbrecherprozess-demjanjuk-zu-fuenf-jahren-haft-verurteilt-1639175.html>. Até a data do termo da preparação do presente artigo para publicação (14.11.2011), não se encontrou o texto da sentença do Tribunal de Munique nas revistas onde normalmente se poderia encontrar (*NJW*, *Juristenzeitung*...).

10. Galvão Teles, M., «Ex post justice, Legal Retrospection and Claim to Bindingness», in: *Liber Amicorum de José de Sousa Brito*, Coimbra: Almedina, 2009, p. 440 ss.

11. «Gesetzliches Unrecht und übersgesetzliches Recht», in: Radbruch, G., *Rechtsphilosophie, Studienausgabe*, 2. ed. (Dreier e Paulson eds.), Heidelberg, p. 211 ss.: Acórdãos do BGH de 29.01.1952 [BGHSt 2, 234], de 12.02.1952 [BGHSt, 2, 173], e sentença do Landgericht de Ulm de 29.08.1958.

12. Em particular, meu «Revolution, Lex Posterior, Lex Nova», in E. Attwoll (org.), *Shaping Revolution*, Aberdeen U.P., 1991, p. 69 ss..

permite conferir atendibilidade a certas prescrições e não a conferir a outras.[13] O Direito nazista incriminava o homicídio e há todas as razões para conferir atendibilidade a tal incriminação – até porque o direito subsequente a mantém. Por outra parte, o Direito nazista consideraria como causa da justificação dos homicídios prosseguir o fim do extermínio dos judeus, segundo uma «diretiva» estabelecida pelo *Führer*. Aí já existem mil razões para não dar atendibilidade a essa norma. E, a fim de excluir a atendibilidade, não é preciso recorrer à fórmula de Radbruch – precisamente porque a regra é considerada como não vinculativa no passado. A fórmula de Radbruch só pode ser útil para o direito presente.

Creio que, sem o dizerem, foi isto que os tribunais alemães, quando não invocaram a fórmula de Radbruch, fizeram.

Mas Eichmann não cometeu apenas crimes que, segundo os respectivos direitos, seriam localizáveis na Alemanha. Uns seriam localizáveis em Estados do Eixo ou em territórios ocupados, onde, depois da libertação, o *Führerprinzip* não seria pura e simplesmente invocável.

10. Quando as pessoas fossem puníveis pelos crimes simples, a formação dos tipos complexos só poderia ser relevante, de uma perspectiva da confiança, enquanto pudesse elevar a pena. A pena de morte, aplicada a Eichmann, representa barbárie qualquer que seja o crime. Merece ser excluída por si mesma.

Independentemente disso, a quantidade de homicídios atribuídos a Eichmann, se não fosse a insustentável tese da cumplicidade, deveria sempre conduzir à pena máxima.

Poderá dizer-se que, mesmo com a simples inatendibilidade de parte do direito passado, se põe em causa a confiança dos que agiram. Mas é uma confiança estruturalmente contingente, baseada num sistema de opressão. Quem pratica atos nesse quadro sabe, ou deve saber, que a proteção de que dispõe é, de alguma sorte, artificial e depende da duração do sistema opressivo. E o mal praticado foi mal radical ou absoluto.[14]

11. A invocação da «justiça de vencedores» para diminuir a autoridade de um julgamento é um argumento clássico, utilizado, por exemplo, relativamente a Nuremberg. Eichmann invocou-o, pondo sobretudo em causa a Lei 5.710/1950 e a competência dos tribunais israelitas.

13. «Ex post Justice ...» (n. 10), p. 455 ss.

14. Veja-se o notável livro de Santiago Nino, C., *Radical Evil on Trial*, New Haven: Yale University Press, 1996.

Tenho sustentado que, quando se questiona a legitimidade e a vinculatividade de normas, se entra em estado de natureza de segundo grau.[15] No caso, estaríamos perante um estado de natureza assimétrico.

Em estado de natureza de segundo grau as pretensões de vinculatividade têm melhores e piores razões. Por exemplo, os fundamentos das pretensões do regime de Pinochet eram os piores. No caso, a simples circunstância de a generalidade dos sistemas jurídicos condenarem já ao tempo os tipos simples preenchidos pelos fatos praticados por Eichmann faz que a arguição destinada a diminuir a autoridade do julgamento ao caracterizá-lo como justiça de vencedores redunde, em última análise, numa tentativa de afirmação de impunidade.

15. *Liberdade jurídica, constituição e estado de natureza de segundo grau*, para publicação em Estudos em Homenagem ao Prof. Doutor Jorge Miranda.

V

JULGAMENTO DO PASSADO E JUSTIÇA DE TRANSIÇÃO: OUTRAS EXPERIÊNCIAS E OUTROS MODOS

LA AUTORÍA MEDIATA POR DOMINIO DE UN APARATO DE PODER COMO INSTRUMENTO PARA LA ELABORACIÓN JURÍDICA DEL PASADO

FRANCISCO MUÑOZ CONDE

Keywords: Criminal law, indirect perpetration through organized structures of power, transitional justice.

Abstract: In some Latin American courts, like in Argentina and Perú, and as well in Germany after the fall of the Berlin Wall the notion of indirect perpetration through organized structures of power created by Claus Roxin in 1963 has been applied. The notion of indirect perpetration through organised structures of power has come to play today a key role not just in portraying the criminal liability of senior political leaders and high military commanders that make use of the organizations that they control to effect the commission of the crimes, but as well as an instrument for the legal elaboration of the past dictatorships.

1. INTRODUCIÓN

En 1962 cuando el entonces joven penalista Claus Roxin recién habilitado en la Universidad de Hamburgo quiso publicar una parte de su escrito de habilitación en la que desarrollaba su tesis sobre la «autoría mediata por dominio de un aparato de poder» como artículo independiente en la prestigiosa revista jurídica alemana *Juristenzeitung*, esta revista rechazó su publicación. Así estaban todavía las cosas en la República Federal de Alemania a principios de los años sesenta respecto a la elaboración jurídica del pasado régimen nacionalsocialista. Naturalmente, parece lógico que la tesis de Roxin de que en los pocos casos de este tipo juzgados por los tribunales alemanes, no había mera complicidad sino autoría directa de los ejecutores y mediata de los jefes y cargos intermedios burocráticos del aparato de poder de las SS, no gustara mucho en una época en la que la jurisprudencia alemana seguía aferrada a una teoría subjetiva de la participación, según la cual lo importante no era la intervención material en el hecho delictivo, sino el ánimo o voluntad con la que se actuaba, de forma tal que si el sujeto que llevaba a cabo el hecho delictivo lo hacía siguiendo las órdenes impartidas por otro y no en su propio interés, es decir, con lo que se denominaba con la expresión latina *animus socii*, todo lo más podía responder como mero cómplice con las consecuencias que ello representaba en orden a la aplicación de una pena, que conforme al Código penal alemán puede ser en casos de delitos graves una pena de prisión de escasa duración que podía incluso ser suspendida condicionalmente.

Tras la permanencia de esta vieja jurisprudencia que perduró todavía mucho tiempo después de la II Guerra Mundial estaba, aunque no se reconociera expresamente, la idea, no creo que inocente, de elaborar y liquidar el pasado nacionalsocialista de muchos de los que habían intervenido directamente en los atroces hechos que durante el régimen nacionalsocialista dieron lugar al Holocausto y al asesinato de millones de personas en los Campos de Exterminio, haciendo borrón y cuenta nueva, aplicando, en los pocos casos en que se aplicaron, penas meramente simbólicas que ni siquiera llegaron a ser cumplidas.

Pero sobre todo hay que tener en cuenta que en el momento en el que Roxin escribía su artículo y su escrito de habilitación a principios de los años sesenta del pasado siglo, ocupaba la primera página de los medios de comunicación internacionales el «caso de Adolf Eichmann», un antiguo miembro de las SS, que había intervenido en la reunión que tuvo lugar en Wannsee, en Berlin a principios de los años cuarenta, en la que se decidió el exterminio de la población judía, encargándose él como mero burócrata (*Schreibtischtäter*) de organizar el trasporte de miles de judíos a los Campos de Concentración y de Exterminio donde eran asesinados en las cámaras de gas o morían como consecuencia de las malas condiciones en las que vivían, sometidos a trabajos forzados, malos tratos, deficiente alimentación, etc. El citado Eichmann había conseguido huir tras la Guerra a Buenos Aires, donde vivió con nombre supuesto durante varios años hasta que fue detenido ilegalmente por un comando israelí, que lo trasladó secretamente a Israel donde fue juzgado, condenado a muerte y ejecutado. En aquel proceso, que despertó y aún hoy despierta gran interés, tanto el abogado de Eichmann, el Dr. Servatius, y buena parte de la opinión pública alemana, consideraban que Eichmann no tenía ninguna responsabilidad, puesto que jamás había intervenido en la ejecución directa de aquellos hechos y su labor se había limitado a la de ser un mero burócrata organizando el trasporte a los Campo de Concentración de los miles de judíos que eran detenidos en muchos lugares y ciudades del Este de Europa, alegando que lo que después se hiciera con ellos no era de su incumbencia. En todo caso, lo más que podían admitir era, conforme a la teoría subjetiva de la participación, la tesis de la complicidad.

Parece, pues, lógico que en aquel ambiente de olvido intencional, de amnesia, que se pretendía que fuera colectiva, del pasado nacionalsocialista, el artículo de Roxin no tuviera muy buena acogida y fuera rechazada su publicación por la revista *Juristenzeitung* En el fondo, se trataba también de una forma especial, jurídicamente refinada, de «elaboración del pasado», bien negándolo, bien minimizando su importancia.

Hubo que esperar hasta 1994, tras la caída del Muro de Berlin y la consiguiente Reunificación alemana, para que la jurisprudencia alemana, en una sentencia del Tribunal Supremo condenara a los ex dirigentes de la antigua República Democrática Alemana por los asesinatos u homicidios de quienes durante la etapa de la Guerra Fría intentaron pasar a la República Federal de Alemania saltando el Muro que dividía la ciudad de Berlin y cayeron acribillados por los disparos de los Guardias fronterizos, que obedecían las órdenes que les daban sus superiores. Para fundamentar esta condena, el Tribunal Supremo alemán recurrió por primera vez en su historia a la teoría que Roxin había expuesto treinta años antes, abandonando la teoría subjetiva de la participación, admitiendo que además de la autoría directa de los guardias fronterizos que realizaron los disparos, había una autoría mediata de los dirigentes que impartieron las órdenes de disparar a quienes intentaban huir a la otra Alemania.

En este cambio jurisprudencial se trasluce sin duda algo más que un mero cambio en la elaboración dogmática de la teoría de la autoría. Cualquier que sea la opinión que se tenga ahora respecto a la tesis de la autoría mediata propuesta por Roxin, no cabe duda de que en esta nueva orientación jurisprudencial se reflejaba también una forma de «elaboración jurídica del pasado» diferente a la que se había realizado en los años sesenta en relación con el pasado nacionalsocialista. La teoría de la autoría mediata por dominio de un aparato de poder se convertía así no sólo en un instrumento jurídico perfectamente idóneo para exigir responsabilidades penales a los dirigentes de un régimen dictatorial por los crímenes cometidos pos sus subordinados siguiendo sus órdenes y un plan preconcebido, sino también en un medio a través del cual podía elaborarse el pasado más reciente de la historia alemana.

Mientras tanto, la teoría de Roxin, como tantas otras de sus construcciones y de otros autores representativos de la Dogmática alemana, no sólo había trascendido del ámbito alemán a los de otros países cuya doctrina está especialmente vinculada a la Dogmática alemana, sino también a algunas decisiones jurisprudenciales de los tribunales de estos países que la han utilizado como un medio especialmente idóneo para juzgar a los responsables de los crímenes cometidos por los regímenes dictatoriales que dominaron en esos países, y también como un instrumento para la elaboración jurídica del pasado.

Pionera en esta dirección fue ya una trascendente decisión de la Cámara Federal Nacional de Apelaciones en lo Criminal y Correccional de la Capital

Buenos Aires[1] en la que se condenó a los máximos responsables de la Dictadura argentina, bajo cuyo mandato se cometieron graves violaciones de derechos humanos, asesinatos, torturas, secuestros, desapariciones y adopciones ilegales de los hijos de las personas asesinadas.

Efectivamente, con fecha 09.12.1985, la citada Cámara condenó a los Comandantes de las Juntas Militares argentinas que entre 1976 y 1983 gobernaron de forma dictatorial el país, como responsables de los crímenes cometidos por patrullas del ejercito, policiales y parapoliciales, contra miles de ciudadanos (supuestos miembros de grupos radicales de izquierda opuestos a la Dictadura militar, o simplemente considerados subversivos, a los que detuvieron ilegalmente, torturaron y en muchos casos hicieron desaparecer o asesinaron). Entre asesinados y desaparecidos se cuentan unos 18.000, según las cifras oficiales; y unos 30.000, según otras fuentes. Esta sentencia fue luego en parte confirmada por la Corte Suprema argentina el 20.12.1986,[2] aunque siguiendo una distinta fundamentación jurídica.

Independientemente de los avatares que luego se sucedieron y que motivaron que los condenados en estas resoluciones judiciales consiguieran librarse de las largas penas privativas de libertad a las que fueron condenados, en base a una discutida «Ley de Punto Final» que luego veinte años más tarde fue declarada inconstitucional por la misma Corte Suprema,[3] interesa ahora analizar desde el punto de vista dogmático los criterios en que se apoyaron los mencionados tribunales para fundamentar sus sentencias condenatorias, tanto en el caso del Tribunal Supremo alemán, como en el del Tribunal argentino.

1. Fallos CS tomo 29, I-II, p. 36-1657. El texto de esta sentencia y la de la Corte Suprema citada en nota siguiente, se puede ver en Internet <http://www.derechos.org/nizkor/arg/causa13>, con índices elaborado por el Equipo Nizkor. Agradezco a Verónica Yamamoto su valiosa ayuda en la búsqueda del material jurisprudencial, legal y doctrinal argentino en relación con este tema.

2. Fallos CS, tomo 39 II, p. 1689-1923. Sobre estas sentencias y sus fundamentos jurídicos véase Sancinetti, Marcelo, *Derechos humanos en la Argentina posdictatorial*, 1988; Sancinetti, Marcelo/ Ferrando, Marcelo, *El derecho penal en la protección de los derechos humanos*, Buenos Aires, 1999; Nino, Carlos. *Juicio al mal absoluto*, prólogo de Raul Alfonsín, Buenos Aires 2006 (traducción del original en inglés, Radical evil on trial, 1996); Maier, Julio, en *Zeitschrift für die gesamte Strafrechtswissenschaft*, 107, 1995, p. 146 ss.; Dona, Edgardo Alberto, «El concepto de autoría y la teoría de los aparatos de poder de Roxin», en *Modernas tendencias en la Ciencia del Derecho penal y en la Criminología*, Madrid 2001, p. 545 ss.; Zaffaroni, Eugenio Raúl/Alagia, Alejandro/Slokar, Alejandro, *Derecho penal, Parte General*, 2. ed. Buenos Aires, 2002, p. 779 s.

3. Al respecto, véase Malamud, Jaime, *Game without end*, Oklahoma, 1996; Nino, Carlos, *Juicio al mal absoluto* a.cit., 261 ss.; y los trabajos de Parenti, Pablo, *La persecuzione penali di gravi violazioni dei diritti umani in Argentina. A 25 anni dal ritorno della democracia;* Mazarino, Ezequiel. *Il volto represivo della recente giurisprudenza argentina sille grave violazioni dei diritti umani. Un'analisi della sentenza della Corte Suprema di Giustizia della Nazione del 13 de agosto 2005 nel caso Simón;* Pastor, Daniel, *Processi penali sólo per conoscere la veritá? L'esperienza argentina;* en: Emanuela Fronza e Grabiele Fornasari (eds.), *Il superamento del passato e il superamento del presente, La punizione delle violazioni sistematiche dei diritti umani nell'esperienza argentina e colombiana*, Universitá degli Studi di Trento, 2009.

Tratándose, como suele ser habitual en estos casos, de sujetos que no intervinieron directamente en la fase ejecutiva de los crímenes de los que eran acusados, lo primero que se plantearon entonces los Tribunales argentinos que juzgaron el caso, fue si las concepciones tradicionales sobre la autoría dominantes en la doctrina y la jurisprudencia argentina en aquella época eran aplicables a este tipo de casos.

El punto de partida era un concepto objetivo-formal de autoría, según la cual, autor sólo es quien realiza o interviene directamente en la ejecución del delito.[4] Con este concepto no cabe duda que quedan fuera del ámbito de la autoría los que preparan, planifican, dirigen, organizan, inducen o de algún otro modo cooperan a la realización del delito, sin intervenir directamente en su ejecución. Pero inmediatamente hay que decir que ello no significa para esta concepción de la autoría que estos sujetos queden impunes o se beneficien de una menor punibilidad, pues, como en otros muchos Códigos penales, también en el art.45 del Código penal argentino se castiga con la misma pena que al autor propiamente dicho al inductor, al que la doctrina clásica llamaba autor moral o intelectual, y al cooperador necesario, es decir, a los que cooperan a la ejecución del delito con un ato sin el cual no se hubiera cometido. De ahí que finalmente tanto la Cámara como la Corte Suprema recurrieran a este último precepto para fundamentar legalmente sus sentencias condenatórias.[5]

Pero, aunque desde el punto de vista de la gravedad de la pena, tanto el inductor, como el cooperador necesario son castigados con la misma pena que el que ejecuta directamente el delito, parece ciertamente insatisfactorio unificar conceptualmente formas de intervención en la realización de un delito que tienen diferente naturaleza. Así, por ejemplo, el inductor puede y debe ser castigado con la misma pena que el autor ejecutor, pero no cabe duda de que su intervención siempre es accesoria, en la medida en que viene condicionada por lo que haga

4. En el Fundamento séptimo la sentencia de la Cámara Federal argentina se hace una exposición de esta teoría y se citan los autores que en aquel momento la mantenían en la doctrina penal argentina (SOLER, Sebastián, *Derecho Penal Argentino*, Bs. As. 1978, t.II, p. 244; NÚÑEZ, Carlos, *Derecho Penal Argentino*, Bs. As. 1960, t. II, p. 280; FONTÁN BALESTRA, Carlos, *Tratado de Derecho Penal*, Bs. As. 1966, p. 414; JIMÉNEZ DE ASÚA, Luis, *La ley y el delito*, Bs. As. 1980, p. 501; TERÁN LOMAS, Roberto, *Derecho Penal*, Bs. As. 1980, t. II p. 147; FIERRO, Guillermo, *Teoría de la participación criminal*, Bs. As. 1964, p. 211); aunque acto seguido reconoce que un sector más moderno asume la teoría del dominio del hecho, citando a este respecto a BACIGALUPO, Enrique, *La noción de autor en el Código Penal*, Bs. As. 1965, p. 45; TOZZINI, Carlos, «El dominio final de la acción en la autoría y en la participación», en *Revista de Derecho Penal Criminólogía*, 1968, n. 3, p. 81; HERRERA, Lucio Eduardo, «Autoría y participación», en *Revista de Derecho Penal y Criminología*, 1971, n. 3, p. 342; SIERRA, Hugo M., «La autoria mediata», en *La Ley* 1978-B-789; ZAFFARONI, Eugenio, *Tratado de Derecho Penal*, Bs. As. 1982, t. IV, p. 305). Sobre las distintas concepciones de la autoría, véase DÍAZ Y GARCÍA DE CONLLEDO, Miguel, *La autoría en Derecho penal*, Barcelona, 1991.

5. Dice así el art.45 del Código penal argentino: «Los que tomasen parte en la ejecución del hecho o prestasen al autor o autores un auxilio o cooperación sin los cuales no habría podido cometerse, tendrán la pena establecida para el delito. En la misma pena incurrirán los que hubiesen determinado diretamente a otro a cometerlo». Para más detalles véase infra 3.

el inducido, que incluso puede cometer un delito distinto, de mayor o menor gravedad que la del delito al que fue inducido, o incluso dejar de cometerlo o desistir cuando ya ha comenzado a ejecutarlo.[6]

Por otra parte, mucho de los casos llamados de «inducción» no son más que una forma de instrumentalización de personas irresponsables, generalmente inimputables, niños o enfermos mentales, pero también de personas que actúan correctamente, sin saber que están cometiendo un delito. Es evidente que en estos casos hay más que inducción y que el que verdaderamente controla la realización del delito, aunque no intervenga personalmente en su ejecución, es el que instrumentaliza al ejecutor, y, por tanto, aunque su intervención es indirecta o mediata, se trata de un verdadero autor. De ahí que para fundamentar la punibilidad de este tipo de sujetos, la doctrina alemana elaborara el concepto de autoría mediata («mittelbare Täterschaft»), aplicando la teoría del «dominio del hecho», que obviamente en estos casos tiene el llamado autor mediato, cuya relación con la realización del delito es sin duda más estrecha y similar a la autoría propiamente dicha que a la inducción.[7]

Algo parecido sucede con la cooperación necesaria, que supone que el sujeto que coopera en la realización del delito no interviene directamente en su ejecución, por lo que su contribución en cierto modo también depende de la acción del ejecutor. Pero también aquí nos encontramos con un supuesto de cooperación de tanta importancia que sin ella el delito no podría haberse llevado a cabo, con lo que difícilmente se puede decir que se trata de una participación meramente secundaria o accesoria de la del autor ejecutor. De ahí que también en muchos Códigos penales, como el argentino o el español,[8] se le castigue expresamente

6. Sobre estos supuestos de desviación entre el inductor y el inducido, véase Gómez Rivero, Carmen, *La inducción a cometer el delito*, Valencia, 1995.

7. La figura de la autoría mediata ha tenido general acogida en la doctrina penal de habla española e incluso expresamente en los Códigos penales de muchos países latinoamericanos. En el art. 28 del Código penal español de 1995 se dice expresamente que es autor, además del autor directo y el coautor, quien realiza el hecho «por medio de otro del que se sirve como instrumento».

8. La figura de la cooperación necesaria se recoge en el art. 28, b) del Código penal español, que también considera autores, además de al inductor, a «los que cooperan a su ejecución con un ato sin el cual no se habría realizado». Esta ampliación del concepto de autor, incluyendo la figura de la cooperación necesaria junto con la de la inducción, ha llevado a un sector de la doctrina española a decir que la misma no es propiamente autoría en sentido estricto; aunque algún sector considera que si el cooperador necesario interviene luego en la fase ejecutiva sí puede considerársele como coautor; véase, por todos, Gutiérrez Rodríguez, María, *La responsabilidad penal del coautor,* Valencia 2001. En mi opinión (cfr. Muñoz Conde, Francisco, en Muñoz Conde, Francisco/García Arán, Mercedes, *Derecho penal, Parte General,* 8. ed., Valencia 2010, p. 438.), la cooperación necesaria puede también constituir coautoría, definida en el art. 28 1. como realización «conjunta» del hecho, en la medida en que implique un dominio funcional del hecho en base a un reparto de roles, en el que unos realizan actos ejecutivos y otros de preparación u organización, conforme a un plan previamente acordado. En mi opinión, la otra forma de cooperación necesaria a que se refiere expresamente el art. 28 b) del Código penal español, y que por tanto no entra en el concepto de coautoria, sólo es aplicable a casos aislados en los que sin concertación previa y sin un plan previamente establecido entrega, por ejemplo, un arma a quien en ese momento está metido en una pelea con otro contendiente al que mata con esa arma. En este supuesto el cooperador necesario recibe también la

con la misma pena que al autor ejecutor, y que, bajo determinados presupuestos, igualmente aplicando la teoría del dominio del hecho, se le pueda considerar coautor, ya que la necesidad de su cooperación, independientemente del criterio que se elija para medir o determinar esa «necesidad», implica un control sobre el acto de similar importancia al que tiene el autor ejecutor.

Por todo ello y aplicando la teoría del dominio del hecho, que fue elaborada conforme a los postulados de la teoría final de la acción por el penalista alemán Hans Welzel,[9] y luego desarrollada por la doctrina y jurisprudencia alemanas, se ha llegado ahora a una concepción de la autoría propiamente dicha, que distingue tres clases o formas de aparición de la misma: la autoría individual, la coautoría y la autoría mediata; siendo común a todas ellas que los sujetos que pueden incluirse en alguna de estas categorías tienen un efectivo control o dominio sobre la realización del delito, aunque en algunos casos, como principalmente sucede en la autoría mediata, pero también según mi concepción,[10] en la coautoría, no intervengan directamente en la ejecución del mismo.

Fuera del concepto de autoría propiamente dicha quedan otras formas de intervención en el delito, calificadas como *participación*, en la que los sujetos, aunque pueden ser castigados con la misma pena que el autor propiamente dicho, no dominan la realización del delito, quedando su participación supeditada a lo que hagan el autor o autores propiamente dichos. Estos casos de participación en el delito que no son de verdadera autoría, son la inducción y la complicidad.

Actualmente, la distinción entre las diversas formas de autoría y la participación en el delito es generalmente aceptada en la doctrina alemana y en la de otros muchos países de su área influencia (principalmente España, Portugal y la de casi todos los países latinoamericanos), aunque dentro de la misma se han ido desarrollando variantes y correcciones que sin cuestionar la distinción de referencia, profundizan y matizan estos conceptos. Una de las aportaciones más importantes realizadas en los últimos cincuenta años por la Ciencia penal alemana

misma pena que el ejecutor, pues igualmente se le considera autor, pero su contribución no puede calificarse de coautoría, al faltar el primer requisito de la misma: el acuerdo previamente establecido conforme a un plan entre los distintos intervinientes. La cooperación no necesaria constituye sólo complicidad, definida en el art. 29 del Código penal español como la cooperación «a la ejecución del hecho con actos anteriores o simultáneos», que no se hallen comprendidos en el artículo anterior (es decir, en el art. 28). La pena aplicable al cómplice es, conforme dispone el art. 63 del Código penal español, «la inferior en grado a la fijada por la Ley para los autores del mismo delito». De ahí que en la práctica, el problema principal que se plantea en la jurisprudencia española sea la distinción entre autores y cómplices, y no la inclusión de una determinada participación en el delito en alguna de las formas de autoría previstas en el art. 28. Sobre los distintos criterios utilizados en la doctrina y jurisprudencia para diferenciar entre cooperación necesaria y complicidad, véase López Peregrín, Carmen, *La complicidad en el delito,* Valencia 1997; Pérez Alonso, «La coautoría y la complicidad (necesaria)», en *Derecho penal*, Granada 1996.

9. Las primeras referencias a la misma se encuentran ya en su artículo, Studien zum System des Strafrechts, publicado en la *Zeitschrift für die gesamte Strafrechtswissenschaft,* tomo 58, 1939, p. 491 ss., posteriormente fue acogida y matizada en su *Lehrbuch des Strafrechts,* hasta su última edición, la 11, 1969.

10. Véase Muñoz Conde, Francisco, en Muñoz Conde/García Arán, *Derecho penal, Parte General,* cit..

en esta materia fue sin duda la fundamental y genial aportación de Claus Roxin, quien en su obra de principios de los años 60 del siglo pasado sobre *Autoría y dominio del hecho*, trazó nuevos caminos para fundamentar la autoría en general, y especialmente en los supuestos que constituyen el objeto principal de nuestra contribución, para determinar la responsabilidad de los dirigentes políticos y altos cargos militares por crímenes cometidos dentro de un sistema o aparato de poder por sus subordinados.

2. LA TESIS DE ROXIN

Como se acaba de decir, en 1963, Claus Roxin acuñó, en su obra *Täterschaft und Tatherrschaft* su teoría del *dominio de la voluntad en virtud de aparatos de poder organizados.*[11] Y todavía en el mismo año, escribió un artículo, que en parte coincidía con uno de los capítulos de su libro y que, como se ha dicho antes, fue rechazado para su publicación por la Revista *Juristenzeitung* y publicado posteriormente en el *Goltdammer's Archiv.*[12]

Punto de partida de esta teoría son las dificultades que presenta la teoría tradicional para fundamentar la autoría de los dirigentes de los aparatos de poder organizados por los delitos cometidos por miembros de los mismos.[13] Para poder

11. Cfr. Roxin, *Täterschaft und Tatherrschaft*, 1. ed. 1963, p. 242 ss. (esta primera edición es la que se toma aquí como referencia y punto de partida de los siguientes comentarios) (Esta obra ha alcanzado ya 8 ediciones, en las que se mantiene el texto original, pero se le han añadido apéndices en los que se informa sobre el reflejo que la misma ha tenido en la teoría del derecho penal y en la jurisprudencia, tanto alemana, como la de otros países. Hay traducción española de Cuello Contreras y Serrano González de Murillo, *Autoría y dominio del hecho*, Madrid 2000).

12. Cfr. Roxin, Straftaten im Rahmen organisatorischer Machtapparate, *Goldtdammers'Archiv*, 1963, p. 193-207 (véase la versión al inglés de este artículo contenida en *Journal of International Criminal Justice,* tomo 9, n. 1, 2011, en el que se recogen además diversos comentarios de distintos autores sobre la aplicación de esta teoría por los Tribunales penales nacionales e internacionales). Posteriormente, Roxin ha publicado varios artículos en el que actualiza y en parte matiza algunas de las tesis mantenidas en su primer artículo; véase, por ejemplo, su contribución Probleme von Täterschaft und Teilnahme bei der organisierten Kriminalität, en *Festschrift für Grünwald,* Badeb-Baden 1999, p. 549 ss. De este trabajo hay una versión traducida al español, véase Roxin, en Ferré Olivé/Anarte Borrallo (edit.), *Problemas de autoría y participación en la criminalidad organizada*, Huelva 1999, p. 91 ss. También hay otro trabajo posterior de Roxin, El dominio de la organización como forma independiente de autoría mediata, en *Revista Penal*, 2006. Algunas de estas traducciones al español se han publicado también en diversas revistas especializadas en diversos países latinoamericanos. Para una exposición resumida de la tesis y de las opiniones divergentes a la misma, véase Roxin, *Strafrecht, Allgemeiner Teil*, tomo II, 2003, p. 17 ss. Más recientemente, 2012, ha publicado un nuevo artículo en la revista *Goltdammer's Archiv,* en el que además de mantener la tesis originaria ya expuesta cincuenta años en la misma revista, responde a las críticas que contra la misma se han formulado en estos años, véase Roxin, «Zum neuesten Diskussion über die Organisationsherrschaft», *GA* 2012, p. 395 ss. Según el mismo Roxin menciona este artículo ha sido traducido al español y publicado en diversas revistas de Argentina, Perú y Colombia, a las que no he tenido acceso.

13. *Täterschaft*, p. 243: «Debemos anticipar que somos conscientes de que crímenes de guerra, de Estado y de organizaciones como las que aquí se analizan, no pueden comprenderse adecuadamente únicamente con los criterios del delito individual (...). De aquí que se deduzca que las figuras jurídicas de la autoría, inducción y complicidad, que están concebidas a la medida del delito individual, no pueden

superar estas dificultades, Roxin desarrolla una nueva concepción de la autoría mediata en la que, a diferencia de la concepción tradicional, que sólo admite esta figura cuando el sujeto que ejecutar el delito es un mero instrumento no responsable del delito que comete, también la aplica cuando el ejecutor del hecho es plenamente responsable. Y frente a la tesis subjetiva mantenida todavía en aquella época por la jurisprudencia alemana según la cual autor solo era quien tenía *animus auctoris*, independientemente de su intervención material en el hecho, mientras que el que solo tenía *animus socii* todo lo más podía ser considerado como cómplice, aunque interviniera materialmente en la ejecución del hecho,[14] Roxin argumenta con la

---

ajustarse a un suceso coletivo de esta índole, si se les contempla como fenômeno global. (...). Pero eso no nos exime de la obligación de considerar las conductas de los participantes a título individual en tales acontecimientos también desde el punto de vista dogmático del delito individual».

14. Cfr., por ej., BGH 18, 87: Caso Stachynskij (en este caso se condena como complice al Agente del Servicio secreto soviético que mató a otro con un arma envenenada, considerando que meramente actuaba siguiendo las instrucciones de dicho Servicio secreto y no en propio interés). Según la teoría subjetiva, dada la equivalencia causal de todas las contribuciones en la realización de un delito, la diferenciación entre autoría y participación debe hacerse según la intención o ánimo que tuviera el sujeto en cuestión; si ésta era la de ser autor (*animus auctoris*) entonces el sujeto se consideraba autor; pero si su intención era la de ser mero partícipe (*animus socii*) entonces el sujeto sólo podía ser considerado como partícipe y dentro de esta categoría incluso como mero cómplice (para una exposición de esta teoría véase Roxin, *Strafrecht, Allgemeiner Teil*, cit., tomo II, p. 14 s.). Esta teoría es criticable no sólo por los problemas probatorios que plantea, sino también porque al no tener en cuenta la contribución material en la realización del delito, permite imponer, por ejemplo, la pena del cómplice (mucho menor que la del autor) a sujetos que habiendo ejecutado diretamente el delito en cuestión (a veces graves crímenes como asesinatos), lo hacían sin interés directo o propio, sino como servidores o por encargo de otros que eran los que tenían el ánimo de los verdaderos autores. La supervivencia de la tesis subjetiva en la jurisprudencia alemana tras la Segunda Guerra Mundial determinó, sin embargo, que muchos autores materiales de los crímenes cometidos en los Campos de Concentración nazis, fueran condenados, las pocas veces que lo fueron, con la pena del cómplice y pronto puestos en libertad (véase la critica a esta jurisprudencia en Just-Dahlmann, Barbara/ Just, Helmut, *Die Gehilfen*, Frankfurt am Main, 1988). La crítica que Roxin formuló en su artículo de 1963 (véase supra nota 12) no sólo se dirigía contra la tesis subjetiva en general, sino también especialmente contra la calificación como cómplices de los llamados «delincuentes de escritorio» (*Schreibtischtäter*) que, como en el caso de Adolf Eichmann, decidían desde sus despachos el destino de miles y miles de judíos que eran mandados a los diversos Campos de Concentración y/o de Exterminio. No deja de ser, por tanto, sorprendente que en aquella época un monografista español, muy apegado por lo general a otras tesis de Roxin, se apartara en el caso Eichmann claramente de su posición y la criticara, manteniendo que el tal Eichmann todo lo más podía ser considerado como cómplice de los millones de asesinatos llevados a cabo en los campos de concentración nazi, de cuya estructura burocrática y funcionamiento él era uno de los principales responsables (véase Gimbernat Ordeig, Enrique, *Autor y cómplice en Derecho penal*, Madrid, 1966, p. 176 ss, 187 ss, especialmente p. 197, donde dice: «Si la actividad de Eichmann se mantuvo dentro del marco de la llamada «solución final», su conducta, a pesar de la alta posición que ocupó en el aparato de poder, sólo sería de complicidad en cada una de las muertes perpetradas»). Si se tiene en cuenta que, conforme al parágrafo 49, 1 del Código penal alemán, la pena del cómplice en este caso puede ser de prisión de tres años, mientras que la del autor es de prisión perpetua, no cabe duda que, de hecho, con la calificación de complicidad y la aplicación de la libertad condicional y de otros beneficios penitenciarios, la condena de Eichmann, en el caso de que hubiera sido juzgado por un Tribunal alemán y éste hubiera seguido la tesis de Gimbernat, habría sido puramente simbólica. La calificación de complicidad en este caso habría sido además especialmente escandalosa, porque el tal Eichmann fue uno de los que el 20 de enero de 1942 asistió a una reunión con otros importantes dirigentes nazistas a orillas del lago Wannsee

teoría del dominio del hecho que, en su opinión, también debía aplicarse aquí para comprender materialmente las particularidades de estos casos y poder fundamentar el castigo por autoría (mediata) del que sin intervenir directamente en la ejecución material del hecho tenía el dominio del aparato de poder. A este respecto decía acertadamente Roxin que «el fundamento para ello no puede basarse en las especiales actitudes anímicas del que da las órdenes, sino en el mecanismo de funcionamiento del aparato, en cuyo marco se actúa».[15] Y en este sentido destaca tres elementos que, en su opinión, son los que deben estar presentes para aplicar su nueva concepción de la autoría mediata:

– El primer elemento de este mecanismo funcional es, para Roxin, el *dominio de la organización.*[16]

– Un segundo fator decisivo para fundamentar el dominio de la voluntad en estos casos, era, para Roxin, la *fungibilidad del ejecutor*. Es decir, el ejecutor debe ser «libremente intercambiable».[17]

– Finalmente añadía un tercer elemento que denominaba como «*limitación del dominio de la organización a aparatos al margen del Derecho*».[18]

---

en Berlin, en la que se acordó la llamada «solución final de la cuestión judía», es decir, el exterminio de millones de judíos en los Campos de Concentración nazis (véase Roseman, Mark, *La villa, el lago, la reunión, La conferencia de Wannsee y la «solución final»*, Barcelona, 2001, traducción de Claudio Molinari del original inglés «The Villa, the Lake, the Meeting»). A la vista de ello, es difícil entender que alguien pueda mantener que la posterior conducta de Eichmann, «en la medida en que se mantuvo dentro del marco de la llamada «solución final» (*sic* Gimbernat), se deba calificar de mera complicidad. Desde luego, no fue de esta opinión el Tribunal de Jerusalen, que calificó a Eichmann como coautor y lo condenó a la pena de muerte (sentencia del Jerusalem District Court, de 12.12.1961, confirmada por la Supreme Court de 29.05.1962).

15. *Täterschaft*, p. 244.

16. *Täterschaft*, p. 248: «Si como punto de partida nos dejamos llevar, sin un análisis más detallado, de una comprensión cotidiana del concepto de «dominio del hecho», se nos pone inmediatamente de relieve, que un alto funcionario encargado de organizar el asesinato de los judíos o la dirección de un servicio secreto que ordena un atentado político dominan la producción del resultado de una manera distinta a como lo hace un inductor. Nadie dudaría en atribuir al que da las órdenes una posición clave en el hecho en su conjunto, que no puede equipararse a la posición del que da las órdenes en los casos de criminalidad «habitual... De un modo general se puede decir: quien está conectado con un aparato organizativo en cualquier lugar y de una manera que pueda impartir órdenes a sus subordinados, es autor mediato en virtud del dominio de la voluntad que tiene, si emplea sus facultades para que se cometan hechos punibles; siendo irrelevante que actúe por propia iniciativa o en interés o por encargo de más altas instancias. Pues para su autoría lo único importante es la circunstancia de que pueda dirigir la parte de la organización a él sometida, sin tener que confiar a otros la realización del delito».

17. *Täterschaft*, p. 245: «En este grupo de casos... no falta la libertad y la responsabilidad del ejecutor inmediato, que debe ser castigado como autor de propia mano culpable. Pero estas circunstancias son para el dominio del hombre de atrás irrelevantes, porque desde su posición el ejecutor no se presenta como una persona individual libre y responsable, sino como una figura intercambiable y anónima. El ejecutor, por más que no pueda ser desconectado del dominio de la acción, no es más en todo momento que un engranaje sustituible en el conjunto del aparato de poder, y esta perspectiva es lo que hace que el hombre de atrás ocupe también junto a él el centro del suceso».

18. *Täterschaft*, p. 249: «De la estructura de la organización se deduce, que ésta sólo puede existir allí donde el aparato actúa como un todo al margen del Ordenamiento jurídico. Pues en la medida en que la dirección y los órganos de ejecución se sientan vinculados a un Ordenamiento jurídico independiente de ellos, no puede

Esta ampliación del concepto de autoría mediata propugnada por Claus Roxin no tuvo al principio una buena acogida en el ámbito doctrinal alemán, en parte, porque ésta seguía aferrada al concepto tradicional de autoría mediata que exige que el instrumento ejecutor sea irresponsable del delito; en parte también porque, como ya se ha dicho, tenía una relación directa con el caso Eichmann y con la responsabilidad de los dirigentes nazis y de los integrantes del aparato de poder que constituían las SS en los crímenes contra la Humanidad y el Holocausto, temas sobre los que entonces la Dogmática penal alemana prefería no hablar o hablar lo menos posible y no enfrentarse directamente a una jurisprudencia[19] que, en las

tener la orden de realizar acciones punibles el efecto de un dominio del hecho, ya que las leyes tienen un valor jerárquico superior, excluyendo en el caso normal la realización de mandatos antijurídicos y con ello el poder configurador de la voluntad del hombre de atrás». Un cuarto elemento que posteriormente añadió a su tesis, en el que consideraba que el ejecutor material debería tener una «elevada disponibilidad a ejecutar el hecho», lo ha abandonado posteriormente en el trabajo anteriormente citado publicado en *GA* 2012, p. 412, considerando que esa elevada disponibilidad «ciertamente existe, pero que no es un presupuesto autónomo del dominio de la organización, sino que se deriva de los tres anteriores elementos».

19. Un ejemplo concreto de esta jurisprudencia se estudia en profundidad en la monografía de Stoll, Katrin, *Die Herstellung der Wahrheit: Strafverfahren gegen ehemalige Angehörige der Sicherheitspolizei für den Bezirk Bialystok*, Berlin 2012, Esta extensa y documentada monografía que constituyó la tesis doctoral de su autora tiene como base el proceso penal que se llevó a cabo entre 1967 y 1969 en la ciudad alemana de Bielefeld contra algunos miembros de la Policía nazi de seguridad del Distrito polaco de Bialystok acusados de haber ordenado y dirigido la deportación en 1943 de más de cien mil judíos que vivían en aquella zona a los Campos de Exterminio de Auschwitz y Treblinkla, donde fueron asesinados. Además algunos de ellos fueron también acusados de haber cometido hechos individuales de homicidios, robos, detenciones ilegales, etc, tales como el fusilamiento de cien hombres, mujeres y niños judíos en un acto de represalia porque el día antes un padre de familia para evitar que se llevaran a su mujer vertió ácido sobre la cara de uno de los soldados que fueron a detenerla, y de otros muchos que ofrecieron resistencia individual o colectiva en el levantamiento que hubo en el Ghetto de Bialystok en el verano de 1943, se ocultaron, o intentaron huir. El proceso terminó tras más de dos años de complicadas sesiones y búsqueda de material probatorio con la aplicación de penas relativamente leves, entre cinco y nueve años de prisión, a algunos de los principales responsables de la deportación, considerándolos, siguiendo la teoría subjetiva de la participación entonces todavía dominante en la jurisprudencia alemana, como meros cómplices, y dejando sin condenar, por falta de pruebas o porque se les consideró como meros homicidios y no asesinatos y se les aplicó la prescripción, porque se les consideraba como meros «excesos» individuales cometidos antes de la deportación como los homicidios y otros abusos, malos tratos, etc., cometidos contra la población judía. En el capítulo III se ocupa de los problemas de carácter jurídico material y procesal que se presentaron a la hora de enjuiciar en la República Federal Alemana los crímenes de los nazis, como, por ejemplo, el argumento de que no era posible considerar como delito lo que conforme al derecho vigente en el momento en que se cometieron los hechos eran perfectamente legales e incluso de obligado cumplimiento. Aquí se ocupa Stoll de la discusión habida en los años sesenta en Alemania sobre si las órdenes que daba Hitler eran de obligado cumplimiento, pero también de la aplicación retroactiva de los nuevos plazos de prescripción o no prescripción de los delitos cometidos en la época nacionalsocialista. También en este capítulo se ocupa del tema, ya antes mencionado, de por qué se consideraba por la jurisprudencia de aquella época a quienes habían colaborado directamente en la ejecución de miles de personas como meros cómplices y no como verdaderos autores; y de si era correcto llamar como testigos a los que realmente habían sido autores de los hechos que se estaban enjuiciando (véase mi comentario bibliográfico a este libro en *Revista Penal* 2012).

Sobre la jurisprudencia alemana en relación con estos casos y sobre la actitud observada ante ella por los penalistas de la República Federal de Alemania en aquella época, los esposos Just-Dahlmann/Just escribieron un libro, *Die Gehilfen* ant. cit., en el que entre otras cosas se informa en las p. 160 y ss., que se había enviado pocas veces en que se ocupó de estos casos, llegaba todo lo más con la calificación de complicidad a imponer penas de escasa gravedad y puramente simbólicas. Pero esta actitud fue cambiando paulatinamente en Alemania, sobre todo tras la caída del Muro de Berlin y la subsiguiente Reunificación alemana, y la tesis de Roxin pronto fue acogida por la jurisprudencia del Bundesgerichtshof que la aplicó en el proceso llevado a cabo contra algunos Altos Cargos del Gobierno de la antigua República Democrática Alemana por las muertes ocasionadas en el Muro de Berlin por los Guardias Fronterizos que dispararon a las personas que intentaron pasar a la República Federal de Alemania.[20]

Fuera de Alemania, la tesis de Roxin cada vez tuvo más partidarios, sobre todo en España, Portugal y numerosos países latinoamericanos, aunque también ha sido objeto de críticas. Por lo que respecta a la jurisprudencia, también se ha aplicado en algunos casos muy importantes relacionados con la responsabilidad de dirigentes políticos y altos cargos militares por los crímenes ejecutados por miembros de los aparatos de poder creados o controlados por ellos. Finalmente, la teoría de Roxin ha sido aplicada también por algunos Tribunales internacionales en casos de este tipo relacionados con los crímenes internacionales cuyo enjuiciamiento les corresponde. De ello nos ocupamos seguidamente en los siguientes apartados.

3. LA APLICACIÓN DE LA TESIS DE ROXIN EN LA JURISPRUDENCIA DE LOS TRIBUNALES NACIONALES

La tesis de Roxin fue contestada desde el principio y aún hoy es contestada por buena parte de la doctrina, no sólo alemana,[21] sino también por la de otros

---

un cuestionario a todos los profesores alemanes de Derecho penal para que manifestaran su opinión respecto a esa jurisprudencia. A este cuestionario sólo contestaron nueve profesores (Karl Peters, Günther Spendel, Arthur Kaufmann, Ulrich Klug, Geerds, Jescheck, Rüter, Roxin, Baumann). Algunos, los menos, expresaron su disconformidad con la escasa gravedad de las sentencias dictadas, pero casi todos declinaron hacer algún comentario por no tener conocimiento de los detalles o por considerar que los problemas de determinación de la pena (que es, en definitiva, lo que supone la calificación de cómplice) se sustraen a valoraciones generales. Muy interesante y reveladora es la respuesta que dio el entonces joven docente Claus Roxin, quien tras mostrar su disconformidad con dicho proceder jurisprudencial, se remite a su trabajo citado anteriormente, comunicando que lo ha enviado para su publicación a la revista *Juristenzeitung*, y que si ésta no lo publica lo remitirá a otra (efetivamente, apareció publicada en la revista *Goltdammer's Archiv*). El 12 de septiembre del 2001, en una conversación privada mantenida por el autor de este trabajo con Roxin, durante un Congreso celebrado en Seúl, Corea, comentando el atentado ocurrido el día anterior en las Torres Gemelas de Nueva York, Roxin me comentó que es la única vez que un trabajo suyo ha sido rechazado para su publicación en una revista alemana. Posteriormente Roxin ha referido este episodio en un artículo recogido en la recopilación de varios sus trabajos, traducidos por Manuel Abanto, que se contiene en un volumen publicado en Lima (véase Roxin, *La teoría del delito en la discusión actual*, Lima, 2007, p. 513, nota 1). También informan Just-Dahlman/Just (p. 174), de la actitud de Jürgen Baumann, quien se esforzó en vano por conseguir una toma de postura oficial de los profesores de Derecho penal en la *Strafrechtlertagung* de 1963.

20. BGHSt 40, 268.

21. Véase, por ejemplo; Jescheck, Hans Heinrich, *Lehrbuch des Strafrechts*, Allgemeiner Teil, 1969, p. 509, quien se inclina en estos casos por la calificación de coautoría (también Jescheck/Weigend, *Lehrbuch des Strafrechts,* Allgemeiner Teil, 5. ed. 1998, p. 670. La tesis de Jescheck, a través que de la traducción

muchos países influenciados por la doctrina alemana, como por ejemplo sucede en algún sector de la doctrina española.[22] Este sector doctrinal se apoya sobre todo en que el concepto de autoría mediata sólo tiene sentido y es aplicable cuando el sujeto instrumentalizado es irresponsable por falta de imputabilidad, por actuar sin ser consciente de que comete un delito o incluso de forma justificada en la medida en quc lo hace en una situación provocada dolosamente por el autor mediato; pero no en el caso, como sería el que aquí nos ocupa, en los que el que ejecuta el delito es también plenamente responsable.

Sin embargo, como ya se ha dicho, en los últimos años ha ido ganando cada vez más adeptos y no sólo en el ámbito doctrinal, sino también en el jurisprudencial, habiendo sido utilizada ya por muchos Tribunales de Justicia para fundamentar sentencias condenatorias de dirigentes políticos y altos cargos militares por los delitos cometidos por sus subordinados dentro de un sistema de aparato de poder.

Pionera en esta materia fue la sentencia de la Cámara de Apelaciones de Buenos Aires en el caso de los Comandantes de la Junta militar argentina, que argumentaba en su sentencia condenatoria del siguiente modo:

> «Los procesados tuvieron el *dominio de los hechos* porque controlaban la organización que los produjo. Los sucesos juzgados en esta causa no son el producto de la errática y solitaria decisión individual de quienes lo ejecutaron sino que constituyeron el modo de lucha que los comandantes en jefe de las fuerzas armadas impartieron a sus hombres. Es decir que los hechos fueron llevados a cabo a través de la compleja gama de fatores (hombres,

de la segunda edición de su Tratado hicieron en 1983 Mir Puig y Muñoz Conde, es citada y acogida expresamente por la Corte Suprema argentina). En contra de que el dominio de la organización pueda fundamentar una autoría mediata, se han pronunciado expresamente Herzberg, Mitttelbare Täterschaft und Anstiftung in formalen Organisationen, en Knut Amelung (ed.). *Individuelle Verantwortung und Beteiligunsverhältnisse bei Staftaten in bürokratischen Organisationen des Staates, der Wirtschaft und der Gesselschaft*, 2000, p. 33 ss.; Rotsch, Thomas, *Tatherrschaft kraft Organisationsherrschaft, en Zeitschrift für die gesamte Strarechtswissenschaft*, 112 (2000), p. 518 ss., y Weigend, Thomas, en el tomo 9, n. 1, del *Journal of International Criminal Justice,* anteriormente citado, dedicado a comentar la aplicación de la tesis de Roxin en la Justicia Penal Internacional y en algunos tribunales latinoamericanos.

22. Entre los monografistas españoles que se han ocupado del tema, véase, por ejemplo, Hernández Plasencia, José Ulises, *La autoría mediata en derecho penal,* Granada, 1996, p. 257 ss., quien se inclina por la tesis de la cooperación necesaria; El mismo, La codelincuencia en organizaciones criminales de estructura jerarquizada, en *Revista de Derecho penal y Criminología,* 2006; Bolea Bardón, Carolina, *Autoría mediata en Derecho penal*, Barcelona, 2000. Una buena exposición de las opiniones doctrinales en contra y a favor de la teoría de Roxin en la doctrina penal alemana y de habla española se encuentra en un primer artículo de Ambos, Kai, Dominio del hecho por dominio de la voluntad en virtud de aparatos organizados de poder, en *Revista de Derecho Penal y Criminología*, 1999, recogido y ampliado posteriormente en su obra *La Parte General del Derecho penal internacional, Bases para una elaboración dogmática,* traducción de Ezequiel Malarino, Bogotá, 2006, p. 216 ss.: El mismo, *Internationales Strafrecht*, Munich 2. ed., 2010, p. Véase también Werle, Gerhard, *Tratado de Derecho penal internacional,* 2. ed. Valencia 2001, p. 462 ss. (p. 375 ss, de la 3. ed. alemana de su *Vólkerstrafrecht*, 2012).

órdenes, lugares, armas, vehículos, alimentos, etc.), que supone toda operación militar.»[23]

A pesar de esta contundente afirmación, la fundamentación de la condena de los Comandantes, basada claramente en la tesis de Roxin, fue rechazada posteriormente por la Corte Suprema argentina, que, por mayoría y con el voto en contra de dos magistrados, consideró que esta tesis no era lo suficientemente concreta y que no gozaba en el momento en que se cometieron los hechos de reconocimiento doctrinal y jurisprudencial en el Derecho penal argentino.[24] En consecuencia, la Corte Suprema argentina fundamentó la condena de los Comandantes en la figura de la cooperación necesaria, que tiene reconocimiento expreso en el art. 45 del Código penal argentino y que de todas formas impone la misma pena a los cooperadores necesarios que a los autores directos.

No obstante, posteriormente, algunos tribunales argentinos que han juzgado casos concretos de crímenes cometidos durante la Dictadura por miembros de su aparato de poder, han aplicado la teoría de Roxin, o al menos se han planteado esta forma de imputación de la responsabilidad penal. Así, por ejemplo, sucede en el caso juzgado en la sentencia del Tribunal Oral Federal de Tucumán (Argentina) de 4 septiembre 2008, en la que se impone la misma pena (prisión perpetua e inhabilitación perpetua) a los dos procesados, «que integraban la cadena de mandos superiores en la maquinaria de poder en que se convirtió a las Fuerzas armadas» (*sic*, p. 101 de la sentencia), y que en virtud de ese poder decidieron la entrada ilegal en el domicilio del Senador Vargas Aignasse, sospechoso, según ellos, de

23. Cfr. Sentencia de la Cámara de Apelaciones, citada supra, nota 1, p. 1601 (Fundamento séptimo, apartados 5 y 6). Sobre esta sentencia ha habido ya diversos comentarios tanto de autores argentinos como de otros países; para una exposición más completa de las decisiones judiciales que a partir de la misma se han venido produciendo en los últimos años en relación con la autoría mediata por control de aparato de poder, tanto en la misma Argentina, como en otros países latinoamericanos, me remito al artículo de Muñoz Conde/Olasolo, La aplicación del concepto de autoría mediata a través de aparatos organizados de poder en América latina y España: desde el juicio a las Juntas militares argentinas hasta los casos contra Abimael Guzmán, Alberto Fujimori y los líderes políticos colombianos vinculados al paramilitarismo, publicado en *Revista Penal*, 2011, p. y en diversas revistas latinoamericanas (existe una versión en inglés, «The Application of the Notion of Indirect Perpetration through Organized Structures of Power in Latin America and Spain», *Journal of International Criminal*, tomo 9, n. 1, 2011, p. 113- 135; publicada también en *New Philosophy of Crime and Punishment in the Era of Globalisation*, Pequín, 2011, p. 47 ss. Una version más amplia de este trabajo se ha publicado también, en doble versión inglesa y china, en *Organized Crime and its Coutnermeasures in the Era of Globalisation*, He Bingsong y Liu Yanping (edit), Pequín, 2010, p.153 ss. (versión inglesa, y p. 431 ss., versión china).

24. Cfr. Sentencia de la Corte Suprema, citada supra, nota 3, p. 1701 ss, Los argumentos que emplea la Corte Suprema para rechazar la tesis de Roxin se encuentran en los fundamentos 20 y ss de su sentencia, en donde se exponen la polémica doctrinal suscitada por la misma y las razones por las que, según la Corte Suprema, no puede ser acogida en el Derecho penal argentino. De esta opinión también Nino, Carlos, *Juicio al mal absoluto*, cit., p. 241, quien considera que «la teoría de la coautoría hubiera sido suficiente». Sin embargo, dos Magistrados de esta Corte Suprema, los Dres. Petracchi y Bacqué, se pronunciaron en voto particular a favor de la tesis de Roxin, interpretando en este sentido el art. 514 del Código de Justicia militar argentino, que mantiene la responsabilidad del militar que imparte ordenes, aunque el subordinado que la cumple sea también penalmente responsable del delito que comete.

pertenecer a un grupo subversivo, los Montoneros. Vargas Aignasse, tras ser detenido en su propio domicilio delante de su mujer e hijos menores, fue trasladado a un centro militar, donde tras ser torturado, finalmente se le hizo desaparecer, fingiendo que había sido secuestrado por un grupo desconocido en su traslado a otro centro militar. El Tribunal, tras exponer pormenorizadamente la tesis de Roxin y mencionar la sentencia de la Cámara de Apelaciones argentina que en primera instancia juzgo a los Comandantes, y la sentencia del Tribunal Supremo Federal alemán (Bundesgerichtshof) en relación con los dirigentes de la antigua República Democrática Alemana en la que igualmente se aplicó la tesis de Roxin, cita otras resoluciones de Tribunales argentinos en las que ya se había aplicado en casos similares, mencionando expresamente «las resoluciones del Tribunal Oral en lo Criminal Federal n. 1 de La Plata en las causas «Etchecolatz» (Sentencia de Septiembre de 2006) y «Von Wernich» (Sentencia del 01 de Noviembre de 2007); el Tribunal Oral en lo Criminal Federal n. 1 de Córdoba, en la causa «Menéndez Luciano Benjamín, Rodríguez Hermes Oscar, Acosta Jorge Excequiel, Manzanelli Luis Alberto, Vega Carlos Alberto, Díaz Carlos Alberto, Lardone Ricardo Alberto Ramón, Padován Oreste Valentín por privación ilegítima de libertad, imposición de tormentos agravados y homicidio agravado» –Expte 40/M/2008– (Sentencia del 24.07.2008); y fue confirmada por la Cámara Nacional de Casación Penal en la causa «Etchecolatz» (Sentencia del 18 de Mayo de 2007)». Además el tribunal de Tucumán fundamenta su sentencia condenatoria aplicando los criterios de la imputación objetiva y de la responsabilidad en comisión por omisión de los que tienen la posición de garante respecto al control del comportamiento de sus subordinados.

En otra sentencia más reciente del Tribunal Oral Federal de San Martín, n. 1 de 12 de agosto del 2009, en el llamado caso «Floreal Avellaneda», se plantea también este problema. Igual que en los casos anteriores se trataba de la detención ilegal, seguida de torturas de Floreal Avellaneda padre, su mujer, Iris Avellaneda, y de su hijo, Floreal, menor de dieciséis años, cuyo cadáver, maniatado y con señales de haber sido salvajemente torturado, apareció después en las costas uruguayas, probablemente arrojado desde un avión militar. El Tribunal tras realizar un análisis exhaustivo de la prueba, se ocupa de fundamentar la condena de los procesados, pero en lugar de la tesis de Roxin, y sin apenas mencionarla, tras hacerse eco de algunas críticas formuladas contra la misma, por ejemplo por Kai Ambos, cuyo artículo sobre el tema cita expresamente, se inclina por la calificación de coautoría, mantenida por otros autores como Jakobs y su discípulo argentino Sancinetti. No obstante, y aunque condena al principal responsable a la pena de prisión e inhabilitación perpetúa, impone a los otros «coautores» penas inferiores de privación de libertad entre 8 y veinticinco años.

Por lo que respecta a España, la tesis de Roxin ha sido en general bien acogida, aunque con algunas matizaciones, por buena parte de los que se han ocupado expresamente del tema,[25] pero no por la jurisprudencia, que si bien en

25. Véase por ejemplo, mis diferentes trabajos al respecto: Muñoz Conde, en Ferré Olivé/Anarte Borrallo (eds.), *Problemas de autoría y participación en la criminalidad organizada*, Huelva 1999;

algunas ocasiones se ha referido o incluso ha recogido literalmente argumentos basados en esta tesis, aunque sin citarla expresamente, finalmente ha aplicado la figura de la inducción o la cooperación necesaria a la hora de imponer una condena.[26]

Visto desde la situación política actual, es evidente que en una situación de normalidad democrática y de respeto a los derechos humanos, no es muy frecuente que se puedan dar casos de comisión masiva de delitos contra derechos humanos utilizando el aparato de poder estatal. Los pocos casos que se han dado de este tipo tras la reinstauración de la democracia en España, han sido el intento de Golpe de Estado de 23 de febrero de 1981, juzgado finalmente en la STS de 22 abril 1983, y el llamado «Caso Marey», en el que el TS en su sentencia de 28 julio 1998 condenó al Ministro del Interior y a otros altos cargos del mismo Ministerio, por el secuestro de un presunto miembro del grupo terrorista ETA. Pero en ninguno de ellos se aplicó y ni siquiera se mencionó el tema de la autoría mediata por utilización de aparatos de poder. En el primer caso, quizás porque aún no era lo suficientemente conocida por la jurisprudencia de aquella época, además de que en tanto en el Código penal como en el Código de Justicia militar vigentes en aquel momento había ya preceptos específicos, que, igual que en el actual Código penal de 1995 (arts. 472 ss.), regulan la responsabilidad de los Jefes y responsables de la rebelión. En el segundo caso, porque se consideró que se trataba de un hecho aislado y no fue considerado como parte de una actividad

---

el mismo, ¿Dominio de la voluntad en virtud de aparatos de poder organizados en organizaciones «no desvinculadas del Derecho», en *Revista Penal,* 2000 (versión alemana publicada en *Festchrift für Claus Roxin*, 2001, p. 609 ss.; el mismo, La superación del concepto objetivo formal de autoría y la estructura de las organizaciones empresariales, en *Luisiada*, II Serie, n. 3, Lisboa 2005, p. 57 ss.; El mismo, Problemas de autoría y participación en el Derecho penal económico, o ¿cómo imputar a título de autores a las personas que, sin realizar acciones ejecutivas, deciden la realización de un delito en el ámbito de la delincuencia económica empresarial?, en *Revista Penal 2002* (también en Varios, *Derecho penal económico, Manuales de formación continuada*, 14, Madrid 2001; hay una versión resumida de este trabajo en *Modernas tendencias en la Ciencia del derecho penal y la Criminología*, Madrid 2001). Para una exposición resumida de esta posición, véase Muñoz Conde, en Muñoz Conde/García Arán, *Derecho penal,* cit. p. 448 ss. Posteriormente se han ocupado expresamente del tema, adhiriéndose a la tesis de Roxin, Faraldo Cabana, Patricia, *Responsabilidad penal del dirigente en estructuras jerárquicas*, Valencia 2004; Fernández Ibáñez, *La autoría mediata en aparatos organizados de poder*, Granada 2006. También han aceptado, en parte, la tesis de Roxin o por lo menos han planteado como una posibilidad su aplicación a los directivos de las empresas en el ámbito del Derecho penal económico, otros autores como Ambos, Muñoz Conde, Pérez Cepeda, García Cavero, Nuñez Castaño, Martín de Espinosa, Caruso Fontán, Ferré Olivé, Gómez-Jara Díaz, etc, pero la exposición de este tema excede de nuestro trabajo. En la doctrina portuguesa se pronuncian a favor de la tesis de Roxin, Figueiredo Dias, Jorge, en Ferré Olivé/Anarte Borrallo (edit.), *Problemas de autoría y participación en la criminalidad organizada,* cit., p. 99 ss.; Serra, Teresa, en *Revista Portuguesa de Ciencia Criminal* 5 (1995), p. 103.

26. Cfr., por ejemplo, STS 2 julio 2004 (caso Hipercor), 1 octubre 2007 (caso Scilingo), 17 julio 2008 (atentado de la Estación de Atocha en Madrid). Para una exposición del reflejo de esta teoria en la jurisprudencia del TS español, véase Gil Gil, Alicia, La autoría mediata por aparatos jerarquizados de poder en la jurisprudencia española, en *Anuario de Derecho penal y Ciencias penales*, 2008, p. 53 ss. También Bacigalupo Zapater, Enrique, *La teoria del dominio del hecho en la jurisprudencia del Tribunal Supremo*, en *La Ley*, 2008.

generalizada que se practicara por grupos ilegales (los llamados GAL) dentro del propio aparato de poder del Estado.[27]

Mayores oportunidades ha tenido la jurisprudencia española en aplicar esta teoría en los procesos contra los dirigentes de la banda terrorista ETA, como responsables de los atentados llevados a cabo por comandos de la misma. Sin embargo, tampoco en estos casos ha hecho un uso directo de la teoría de Roxin para fundamentar las condenas de los dirigentes de esta organización terrorista, que señalan la víctima o el objetivo del atentado y dan las órdenes correspondientes que otros ejecutan; y aunque en la redacción de sus Fundamentos jurídicos se observa claramente la influencia que la tesis de Roxin, ampliamente difundida a través de las traducciones y de la mucha bibliografía existente en España sobre la misma, ha tenido en muchos de los Magistrados integrantes del Tribunal Supremo, al final la condena se basa en la figura de la inducción para los dirigentes, o en la de la cooperación necesaria para los que colaboran directamente con el comando ejecutor.[28]

Mayor interés tiene para nuestro tema la jurisprudencia habida en los países latinoamericanos donde se han juzgado más recientemente este tipo de delitos cometidos por dominio del aparato de poder de sistemas dictatoriales, y en los que se ha planteado la responsabilidad de los dirigentes políticos y los altos cargos militares del sistema dictatorial.

Además del juicio ya mencionado contra los Comandantes de la Junta militar argentina, un caso similar fue en Chile el «caso Contreras», en el que se juzgó al Jefe del Servicio Secreto de la dictadura de Pinochet, la llamada DINA, que durante la dictadura planificó y ordenó el atentado que se llevó a cabo en Washington y costó la vida al General Letelier, un destacado opositor de esa dictadura que se encontraba en el exilio. Sin embargo, en la sentencia ni siquiera se menciona la posibilidad de aplicar la tesis de Roxin.[29]

27. No obstante, a mi juicio, no hay ningún inconveniente en aplicar la teoría de Roxin también en estos supuestos; véase al respecto Muñoz Conde, Francisco, en *Revista Penal*, 2002, cit.

28. Cfr. STS 2 julio 2004, 22 febrero 2007. Véase la exposición que de esta jurisprudencia hace Gil Gil, ob. cit., p. 65 s. Tampoco en las sentencias de la Audiencia Nacional (65/2007) y del Tribunal Supremo (505/2008) pronunciadas en relación con el atentado terrorista cometido en la estación de Atocha de Madrid el 11 de marzo del 2004, en el que murieron 191 personas y hubo casi dos mil heridos, se menciona la teoría de Roxin, aunque era claro que los ejecutores materiales actuaron como miembros de una organización terrorista internacional (Al Qaeda), que muestra todas las características requeridas por Roxin para fundamentar la autoría mediata por control de aparato de poder. A mi juicio, no hay tampoco inconveniente en aplicar también la tesis de Roxin y considerar autores mediatos de los atentados cometidos por los comandos de las bandas terroristas los dirigentes de las mismas (sean nacionales, como es el caso de ETA, o internacionales, como es el caso del grupo terrorista islamista Al Qaeda); sobre ello, véase Muñoz Conde, ob. u. cit.

29. Véase sentencia de la Corte Suprema de Justicia chilena 30 mayo 1995, en la que apenas se planteó si el Jefe de la DINA, el General Contreras, se podía considerar inductor o autor mediato de los autores materiales del atentado que costó la vida al líder opositor, empleando ambos conceptos de forma equivalente e igualmente subsumibles en la definición de inducción que da el art. 15 del Código penal chileno (véase razonamientos 17 a 20 de la mencionada sentencia). Pero en ningún momento se plantea la responsabilidad

Tampoco se hacer referencias a la tesis de Roxin en el auto de procesamiento que, tras haber solicitado su extradición, dictó el Juez español Baltasar Garzón contra el General Pinochet por los Crímenes contra la Humanidad, Tortura y Genocidio cometidos por el aparato de poder de la dictadura que durante varios años mantuvo Pinochet en Chile, aunque en él se contienen argumentos claramente inspirados en esta tesis, aún sin mencionarla expresamente, ni referirse a la figura de la autoría mediata.[30]

En Colombia la Sala de Casación Penal de la Corte Suprema se ha planteado la aplicación de la autoría mediata en algunos de los casos de asesinatos cometidos por los grupos paramilitares, aunque finalmente se decidió aplicar la figura de la coautoría.[31]

En Uruguay la sentencia del 9 de febrero de 2010 del Tribunal Penal de Uruguay n. 7 condenó a Juan Maria Bordaberry Arocena, ex presidente del Uruguay desde 1972 a 1976, como coautor de nueve hechos de desaparición forzada de personas y dos homicidios por razones políticas, sin plantear siquiera la posibilidad de aplicar la teoría de la autoría mediata.[32]

de otros cargos políticos o militares superiores, ni se menciona la figura de la autoría mediata de los mismos sirviéndose del aparato de poder.

30. Auto de procesamiento de Augusto Pinochet, del Juzgado de Instrucción n.5 de la Audiencia Nacional (Juez Baltasar Garzón), 10 diciembre 1998: «Como Jefe de la Junta de Gobierno y Presidente de la república tiene el poder de hacer cesar la situación inmediatamente, aunque contrariamente a ello, la incita y anina, dando las órdenes oportunas a sus inferiores, controlando incluso a veces, con dominio absoluto del hecho, la ejecución directa a través de la Jefatura exclusiva de la DINA». Sin embargo, en este auto la intervención de Pinochet se califica unas veces de inducción y otras de coautoría, pero no se menciona la autoría mediata. Tampoco menciona la teoría de Roxin el mismo Juez Garzón en su discutido auto de apertura de un procedimiento penal contra el General Franco y los principales responsables del Golpe de Estado del 18 de julio de 1936. Sobre la elaboración jurídica del pasado dictatorial franquista durante la transición a la democracia en España, véase Muñoz Conde, La transformación jurídica de la dictadura franquista en un Estado de Derecho, en Francisco Muñoz Conde/Thomas Vormbaum (dir.), Humboldt-Kolleg, *La transformación jurídica de las dictaduras en democracias y la elaboración jurídica del pasado*, Valencia, 2009 (hay también versión alemana con el título Abrechnen aber wie? Die rechtliche Transformation der europäischen Diktaturen nach 1945: Der Fall Spanien, publicada en Francisco Muñoz Conde/Thomas Vormbaum, *Transformation von Diktaturen in Demokratien und Aufarbeitung der Vergangenheit, Humboldt Kolleg an der Universität Pablo de Olavide, Sevilla 7.-9. Februar 2008*, Berlin 2010, p. 29 ss; tambien en *Journal für juristische Zeigeschichte,* 2008, y en *Savigny Zeitschrift für Rechtsgeschichte*, 2008. Versión española también en *Revista Penal,* 2008).

31. Sentencias pronunciadas en los casos *Machuca* del 07.03.2007, *Yamid Amat* del 08.08.2007 y *Gabarra* del 12.09.2007; para una información más detallada sobre las mismas, véase Muñoz Conde/Olasolo, ob. cit.

32. Sobre esta sentencia, véase con más de talles Muñoz Conde/Olasolo, lug, cit: También el articulo de Palermo, Pablo Galain, The prosecution of International Crimes in Uruguay, en *International Criminal Law Review*, 2010, p. 601 ss; El mismo, Ubergansjustiz und Vergangeheitsbewältigung in Uruguay, en *Zeitschrift für die gesamte Strafrechteswissenschaft,* 2013. Sobre la elaboración jurídica del pasado de las dictaduras en Chile, Argentina, España, Alemania e Italia, vease también Francisco Muñoz Conde/Thomas Vormbaum, *La transformación de las dictaduras en democracias*, cit.

EXCURSO: Especial consideración de la jurisprudencia peruana en esta materia.

Especialmente interesante en relación con este tema es la jurisprudencia de la Corte Suprema de Perú. En este país una Sentencia de 7 abril del 2009 de la Sala Especial de la Corte Suprema condenó al ex Presidente de Perú Alberto Fujimori por diversos delitos contra la vida, detenciones ilegales, etc, cometidos durante su mandato por grupos militares, policiales y parapoliciales.[33] En el capítulo III de la Tercera Parte de este sentencia se realiza en más de treinta páginas toda una exposición doctrinal del estado de la teoría de Roxin en la doctrina peruana y de habla española, mencionando las distintas variantes que se le han dado, y los argumentos esgrimidos en pro y en contra de la misma, para terminar afirmando que es perfectamente compatible con la regulación que hace el Código penal peruano de la autoría mediata y, por tanto, aplicable en el caso Fujimori, en la medida en que en el mismo se dan los requisitos expuestos por Roxin: Existencia de un aparato de poder a cuyo frente se encontraba el Ex Presidente Fujimori, de una relación jerárquica entre los miembros del mismo en sus distintos niveles, fungibilidad de los ejecutores, actuación al margen del Derecho o, como se dice en la sentencia, «apartamiento del Derecho» (entendiendo por tal tanto el Derecho nacional, como el internacional) y, lo que ya hemos visto Roxin ya no exige expresamente, «una elevada disponibilidad de los ejecutores a realizar el hecho». También se hacen referencias en este Fundamento jurídico a las diferencias entre la figura de la autoría mediata por control de aparato de poder y la responsabilidad del superior militar en el Estatuto de Roma, y se citan otras decisiones judiciales en las que se ha aplicado la teoría de Roxin, como las ya señaladas anteriormente de la Cámara de Apelaciones argentina en el caso de los Comandantes de la Junta militar, o del Bundesgerichtshof alemán en el caso de los dirigentes de la antigua República Democrática Alemana. Pero también se menciona otra sentencia de la propia Corte Suprema peruana en la que con una fundamentación similar se condenó al líder de la organización terrorista «Sendero Luminoso» Abimael Guzmán por los diversos atentados terroristas llevados a cabo por dicho grupo terrorista en la década de los 80 en el siglo pasado. La posible aplicación de la teoría de Roxin al caso Fujimori había sido también ya planteada por la Corte Suprema chilena en la sentencia de 21 septiembre 2007, por la que se concedió la extradición a Perú de Alberto Fujimori.[34]

Esta sentencia de la Corte Suprema peruana constituye sin duda la más direta y clara aplicación de la tesis de Roxin en la jurisprudencia de un país latinoamericano. Con ella parecía claro que podía ser aplicada en cualquier otro de los procesos en el que tuvieran que juzgarse casos relacionados con los crímenes cometidos durante el régimen de Fujimorí. Pero no sólo no ha sido así, sino que

33. Sentencia de la Sala Penal Especial en el Expediente n. AV 19-2001 (acumulado), del siete de abril de 2009. Casos Barrios Altos, La Cantuta y sótanos SIE, recogida en: <http://www.pj.gob.pe/CorteSuprema/spe/index.asp?opcion=detalle_noticia&codigo=10409>.

34. Véanse Considerandos nonagésimo cuarto y nonagésimo quinto de esta sentencia. Un comentario a la misma hace Lledó Vásquez, Rodrigo, en *Anuario de Derechos Humanos*, 2008, p. 114 ss.

en otra sentencia (Ejecutoria, se le llama) más reciente de la Sala Permanente de la Corte Suprema de Perú, de 20 de julio del 2012, se abandona expresamente la teoría de la autoría mediata por medio de un aparato de poder organizado y, en su lugar, se aplica la tesis de la coautoría para condenar como coautores a los responsables de la llamada operación Colina o Barrios Altos, en la que un grupo paramilitar siguiendo órdenes de importantes dirigente del Gobierno y la cúpula militar, asesinó a varias personas, supuestamente implicadas con el grupo terrorista «Sendero Luminoso». En esta sentencia se rechaza también que dichos crímenes puedan ser considerados como Crímenes contra la Humanidad, por no tratarse de hechos realizados como parte de una «política de exterminio», y la calificación de asociación ilegal, por no haber sido objeto de acusación específica por parte del Ministerio fiscal. Y en la calificación de la intervención de los acusados en la masacre de Barrios Altos se rechaza expresamente la tesis de Roxin y en su lugar se aplica la de la coautoría apoyándose para ello expresamente en la tesis formulada por Jakobs en su artículo sobre la autoría del acusado Alberto Fujimori, publicado en el volumen *La autoría mediata, Caso Fujimori*, Ara editores, p. 105-114, citado expresamente en la página 191, nota 157 del texto de la misma sentencia que se encuentra en Internet. Para ello, se asume la concepción tradicional de la autoría mediata, según la cual el instrumento ejecutor debe ser irresponsable del hecho que realiza, por tanto, si los ejecutores en la masacre de Barrios Altos son también responsables, no cabe aplicar esta calificación. Y en su lugar opta por la calificación de coautoría, considerando que hubo un reparto competencial de papeles, en el «uno aportan la decisión, y otros la ejecución, siendo ambos responsables penalmente» (Fundamento 204), entendiendo además que, a diferencia de lo sostiene la concepción tradicional de la coautoría, en ésta no es necesario que el coautor intervenga materialmente en la ejecución del hecho.

No deja de ser sorprendente y, a mi juicio, contradictorio, que para rechazar la tesis de Roxin se invoque como algo irrefutable la concepción tradicional de la autoría mediata, según la cual el instrumento ejecutor debe ser irresponsable, mientras que para acoger la tesis de Jakobs se abandone la concepción tradicional de la coautoría, según la cual el coautor debe intervenir también en la ejecución del hecho. Pero independientemente de esta contradictoria fundamentación, lo que más sorprende en esta sentencia es que con la calificación de coautoría sin una ulterior matización, sitúe en un mismo plano y bajo una misma calificación a los que deciden y controlan el aparato de poder y a los que luego, en un momento posterior a veces muy alejado del momento en que se adopta la decisión e incluso sin relación directa o personal con los anteriores, ejecuten la decisión criminal, confundiendo así dos planos y momentos distintos: la decisión por unos y la ejecución por otros. Como indicaré más adelante, no creo que haya ningún problema en calificar como coautores a los que, controlando en sus diversos niveles el aparato de poder, deciden la realización del hecho delictivo, pero su relación con los ejecutores materiales y, por tanto, autores directos, no puede ser otra que la de la autoría mediata.

En todo caso no deja de ser sorprendente que en un caso de tanta trascendencia para la elaboración jurídica de la responsabilidad por los delitos cometidos durante el pasado régimen dictatorial de Fujimori se traslade a una decisión judicial una polémica puramente doctrinal, sin mayor trascendencia, como en la propia sentencia se indica, en la magnitud de la pena aplicable. Si por eso fuera no se entendería muy bien la polémica que suscitó en la opinión pública peruana este fallo y el inmediato recurso que se presentó contra la misma ante la Corte Internacional de Derecho humanos de San José de Costa Rica. Evidentemente, y como seguidamente vamos a ver, en dicha Corte no se planteó el problema de si la calificación jurídica de los responsables de la masacre de Barrios Altos debía ser la de autoría mediata, o la de coautoría, sino si la misma podía dar lugar a algún tipo de impunidad, sobre todo teniendo en cuenta que en la citada sentencia se abandona, no sólo la tesis de Roxin aplicando en su lugar la de Jakobs, sino también la calificación de este hecho como un Crimen de Lesa Humanidad con todas las consecuencias que de esta calificación se derivan, como pueden ser por ejemplo, la imprescriptibilidad de estos delitos o la imposibilidad de aplicar Leyes de Punto Final o Amnistías a los responsables de los mismos.

Con sorprendente rapidez esta Corte Internacional, ha pronunciado el 24 de septiembre del 2012 otra sentencia,[35] en la que se anula la de la Sala Penal Permanente de la Corte Suprema peruana de 20 de julio. Se basa para ello en anteriores resoluciones que ya había emitido en relación con el régimen de Fujimori, en el que, según la misma Corte Internacional (véase por ejemplo, su sentencia de la misma de 14 marzo 2001) se cometieron graves violaciones de derechos humanos que bien podían ser constitutivas de crímenes internacionales, imponiendo al Estado peruano «la remoción de todo obstáculo que impida la investigación y juzgamiento de los hechos y, en su caso, la sanción de todos los responsables de las violaciones declaradas así como la búsqueda de la verdad». Para ello advierte que la impunidad no sólo puede darse cuando el Estado dicta Leyes de Amnistía, sino también cuando el Poder judicial no procede a investigar y juzgar hasta sus últimas consecuencias casos concretos en los que se hayan producido esas violaciones.

En este sentido, considera que el hecho de que la sentencia de la Corte Suprema peruana de 20 julio rechace la calificación de Crimen de Lesa Humanidad para la masacre ocurrida en barrios Altos, no es claramente compatible con los hechos probados, en los que claramente se observa que el ataque se realizó de manera indiscriminada contra miembros de la población civil «en el marco de una política estatal de eliminación selectiva pero sistemática de presuntos integrantes de grupos subversivos (Considerando 45).

Aunque la Corte Internacional no dice cuál sería la calificación exacta de este «Crimen internacional» es claro que se está refiriendo a los Crímenes de Lesa Humanidad tal como se definen en el art. 7 del Estatuto de Roma,[36] al decir:

35. Se puede consultar en Internet en PDF es.schribd.com (...) Resolución-de-la-Corte-FDH-en-Caso-Barrios-Altos.

36. Sobre estos delitos y sus elementos véase Werle, *Tratado de Derecho penal internacional*, cit., p. 462 ss.

«En el presente caso, resulta innegable que los hechos perpetrados por el Grupo Colina no responden a "delitos comunes" o meras vulneraciones de los "derechos humanos", sino que están dentro de aquellas violaciones más graves que atenten contra la consciencia universal».

La Corte Internacional de Derechos humanos de Costa Rica no se plantea siquiera si la calificación jurídica de la participación de los responsables de los crímenes debe ser la de la autoría mediata o la de coautoría, sino la impunidad que pueda generarse, si no se califica de crimen internacional con todas sus consecuencias que ello pueda suponer para *todos los responsables* (subrayado del autor de este articulo). Dicho en pocas palabras: La Corte Internacional no entra en la discusión dogmática de si hay autoría mediata o coautoría, sino que de lo que trata es de, siguiendo con ello la idea incorporada al Preámbulo del Estatuto de Roma, de evitar la impunidad y proteger los derechos de las víctimas a la verdad y a que todos los responsables sean condenados penalmente. Y desde este punto de vista no cabe duda de que tanto la tesis de la autoría mediata, como con la de la coautoría, pueden ser útiles para conseguir esa meta.

En consecuencia, pocos días después de haberse emitido la sentencia de la Corte Internacional, la misma Sala Permanente de la Corte Suprema peruana ha decidido el 29 de septiembre del 2012, por unanimidad, anular la anterior sentencia cuestionada a nivel internacional, disponiendo que otro Tribunal resuelva el recurso de nulidad.

4. LA APLICACIÓN DE LA TESIS DE ROXIN EN LOS TRIBUNALES INTERNACIONALES

En relación con nuestro tema, también es interesante la jurisprudencia habida en los Tribunales internacionales en los casos en los que los delitos cometidos entran dentro del ámbito de su competencia.

Una de las tareas más importantes, con la que se enfrenta el Derecho penal internacional, sobre todo a partir de la aprobación del Estatuto de Roma y la creación de la Corte penal internacional, es la elaboración de una Teoría General que se pueda servir como una Gramática jurídica universal común a las diferentes legislaciones nacionales, que permita el entendimiento entre los operadores jurídicos de los procesos penales que se lleven a cabo en los Tribunales internacionales, por más que pertenezcan a diferentes naciones y hablen diferentes lenguas.

Actualmente, coexisten, al menos en el mundo occidental, dos sistemas jurídicos diferentes, el del *Common Law* y el *Civil Law* o sistema continental europeo, cada uno con peculiaridades que los distinguen y separan entre sí, incluso más allá de los diferentes idiomas en los que se expresan. El sistema del *Common Law*, dominante en los países integrantes del antiguo Imperio Británico, cuyo idioma oficial es el inglés, está basado sobre todo en el precedente judicial, vinculado al caso concreto, y es poco proclive a construcciones teóricas o sistemáticas generalizadoras. En cambio, el sistema del *Civil Law*, se preocupa especialmente, sobre todo en Alemania, por la elaboración de una Teoría General del Delito, que a su vez ejerce gran influencia en los países latinos de Europa (Italia, España, Portugal, con la importante excepción de Francia), y prácticamente sin excepción en todos los latinoamericanos.

Ambos sistemas tienen sus ventajas e inconvenientes y se hace difícil elaborar una síntesis que permita integrarlos o unificarlos. No obstante, en los últimos años se está produciendo una aproximación entre ambos, en la que fue pionero George P. Fletcher con su *Rethinking Criminal Law*.[37] Y también en la bibliografía aparecida en los últimos años en el ámbito del Derecho penal internacional se puede observar, en mayor o menor media, un intento de aproximación entre ambos sistemas, sobre todo en las obras generales de Antonio Cassese,[38] Gerhard Werle,[39] Kai Ambos,[40] Hector Olasolo[41] y Alicia Gil Gil[42] entre otros muchos autores. La mejor prueba de ello son las recientes decisiones adoptadas por los Tribunales internacionales, en cuyos fundamentos jurídicos se introducen cada vez más, junto a criterios argumentativos propios del Derecho penal del *Common Law*, conceptos de la Dogmática penal alemana; sobre todo en materia de autoría y participación, cuya distinción se asume cada vez con mayor frecuencia a través de una interpretación del art. 25 del Estatuto de Roma.

Pero antes de llegar a ello se ha tenido que recorrer un largo camino que comenzó tras la Segunda Guerra Mundial con la jurisprudencia creada por los Tribunales de Nuremberg, y que ha llegado hasta las últimas decisiones de los Tribunales *ad hoc* de la ex Yugoeslavia y Ruanda, y de la Corte Penal Internacional en casos como los llamados Lubanga, Katanga y Al Bashir,[43] en las que por primera vez para fundamentar las decisiones se ha recurrido a la tesis de Roxin, lo que ha provocado que se haya dedicado a este tema el tomo 9, nun, 1 del año 2011,

37. Boston/Toronto, 1978. En la misma línea se mueven otras obras suyas posteriores como *Basic Concepts of Criminal Law*, 1991 (hay traducción española de Muñoz Conde, Valencia, 1998), y Grammar of Criminal Law, 2007 (hay traducción española de Muñoz Conde, Buenos Aires, 2008); véase al respecto Muñoz Conde, Franciso, *Universalizing Criminal Law*, en *Tulsa Law Review*, 2006.

38. *International Criminal Law*, Oxford, 2003.

39. Véase principalmente su *Völkerstrafrecht*, 3. ed., 2012.

40. Especialmente su *Internationales Strafrecht*, cit. También El mismo, *Der Allgemeine Teil des Völkerstrafrechts: Ansätze einer Dogmatisierung*, 2. ed., Berlin, 2004 (Hay una versión al español de esta obra traducida por Ezequiel Malarino, *La Parte General del Derecho penal internacional*, cit.).

41. *Criminal responsability of political and military leaders as principals to international crimes*, 2008.

42. *Derecho penal internacional. Especial consideración del delito de genocidio*, Madrid, 1999.

43. Sobre esta jurisprudencia véase Olasolo, Hector, «El desarrollo en derecho penal internacional de la coautoría mediata», en *Derecho penal contemporáneo, Revista Internacional*, 27, abril-junio 2009, Bogota, p. 71 ss.; el mismo, «Joint Criminal Enterprise and its extended form: A theory of co-perpetration giving rise to principal liability, a notion of accessorial liability, or a form of partnership in crime», *Criminal Law Forum*, 2009, y más extensamente, en el mismo, *Criminal responsability of political and military leaders as principals to international crimes*, cit. También Werle, Gerhard, «Individual Criminal Responsability in Article 25 ICC Statute», en *Journal of Internacional Criminal Justice*, 5 (2007), 953 ss.; Manacorda, Stefano, *Imputazione collettiva e responsabilitá personale, Uno Studio sui paradigma ascrittivi nel diritoo penale internazionali*, Torino, 2008.

del *Journal of Internacional Criminal Law*, con aportaciones de Werle/Burghardt, Weigend, Ambos, Muñoz Conde/Olasolo, Fletcher, y Manacorda/Meloni.[44] Estas decisiones tomadas una especie de Juicio preparatorio (Pretrial) han culminado finalmente en una reciente sentencia de la Corte Penal Internacional de 14 de marzo de 2012, cuya Sala de Primera Instancia I condena a Thomas Lubanga y posteriormente el 10 de julio le impone una pena de 14 años de prisión, como coautor, de los crímenes de guerra de reclutar o alistar niños menores de 15 años de edad y utilizarlos para participar activamente en las hostilidades.[45]

Tanto en esta sentencia, como en las anteriormente citadas de otros tribunales internacionales se acoge la teoría de la coautoría, pero configurándola en el sentido de Roxin como una «coautoría mediata, en el sentido que, ya hemos señalado anteriormente, de que combina el criterio de la *distribución o reparto de funciones*, característico de la coautoría, con el del *dominio de la organización,* característico en la teoría de Roxin de la autoría mediata por control de un aparato de poder. Esta tesis que ya ha sido defendida por algunos autores[46] tiene perfecto encaje en el art. 25 del Estatuto de Roma y ha sido también acogida por Roxin en su más reciente artículo sobre el tema, como perfectamente compatible con su concepción originaria.[47] La tesis discrepante en la sentencia del caso Lubanga, del Magistrado Fulford, quien apoyándose en una interpretación literal del art. 25 del Estatuto de Roma, considera que no es necesario recurrir a ninguna teoría especial para fundamentar la responsabilidad del que directa o indirectamente, por si sólo o junto con otros, interviene en la realización del delito, al entender que dicho precepto acoge en realidad un concepto unitario de autor, que hace innecesario la distinción entre autoría mediata y coautoría.[48] Pero es evidente que en ese artículo 25, 2 a), al distinguir claramente entre «el que cometa el crimen por sí solo, con otro o por conducto de otro, sea éste o no penalmente responsable» se están acogiendo una teoría diferenciada entre distintas formas de autoría, por más que a efectos de pena todas puedan ser castigadas del mismo modo. E igualmente en el inciso que se refiere a cometer el crimen «por conducto de otro, sea éste o no penalmente responsable», se puede incluir sin ningún problema tanto la autoría mediata utilizando un instrumento ejecutor no responsable, como un instrumento ejecutor responsable, en la línea propuesta por Roxin.

Por lo que a los casos tratados en los Tribunales internacionales es claro que la tesis de la coautoría mediata es la que mejor se adapta a las características de un

44. Ant. cit. (véase mi recensión a este volumen en *Revista Penal*, 2011).

45. Sobre esta sentencia de la ICC, con un extenso comentario a la misma, véase Kai Ambos, El primer fallo de la Corte penal internacional, en la revista electrónica *InDret*, 2012.

46. Váse por ejemplo. Olasolo/Muñoz Conde, cit.; Werle, *Tratado*, cit., p. 300 ss. (y especialmente ya en la tercera edición alemana de *Vólkerstrafrecht*, 2012, p. 518 ss, donde distingue entre coautoria mediata «y autoria mediata en coautoria»); ver también Werle/Burghardt, Co-autoría mediata, ¿Desarrollo de la dogmática jurídico penal alemana en el derecho penal internacional?, traducción de Jaime Couso, en *Revista Penal*, 2011, p. 197 ss (original alemán en *Festschrift für Maiwald*, 2010, p. 849 ss.).

47. Véase su artículo en *GA* 2012, citado supra nota 13, p. 414.

48. Véase la critica a esta posición en el artículo de Kai Ambos en *InDret*, cit.

aparato de poder organizado: la distribución o reparto de funciones y el dominio de la organización, lo que unido a las otras dos características, relación jerárquica entre sus diversos miembros y fungibilidad de los ejecutores, fundamentan la tesis de Roxin.

5. RESUMEN Y CONCLUSIONES: LA TEORÍA DE LA AUTORÍA MEDIATA POR DOMINIO DE UN APARATO DE PODER COMO MEDIO PARA LA ELABORACIÓN JURÍDICA DEL PASADO

Aunque con distintas variantes, y aunque en algunas sentencias anteriormente señaladas no se recojan o incluso se rechace expresamente la tesis de Roxin, en general se puede decir, que ésta ha supuesto, no sólo en el ámbito doctrinal, sino también en el de la praxis judicial, un magnífico instrumento jurídico para fundamentar la responsabilidad de los dirigentes políticos y altos cargos militares por los delitos ejecutados en el marco de un sistema de aparato de poder, y con ello también, al mismo tiempo, un instrumento útil para elaborar jurídicamente el pasado de los regímenes dictatoriales. Aunque no pueden ignorarse las críticas ya apuntadas y las dificultades que la misma representa para adaptarse a las diversas situaciones y formas de funcionamiento de los regímenes dictatoriales que han dado lugar a las sentencias judiciales anteriormente transcritas, no cabe duda de que nos encontramos ante un magnifico instrumento jurídico para poder fundamentar sin grandes dificultades la responsabilidad de los principales responsables de los aparatos de poder a través de los cuales se han cometido los más graves delitos contra las personas.

Cuando Roxin formuló su tesis en 1963, se refería expresamente, aunque no sólo, a un caso muy peculiar de la historia reciente de Alemania, y concretamente a los crímenes calificados luego en el Derecho penal internacional como Crímenes de Guerra, de Lesa Humanidad y Genocidio, llevados a cabo de forma sistemática y planificada por un aparato de poder específicamente creado para llevar a cabo esta tarea, las llamadas SS, a cuya cabeza se encontraban Hitler, Himmler y otros miembros del aparato de poder nazista, en sus diversos escalones o grados jerárquicos. Con su tesis Roxin no sólo superaba la teoría subjetiva que en aquella época era dominante en la jurisprudencia alemana, sino también otros planteamientos jurídicos que todo lo más consideraban que los máximos dirigentes nazis, ya fallecidos, podían ser considerados como inductores, y los cargos intermedios como cómplices, de los crímenes que luego otros ejecutaban directamente. La tesis de Roxin se refería además al caso Eichmann; es decir, a un burócrata, al que, a pesar de que no intervino directamente en la ejecución de los crímenes, se le podía considerar como verdadero autor (mediato), en la medida en que era un engranaje (muy importante) dentro del aparato burocrático de poder de las SS y se encargaba de organizar el transporte a los Campos de Concentración y Exterminio, de miles y miles de judíos y miembros de otras etnias capturados en diversos países de Este de Europa, ocupados por las tropas nazis o por gobiernos que colaboraban con el gobierno nazi alemán (recuérdese que además el tal Eichmann participó en la Conferencia de Wannsee, en la que se decidió la «solución final del problema judío»).

Del mismo modo, la posterior acogida de la tesis de Roxin por el Tribunal Supremo Federal alemán (Bundesgerichtshof) fue el instrumento jurídico del que se sirvió dicho tribunal para considerar como autores (mediatos) por los disparos realizados en el Muro de Berlin por los guardias fronterizos, que costó la vida a muchos ciudadanos que intentaron pasar al otro lado del Muro, a algunos dirigentes de la antigua República Democrática Alemana, que habían dado la orden disparar.

Sin embargo, la tesis de Roxin se ha aplicado por los Tribunales de Justicia latinoamericanos anteriormente citados principalmente para fundamentar la responsabilidad de los Jefes militares y Altos dirigentes políticos que controlaban el aparato de poder, incluso al más alto nivel (Comandantes y Jefes militares en la dictadura argentina, o de la del Presidente Alberto Fujimori en Perú), dejando en la mayoría de los casos impunes o fuera de los procesos penales a los que cumpliendo sus órdenes, eran ejecutores directos de los crímenes cometidos. Esta «selección» de los acusados, limitando la acusación sólo a unos pocos o a un único responsable, deja la impresión de que en su aplicación también pueden haber pesado razones de oportunismo político, buscando con la condena del Jefe o Jefes y de sus principales colaboradores una especie de «cabeza de turco» o de «chivo expiatorio» que pague por todos, dejando en la impunidad a otros intervinientes en los hechos, grados intermedios, o incluso ejecutores directos, torturadores y asesinos, que se ven así liberados de su responsabilidad. Eso es especialmente evidente en la Jurisprudencia de los Tribunales penales internacionales que sólo se han ocupado o se ocupan de algunos de los dirigentes, Altos cargos o Jefes bajo cuyo mandato, bien por orden expresa suya o con su consentimiento, se cometieron por otros los graves asesinatos por los que luego ellos han sido acusados o incluso condenados.[49]

Sin duda, los crímenes cometidos dentro del sistema de un aparato de poder, son crímenes, en expresión de Carlos Nino, de «múltiples manos», y es muy difícil por no decir, imposible depurar las responsabilidades individuales de todos los que en mayor o menor medida contribuyeron a su realización. Por otra parte, enjuiciarlos a todos ellos, bajo un mismo baremo, en centenares de procesos penales o en un macro proceso a que daría lugar su enjuiciamiento, parece también tarea imposible. Pero a cambio de seleccionar y acusar sólo a uno o unos pocos, como únicos responsables, se corre el riesgo de dejar prácticamente en la impunidad a

49. El argumento mantenido por algunos autores de que el enjuiciamiento de los ejecutores corresponde a los Tribunales de Justicia nacionales no me parece convincente, porque normalmente incluso en los casos en que tras el régimen dictatorial se restablece una cierta normalidad democrática, los Tribunales del nuevo régimen no tienen la imparcialidad ni la independencia requerida para juzgarlos objetivamente. Por no hablar de los casos en los que los ejecutores y muchos de los dirigentes y cargos intermedios en el regimen dictatorial se integran en el nuevo sistema, abjurando de o negando su colaboración en el régimen anterior.

otros que en mayor o menor medida contribuyeron a la realización de los delitos, o incluso los ejecutaron directamente.

Este proceder, por comprensible que sea, no deja de ser objetable y desde luego no se atiene estrictamente a lo propugnado por Roxin, quien, como ya hemos visto, califica de «autores mediatos», no sólo a los dirigentes principales del aparato de poder, sino también a los miembros intermedios, que como Eichmann, ocupaban un lugar importante dentro de la relación jerárquica del mismo, aunque sólo tuvieran funciones puramente burocráticas. Pero siempre queda el problema de donde poner el límite y si dentro de los distintos miembros del apartado de poder cabe diferencias distintos grados de responsabilidad. Así, por ejemplo, es posible que la secretaria personal de Eichmann u otros empleados de su oficina, tuvieran conocimiento de lo que sucedía en los Campos de Concentración, y de que, por tanto, con su trabajo, estaban facilitando lo que allí sucedía, pero ¿hasta qué punto habría que exigirles también a ellos responsabilidad penal? Y si se les exige, ¿habría que considerarlos también autores mediatos, en base a que eran también miembros de un aparato de poder que actuaba al margen del Derecho? ¿Y los conductores de los trenes que llevaban directamente a los prisioneros a los Campos de Concentración? ¿Y los vigilantes de los mismos?

A mi juicio, la tesis de Roxin puede ser utilizada para fundamentar la responsabilidad penal como autores mediatos de los principales responsables del aparato de poder criminal, bien en la cúspide, bien en niveles intermedios, pero no para calificar a todos los integrantes del mismo. Una tal ampliación llevaría demasiado lejos y desnaturalizaría el concepto de dominio del hecho, del que precisamente parte Roxin.

Para evitar estos inconvenientes, a los que sin duda una aplicación demasiado amplia de la tesis de Roxin puede conducir, me parece preferible, la tesis que siguiendo la línea también admitida por Roxin en su último trabajo, considera, sin embargo, que en el caso de los dirigentes y altos cargos del aparato de poder relacionados directamente entre si más que de autoría mediata habría que hablar aquí de «coautoría mediata» por control o dominio del aparato de poder. Esta es una figura que tiene, por un lado, en el plano vertical las características de la relación jerárquica y de la fungibilidad de los meros ejecutores; pero que, por otro lado, en el plano horizontal tiene las características de la coautoría, es decir, el de actuar conforme a un plan común previamente concertado, en distribución de roles y funciones, unas de carácter organizativa, otras de carácter más cercano a la ejecución, pero no necesariamente en la ejecución misma. Fuera de esta coautoría mediata quedarían los casos de mera cooperación ocasional o de complicidad con actos puntuales no indispensables para la realización de la acción. Y por supuesto, siempre quedarían como responsables o autores directos los que lleven a cabo los actos delictivos, de detenciones ilegales, torturas, asesinatos, etc, lo que no excluye que a su vez se les pueda considerar como «instrumentos» de los dirigentes principales del aparato de poder que serían coautores mediatos.

Esta variante de la tesis de Roxin[50] y que el propio Roxin acoge ahora, me parece más adecuada a los distintos supuestos que han sido ya juzgados o que puedan serlo en el futuro por Tribunales penales nacionales e internacionales.

No obstante, debe reconocerse que, fuera del ámbito de la responsabilidad de los principales responsables del aparato de poder, presenta también algunos inconvenientes y dificultades probatorias para castigar a los miembros del aparato de poder que ocupan dentro de los mismos puestos de menor relevancia o importancia jerárquica. De todos modos, el recurso a otras posibles calificaciones jurídicas, como la inducción, la cooperación necesaria o la complicidad, presenta iguales o mayores dificultades probatorias y no se ajustan a la peculiar naturaleza de estos aparatos poder, que igualmente pueden darse en otros ámbitos de la criminalidad no estatal, paraestatal, terrorista, organizada, o incluso económico-empresarial.[51]

Todavía hay que añadir algo que me parece especialmente importante para la praxis jurisprudencial e incluso para las repercusiones que ésta puede tener en la opinión pública de los países afectados por este tema en su pasado histórico reciente. Ciertamente, la Dogmática penal tiene como misión sistematizar y refinar del modo más preciso posible los argumentos jurídicos en los que se apoyan luego las opiniones doctrinales y las decisiones jurisprudenciales para resolver un caso determinado. Pero lo que en ningún caso se puede olvidar es que además de la precisión y exactitud de los conceptos, lo que realmente importa es que estos ayuden a la consecución de la Justicia material; es decir, a que la

50. No me ocupo en este lugar de si el aparato de poder debe ser uno que de forma global actúe «al margen del Derecho». En principio, al tratarse en estos casos de crímenes, que ningún Ordenamiento jurídico, nacional o internacional, del mundo civilizado puede permitir, las actuaciones de este tipo que se llevan a cabo dentro del aparato de poder son ya de por sí «al margen del derecho». Sin embargo, se ha planteado este tema en el caso de los «tiradores del Muro de Berlin», en la medida en que actuaban cumpliendo las órdenes que le daban sus superiores y de las Leyes de fronteras de la antigua República Democrática Alemana. El Tribunal Supremo Federal alemán, ni siquiera se planteó este tema, cuando condenó a los responsables de estos hechos, y, desde luego, no se puede decir, que el aparato de poder de aquel Estado, cualquiera que fueran las críticas que se podían dirigir contra su sistema político, fueran un sistema completamente al margen del derecho (véase al respecto mi contribución al *Festschrift für Claus Roxin*, cit., p. 613 ss. También Ambos, *La Parte General*, cit., p. 234 ss. dedica varias páginas a discutir este aspecto de la teoría de Roxin, llegando a la conclusión de que no es un requisito fundamental de la misma. De todas formas, Roxin ha insistido en su último trabajo publicado en el 2012 en el tema y lo ha matizado en el sentido de que este requisito se refiere *sólo a los hechos incriminados*, y no a todo el ámbito de la organización» (ya en su artículo en el *Festschrift für Grünwald,* cit., p. 556, y ahora en el artículo publicado en *Goltdammer's Archiv*, 2012, p. 409/410). Sobre este tema véase también la sentencia de la Corte Suprema peruana en el caso Fujimori, citada anteriormente.

51. Esta posibilidad la he discutido ampliamente en mis trabajos anteriormente citados en la nota 27, y ha sido también planteada por otros muchos autores citados también en la misma nota. Sin embargo, Roxin es bastante cauto al aceptar la posibilidad de que su tesis pueda ser aplicada también fuera del ámbito de la criminalidad estatal e incluso la rechaza expresamente (véase su *Strafrecht, Allgemeiner Teil*, tomo II; y su trabajo en *Goltldammer's Archiv*, 2012, p. 396, donde dice expresamente que la posible aplicación de su tesis en el ámbito del Derecho penal económico, que admite la sentencia del Tribunal Supremo alemán está «en contra de sus intenciones» («entgegen meinen Intentionen»).

resolución de un caso sea lo más satisfactoria posible conforme a los criterios de justicia imperantes en un Estado democrático de Derecho respetuoso con los derechos humanos y los derechos fundamentales de sus ciudadanos. Desde este punto de vista hay que reconocer que tanto la tesis de la autoría mediata, como la de coautoría, y en menor medida la de la inducción y la cooperación necesaria, pueden satisfacer por igual ese sentimiento de Justicia, en la medida en que todas asumen que la pena aplicable a los responsables de los crímenes cometidos en los regímenes dictatoriales es en todo caso la misma. Lo que no puede admitirse es que el bizantinismo jurídico al que a veces tienden algunos juristas con su eterna discusión sobre si «los perros son galgos o podencos» empañe gravemente el sentimiento de Justicia, minimizando la responsabilidad de los sujetos que desempeñaron un papel importante en la realización de los delitos cometidos en los regímenes dictatoriales, o incluso dejándolos impunes dispuestos a seguir en sus puestos o incluso en otros de superior categoría en el nuevo sistema democrático que vino a sustituir el anterior régimen dictatorial en el que tan fervorosamente sirvieron.

COMO REAGIR CONTRA OS CRIMES DO PASSADO? JUSTIÇA DE TRANSIÇÃO E ELABORAÇÃO DO PASSADO NO URUGUAI[1]

Pablo Galain Palermo

Keywords: transitional justice, state terrorism, impunity, human rights, dealing with the past.

Abstract: This article focuses on the transitional justice process in Uruguay. It sets up the different mechanisms implemented in Uruguay to react against state terrorism in the past. The article refers to how Uruguay has been dealing with the past. The criminal procedure, like the Eichmann trial in Jerusalem in the sixties, is only one of the possible tools that could possibly have been used to solve a conflict caused by the violation of human rights. In this article the author pretends to explain that criminal law is not the best mechanism to achieve the goals of the transitional justice. On the one hand, the article tries to explain that the criminal procedure does not allow the knowledge of the truth and it could only partially fulfill the reparation of the victims. On the other hand, the Uruguayan transitional justice, that was focused on the punishment of the perpetrators of crimes against humanity, and the process against Eichmann in Jerusalem are necessary as a reaction in order to achieve the aim of justice in cases of the harshest violations against human rights.

1. Tradução do original castelhano por Jorge Oliveira e Carmo, do Instituto Max Planck para o Direito Penal Estrangeiro e Internacional.

INTRODUÇÃO

1. Na primeira metade do século XX tiveram lugar duas guerras mundiais. Manifestou-se então, no âmbito dos sistemas totalitários, o «terrorismo de Estado» na sua pior expressão.

Hannah Arendt analisou a perversão destes sistemas tomando como paradigma o regime nacional-socialista alemão. Postulou determinados conceitos relacionados com o «mal». Umas vezes «mal radical» (Hitler, Himmler) e outras «mal banal» (Eichmann). Foi o processo contra Adolf Eichmann em Jerusalém que permitiu a Arendt explicar como é que um cidadão normal acaba participando conscientemente na pior e mais perfeita máquina alguma vez criada para aniquilar os seus semelhantes.

O Estado de Israel pretendeu, através do julgamento penal de Eichmann (julgamento que, por certo, desde o rapto de Eichmann na Argentina, poderia ter sido declarado nulo), prosseguir vários objetivos que escaparam aos fins e funções do direito penal. Este julgamento transcendeu largamente o objetivo de «fazer justiça» num caso concreto e por fatos determinados.

O julgamento penal serviu realmente de pretexto para «explicar» o Holocausto dos judeus durante a Segunda Guerra Mundial, além de que foi usado como meio para aceder à compreensão do horror e alertar para o fato de que o «mal» pode ser trivial e levado a cabo por burocratas que cumprem voluntariamente ordens ou seguem acriticamente uma lei injusta, mesmo que não concordem com os fins ou propósitos últimos daqueles que ordenaram ou planificaram a realização dos feitos mais atrozes.

O processo de Eichmann era necessário para dar uma explicação racional (jurídico-histórica) do Holocausto. Ora, tal como a própria Arendt sustenta: «[n]a verdade, a multiplicidade de objetivos que o julgamento pretendia atingir ultrapassava o âmbito do direito e dos fins processuais. O objetivo de um julgamento é fazer justiça e nada mais».

2. Na segunda metade do século passado, a seguir à Revolução Cubana e a meio da Guerra Fria que dividiu politicamente o mundo entre «aliados» do sistema ocidental-capitalista e «aliados» do sistema oriental-comunista, o Corno Sul da América Latina sofreu diversas ditaduras militares ou civis-militares em defesa da «soberania nacional», mas também em defesa de uma ideologia identificada e aparentada com a «civilização ocidental greco-romana», numa clara alusão à reação contra os avanços do «bloco comunista».

A soberania nacional era defendida através da doutrina da segurança nacional, oriunda da «doutrina contra a insubordinação» francesa e do seu manual de luta «contra a insubordinação». A defesa da nação era levada a cabo internamente através de Governos que implantaram «Estados de terror» e externamente através de operações combinadas entre as forças armadas dos países da região, que tiveram liberdade para perseguir, capturar, torturar e fazer desaparecer pessoas nos territórios dos respectivos países vizinhos, sob a alçada do «plano Cóndor». Em alguns países, como a Argentina, a ditadura militar pretendeu levar a cabo o extermínio dos dissidentes ou subversores, isto é, pretendeu levar a cabo um autêntico genocídio contra os inimigos do regime. No Chile, a repressão e a violação constante dos direitos humanos também foram brutais, não tendo, porém, alcançado os números aberrantes de atentados aos direitos humanos cometidos na Argentina. O Brasil teve uma ditadura de duas décadas, radicada em bases ideológicas que a justificaram através da necessidade de defesa das nações contra o ataque «marxista», tendo sido utilizadas bases militares para treino de militares e de polícias dos países vizinhos. Muitas das ditaduras do sul do continente americano cultivaram uma ideologia bastante próxima do catolicismo mais radical e uma marcada xenofobia, que incluía traços vincados de antissemitismo (principalmente na Argentina e no Chile). É nesta «constelação» que se insere a ditadura civil-militar que vigorou no Uruguai e que se caracterizava pela repressão sistemática, detenção ilegal de pessoas e prática de tortura contra aqueles que eram considerados «sediciosos» ou «subversivos» (*e.g.*, guerrilheiros, sindicalistas, estudantes, intelectuais, opositores políticos etc.). Esta ditadura distanciou-se ligeiramente da ideologia que marcara os países vizinhos, que, entre outros aspectos, tiveram ditaduras estritamente militares. No Uruguai, até ao início do período de negociações imediatamente anterior à transição para a democracia (1981-1985), todos os ditadores foram civis. No entanto, constituía característica comum a todas as ditaduras mencionadas o fato de os seus regimes terem realmente atuado através da imposição do terror e da violação sistemática de direitos humanos, recorrendo também à prática do crime contra a humanidade de desaparecimento forçado de pessoas.

3. Hannah Arendt descreveu a monstruosidade do sistema organizado pelos nazistas para exterminar os seus semelhantes como um conglomerado de pessoas «radicalmente malvadas». Esta maldade, que escapa à compreensão humana, escapa também a qualquer julgamento ou procedimento jurídico que pretenda fazer justiça relativamente a tais atrocidades.

Na realidade, os julgamentos levados a cabo em Nuremberg, mas principalmente os julgamentos realizados na Alemanha pela justiça penal alemã para castigar os crimes nazistas estiveram longe de refletir o ilícito penal e a culpa dos principais responsáveis que, segundo a doutrina penal alemã, tinham atuado como meros cúmplices dos executores materiais dos crimes. Foi justamente o processo levado a cabo em Jerusalém contra Adolf Eichmann a gota de água para a mudança no pensamento científico (político) de Arendt e da própria doutrina penal alemã.

Durante esse processo, Arendt pôde demonstrar que os agentes daquele sistema organizado de extermínio podiam ser homens comuns, membros da sociedade alemã, sem ideias ou ideologias contra o povo judeu e que não eram pessoas radicalmente malvadas que tivessem como objetivo o genocídio do povo judeu. Ainda assim, este «bom cidadão alemão» acabaria tendo um papel instrumental na «decisão final», ao colaborar com os altos chefes nazistas em cumprimento do seu dever, levando a cabo, do melhor dos modos, a função que lhe fora cometida pelo *Führer*, ao respeitar a declaração de lealdade: «Manda, *Führer*, que nós obedecemos!»

Este papel instrumental, o qual, segundo a defesa de Eichmann não passava de uma «roda na engrenagem que era aquele sistema organizado de poder criminal», não ficou provado no julgamento, defronte daquela condição desumana que não pode ser julgada nem penalizada pela justiça dos homens.

O processo de Eichmann desempenhou um papel-chave para a doutrina penal alemã, pois inspirou o penalista Claus Roxin a desenvolver uma proposta revolucionária em matéria de imputação penal da responsabilidade nos macrocrimes, estruturada com base na existência de um sistema organizado de poder. Tal como defendido pela antiga doutrina alemã, Hitler, Himmler ou Goebbels não podiam ser considerados meros cúmplices dos crimes executados por simples soldados ou funcionários de escalão intermédio como Eichmann. Do ponto de vista político-criminal, eles eram os verdadeiros autores de tais crimes, se bem que de forma mediata, os quais foram levados a cabo por força do controlo sobre um aparelho organizado de poder que, de algum modo, se impunha à vontade de todos os membros integrantes do mesmo. Assim, ainda que Eichmann pudesse ser considerado uma «roda na engrenagem do aparelho» com capacidade de culpa, ele era, igualmente, um instrumento (responsável) nas mãos dos comandos superiores e verdadeiros autores mediatos do massacre.

O processo de Eichmann gerou a teoria da autoria mediata por domínio da vontade utilizando um aparelho organizado de poder criminal, a qual foi adotada não só pela justiça alemã (caso dos atiradores do muro de Berlim), mas também pela justiça latino-americana (caso Fujimori, no Peru) e pelo Tribunal Penal Internacional (casos Katanga e Lubanga).

Consequência deste processo penal foi a mudança no pensamento de Arendt, que passou a defender que responsáveis pelo Holocausto eram não apenas indivíduos radicalmente maus, mas também indivíduos «banalmente maus», isto é, passou a considerar que o mal também podia ser banal e realizar-se de um modo burocrático, da mesma forma que um funcionário público de um Estado moderno cumpre hoje uma rotina diária.

Esta «banalidade» descrita por Arendt em relação ao comportamento de Eichmann não só serviu como qualificação legitimadora da condição humana do genocida, mas também como legitimação para a formulação de um juízo de censura penal contra o mesmo. Arendt aceita, em última análise, a justiça penal como a única solução possível para dirimir os conflitos relativos aos macrocrimes contra os direitos humanos cometidos no passado. Esta conclusão a que chega Arendt deixou em aberto algumas questões: foi o processo penal um pretexto para explicar e compreender o Holocausto dos judeus e, se assim foi, é essa a sua função? É o direito penal e, em particular, o processo penal o instrumento indicado para o conhecimento da verdade, o ressarcimento das vítimas e a realização da justiça quando se trata de reagir contra os crimes de terrorismo de Estado? Como podem ou como devem as sociedades vítimas de regimes ditatoriais reagir aos crimes do passado? Tal como não poderei referir-me a todas as ditaduras do Corno Sul da América Latina, também não poderei dar resposta a todas essas questões, pelo que me concentrarei somente na última delas. Neste trabalho, proponho-me analisar o processo da *justiça de transição* uruguaia, no período de tempo compreendido entre o fim da ditadura civil-militar e os dias de hoje. Analisarei a reação do Estado de Direito face ao fenômeno da criminalidade de Estado no Uruguai (terrorismo de Estado), nas distintas etapas do processo de transição entre a ditadura e a democracia e nos sucessivos Governos democráticos até hoje. Desta forma, sem pretender comparar o terrorismo de Estado uruguaio ao regime nazista, refiro-me a uma determinada sociedade que reage a um mal causado por um regime anterior, utilizando um conceito de justiça de transição que era ainda desconhecido no momento em que Arendt analisou o julgamento penal de Adolf Eichmann. Este artigo não utiliza os conceitos desenvolvidos por Arendt no processo de Eichmann. Limita-se, outrossim, a apresentar os vários mecanismos que podem ser utilizados por uma sociedade em particular para «fazer justiça» e «castigar» os crimes do passado, ao mesmo tempo que «explica» ou «elabora» o seu passado.

I. O PROCESSO DA JUSTIÇA DE TRANSIÇÃO NO URUGUAI

4. Durante a Guerra Fria, o Uruguai esteve sujeito a uma ditadura civil-militar, que perdurou de 1973 a 1985 e se caracterizou pela violação sistemática dos direitos humanos. Em 27 de fevereiro de 1973 foi decretada a dissolução das Câmaras do Parlamento pelo Presidente da República Juan Maria Bordaberry (1973-1976), acontecendo assim o «autogolpe». A partir dessa data foi instaurado um regime que se prolongou até março de 1985. A Constituição uruguaia de 1967 esteve suspensa durante toda a fase de ditadura civil-militar (1973-1985), tendo-se recorrido então a decretos-lei e a atos institucionais para governar. De todas as ditaduras da região, a uruguaia foi uma das mais incisivas em termos de «repressão sistemática». Afirma-se geralmente que cerca de 20% da população uruguaia terá sido detida e que a maior parte dos detidos foram torturados. Ainda que em menor escala relativamente ao sucedido em ditaduras de outros países da região, tais como o Chile e a Argentina, outra das medidas utilizadas para incutir o terror na população foi o desaparecimento forçado de pessoas. Deve sublinhar-se que grande parte dos «desaparecimentos forçados de pessoas» eram casos de morte ocorrida durante sessões de tortura e não homicídios premeditados, como nas chamadas «operações de extermínio» que tiveram lugar na Argentina, em diversos centros clandestinos de detenção existentes neste país.

5. Em 1980, os governantes implementaram um plebiscito com o objetivo de legitimar todos os atos institucionais adotados desde 1973, com o objetivo de «fundar uma nova República» através de uma revisão da Constituição que possibilitasse um retorno à democracia com uma maior participação das Forças Armadas (FF.AA.) na Administração Pública. A população rejeitou a proposta com 56% dos votos e a partir de então iniciaram-se as conversações com vista à transição democrática. Para reconstruir o «Estado de Direito» foi escolhida a via da negociação (*Pacto del Club Naval*, 1984), que deu lugar a uma transição «negociada», em que a entrega do poder e o regresso ao Estado de Direito teriam como contrapartida a ausência de investigação relativamente aos crimes cometidos por funcionários militares e policiais. A transição jurídica uruguaia ficou marcada pelo objetivo de uma «mudança pacífica». A paz, que era necessária para fortalecer a nova democracia, teve como preço o esquecimento dos crimes do passado. Desta forma, o esquecimento e o perdão ocuparam o lugar da verdade e do castigo dos culpados que era exigido pelas vítimas diretas do terrorismo de Estado.

II. O CONCEITO DE JUSTIÇA DE TRANSIÇÃO

6. A *justiça de transição* tem a ver com o modo e com todas as formas através das quais, ao longo do tempo, uma sociedade «*ajusta as suas contas*» com os fatos do passado. Do ponto de vista normativo, o conceito de justiça de transição é um conceito em construção que combina aspectos políticos e jurídicos. Os modelos de transição variam e dependem das características de uma dada sociedade e de uma multiplicidade de variáveis, que podem determinar que, mesmo em situações similares, sejam adotados modelos de transição opostos. Estes diversos modelos de transição podem alicerçar-se no esquecimento, cujo principal instrumento consiste em leis de anistia; no valor justiça, cujos principais instrumentos consistem na perseguição penal e na indenização das vítimas; no valor do «*conhecimento da verdade*», cujo principal instrumento são as Comissões da Verdade; ou ainda no valor da reconciliação, com a aprovação de bases de justiça reparadora ou a aceitação de formas consuetudinárias de resolução de conflitos. Não existe um sistema de justiça de transição aplicável como modelo único de solução para todos os casos. O tipo de justiça de transição pode variar com o tempo. Isto é: ou é influenciado pelas relações de força entre a antiga e a atual elites no poder, ou influencia, ele próprio, diretamente o modo de intervenção, consoante as mudanças de Governo ou as políticas de Governo. Ruti Teitel define a justiça de transição como um modelo de justiça associado a períodos de mudança política que pretende encontrar respostas legais face a crimes cometidos por regimes opressores no passado. Roth-Arriaza, no entanto, define-a como uma série de práticas, instrumentos e interesses que têm de ser implementados em períodos de conflito, guerra civil ou repressão e que estão diretamente vocacionados para o confronto e identificação de violações de direitos humanos e do direito humanitário. Estes conceitos de justiça de transição foram pensados para a transição de situações de guerra ou conflito armado para situações de paz, ou de regimes de ditadura para regimes democráticos. Hoje em dia, porém, para além do aspecto normativo vinculado à resolução de um conflito passado numa determinada sociedade, pretende-se que a justiça de transição contribua para o compromisso internacional de garantir a todos os seres humanos a segurança e a certeza de uma proteção supranacional dos direitos humanos. Em tempos de globalização, pretende-se que a justiça de transição, além de constituir um instrumento local para a análise do passado, constitua também um instrumento supranacional de proteção de direitos humanos que possa ser útil para a segurança internacional.

7. Do ponto de vista jurídico, a eficácia da justiça de transição medir-se-á em função da sua capacidade de cumprimento de três objetivos principais: *a)* verdade, reparação e justiça; *b)* cumprimento das exigências jurídicas de justiça que impõem, no plano internacional, a investigação das violações mais graves dos direitos humanos e *c)* castigo dos responsáveis. Estas exigências, que parecem amparar os direitos das vítimas, colidem com as pretensões dos criminosos de Estado, que reclamam impunidade em troca da entrega do poder e/ou da promessa de não o voltar a destabilizar. E é aqui que reside o dilema da justiça de transição, um conceito que reúne as exigências da justiça e as vicissitudes da política na busca de um equilíbrio que satisfaça todos os atores do conflito, navegando entre a política real (formas de perdão e esquecimento próprias dos processos de transição) e as exigências da justiça, sob a forma de princípios universais ou imperativos jurídicos internacionais que exigem a luta contra a impunidade. A justiça de transição é uma forma particular de justiça cujos problemas essenciais são evidenciados em casos como o do Uruguai, de conflito permanente e sem solução aparente a curto prazo.

III. ETAPAS DA JUSTIÇA DE TRANSIÇÃO NO URUGUAI

8. O caso uruguaio permite-nos compreender a complexidade de um processo de justiça de transição e de elaboração do passado, apesar de ter resultado de uma negociação ou acordo entre os criminosos do Estado e as elites civis (políticas).

9. Para analisar este processo de justiça de transição vou utilizar um dos modelos do projeto do Instituto Max Planck para o Direito Penal Estrangeiro e Internacional de Freiburg im Breisgau, denominado *Direito Penal em Reação à Criminalidade do Estado*. Este projeto, de entre vários processos de transição possíveis, identificou três grandes modelos com vista à transição de um regime despótico ou ditatorial para um regime democrático e de direito. Estes modelos são: *a)* o *modelo de perseguição penal* («*Strafverfolgungsmodell*»); *b)* o *modelo de impunidade* («*Schlußstrichmodell*»), subdividido em *modelo de impunidade absoluta* («*absolutes Schlußstrichmodell*») e *modelo de impunidade relativa* («*relatives Schlußstrichmodell*») e *c)* o *modelo de reconciliação* («*Aussöhnungsmodell*»). Esta classificação é utilizada com fins meramente didáticos para diferenciar momentos distintos de transição no Uruguai em que predominou cada um destes três modelos teóricos.

10. A primeira etapa entre *1985 e 2000* pode ser considerada como um *modelo de impunidade absoluta*, combinado com algumas formas de *reparação* das vítimas. *A forma negociada* de transição condicionou todo o processo de justiça de transição. Com o regresso da democracia voltou a vigorar a Constituição 1967, fizeram-se reformas institucionais e o Parlamento aprovou uma lei de anistia que apenas abrangeu os delitos políticos, comuns e militares relacionados com estes cometidos a partir de 1.º de janeiro de 1962. O novo regime aprovou leis de reparação que, fundamentalmente, declaravam a restituição de direitos e benefícios às vítimas da ditadura. O grande problema deste período esteve relacionado com o conhecimento da verdade e a possibilidade de se fazer justiça. As vítimas apresentaram várias denúncias penais, na maior parte dos casos relacionadas com familiares desaparecidos, mas os suspeitos, apoiados pelas mais altas autoridades do exército, declararam que não se apresentariam perante a justiça penal ordinária. Para evitar a desobediência militar numa democracia ainda muito frágil, o Parlamento aprovou, em finais de 1986, a Lei 15.848, denominada *Lei de Caducidade da Pretensão Punitiva do Estado*. Esta lei sujeitou a possibilidade de investigação dos fatos denunciados a uma decisão política do poder executivo, a emitir caso a caso, mediante requerimento do Poder Judicial. O nome curioso adotado pela lei foi consequência do fato de os terroristas de Estado se recusarem a ser anistiados, embora na realidade se tratasse de uma lei de anistia encoberta, como o veio a reconhecer o próprio Supremo Tribunal de Justiça (*Suprema Corte de Justicia*). Como é perceptível, não se trata de uma lei de anistia, pois admite a possibilidade constante da revisão de cada caso, deixando a justiça penal dependente de decisão política do Governo em funções. Em 1988 esta lei foi declarada constitucional pelo Supremo Tribunal de Justiça, em acórdão fundamentado com argumentos políticos. Em 1989, a mesma lei foi submetida a referendo (uma consulta popular, obtida através de difícil recolha de assinaturas, para que a população decida da manutenção ou revogação de uma lei). A lei foi aceite por escassa margem dos votos expressos pelos cidadãos. Como se vê, tanto as mais altas autoridades como o povo uruguaio escolheram um modelo de *impunidade absoluta* na ordem interna. Este modelo foi, no entanto, questionado internacionalmente pelo Comité de Direitos Humanos da ONU e pela Comissão Interamericana de Direitos Humanos, instâncias internacionais a que as vítimas recorreram, até porque o Uruguai era parte de alguns tratados internacionais de proteção dos direitos humanos.

11. A insatisfação das vítimas marcou a segunda etapa da justiça de transição no Uruguai, etapa que pode ser considerada segundo um *modelo de reconciliação*. Entre 2000 e 2005, pode falar-se de um modelo de reconciliação, embora se tenha mantido a impunidade para os crimes do Estado. Em agosto do ano 2000, o Presidente, de orientação liberal, Jorge Batlle, constituiu a Comissão para a Paz, com o objetivo de «devolver a paz de espírito aos uruguaios». Esta espécie de «Comissão de Verdade» concentrou a sua atividade na procura das pessoas desaparecidas de forma forçada. Durante o «terrorismo de Estado» desapareceram aproximadamente duzentas pessoas de nacionalidade uruguaia no Uruguai e nos países vizinhos. Mas, porque não dispunha de poderes de investigação, limitava-se a receber informação voluntária e sigilosa de todos aqueles que livremente quisessem fornecer-lhe dados sobre o paradeiro das vítimas. O mandato limitado de que dispunha impediu a Comissão de conseguir – com padrões de funcionamento equiparáveis aos da justiça – contribuir para o esclarecimento dos fatos. Esta forma de intervenção no conflito deve considerar-se como uma alternativa à punição (justiça), já que prossegue um claro objetivo de reconciliação (reparação): «estabelecer para sempre a paz entre os uruguaios». A Comissão para a

Paz trouxe duas mudanças fundamentais ao processo de transição uruguaio, no sentido da reconciliação. Por um lado, pôs fim a anos de silêncio institucional sobre os crimes da ditadura e sobre a responsabilidade do Estado uruguaio e, por outro lado e através do Decreto Presidencial n. 146, de 2003, declarou como «versão oficial» as conclusões finais da Comissão de Paz, entre as quais constava o reconhecimento do fenômeno da delinquência de Estado. Este reconhecimento oficial da criminalidade de Estado abriu caminho para a discussão de leis sobre indenização das vítimas, mas constituiu também uma forma simbólica de reparação dos seus danos. Porém, estas formas de reparação não foram suficientes para pôr termo à justiça de transição uruguaia, pois a impunidade e o desconhecimento da verdade impediam as vítimas de ver satisfeitas as suas pretensões.

12. Desde 2005 até aos nossos dias, desenvolveu-se o terceiro período da justiça de transição no Uruguai, que pode qualificar-se como *modelo de perseguição penal*, combinado com algumas formas de *reparação* das vítimas. Esta etapa começou com a eleição do primeiro Governo de «esquerda», liderado por Tabaré Vásquez, que interpretou a Lei de Caducidade de forma oposta àquela que tinha sido adotada por Governos anteriores, deixando cair a proteção através de anistia para casos graves de violação dos direitos humanos que deveriam ser investigados e punidos.

13. Até agora, a justiça penal condenou os principais responsáveis civis, militares e policiais da ditadura uruguaia. Entre eles, o primeiro ditador civil, Juan María Bordaberry, e o único ditador militar, Gregorio Álvarez, que foram condenados, em primeira instância, a 30 anos de pena de prisão efetiva, a pena máxima admitida no ordenamento jurídico uruguaio. Bordaberry, Presidente eleito democraticamente em 1971 e autor de um golpe de Estado juntamente com os militares em 1973, foi condenado, como autor, por atentado contra a Constituição e, como coautor, pelo desaparecimento forçado de nove pessoas e por dois homicídios políticos. A mesma sentença sustentou que a dissolução do Estado de Direito permitiu a prática de crimes por parte dos «terroristas de Estado» e, de algum modo, concentrou nesse ato político o ilícito penal de Bordaberry. O ex-ditador civil foi condenado em sentença de primeira instância por crimes contra a humanidade que não estavam ainda tipificados no ordenamento jurídico uruguaio aquando do início de execução dos mesmos, mas a sentença considerou que tais crimes lhe podiam ser imputados com base em normas preexistentes de *jus cogens*, embora não tenha precisado exatamente a qual destas normas se refere a imputação do homicídio político. Bordaberry morreu em 2011, cumprindo prisão domiciliária.

Gregorio Álvarez foi condenado, em sentença de primeira instância, por vários crimes de desaparecimento forçado de pessoas. Esta sentença foi modificada, em segunda instância, pelo Tribunal de Apelação, que, em substituição, o condenou pela prática de uma série de delitos comuns de homicídio qualificado. Na sentença contra o ex-ditador militar Gregorio Álvarez, a imputação penal centrou-se no conhecimento ou dever de conhecimento, por parte dos mais altos chefes militares, dos fatos praticados pelos respectivos subalternos. Deste modo, foi aplicada uma lógica similar à da responsabilidade do superior hierárquico, prevista no art. 28.º do Estatuto de Roma, incorporado no ordenamento jurídico-penal uruguaio pela Lei 18.026/2006, mas aplicada para crimes cometidos muitos anos antes. Salvo exceções, a jurisprudência da segunda instância não acolheu teorias oriundas do direito penal internacional que poderiam obrigar a uma redefinição dos princípios básicos do direito penal liberal e garantista, tais como os princípios da legalidade e da irretroatividade. Até aos dias de hoje, e para não pôr em causa os princípios da legalidade (proibição de analogia *in malam partem*) e da não retroatividade da lei penal, a maioria dos tribunais superiores não confirmaram quaisquer condenações por crimes contra a humanidade. Uma forma de ultrapassar este obstáculo poderia ser considerar como delito de caráter permanente o delito de desaparecimento forçado de pessoas, previsto na ordem jurídica uruguaia desde 2006 e cujos efeitos antijurídicos se mantêm enquanto não for conhecido o paradeiro ou o destino da vítima. Um dos problemas que a justiça penal teve de resolver para investigar e condenar os crimes e delitos da ditadura civil-militar foi o do estabelecimento de critérios claros para definir as situações que devessem ser qualificadas como delitos permanentes e aquelas em que devesse ser admitida a possibilidade da prescrição do procedimento criminal. Para delitos cometidos durante a ditadura, os juízes não contabilizaram como tempo de prescrição o período em que esteve «interrompido» o Estado de Direito, de tal forma que os prazos de prescrição relativos a tais delitos se contaram apenas a partir do regresso da democracia, em março de 1985. O problema surgiu com os delitos instantâneos, que não têm efeitos antijurídicos permanentes e cujo prazo de prescrição não é muito longo. Face a esta situação e para possibilitar a imputação aos «criminosos de Estado» de delitos comuns que não têm estas características, os juízes recorreram ao critério da perigosidade, que, no sistema processual penal uruguaio, permite ampliar o prazo de prescrição (art. 123.º do Código de Processo Penal). No entanto, a diversidade de critérios utilizados para fundamentar o conceito de perigosidade coloca um problema de segurança jurídica. Como se pode observar, a justiça penal uruguaia condenou na pena máxima os responsáveis pela ditadura civil-militar, apesar de para o efeito ter recorrido a normas não escritas de direito penal internacional e a outras incorporadas no ordenamento jurídico nacional anos após o início de execução dos delitos.

14. Durante esta etapa também se procedeu à reparação tanto material, como simbólica das vítimas.

15. O processo da justiça de transição uruguaio entrou numa etapa exclusivamente punitiva em que os objetivos de justiça, reparação e conhecimento da verdade são almejados através do julgamento penal e do direito penal.

IV. A ATUAL SITUAÇÃO DO PROCESSO DE JUSTIÇA DE TRANSIÇÃO NO URUGUAI: UM CONFLITO SEM SOLUÇÃO

16. Atualmente, toda a problemática da justiça de transição no Uruguai está concentrada na Lei de Caducidade. Tal acontece porque a lei continua em vigor, apesar de ser interpretada de forma a que a investigação e punição dos culpados seja ainda possível. A jurisprudência constante do Supremo Tribunal de Justiça tem, desde 19.10.2009 (Acórdão n. 365), declarado quer a inconstitucionalidade desta lei, quer a ineficácia da anistia, por violação de normas do direito internacional, entre as quais o artigo 27.º da Convenção de Viena sobre o Direito dos Tratados, segundo o qual um Estado-membro não pode invocar as disposições do seu direito interno para justificar o incumprimento de um tratado. Esta declaração de inconstitucionalidade não tem, no Uruguai, efeito *erga omnes*, de tal forma que a lei apenas deixa de produzir efeitos no caso concreto em que a sua inconstitucionalidade for declarada.

17. Uma semana após a declaração de inconstitucionalidade, a lei foi submetida a uma segunda consulta popular, desta vez um Plebiscito (25.10.2009) para rever a Constituição e declarar a sua ineficácia. De forma difícil de explicar, e apesar da inconstitucionalidade da lei, os cidadãos voltaram a ratificar a «solução da anistia» e o modelo da impunidade: o esquecimento dos crimes do passado.

18. Recentemente (24.02.2011), no primeiro caso de condenação do Uruguai (caso Gelman *vs.* Uruguai), o Tribunal Interamericano de Direitos Humanos voltou a declarar a incompatibilidade entre as leis de anistia relativas a violações graves de direitos humanos e o direito internacional e as obrigações internacionais dos Estados subscritores da Convenção Americana de Direitos Humanos, de forma que recomendou a declaração de nulidade (*ex nunc*) da Lei de Caducidade. O Tribunal não só condenou o Estado por manter em vigor tal lei, como determinou qual a imputação penal correspondente ao caso em questão. Além disso, negou toda e qualquer validade à pronúncia popular favorável à Lei de Caducidade – como método de democracia direta – geradora da responsabilidade do Estado uruguaio porque essa lei é contrária ao direito internacional.

19. Durante a primeira metade do ano de 2011, o Parlamento uruguaio analisou sem êxito a possibilidade de declarar que a Lei de Caducidade carece de efeitos jurídicos desde a sua promulgação. O Poder Executivo acabou por decretar a nulidade de atos administrativos de Governos democráticos anteriores que tivessem aplicado a Lei de Caducidade para impedir investigações penais e permitiu que o Poder Judicial fique com liberdade de ação para iniciar ou reiniciar as investigações penais, contanto que, no caso concreto, não se tenha formado *res judicata*. Desta forma, o atual Governo pondera o cumprimento do ordenado pelo Tribunal Interamericano dos Direitos Humanos no caso Gelman *vs.* Uruguai, removendo assim o impedimento legal à investigação penal. Do ponto de vista jurídico, é incerta a situação dos criminosos de Estado que foram condenados e daqueles que estão atualmente sujeitos à justiça penal. Existem inclusivamente dúvidas sobre a possibilidade de o Poder Executivo poder ou não declarar sem efeito atos administrativos que geraram direitos adquiridos, de forma a que os prejudicados possam apresentar recurso contencioso perante os tribunais administrativos. Em relação ao início de novos processos penais, a tese maioritária, até ao momento, defende que os delitos cometidos durante a ditadura militar (que foram considerados pelo Supremo Tribunal de Justiça em vários acórdãos como delitos comuns ou como crimes contra a humanidade) prescrevem a 1 de novembro de 2011. Finalmente, a Lei 18.831, de outubro de 2011, não revogou a Lei de Caducidade, mas decretou que os delitos cometidos durante a ditadura civil-militar são imprescritíveis e possuem a natureza de crimes contra a humanidade. Assim, a justiça penal pode iniciar processos penais sem qualquer limitação temporal e sem necessidade de aprovação política por parte do Poder Executivo.

20. Atualmente existem cerca de 210 processos judiciais tramitados no conjunto do território nacional que têm por objeto graves violações dos direitos humanos durante o período do terrorismo de Estado. Das cerca de 200 pessoas desaparecidas só foram encontrados os restos mortais de quatro: Fernando Miranda, Ubagesner Chaves, Julio Castro y Ricardo Blanco. No ano de 2016 foram instaurados inquéritos por crimes sexuais cuja repressão se pretende que venha a ocorrer independentemente de quaisquer processos-crime relativos a atos de tortura. Na parte que respeita à descoberta da verdade, a quase totalidade das condenações penais contra ex-terroristas de Estado tem vindo a ocorrer por crimes comuns especialmente graves e receberam as penas mais severas do ordenamento jurídico penal. Isso significa que, para efeitos de registo (verdade histórica), ficará a constar que no Uruguai, como consequência do terrorismo de Estado, não foram cometidos crimes de lesa-humanidade, ou seja, a história dirá que foram cometidos crimes de homicídio qualificado, em vez de execuções extrajudiciais, ofensas à integridade física gravíssimas, em vez de torturas, e privações ilegítimas de liberdade, em vez de desaparições forçadas de pessoas. Esta é uma mensagem errônea que faz com que, durante o processo de justiça de transição uruguaio, a utilização do mecanismo judicial conhecido como justiça penal produza uma verdade distorcida e não seja útil para a reparação às vítimas. Tudo isso abre a discussão acerca da necessidade de utilização complementar de outros mecanismos de justiça de transição, tais como as comissões da "verdade" ou da "paz e reconciliação", que permitam descobrir a verdade e reparar as vítimas por causa dos crimes de Estado, acusando inclusivamente instituições ou pessoas coletivas (por exemplo, aquelas empresas ou bancos que financiaram os regimes ditatoriais).

CONCLUSÃO

21. O processo de justiça de transição uruguaio passou por várias etapas, que vão desde o esquecimento absoluto à indenização das vítimas e à punição criminal dos criminosos de Estado. O conflito continua em aberto e a dividir a sociedade uruguaia.

22. As pretensões das vítimas, em função do direito à verdade e da necessidade de punir todos os responsáveis, foram o motor que impulsionou e conduziu à condenação internacional da solução escolhida pelas instituições uruguaias e pelo povo uruguaio para a resolução do conflito. No entanto, apesar dos julgamentos penais, os autores dos crimes permanecem em silêncio, de modo que o conhecimento da verdade é um tema pendente, que ainda não foi resolvido. Os julgamentos penais só foram úteis para terminar com a impunidade, pelo que a busca da verdade só poderá ser levada a cabo com êxito através de uma Comissão da Verdade ou de um mecanismo similar, complementar do da justiça penal.

23. O caso uruguaio, com as suas várias etapas, demonstra que, quando se trata de crimes de Estado, a justiça de transição não é apenas uma forma de justiça associada a um período específico de mudança política. A justiça de transição varia com as mudanças políticas ou com as alterações políticas dos Governos relativamente ao passado, tal como sucedeu com a nova interpretação da Lei de Caducidade, a partir do ano de 2005, e com a Lei 18.831, de 2011, que declarou que a Lei de Caducidade continua vigente, mas inoperante.

24. A característica essencial do processo de transição uruguaio que faz dele um processo tão peculiar é que todas as etapas do processo não só foram marcadas por formas de exercício indireto de soberania, como também as decisões mais importantes foram referendadas através do exercício de soberania direta. A sociedade uruguaia teve a oportunidade de decidir qual a forma concreta de reação contra os crimes do passado que deveria ser adotada, se analisando-os com base na clemência ou, inclusivamente, no esquecimento. Desse modo, a sociedade adotou uma decisão de esquecimento parcial da reparação das vítimas do terrorismo de Estado e abdicou do direito de todos a conhecer a verdade sobre os crimes do passado. De alguma forma a sociedade uruguaia não aceita (ou rejeita) aquilo que Jaspers denominou de «culpa coletiva».

25. No entanto, o caso uruguaio comprova que uma solução do conflito baseada no exercício mais puro e direto da democracia não é suficiente quando tal solução é contrária ao ordenamento jurídico nacional e internacional. O processo de justiça de transição uruguaio evidencia que as soluções locais (mesmo que obedeçam à vontade das maiorias ou sejam produto de um regime democrático) estão submetidas ao controlo de instâncias supranacionais, caso o Estado (isto é, as suas instituições e o seu eleitorado), tratando-se das mais graves violações de direitos humanos, não tenha respeitado os parâmetros determinados em algumas convenções internacionais. O processo uruguaio demonstra ainda que nem todos os objetivos de um processo de transição são possíveis de realizar única e exclusivamente através do direito penal.

26. Como foi afirmado na introdução, num processo de justiça de transição e de elaboração do passado não se trata de «explicar» e «compreender» os feitos do passado (*e.g.*, a radicalidade ou a banalidade do mal) e, mesmo que fosse esse o seu objetivo, tal não seria possível através apenas do direito penal. O direito penal limita-se a «julgar» a responsabilidade de indivíduos por fatos concretos, segundo critérios normativos que regem o comportamento em sociedade. Só assim poderemos assumir uma reação punitiva num Estado de Direito democrático contra os crimes do passado, como acontece no Uruguai. Se o objetivo for a explicação e compreensão de um conflito que, por sua vez, visa à «elaboração do passado», ao «conhecimento da verdade», à «reparação das vítimas» e a «fazer justiça», este não poderá ser levado a cabo por um direito penal que se limita à imputação de uma responsabilidade individual em relação a um fato determinado. A uma conclusão semelhante chega Hannah Arendt no Epílogo do seu livro *Eichmann em Jerusalém*.

BIBLIOGRAFIA

AA.VV., *Digesto de jurisprudencia latinoamericana sobre crímenes de derecho internacional*, United States Institute for Peace, 2009.

AA.VV., *El Proceso Político. Las FF.AA. al Pueblo Oriental,* Tomo II, Montevideo, 1978.

AA.VV., *La lucha contra el terrorismo 1960-1980. Nuestra Verdad*, Centro Militar, Centro de Oficiales Retirados de las FF.AA., Montevideo: Artemisa, 2007.

Ambos, Kai, *El marco jurídico de la justicia de transición*, trad. Ezequiel Malarino, Bogotá: Temis, 2008.

Appratto, María, *Del Club Naval a la Ley de Caducidad. Una salida condicionada para la redemocratización uruguaya. 1983-1986*, Montevideo: Monteverde, 2007.

Arendt, Hanna, *Eichmann in Jerusalem. A Report on the Banality of Evil,* New York: The Viking Press, 1963.

Arnold, Jörg, «Transitionsstrafrecht und Vergangenheitspolitik», in: Böse & Sternberg-Lieben (orgs.) *Grundlagen des Straf-und Strafverfahrensrechts. Festschrift für Knut Amelung zum 70. Geburtstag*, Berlin: Duncker & Humblot, 2009.

Atiles-Osoria, José, «Reflexiones sobre la Justicia Transicional: para retomar las prácticas políticas y en búsqueda de otras epistemológicas», Ponencia presentada en las *XX Jornada Jurídiques Justícia Trancicional i Justícia Penal Internacionales*, Universitat de Lleida, Outubro 26-27 de 2009.

Bandieri, Luis, «Juicio al juicio absoluto. A propósito de "Juicio al mal absoluto" de Carlos Nino», online: www.ieeba.com.ar/colaboraciones2/Juicio%20al%20 juicio.pdf (consultado em 28.06.2011).

Barahona de Brito, Alexandra, *Human Rights and Democratisation in Latin America: Uruguay and Chile*, New York: Oxford University Press, 1997.

Caetano, Gerardo & Rilla, José, *Breve Historia de la Dictadura*, Montevideo: Ediciones Banda Oriental, 2006.

Call, Charles, «Is transitional justice really just?», *Brown Journal of World Affairs*, Verão/Outono 2004, vol. XI, n. 1.

Card, Claudia, «El paradigma de la atrocidad: una teoría del mal», in: Camila de Gamboa (org.), *Justicia Transicional: Teoría y Praxis*, Colombia: Universidad del Rosario, 2006.

Casesse, Antonio, «Balancing the Prosecution of Crimes against Humanity and Non--Retroactivity of Criminal Law. The Kolk and Kislyiy v. Estonia Case before the ECHR», *JICJ* 4 (2006).

CHRISTIE, Niels, «Peace or punishment?», in: Georg Guilligan & John Pratt (orgs.), *Crime, Truth and Justice. Official inquiry, discourse, knowledge*, USA/Canada: Willan Publishing, 2004.

CUNNEEN, Chris, «Exploring the relationship between reparations, the gross violation of human rights, and restorative justice», in: Dennis Sullivan & Larry Trifft (orgs.), *Handbook of Restorative Justice. A Global Perspective*, London/New York: Routledge, 2006.

CHINCHÓN ÁLVAREZ, Javier, *Derecho Internacional y Transiciones a la democracia y la Paz: Hacia un modelo para el castigo de los crímenes pasados a través de la experiencia iberoamericana*, Sevilla, 2007.

DEMASI/MARCHESI/MARKARIAN/RICO/YAFFÉ, *La dictadura Cívico-Militar. Uruguay 1973-1985*, Montevideo: Ediciones Banda Oriental, 2009.

DE SENARCLENS, Pierre, «El problema de la legitimidad del poder», in: SIJAU, *Coloquio sobre Uruguay y Paraguay. La transición del estado de excepción a la democracia*, Montevideo: Ediciones Banda Oriental, 1985.

DUTHIE, Roger, «The Consequences of Transitional Justice in Particular Contexts», in: Laban Hinton (org.), *Transitional Justice. Global Mechanisms and Local Realities after Genocide and Mass Violence*, New Brunswick/New Jersey/London: Rutgers University Press, 2010.

ESER, ARNOLD & KREICKER (orgs.), *Strafrecht in Reaktion auf Systemunecht. Vergleichende Einblicke in Transitionsprozesse*, Iuscrim, 2001.

ESER, Albin & ARNOLD, Jörg (orgs.), *Strafrecht in Reaktion auf Systemunrecht. Vergleichende Einblicke in Transitionsprozesse*, Internationales Kolloquium, Freiburg i. Br., 1999, Iuscrim, 2000.

FERNÁNDEZ, Gonzalo, «Strafrecht in Reaktion auf Systemunrecht in Uruguay», in Eser/Sieber/Arnold (orgs.), *Strafrecht in Reaktion auf Systemunrecht. Vergleichende Einblicke in Transitionsprozesse*, Tomo 11, Berlin: Duncker & Humblot, 2007.

_____, «Uruguay», in: Arnold, Simon & Woischnick (orgs.), *Estado de derecho y delincuencia de Estado en América Latina. Una visión comparativa*, México: UNAM, 2006.

FINDLAY, Mark & HENHAM, Ralph, *Beyond Punishment: Achieving International Criminal Justice*, UK: Palgrave Macmillan, 2010.

FRIED, Gabriela & LESA, Francesca, *Luchas contra la impunidad: Uruguay 1985-2011*, Montevideo: Trilce, 2011.

GALAIN PALERMO, Pablo, *¿Justicia de Transición? Mecanismos políticos y jurídicos para la elaboración del pasado*, Valencia: Tirant lo Blanch, 2016.

_____, «La giustizia di transizione in Uruguay. Un conflitto senza soluzione», in: Fornasari & Fronza (org.), *Percorsi giurisprudenziali in tema di gravi violazioni dei Diritti Umani. Materiali dal laboratorio dell`America Latina*. Trento: Università degli Studi di Trento. Dipartamento di Scienze Giuridiche, 2011.

_____, «Relaciones entre el "derecho a la verdad" y el proceso penal. Análisis de la jurisprudencia de la Corte Interamericana de Derechos Humanos», in: Ambos, Malarino & Elsner (orgs.), *Sistema interamericano de protección de los derechos humanos y derecho penal internacional*, Montevideo: Konrad Adenauer, 2011.

_____, «The Prosecution of International Crimes in Uruguay», *International Criminal Law Review*, n. 10, 2010.

_____, *Transition through consultation: the Uruguayan Experience*, «Amnesties, Immunities and Prosecutions: International Perspectives on Truth Recovery», School of Law, Queen's University Belfast, Northern Ireland, 22.06.2009, http://www.law.qub.ac.uk/schools/SchoolofLaw/Research/InstituteofCriminologyandCriminalJustice/Research/BeyondLegalism/filestore/Filetoupload,158483,en.pdf (consultado em 28.06.2011).

_____, «Übergangsjustiz und Vergangenheitsbewältigung in Uruguay», *Zeitschrift für die gesamte Strafrechtswissenschaft* 125/2, 2013, pp. 379-406.

_____, «Uruguay», in Ambos (org.), *Desaparación Forzada de Personas. Análisis comparado e internacional*, Bogotá: Temis/GTZ, 2009.

_____. «Uruguay», in: Ambos, Malarino & Elsner (orgs.), *Justicia de Transición. Con informes de América Latina, Alemania, Italia y España*, Montevideo: Konrad Adenauer, 2009.

_____, «Uruguay», in: Ambos, Malarino & Woischnick (orgs.), *Dificultades jurídicas y políticas para la ratificación o implementación del Estatuto de Roma de la Corte Penal Internacional. Contribuciones de América Latina y Alemania*, Montevideo: Konrad Adenauer Stiftung, 2006.

González, José Luis & Galain Palermo, Pablo, «Uruguay», in Ambos/Malarino/Elsner (orgs.), *Jurisprudencia Latinoamericana sobre Derecho Penal Internacional. Con un informe adicional sobre la jurisprudencia italiana*, Montevideo: Konrad-Adenauer-Stiftung, 2008.

Hayner, Priscilla, *Unspeakable Truths. Confronting state terror and atrocity*, New York/London: Routledge, 2001.

Jaspers, Karl, *Die Schuldfrage. Für Völkermord gibt es keine Verjährung*, München: Piper, 1979.

Kritz, Neil, *Transitional Justice*, Vol. II, Washington DC, 1995.

Lesa, Alfonso, *Estado de Guerra. De la gestación del golpe del 73 a la caída de Bordaberry*, Montevideo: Fin de Siglo, 2007.

_____, *La primera orden. Gregorio Álvarez, el militar y el dictador. Una historia de omnipotencia*, Montevideo: Sudamericana, 2009.

Linz, Juan & Stepan, Alfred, *Problems of Democratic Transition and Consolidation. Southern Europe, South America, and Post-Communist Europe*, Baltimore-London: The Johns Hopkins University Press, 1996.

Mallinder, Louise, «Can amnesties and International justice be reconciled?», *International Journal of Transitional Justice* 1, 2007.

Mc Evoy, Kieran & Mc Gregor, Lorna (orgs.), *Transitional Justice from Below: Grassroots Activism and the Struggle for Change*, Oxford e Portland, OR: Hart Publishing, 2008.

Michelini, Zelmar, «Accusations against Uruguay», in: Jerman (org. e trad.) *Repression in Latin America. A Report on the First Session of the Second Russel Tribunal, Rome, April 1974*, Spokesman Books, 1975.

Olásolo, Héctor & Galain Palermo, Pablo, «La influencia en la Corte Penal Internacional de la jurisprudencia de la Corte Interamericana de Derechos Humanos en materia de acceso, participación y reparación de víctimas», in: Ambos, Malarino & Elsner (orgs.), *Sistema interamericano de protección de los derechos humanos y derecho penal internacional*, Montevideo: Konrad Adenauer/Universidad de Göttingen, 2010.

Osiel, Mark, «Respuestas estatales a las atrocidades masivas», in: Rettberg (org.), *Entre el perdón y el paredón. Preguntas y dilemas de la Justicia Transicional*, Bogotá: Uniandes, 2005.

Presidencia de la República Oriental del Uruguay, *Investigación Histórica sobre Detenidos Desaparecidos. En cumplimiento del Artículo 4.º de la Ley 15.848*, Tomo I, Contexto Represivo. Testimonios, Montevideo: IMPO, 2007.

Rial, Juan, «El Referendum del 16 de abril de 1989 en Uruguay», *CAPEL-IIDH*, San José, 1989.

Rilla, José, «Uruguay 1980. Transición y democracia plebiscitaria», http://www.nuso.org/upload/articulos/2611_1.pdf (consultado em 28.06.2011).

Rogat, Yosal, *The Eichmann Trial and the Rule of Law,* Center for the Study of Democratic institutions, Santa Barbara-California, 1961.

Rosencof, Mauricio & Fernández Huidobro, Eleuterio, *Memorias del calabozo*, Navarra: Txalaparta, 1993.

Roth-Arriaza, Naomi, «The new landscape of transitional justice», in: Roth-Arriaza & Mariezcurrena (orgs.), *Transitional Justice in the Twenty-First Century. Beyond Truth and Justice*, Cambridge: Cambridge University Press, 2006.

Sancinetti, Marcelo & Ferrante, Marcelo, *El derecho penal en la protección de los derechos humanos. La protección de los derechos humanos mediante el derecho penal en las transiciones democráticas*. Buenos Aires: Hammurabi, 1999.

Sanguinetti, Julio Maria, *La agonía de una democracia. Proceso de la caída de las instituciones en el Uruguay (1963-1973)*, Montevideo: Taurus, 2008.

Scharf, Michael, «The case for a permanent international truth commission», *DJCIL*, vol. 7, 1997.

Schünemann, Bernd, «Amnestie und Grundgesetz. Zur Verfassungswidrigkeit einer Amnestie in der Parteispendenaffäre», *ZRP* 6, 1984.

Skaar, Elin, «Impunidade versus responsabilidade no Uruguai: o papel da Ley de Caducidad», A Anistia na Era da Responsabilização. O Brasil em Perspectiva Internacional e Comparada, Comissão de Anistia, Ministério da Justiça do Brasil/

Centro de Estudos Latino-Americanos Universidade de Oxford, Reino Unido, Brasília e Oxford, 2011.

SOOKA, Yasmin, «Dealing with the past and transitional justice: building peace through accountability», *ICRC* 88, 2006.

TEITEL, Ruti, «Editorial Note-Transitional Justice Globalized», *The International Journal of Transitional Justice*, vol. 2, 2008.

_____, «Transitional Historical Justice», in: Meyer (org.), *Justice in Time. Responding to Historical Injustice*, Baden-Baden: Nomos, 2004.

_____, «Transitional Justice Genealogy», *HHRJ*, vol. 16, Primavera de 2003.

THIMMEL, BRUNS, EISENBÜRGER & WEYDE (orgs.), *Uruguay. Ein Land in Bewegung*, Berlin: Assoziation A, 2010.

TOURAINE, Alain, «Efectos en las sociedades de los Crímenes de Lesa Humanidad», in: *El principio de justicia universal*, Madrid: Colex, 2001.

UPRIMNY, Rodrigo & SAFFON, Maria Paula, «Justicia transicional y justicia restaurativa: tensiones y complementariedades», in: Rettberg (org.), *Entre el perdón y el paredón. Preguntas y dilemas de la Justicia Transicional*, Bogotá: Uniandes, 2005.

UPRIMNY, Rodrigo & SAFFON, María, «Verdad judicial y verdades extrajudiciales: la búsqueda de una complementariedad dinámica», http://www.dejusticia.org/interna.php?id_tipo_publicacion=2&id_publicacion=182 (consultado em 28.06.2011).

VÁZQUEZ CARRIZOSA, Alfredo, *La filosofía de los derechos humanos y la realidad de América Latina,* Bogotá: Universidad Nacional de Colombia. Facultad de Derecho, 1989.

WERLE, Gerhard, «Die juristische Aufarbeitung der Vergangenheit: Strafe, Amnestie oder Wahrheitskommission?», in: Muñoz Conde & Vormbaum (orgs.), *Transformation von Diktaturen in Demokratien und Aufarbeitung der Vergangenheit.* Humboldt-Kolleg an der Universidad Pablo de Olavide Sevilla, 7-9. Februar 2008, Berlin: De Gruyter, 2010.

WESCHLER, Lawrence, *A Miracle, a Universe. Settling account with torturers,* New York: Pantheon Books, 1990.

Internet

http://www.elpais.com.uy/11/06/28/pnacio_576113.asp?utm_source=news-elpais&utm_medium=email&utm_term=text-link&utm_content=Caducidad:%20Mujica%20ativa%2080%20casos%20y%20juristas%20dudan%20sobre%20legitimidad&utm_campaign=Resumen%20Matutino (consultado em 28.06.2011).

VI

PERANTE O MAL: REFLEXÕES A PARTIR DE EICHMANN EM JERUSALÉM

A EXPERIÊNCIA MILGRAM E O DIREITO PENAL: UM ENSAIO SOBRE A BANALIDADE DO MAL

AUGUSTO SILVA DIAS

Keywords: Milgram experiment, banality of evil, criminal law.

Abstract: The Milgram experiment, conceived by the North-American Psychologist Stanley Milgram of the University of Yale and carried out in July 1961, a few months after the Eichmann process was initiated, was the first of a series of experiments testing Hannah Arendt's thesis on the banality of evil. How do people react when submitted to an authority (in this case, a scientific authority), was the question that the Milgram experiment and the subsequent ones tried to answer. This paper aims at analyzing the aforementioned experiment and the results it yielded, and discuss their implications in criminal law, especially in those fields where punishment is related with the problem of submission to an authority.

«Pode ser que sejamos bonecas manietadas pelos fios da sociedade. Mas pelo menos somos bonecas dotadas de percepção e de sabedoria. E talvez a nossa sabedoria seja o primeiro passo para a nossa libertação.»

Stanley Milgram, *The Listener*, 31 de outubro de 1974

1. A EXPERIÊNCIA MILGRAM: EXPECTATIVAS E RESULTADOS

1.1 Relato

O psicólogo social da Universidade de Yale, Stanley Milgram, organizou e realizou no ano distante de 1961 uma das experiências mais surpreendentes do pós-guerra sobre até que ponto pessoas razoavelmente socializadas eram capazes de causar sofrimento aos outros uma vez submetidas voluntariamente aos preceitos de uma autoridade. Preocupava-o o fenômeno da obediência e as consequências trágicas que havia assumido na história recente da Europa e do mundo. Entre 1933 e 1945 tinham sido construídas câmaras de gás, edificados campos da morte e chacinados milhões de pessoas inocentes de forma sistemática e organizada com base no cumprimento de ordens. Estas medidas desumanas, diz Milgram, «podem ter origem na mente de uma só pessoa mas apenas podem ser realizadas numa escala massiva se um número muito vasto de pessoas obedecerem a ordens».[1] Apesar de iniciada alguns meses após a abertura do processo Eichmann não há uma relação direta da experiência científica com este processo nem tão pouco com a tese que em torno dele Hannah Arendt construiu. Milgram conhecia alguns trabalhos de Arendt[2] mas não só o relatório desta sobre o julgamento de Eichmann[3] seria publicada no *The New Yorker* em fevereiro e março de 1963, cerca de ano e meio após a célebre experiência, como é afirmado pelo próprio que esta «deriva, em primeira instância, da observação direta de um fato social; o indivíduo que é comandado por uma autoridade legítima normalmente obedece. A obediência surge fácil e frequentemente. É um aspecto ubiquitário e indispensável da vida social».[4] No entanto, sem conhecer a tese de Arendt, Milgram tinha a mesma preocupação de fundo e acabaria por chegar a uma conclusão semelhante: quando sujeitos à influência de uma autoridade que consideram legítima indivíduos medianamente socializados tendem a sujeitar-se a ela ao ponto de infligir aos outros males extremos. Não significa isto que não tenham hesitações, dúvidas e conflitos internos, mas a verdade é que, apesar «disso», obedecem e vão até ao fim. A experiência Milgram fornecia um forte suporte empírico à tese filosófica posterior da banalidade do mal.[5]

1. V. «Behavioral study of obedience», *Journal of Abnormal and Social Psychology*, vol. 67 (1963), n. 4, p. 371.

2. Milgram cita inclusive um estudo de Arendt sobre a autoridade publicada em 1958 – v. «Behavioral study of obedience», p. 372 e 378.

3. Trata-se de um relatório e não de uma reportagem jornalística não só porque Arendt, apesar de ter o estatuto de jornalista, não acompanhou a maior parte do julgamento de Eichmann, designadamente a parte do interrogatório e declarações do arguido. Por isso, o livro *Eichmann em Jerusalém* é mais uma análise e reflexão histórica, ético-filosófica e psicológica sobre os acontecimentos e o envolvimento e atitude do arguido neles do que uma reportagem jornalística – sobre o tema v. Wieviorka, «Le procès qui fait entrer la Shoah dans l'histoire», *l'Histoire* 362 (março de 2010), «Eichmann devant ses juges», p. 46.

4. V. «Behavioral study of obedience», p. 372.

5. Nesse sentido, v. Peter Lunt, *Stanley Milgram: understanding obedience and ist implications*, ed. Palgrave Macmillan, 2009, p. 59 e ss.

Dado que os relatos acerca da experiência nem sempre coincidem nos pequenos detalhes, seguiremos a descrição que dela fez o próprio Milgram no artigo que vimos citando. Através de anúncios e de cartas pediram-se voluntários para participar num estudo sobre memória e aprendizagem a realizar na Universidade de Yale. O Projeto pagaria a cada um 4,50 USD pela deslocação e pelo dispêndio de 1 hora, o tempo considerado necessário para cada participação. Foram selecionados 40 indivíduos do sexo masculino[6] com idades compreendidas entre os 20 e os 50 anos, de estratos sociais e profissões diversas. Foi explicado a todos os selecionados que a experiência visava testar os efeitos do castigo na aprendizagem e na memória e que, por isso, uns teriam que desempenhar o papel de instrutor e outros o de aluno. Os papéis seriam atribuídos aleatoriamente através de um sorteio. Antes de realizar uma sessão cada par de participantes deveria tirar uma senha de papel de um chapéu para saber quem seria o instrutor e quem seria o aluno. Na verdade, sem que o participante pertencente ao lote dos selecionados (designado por Milgram como participante naïf) soubesse, o seu parceiro era um ator treinado para o efeito e as senhas que estavam no chapéu tinham ambas escrita a palavra «instrutor». Ao participante naïf estava previamente destinado o papel que ele pensava lhe tinha cabido em sorte. Depois eram ambos conduzidos à sala onde se encontrava uma cadeira elétrica e o responsável pela experiência explicava em que consistia esta exatamente.

O aluno sentar-se-ia na cadeira com os pulsos atados a um eletrodo cuja extremidade oposta estava ligada a um painel elétrico situado numa sala contígua. O painel continha 30 interruptores colocados em linha horizontal, a cada um dos quais correspondia uma potência de 15 volts. De um interruptor para o seguinte à sua direita verifica-se um acréscimo de 15 volts. O último interruptor da linha representa uma potência de 450 volts. A apresentação do painel é bastante realista de modo a que os participantes naïf não desconfiem de que se trata de uma simulação. Para reforçar a credibilidade de todo o aparato, a uma pergunta do aluno sobre que consequências para a saúde teriam os choques elétricos causados pelo acionamento dos interruptores do painel, o responsável pela experiência respondia «embora os choques possam ser extremamente dolorosos, não provocam danos permanentes». Ao instrutor competia então sentar-se em frente do painel elétrico e ler uma série de pares de palavras para o aluno. Em seguida, lia a primeira palavra de um par juntamente com mais quatro. O aluno devia indicar qual das palavras formava par com a primeira e comunicar a resposta acionando um dos quatro interruptores que tinha à sua frente. Cada vez que o aluno se enganasse o instrutor acionaria um interruptor e emitiria um choque elétrico. Devia partir

6. Podia pensar-se que a seleção de pessoas do sexo masculino constitui uma limitação da experiência Milgram. Mas não é assim. A experiência contou com diversas variantes e a oitava foi efetuada com pessoas do sexo feminino, tendo os resultados sido coincidentes: 65% foram até ao fim da escala de choques – v. *Obedience to authority: an experimental view*, ed. Pinter & Martin Ltd., 2009, p. 61, 63 e s. e 78 e ss. Thomas Blass encontrou na literatura da especialidade nove réplicas da experiência que contaram com a participação de homens e mulheres, oito das quais, em consonância com as conclusões de Milgram, não encontraram diferenças de género – v. «The Milgram paradigm after 35 years: some things we now know about obedience to authority», *Journal of Applied Social Psycology*, 29 (1999) n. 5, p. 968 e s.

dos 15 volts e aumentar a intensidade do choque cada vez que o aluno desse uma resposta errada. Uma vez concluída a lista de palavras, o instrutor devia repeti-la e continuar a emitir choques até o aluno dizer os pares de palavras corretamente. Por sua vez, o aluno, isto é, o ator que integrava a equipa da experiência, responderia na proporção de três respostas erradas para uma correta. Até aos 300 volts não emitiria respostas verbais ou qualquer sinal de protesto. Quando fosse atingido aquele nível, bateria na parede da sala onde estava ligado à cadeira eléctrica e protestava pedindo a imediata interrupção da experiência. A mesma revolta seria manifestada após o choque de 315 volts: o aluno diria então que se recusava a continuar e que não responderia a mais perguntas. Depois disso o aluno não mais era ouvido.

Esse era o momento crucial, já que a maioria dos instrutores interrogava o responsável sobre o sentido da experiência e colocava reservas à sua continuação nela. O responsável incitava o instrutor a equiparar a ausência de resposta a uma resposta errada e a aumentar a intensidade do choque cada vez que o aluno não respondesse. A atitude do responsável pela experiência, no caso o próprio Milgram, era fundamental já que ele, envergando bata branca, representava ali a autoridade. Uma autoridade conferida pela ciência, mas em todo o caso, como resulta de um debate havido sobre este ponto,[7] percebida e reconhecida pelos participantes como autoridade legítima. Qualquer hesitação, condescendência, duplicidade da sua parte poderia deitar por terra as expectativas de obediência dos participantes naïf e, consequentemente, da própria experiência. As suas respostas às interpelações dos participantes deviam ser inequívocas, firmes e serenas. Para lograr esse efeito as respostas foram previamente estudadas e padronizadas. Se o instrutor manifestasse desejo de não continuar, o responsável devia avançar com uma série de frases curtas, por ordem crescente de assertividade, tendo em vista estimular o seu sentido de obediência e a dissuadi-lo de desistir: 1. «por favor continue *ou* por favor prossiga»; 2. «a experiência requer que continue»; 3. «é absolutamente essencial que continue»; 4. «não tem escolha, tem de prosseguir».[8] Se o participante recusasse obedecer após a quarta frase, a experiência terminaria ali, não comportando isso qualquer penalidade de natureza pessoal ou patrimonial. A sequência deveria ser iniciada de cada vez que o participante naïf hesitasse e mostrasse relutância em continuar. Se este perguntasse se o aluno podia sofrer danos físicos graves e permanentes, o responsável diria: «embora os choques

7. Sobre este debate v. Blass, «The Milgram paradigm after 35 years», p. 959 e ss. O autor dá conta de distinções entre vários tipos de autoridade com as quais Milgram foi confrontado e que punham em causa de certo modo a equiparação da autoridade do perito à autoridade legítima. Milgram respondeu a esta crítica afirmando que ambos os tipos de autoridade podem coexistir numa mesma pessoa e o próprio Blass pôde confirmar esta conclusão trinta anos depois numa experiência com estudantes por si coordenada. A maioria dos estudantes deu como explicação para a obediência dos participantes na experiência Milgram o exercício de um poder pericial e de um poder legítimo – v. *op. cit.*, p. 962. A leitura que Blass faz destas respostas, com a cautela que a distância de 30 anos impõe, é que os próprios participantes tendem a combinar ambos os atributos na pessoa do responsável pela experiência e foi essa combinação que terá dado «ao experimentador Milgram o tremendo poder que ele teve» – v. *op. cit.*, p. 963.

8. V. «Behavioral study of obedience», p. 374.

possam ser dolorosos, não haverá lesões permanentes, por isso prossiga por favor [seguida das frases 2, 3, e 4 se fosse necessário]».[9] Se o participante alertasse para o fato de o aluno não querer continuar, o responsável replicaria: «quer o aluno goste ou não, você deve continuar até ele aprender os pares de palavras corretamente [seguida das frases, 2, 3 e 4, caso fosse necessário]».[10]

Antes da realização da experiência foram solicitadas previsões a catorze *seniors* de Yale, todos psicólogos, pedindo-se-lhes que refletissem cuidadosamente sobre o programa da experiência e fizessem as suas projeções sobre o comportamento de 100 hipotéticos sujeitos, mais exatamente de «100 americanos de diversas ocupações e com idades entre 20 e 50 anos».[11] Houve um consenso considerável entre os inquiridos sobre o comportamento esperado dos participantes hipotéticos: só uma minoria insignificante iria até ao fim da série de choques. Isto é, os mais pessimistas previam que em 100 3 sujeitos iriam até aos 450 volts. Os mais optimistas quedaram-se pelos 0%. A média cifrou-se em 1,2%. Em comparação com os resultados esperados os efetivos foram verdadeiramente surpreendentes. Até aos 300 volts, uma potência descrita no próprio painel como *intense shock*, nenhum participante desistiu. Muitos demonstraram nervosismo, agitação e stress mas até esse nível nenhum recusou continuar. Dos 40, 5 negaram-se a ir além dos 300 volts, 4 ficaram-se pelos 315, 2 pelos 330, 1 pelos 345, 1 pelos 360 e 1 pelos 375 volts referido no painel como *danger: severe shock*.[12] Resulta daqui que 26 participantes naïf obedeceram às ordens do responsável pela experiência e foram até ao fim, infligindo ao aluno o choque mais potente produzido a partir do painel. O que dá uma percentagem de 65% de obedientes. Relata Milgram.[13] que embora os sujeitos obedientes continuassem a ministrar choques poucos «permaneceram calmos ao longo da experiência e revelaram sinais mínimos de tensão do princípio ao fim».

1.2 Impacto e ilações da experiência Milgram

A experiência Milgram teve um impacto enorme nas décadas seguintes em todas as áreas do saber, desde a filosofia à psicologia militar, passando pela economia e pelo Direito, e nas artes.[14] Exemplos desta influência foram a canção de Peter Gabriel *We do what we're told – Milgram's 37*, do álbum *So* editado em 1986, e o filme francês *I ... comme I care* de 1979, realizado por Henri Verneuil. O seu impacto estendeu-se também a outras experiências científicas que procuraram testar empiricamente a mesma temática da obediência e sujeição à autoridade e, desse modo, os resultados da experiência Milgram. Famosa foi a

9. V. «Behavioral study of obedience», p. 374.
10. *Idem*, p. 374.
11. *Idem*, p. 375.
12. *Idem*, p. 376, quadro 2.
13. *Idem*, p. 376.
14. Uma descrição desse impacto pode-se ver em Blass, «The Milgram paradigm after 35 years», p. 955 e ss.; Harald Welzer, *Les executeurs: des hommes normaux aux meurtriers de masse*, ed. Gallimard, 2007, p. 118 e s.; Peter Lunt, *Stanley Milgram*, 2009, p. 40 e ss.

experiência Zimbardo, efetuada em 1971, numa prisão improvisada na Universidade de Stanford, dirigida por Philip Zimbardo, um proeminente psicólogo social daquela Universidade, divulgada e analisada pelo próprio num livro intitulado *The Lucifer effect.*[15] Em traços muito gerais, a experiência consistiu na recriação da vida numa prisão e na observação dos seus efeitos no comportamento das pessoas que vivem dentro das suas paredes. Para tal foi selecionado um grupo de 24 voluntários, entre os estudantes americanos e canadianos do sexo masculino que se haviam candidatado, e dividido, através de sorteio, em prisioneiros e guardas prisionais. Foram distribuídos os uniformes correspondentes ao papel de cada um e os guardas elaboraram uma espécie de regulamento interno que lhes concedia amplos poderes discricionários e coercivos no relacionamento com os prisioneiros. Os guardas constrangiam estes a despir-se a fim de serem catados de piolhos e outros parasitas, a usar permanentemente uma corrente enrolada a um pé e fechada com cadeado, a cantar canções obscenas, a defecar em baldes que não tinham autorização de despejar, com a inevitável conspurcação do ar dentro da prisão, a limpar as latrinas sem luvas, etc. Em apenas alguns dias pacíficos estudantes transformaram-se uns em funcionários prepotentes e outros em prisioneiros revoltados. O ambiente carcerário havia promovido o desenvolvimento célere de relações de poder e agudizado ao extremo tensões e conflitos entre os sujeitos nelas implicados. Diferentemente da experiência Milgram, na experiência Zimbardo a autoridade não era exterior aos participantes e constituía também objeto de observação e de estudo. Zimbardo viu-se obrigado a interromper a experiência ao sexto dia, entre outras razões porque os abusos de poder dos guardas sobre os prisioneiros aumentavam de intensidade, e concluía deste modo: «o valor social potencial deste estudo deriva precisamente do fato de jovens normais, saudáveis e educados sofrerem uma transformação tão radical sob a pressão institucional de um ambiente prisional. Se isto aconteceu num período tão curto, sem os excessos que são possíveis em prisões reais e se isto aconteceu com "a nata da juventude americana", só podemos estremecer ao imaginar o que a sociedade está fazendo aos guardas e prisioneiros que participam atualmente nessa "experiência social" não natural».[16]

Não menos famosa pela sua espetacularidade e resultados foi a adaptação da experiência Milgram ao cenário televisivo sob a forma de um pseudo concurso realizado em 2009 pelo canal de televisão *France 2*, mediante a coordenação do psicólogo social Jean-Léon de Beauvois, e divulgado através de um documentário televisivo intitulado *Le jeu de la mort* e de um livro da autoria de Christophe Nick e Michael Eltchaninoff,[17] dois coorganizadores da experiência. A autori-

15. V. *The Lucifer effect: Understanding how good people turn evil*, ed. Random House Trade, 2007. O programa e um conjunto de fotografias da experiência estão expostos no sítio <www.prisonexp.org/psychology>. A experiência foi também objeto da película *Das experiment* do realizador alemão Olivier Hirschbiegel, divulgada no circuito cinematográfico em 2001.

16. V. Zimbardo, «The mind is a formidable jailer: a pirandellian prison», *The New York Times Magazine*, 8 de abril de 1973.

17. V. *L'Expérience extrême*, ed. Don Quichotte, 2010. A experiência teve honras de dossiê especial de duas prestigiadas revistas francesas de divulgação científica: *Sciences Humaines* n. 213 (março de 2010),

dade não era agora científica, mas mediática, representada não por um reputado cientista e acadêmico mas por uma apresentadora da *France 2*. Esta não devia ser demasiado famosa para que o seu prestígio não ofuscasse o peso do sistema televisivo.[18] Outra diferença em relação à experiência Milgram consistia na presença de um público que assistia ao desenrolar do jogo. Programas televisivos desta natureza são raros sem público e portanto o realismo da experiência exigia um. O público participava no jogo incentivando por vezes os questionadores a continuar. Surpreendentemente, ou talvez não, 81% dos questionadores foram até ao fim da cadeia de choques elétricos. Mais 16% de participantes obedientes do que na experiência Milgram. A conclusão que desta experiência se pode retirar é que quanto maior for o peso do sistema de autoridade maior é a prontidão das pessoas para obedecer. Como notam Nick e Eltchaninoff, a «maquinaria titânica chamada televisão»[19] exerce um poder invisível e íntimo, viral, «tão impalpável como contagioso e poderoso»:[20] «quando temos a impressão de não obedecer a ninguém em particular mas de nos vergarmos a um sistema geral podemos ir muito mais longe».[21]

Apesar das metodologias diferentes e das variações no resultado, as experiências seguintes confirmaram o cenário antecipado por Milgram: uma vez colocadas sob um sistema de autoridade, as pessoas normais, comuns, cumprindo simplesmente a sua «tarefa», são capazes, em larga escala, de causar sofrimento ao seu semelhante sem nutrirem por ele qualquer espécie de animosidade pessoal.[22] Comportamentos lesivos de outrem que são impensáveis quando uma pessoa atua isoladamente, por sua conta, tornam-se realidade quando, inserida num sistema de autoridade, cumpre ordens. Neste sentido, pode afirmar-se que o mal banal é uma realidade socialmente construída. Além desta ilação, seguramente a principal, outras mais específicas podem ser extraídas da experiência Milgram

---

«L'énigme de la soumission» e *Philosophie Magazine*, n. 37 (março de 2010), «La télé nous rend-elle mauvais?».

18. Sobre os cuidados postos na escolha dos protagonistas da experiência, designadamente na apresentadora, v. Nick / Eltchaninoff, *L'Experience extrême*, p. 76 e ss.

19. V. *L'Expérience extrême*, p. 165.

20. *Idem*, p. 232.

21. *Idem*, p. 233.

22. Esta conclusão encontra-se expressamente formulada em Milgram, *Obedience to authority*, p. 123 e s. Harald Welzer, *Les executeurs*, p. 27 e ss. analisa a entrevista dada por Franz Stangl, comandante de Treblinka, à jornalista Gitta Sereny em 1971, em que o entrevistado procura fugir sistematicamente aos aspectos repugnantes da sua função, preferindo enaltecer que pessoalmente nada tinha contra os judeus e relatar episódios em que havia protegido judeus de «comportamentos incorretos». Quando a entrevistadora lhe perguntou o que tinha acontecido a um dos «protegidos», Stangl respondeu com um eloquente «não sei». Welzer afirma que «o contexto de extermínio massivo permanece totalmente exterior à história que Stangl conta, sendo sua preocupação sublinhar o seu comportamento correto e a sua recusa em favorecer ou desfavorecer quem quer que fosse... É preservando esta imagem de si próprio que Stangl consegue que a sua função essencial, consistente em enviar para a morte massas de seres humanos, não lhe coloque o menor problema moral», *op. cit.*, p. 29 e 31.

e das subsequentes, nomeadamente das que relatamos.[23] Interessam-nos particularmente duas: a relação inversamente proporcional entre a disponibilidade para infligir sofrimento e a proximidade física da vítima e a diluição do sentimento de responsabilidade que a obediência à autoridade produz. Colocados perante os interruptores do painel elétrico, com a vítima longe do seu campo visual, os participantes mostravam-se menos renitentes em provocar os choques e mais predispostos para obedecer às ordens da autoridade do que se presenciassem a relação causal entre a sua ação e o sofrimento da vítima. Presenciar essa relação causal produz uma espécie de «flagrante delito» que torna óbvia a responsabilidade pelo sofrimento do outro e dificulta o desenvolvimento de estratégias de neutralização ou de desculpabilização.[24] Esta conclusão, possibilitada pelas variantes 3 e 4 da experiência,[25] corresponde a uma intuição antiga acerca da natureza humana, explorada nomeadamente pela literatura,[26] mas obtinha agora a chancela experimental da ciência. É certo que os instrutores podiam ouvir os gritos de protesto e os pedidos de interrupção da experiência dos alunos quando os choques atingiam um grau elevado de intensidade, mas como a experiência demonstrou e Zygmunt Bauman[27] sublinhou «é difícil lesar uma pessoa em que podemos tocar. É mais fácil infligir dor a uma pessoa que apenas vemos à distância. É ainda mais fácil no caso de uma pessoa que somente podemos ouvir. E é muito fácil ser cruel com uma pessoa que não vemos nem ouvimos». Bauman conclui: «parece que os nossos sentimentos passam na maior parte das vezes através dos olhos».

A outra ilação prende-se, como referimos, com a perda do sentido de responsabilidade em resultado da obediência. Os participantes, sobretudo os que foram até ao último interruptor da série, afastaram de si a responsabilidade pelo sucedido e atribuíram-na ao responsável, vendo-se a si próprios, não como indivíduos moralmente responsáveis, mas como instrumentos de uma autoridade alheia. Questionados após a experiência sobre os motivos que os levaram a continuar apesar das hesitações e das dúvidas, alguns responderam que só o fizeram porque

23. Uma exposição sistemática destas ilações pode ver-se em Zygmunt Bauman, *Modernity and the holocaust*, ed. Cornell University Press, 1989, p. 155 e ss.

24. A dificuldade aumenta quando existe entre o executante e a vítima uma relação afetiva qualquer. Diz Welzer que os nazistas tinham escrúpulos em cumprir a sua «função» nestas situações e por isso procuravam uniformizar e despersonalizar as vítimas: «não é por acaso que a matança mecanizada nos campos de extermínio colocava entre os executantes e as vítimas a maior distância social possível: o trabalho à frente e atrás das câmaras de gás era confiado aos comandos especiais compostos por detidos; o lançamento do Zyklon B na conduta situada por cima da câmara de gás era um ato operado à distância, sem confronto físico entre executantes e vítimas» – v. *Les exécuteurs*, p. 278.

25. V. *Obedience to authority*, p. 34 e ss. e 46 e ss.

26. *V.g. O Mandarim* de Eça de Queiroz. A Teodoro bastava tocar uma campainha para reduzir a cadáver o velho mandarim dos confins da China e receber grossa e compensadora maquia. Como lhe dizia o instigador misterioso, vestido de negro e de chapéu alto, «... E agora note: é só agarrar a campainha, e fazer ti-li-tim. Eu não sou um bárbaro: compreendo a repugnância de um *gentleman* em assassinar um contemporâneo: o espirrar do sangue suja vergonhosamente os punhos, e é repulsivo o agonizar de um corpo humano. Mas aqui, nenhum desses espetáculos torpes... É como quem chama um criado...».

27. V. *Modernity and the holocaust*, p. 155 e s.; neste sentido, v. também Federico Stella, *La giustizia e le ingiustizie*, ed. Il Mulino, 2006, p. 34 e s.

lhes era pedido que prosseguissem e que o sucesso da experiência dependia da sua adesão. As técnicas de neutralização são um mecanismo de adaptação psíquica frequente e necessário à atuação no quadro de sistemas de autoridade,[28] Absorvem os escrúpulos morais e criam distância moral relativamente às ações, imunizando os executantes – sobretudo no caso de ações de elevado potencial destrutivo – da censura própria e alheia. Nos julgamentos de Nuremberg muitos arguidos explicavam a sua participação no Holocausto afirmando que apenas cumpriam ordens ou que se limitavam a cumprir o seu dever. A adesão a um sistema de autoridade conduz a um modo de atuação que se pode caracterizar como «vinculado ao sistema».[29] Em um tal contexto, a ação é conduzida não por uma moral da autonomia e da autorresponsabilidade mas por uma (tecno-) lógica de lealdade, disciplina, obediência e conformidade. Os sistemas de autoridade radicam numa cultura da obediência. Como afirmava Milgram,[30] a obediência «é o mecanismo psicológico ... o cimento disposicional que liga os homens aos sistemas de autoridade». O superior é a «autoridade moral máxima» que polariza toda a preocupação dos subordinados e afasta todas as considerações morais concorrentes, sobretudo, «questões éticas estranhas às preocupações autorreprodutoras do sistema de autoridade».[31] Esta concepção, apoiada na experiência, legítima a conclusão praticamente consensual de que a subordinação à autoridade dilui o sentimento de responsabilidade. Talvez seja precipitado afirmar que os indivíduos estão naturalmente predispostos para o mal e que essa predisposição os torna capazes de cometer as maiores atrocidades em nome de referentes heterônomos como Deus, a raça ou o regime politico, mas parece evidente que a inserção num sistema de autoridade estimula o mal banal de que falava Arendt, pois, ao mesmo tempo em que atrofia a «capacidade de pensar» (Arendt), dissipa o sentimento de responsabilidade individual pelas ações realizadas. A autoridade funciona como uma capa protetora que promove uma ruptura entre as próprias ações e os sentimentos morais e permite aliviar, assim, o fardo da responsabilidade. Em bom rigor, a responsabilidade não desaparece, antes é deslocada do conteúdo das ações praticadas para a autoridade que as prescreve: deixa de ser uma responsabilidade pelas ações para passar a ser uma responsabilidade perante a autoridade.[32] O que conta, na verdade, não é aquilo que se faz mas a entidade em obediência à qual se comete o feito. E quanto mais monolítica, imperativa e inequívoca for essa autoridade

28. Sobre as técnicas de neutralização v. o clássico de Gresham Sykes/David Matza, «Techniques of neutralisation», *American Sociological Review*, vol. 22 (1957), p. 664 e ss.; v. ainda Herbert Jäger, *Makrokriminalität: Studien zur Kriminologie kollektiver Gewalt*, ed. Suhrkamp, 1989, p. 187 e ss., analisando as técnicas de neutralização usuais na macrocriminalidade, designadamente a desumanização da vítima, a «anomia do espaço social distante» (a falta de uma ética dos efeitos à distância) e o afastamento da responsabilidade pessoal pelas acções realizadas.

29. Nesse sentido, v. Walter Kargl, *Die Funktion des Strafrechts*, p. 13.

30. V. «Behavioral study of obedience», p. 371.

31. Nesse sentido, v. Bauman, *Modernity and the Holocaust*, p. 160.

32. Nesse sentido v. Milgram, *Obedience to authority*, p. 147 e s.; sobre esta deslocação de responsabilidade v. também Bauman, *Modernity and the Holocaust*, p. 162, afirmando que a experiência Milgram confirmou que decisiva é a responsabilidade perante a autoridade e não perante a ministração de choques elétricos.

menor será a autonomia dos subordinados na decisão e na ação e maior será a prontidão para obedecer e a cegueira moral perante o conteúdo das ações. Este aspecto é de importância crucial como veremos adiante.

As ilações da experiência Milgram e das experiências seguintes sobre a sujeição à autoridade projetaram ideias e ensinamentos em praticamente todos os domínios do conhecimento e da ação. Assim, no plano da filosofia e da teoria política ganharam força as objeções contra os sistemas políticos autoritários e totalitários, dado que estes assentam na sujeição à autoridade e na supressão da autonomia, do espírito critico e do sentido de autorresponsabilidade dos cidadãos através dos sistemas de educação e da negação na lei e na prática de direitos fundamentais como a liberdade de pensamento e de expressão. Deste modo, é possível compreender a uma nova luz as atrocidades cometidas nos ambientes concentracionários dos *Lager* e dos *Gulag* e em campanhas de limpeza étnica e que, não obstante as catarses que sucedem ciclicamente a tais acontecimentos, a natureza humana não mudou. Como dizia Milgram numa entrevista à CBS News, em 31 de março de 1979, «baseando-me na observação de um milhar de pessoas e nas minhas intuições formadas e informadas por estas experiências, eu diria que se um sistema de campos de morte como os da Alemanha nazista fosse instituído nos Estados Unidos encontraríamos pessoal suficiente para manter esses campos em qualquer cidade americana de média dimensão».[33] A tomada de consciência desta inclinação constitui o primeiro passo para resistir à criação de condições políticas e sociais de onde emergem regimes políticos totalitários. Só uma sociedade democrática, assente no reconhecimento recíproco de cidadãos livres e iguais e na instituição de um sistema de direitos, liberdades e deveres fundamentais que densifique e estruture aquele reconhecimento, constitui o antídoto contra a explosão generalizada do mal extremo e banal.[34]

Ganharam também um novo fôlego as propostas da psicologia do profundo, de matriz junguiana, para controlo das pulsões negativas do homem. Na sequência da associação estabelecida por Arendt, a propósito de Eichmann, entre o mal banal e a incapacidade de pensar,[35] ficou a pergunta, a que a filósofa citada procurou também dar resposta, sobre como exercer a capacidade de pensar para evitar a suspensão do juízo moral e, nesse estado, realizar o mal extremo. Alguns autores viram na tomada de consciência das inclinações negativas, no conhecimento e

33. Extrato da entrevista reproduzido em Blass, «The Milgram paradigm after 35 years», p. 955 e s.

34. Nesse sentido, Bauman, *Modernity and the Holocaust*, p. 165 e s.

35. Arendt viu em Eichmann um ser capaz de atos monstruosos mas de modo algum um monstro moral. Antes um indivíduo normal, superficial e medíocre. Ele não evidenciava convicções ideológicas firmes, nem um espírito demoníaco mas, durante todo o julgamento, repetiu ideias feitas muitas das quais oriundas da *vulgata* kantiana. A única característica digna de nota era, não estupidez, mas «falta de pensamento». Se algo de monstruoso havia em Eichmann era, para Arendt, uma monstruosa banalidade. Segundo a autora, «do ponto de vista das nossas instituições e dos nossos critérios morais de apreciação, esta normalidade era mais aterradora do que todas as atrocidades juntas porque ela supunha – ...– que este novo tipo de criminoso, por muito *hostis humani generis* que fosse, comete crimes em circunstâncias tais que lhe é por assim dizer impossível saber ou sentir que pratica o mal» – v. *Eichmann à Jerusalem*, ed. Gallimard, 2002, p. 477.

aceitação do lado sombrio, obscuro, da própria personalidade, um antídoto contra o mal banal. Em lugar de lançar sobre os outros o seu lado sombrio, o homem deve assumi-lo e administrá-lo através da realização de pulsões positivas.[36] Um exemplo desta orientação vê Stella[37] no programa desenvolvido por Kiran Bedi, enquanto diretora da prisão de Tihar, em New Dehli, um estabelecimento com mais de dez mil reclusos. O programa consistiu em recuperar e colocar à disposição dos reclusos métodos de meditação com mais de 2500 anos, monitorizados por um guru. Através desses métodos, cada um, independente da sua origem e confissão religiosa, podia trazer à consciência inclinações negativas, como o ódio, a raiva, que escravizam o espírito, e libertar-se delas, recuperando a liberdade e a felicidade individuais. A adesão ao programa foi bastante numerosa e os resultados assinaláveis como revelam os testemunhos de muitos ex-reclusos recolhidos por Bedi no livro que escreveu sobre a sua experiência.[38]

A ciência penal também não escapou à influência da experiência Milgram. Não surpreende que assim seja, sendo o crime um comportamento humano condicionado por muitas variantes psicológicas e sociológicas e sendo o Direito Penal o ramo do Direito que contém as sanções mais graves de que uma ordem jurídica dispõe. Este aspecto suscita, sobretudo em sociedades democráticas, o delicado problema da justiça punitiva. Kargl socorreu-se daquela experiência para refletir sobre as funções do Direito Penal, tendo concluído que estas consistem, não na condução do comportamento, pois aos participantes na experiência não faltava a consciência dos valores, convicções morais, ou maturidade ética, mas apenas o sentido de responsabilidade, por isso que a consciência da norma não era eficaz em termos de ação,[39] nem no reforço do papel da vítima, na medida em que, como a experiência demonstrou, as reações da vítima promoveram técnicas de neutralização em vez da interrupção da ação,[40] nem tão pouco no reforço do papel do agente, dada a impossibilidade estrutural de criar o sentido de responsabilidade determinante da ação,[41] mas na estabilização e preservação de expectativas de ação. Mais exatamente, o centro de gravidade da norma jurídica reside não na produção de um estado que corresponde ao Direito, mas no apoio, segurança ou estabilização das expectativas que são generalizadas simbolicamente em normas e reforçadas através de sanções: «a norma não promete nenhum comportamento adequado, nem a eliminação do desvio, nem tão pouco dirige motivações

36. Sobre o tema, v. Stella, *La giustizia e le ingiustizie*, p. 193 e s.

37. V. *La giustizia e le ingiustizie*, p. 195 e ss.

38. Kiran Bedi, *It's always possible: one woman's transformation of India's prison system*, ed. Himalayan Institut Press, 2007; Stella transcreve alguns desses testemunhos em *La giustizia e le ingiustizie*, p. 197 e ss.

39. V. *Die Funktion des Strafrechts*, p. 25. Kargl reconhece que expectativas e comportamentos se estabilizam reciprocamente mas considera que a função primária do Direito é a segurança das expectativas contrafáticas: «o Direito produz somente segurança em expectativas» – *op. cit.*, p. 37.

40. V. *Die Funktion des Strafrechts*, p. 27.

41. *Idem*, p. 31.

conformes, mas fornece apoio contra o *factum* da ação "incorreta" (*falschen*) e quaisquer motivos de quem espera esta».[42]

Num outro quadrante da doutrina, Stella, partindo dos episódios «negros» da história que atestam o triunfo do mal extremo e banal e a ideia dos seres humanos supérfluos, e ainda das experiências Milgram e Zimbardo, que deram um contributo empírico para a compreensão dos fatores responsáveis por tais episódios, considera que qualquer reflexão sobre a justiça, designadamente sobre a justiça penal, tem de partir da «prioridade do mal», isto é do dado de que no princípio está o mal – as inclinações, tendências e pulsões negativas que levam à sua realização prática. Stella labora com dois conceitos de justiça: um de justiça autêntica, só possível num futuro ainda distante, assente na neutralização do mal, no renascimento da capacidade de pensar tendo em vista alcançar a consciência de si e naquilo a que o autor chama a «justiça do primeiro passo»;[43] o outro de justiça prática, atual, radicado na «ética popular», que consiste em algo tangível, mais exatamente, numa reparação dos danos ou numa recuperação das perdas sofridas.[44] Por paradoxal que pareça, o «núcleo duro» do Direito Penal, ao qual se reconduzem os crimes contra as pessoas e contra a paz e a humanidade, escapa a ambas as concepções de justiça, em particular à última já que os danos e as perdas sofridas são definitivas, irrecuperáveis, nada havendo para reparar. Segundo Stella, «para o "núcleo duro" do Direito Penal apenas é possível uma reação vingativa, a reação da festa cruel da pena: aquela reação que tem lugar todos os dias e que numa sociedade civilizada e decente deveria ser posta de lado».[45]

As concepções de Kargl e de Stella, apesar de muito diferentes, documentam bem a influência que teve a experiência Milgram (e outras) no pensamento jurídico-penal contemporâneo. Expusémo-las a título ilustrativo sem preocupações de exaustão.[46] O objetivo deste estudo é, todavia, mais modesto. Sem ignorar as

42. V. *Die Funktion des Strafrechts*, p. 36.

43. V. *La giustizia e le ingiustizie*, p. 222.

44. *Idem*, p. 221 e s.

45. *Idem*, p. 222. Para Stella somente a criminalidade que sai fora do tal «núcleo duro», como os crimes de colarinho branco ou os crimes contra o património, consegue satisfazer as exigências deste conceito de justiça popular pois, «nestes casos a possibilidade de reparação dos danos e de uma recuperação das perdas está *in re ipsa*» – v. *op. cit.*, p. 223.

46. Muitos outros trabalhos haveria a mencionar. Um deles é o de Gomez Martín, «El experimento (*Das Experiment*): algunas reflexiones sobre la película y el *Stanford Prison Experiment* que la inspiró», in *Revista Electronica de Derecho Penal y Criminologia*, 2006, *passim* (disponível no sítio <http://criminet.ugr.es/recpc>). Nele o autor analisa e aprecia criticamente as lições da experiência Zimbardo com maior relevância penal, a saber: a prisão pode condicionar poderosamente o comportamento dos indivíduos, sobretudo dos que ingressam nela pela primeira vez; a obrigação de desempenhar a função de guarda prisional pode transformar a personalidade individual num papel; as «situações totais» podem transformar pessoas boas em pessoas cruéis e sádicas; a prisão não é um lugar adequado para a ressocialização do delinquente porque o desumaniza e o torna vil. Esta última ilação é a única que merece algumas reservas a Gomez Martín. O autor defende que «uma coisa é que, de um ponto de vista psicossocial, a prisão possa ser prejudicial para o recluso e outra que, de um ponto de vista político-criminal, não seja correto adotá-la como um dos instrumentos de que o Estado pode dispor na luta contra o crime» – v. *op. cit.*, p. 18. A este respeito, Gomez Martín evoca a frase de von Liszt, escrita há mais de um século, de que a pena (de prisão)

conclusões dos trabalhos de Kargl e Stella (e de outros) pretendemos explorar o legado da experiência Milgram na compreensão de algumas situações de atribuição da responsabilidade criminal, sobremaneira, daquelas em que está em jogo a sujeição à autoridade. A situação ou figura que elegemos para centro das nossas reflexões, pela proximidade com episódios históricos que atestam a exacerbação do mal e a produção de seres supérfluos, principalmente o Holocausto, e pela circunstância de, diferentemente de outras figuras como a obediência hierárquica, não pressupor relações de autoridade reconhecidas pelo Direito, é a da responsabilidade pela atuação no quadro de uma organização ilícita ou, para usar um termo consagrado, de um «aparelho organizado de poder».

2. A BANALIDADE DO MAL E OS CRIMES COMETIDOS NO QUADRO DA SUJEIÇÃO À AUTORIDADE: OS APARELHOS ORGANIZADOS DE PODER.

2.1 A tese de Roxin sobre a atuação através de aparelhos organizados de poder e a sua evolução

Foi através do engenho e da sagacidade de Roxin que o instituto da atuação por meio de um aparelho organizado de poder adquiriu notoriedade ao ponto de ser tido hoje pela maioria da doutrina e da jurisprudência nacionais e internacionais como uma situação típica de autoria mediata a par da instrumentalização do executor material através da indução em erro que exclui o dolo ou do aproveitamento de um estado de falta de culpa. Em 1963, na sua *Habilitationschrift,*[47] Roxin, baseando-se nos processos intentados contra Eichmann e Staschynski, sustentou a tese de que em casos deste tipo quem ocupa uma posição de autoridade na hierarquia da organização ilícita tem à sua disposição uma maquinaria que lhe assegura que a sua ordem será obedecida por um qualquer subordinado: «uma organização assim desenvolve uma vida independente da existência mutável dos seus membros. Ela funciona "automaticamente", sem que a pessoa individual do executante se importe».[48] É a estrutura autoritária, hierarquizada, monolítica da organização e a fungibilidade do executante que explicam aqui o domínio da vontade e a autoria mediata do homem de trás. Senhor das alavancas do aparelho, o homem de trás aciona-as através da ordem criminosa com a certeza de que um subordinado «anônimo e substituível» a cumprirá. Mais do que o caráter hierárquico e desvinculado do Direito da organização, a autoria mediata por domínio da organização assenta segundo Roxin na fungibilidade ou «substituibilidade ilimi-

---

é uma amarga necessidade numa sociedade de seres imperfeitos e sublinha que ela desempenha também funções de prevenção geral. Na última parte do artigo, o penalista espanhol ocupa-se da questão, em nosso entender pouco interessante, de saber se os responsáveis pela experiência, designadamente Zimbardo, deviam ter respondido penalmente pelos resultados lesivos causados aos «reclusos» durante os seis dias que ela durou.

47. V. *Täterschaft und Tatherrschaft*, 8. ed., ed. de Gruyter, 2006.

48. *Idem*, p. 245.

tada» do homem da frente. A fungibilidade era e é para este autor «o fator decisivo para fundamentar o domínio da vontade em tais casos»,[49] pois «garante ao homem de trás a realização do fato e permite-lhe dominar o acontecimento».[50] Isto não impede que aquele que pratica o crime cumprindo a ordem seja punido como autor imediato, uma vez que a sua condição descartável dentro da organização não afasta a sua responsabilidade pelo que faz, mas retira-lhe o caráter de «figura principal do acontecimento» que passa a ser assumido pelo homem de trás, que dá a ordem e que detém as alavancas do aparelho, «independentemente de qual o seu lugar na hierarquia».[51] Para ilustrar este último aspecto Roxin dá o exemplo de Eichmann, um elo intermédio da cadeia hierárquica do Estado nacional-socialista. Na verdade, Eichmann era não só executor mas também emissor de ordens a subordinados, sendo-lhe aplicável, consoante o caso, os critérios de responsabilização do autor imediato e do autor mediato. No que a esta qualidade diz respeito é decisiva «a circunstância de que pode dirigir a parte da organização que lhe está subordinada sem ter de deixar ao critério de outros a realização do crime».[52] No percurso que vai do plano à realização do crime cada estrutura do aparelho funciona como uma peça da engrenagem coordenando e controlando a parte da cadeia que emana dela. O funcionamento encadeado e oleado da maquinaria assegura o êxito da execução final do crime.

Roxin aplica a sua construção não apenas à orgânica dos Estados totalitários, também eles caracterizáveis como organizações desvinculadas do Direito no sentido em que se edificam e desenvolvem à margem do ideário do Estado de Direito,[53] mas também a movimentos clandestinos, organizações secretas e associações criminosas. Ponto é que obedeçam ao modelo «de uma organização rígida, independente da variação dos membros concretos» e orientada para fins globalmente contrários à ordem jurídica estatal.[54] Precisa Roxin que «quando um aparelho está estruturado deste modo manifesta-se igualmente o critério característico do domínio da organização: a iniciativa posta em marcha pelo homem de trás realiza-se independentemente da pessoa do executante».[55] Para o ilustre penalista de Munique a realidade descrita não se reconduz aos quadros da coautoria nem da instigação. Afasta-se da primeira figura porque não se verificam alguns requisitos legais essenciais desta: uma decisão comum para a prática do fato, dado que superior e subordinado normalmente não convivem nem se conhecem; uma execução comum do fato, pois o homem de trás está em regra muito distante da execução; e a estrutura horizontal característica da coautoria – «a autoria mediata tem uma estrutura vertical (no sentido de um trajeto de cima para baixo, de dirigente para executante), a coautoria, pelo contrario, está horizontalmente estru-

49. V. *Täterschaft und Tatherrschaft*, p. 245.

50. V. *Strafrecht, AT*, II, § 25, n. 107.

51. V. *Strafrecht, AT*, II, § 25, n. 106.

52. V. *Täterschaft und Tatherrschaft*, p. 248.

53. *Idem*, p. 250. Roxin esclarece que os dirigentes dos Estados totalitários pautam-se pelo Direito criado pelo Estado mas não pelos «valores fundamentais comuns a todos os povos civilizados».

54. V. *Täterschaft und Tatherrschaft*, p. 250.

55. *Idem*, p. 250.

turada (no sentido de um simultâneo do coautor)».[56] Distingue-se da instigação – figura que está mais próxima porque revela também uma estrutura vertical e assenta na relação entre um homem da frente e um homem de trás – porque enquanto o instigador tem de contatar o autor e tem de o aliciar para o seu plano ou de vencer a sua resistência, aqui basta ao homem de trás dar a ordem e que esta percorra os vários elos da cadeia, pois a hierarquia e os canais de comunicação internos do aparelho de poder dispensam-no daquele trabalho de aliciamento.[57] O modo como está organizado o aparelho dá ao homem de trás a garantia – a quase certeza – de que a sua ordem criminosa será cumprida, situação que não se verifica na instigação devido à autonomia e ao domínio do acontecimento de que o homem da frente dispõe nesta.

A construção de Roxin suscitou ao longo das últimas décadas grande adesão na literatura e na jurisprudência alemãs e não só. A *Corte Suprema de Justicia* da Argentina, ao apreciar os crimes cometidos entre 1976 e 1983 a mando da junta militar que instituiu no país uma ditadura, usou, na sua decisão de 30 de dezembro de 1986, a figura da autoria mediata em virtude do domínio da organização para condenar como autores os generais que ordenaram os homicídios e outras atrocidades.[58] Na década seguinte, o *BGH*, por decisão de 26 de julho de 1994, serviu-se da figura do «autor por detrás do autor (responsável)» para condenar como autores mediatos os membros do Conselho de Defesa Nacional da ex-RDA pelos homicídios de fugitivos que saltavam o muro de Berlim perpetrados pelos soldados no cumprimento de ordens.[59] No final da primeira década do corrente século, a *Corte Suprema de Justicia de la Republica* do Peru valeu-se também do domínio de um aparelho organizado de poder para condenar o ex-presidente Alberto Fujimori e o seu assessor Vladimiro Montesinos como autores mediatos dos homicídios cometidos sob ordens suas pelo «comando Colina».[60] A figura do domínio da organização ilícita tem vindo a ser adotada também pelos Tribunais

56. V. *Strafrecht, AT*, II, § 25 n. 121 e ss. Trata-se de requisitos essenciais da coautoria tanto à luz do § 25 do StGB quanto do art. 26.º do CP – neste sentido, v. CONCEIÇÃO VALDÁGUA, «Autoria mediata em virtude do domínio da organização», in *Liber discipulorum para Jorge de Figueiredo Dias*, Coimbra Editora, 2003, p. 658.

57. V. *Strafrecht, AT*, II, § 25 n. 127.

58. V. ROXIN, *Strafrecht, AT*, II, § 25 n. 109; EDGARDO DONNA, «El concepto de autoria y la teoria de los aparatos de poder de Roxin», in *Nuevas formulaciones en las ciencias penales: homenage al Professor Claus Roxin*, ed. Marcos Lerner, 2001, p. 310 e ss.; CARLOS LASCANO, «Teoria de los aparatos organizados de poder y delitos empresariales», in *Nuevas formulaciones*, p. 366 e ss.

59. V. ROXIN, *Strafrecht, AT*, II, § 25 n. 110; sobre a sentença do *BGH* v. ainda TERESA SERRA, «A autoria mediata através do domínio de um aparelho organizado de poder», *Revista Portuguesa de Ciência Criminal*, ano 5 (1995), p. 303 e ss., considerando que ela se afasta em alguns aspectos da orientação de Roxin.

60. A *Zeitschrift für Internationale Strafrechtsdogmatik*, 2009, n.11, publica um extrato da longa sentença do Supremo Tribunal do Peru sobre o caso *Fujimori* e uma série de contributos de reputados penalistas alemães que, entre outros aspectos, discutem a utilização que é feita na sentença do critério do domínio de um aparelho organizado de poder – *v.g.* ROXIN, «Bemerkungen zum Fujimori-Urteil des Obersten Gerichtshofs in Peru», p. 565 e ss.; JAKOBS, «Zur Täterschaft des Angeklagten Alberto Fujimori», p. 572 e ss.; ROTSCH, «Von Eichmann bis Fujimori – zur Rezeption der Organisationsherrschaft nach dem

Penais Internacionais para fundar a autoria de indivíduos que exercem o poder de mando no âmbito da execução de crimes contra a paz e a humanidade.[61]

Mas a construção de Roxin foi também alvo de críticas de diversos sectores da doutrina, desde críticas externas, que contestam a sua validade para fundar uma nova forma de autoria mediata, a críticas internas, que se debruçam sobre um ou outro aspecto do conceito de domínio de um aparelho organizado de poder. As críticas estão recenseadas e o debate em torno delas e das réplicas de Roxin prossegue, formando um dos dossiês em aberto da ciência penal.[62] Não cabe nos nossos propósitos presentes abrir este dossiê e entrar no debate apreciando as críticas e as respectivas réplicas de uma forma sistemática. Objetivo do nosso trabalho é bem mais modesto e consiste em analisar o contributo que deu a experiência Milgram para a pertinência e a validade do domínio de um aparelho ou sistema de autoridade como uma nova forma de autoria mediata. Durante essa análise seremos confrontados, todavia, com algumas críticas e respostas de Roxin e sempre que isso suceder não enjeitaremos a sua abordagem.

2.2 A responsabilidade do superior por domínio da organização ilícita

A experiência Milgram e as que se lhe seguiram, todas com resultados surpreendentes, confirmam, em nossa opinião, o bom fundamento da intuição de Roxin. Os sistemas de autoridade, de que os aparelhos organizados de poder são a expressão máxima, configurados como estão na base do eixo autoridade/obediência, potenciam um poder de mando dos dirigentes e uma forte dependência psicológica dos subordinados que os torna administráveis. A adesão à organização leva o subordinado a conferir legitimidade às ordens dos superiores de modo que, quando estas são emitidas, a tendência, acentuada pela pressão do aparelho, será para as cumprir. Não quer dizer que ele não possa ter hesitações, dúvidas e reservas quanto a essas ordens mas, como a experiência Milgram comprovou, o peso do sistema de autoridade gera a inclinação para prosseguir. Se em experiências de laboratório as coisas se passam deste jeito, a tendência para a obediência será mais acentuada na vida real das organizações ilícitas. Nestas, por um lado, a ligação dos indivíduos à organização será mais duradoura e efetiva do que na experiência Milgram – uma hora apenas como era referido no anúncio – o que possibilita o

---

Urteil des Obersten Strafgerichtshofs Perus», p. 549 e ss.; Friedrich-Christian Schroeder, «Tatbereitschaft gegen Fungibilität», p. 569 e ss.

61. Eloquente a este respeito é o caso *Prosecutor vs. Katanga and Ngudjolo Chui* apreciado em setembro de 2008 pela *Pre-Trial Chamber do TPI* – sobre o caso v. Osiel, *Making sense of mass atrocity*, ed. Cambridge University Press, 2009, p. 93 e ss.; Kai Ambos, «Sobre la "organizacion" en el domínio de la organizacion», in *InDret*, 2011, n. 3, p. 11 e ss. Note-se que o Estatuto de Roma prevê duas formas distintas de responsabilidade do líder: a atuação «por intermédio de outrem, seja essa pessoa ou não criminalmente responsável» (art. 25.°, n. 3, alínea *a*), figura onde se integra o domínio da organização; a responsabilidade dos chefes militares e outros superiores hierárquicos (ar. 28.°).

62. V. sobre este debate, Roxin, *Strafrecht, AT*, II, § 25, n. 113 e ss.; Thomas Rotsch, «Neues zur Organisationsherrschaft», *NStZ*, 2005, n. 1, p. 14 e ss.; Conceição Valdágua, «Autoria mediata em virtude do domínio da organização», p. 657 e ss.

desenvolvimento de uma dinâmica de grupo alicerçada em fatores como hábitos de fidelidade, rotinas de obediência, solidariedade entre os membros, etc. e deixa antever um maior impacto da autoridade.[63] Por outro lado, a autoridade emanada de uma organização ilícita é mais opressiva do que a autoridade consubstanciada numa pessoa só e com quem o subordinado convive cara-a-cara. Como nota Bauman, a prontidão para obedecer «surge com maior probabilidade dentro de uma organização que não suporta oposição, não tolera a autonomia e a hierarquia linear da subordinação não conhece exceção».[64] Esta realidade social, centrada no eixo autoridade/obediência, não se coaduna de modo algum com as modalidades da comparticipação da coautoria e da instigação, como Roxin bem viu também. Apesar de persistir a responsabilidade dolosa do executante material - aspecto que não se verifica nas restantes modalidades da autoria mediata - o homem de trás, que comanda as alavancas do poder, instrumentaliza, através da organização ilícita, o subordinado que executa a ordem criminosa, qualquer que ele seja. Na verdade, ele manipula desse modo a inclinação para a obediência do homem da frente e nessa medida pode dizer-se que domina a sua vontade.

Mas se é certo que a experiência Milgram respalda e confere base empírica à tese de Roxin não é menos certo que obriga a alguns ajustamentos nessa tese, dando razão a algumas críticas internas. Como vimos antes, Roxin, malgrado as exigências da existência de um aparelho organizado de poder estruturado de forma hierárquica e rígida e desvinculado, como um todo, da ordem jurídica, coloca o acento tônico do domínio da organização na fungibilidade do homem da frente. Esta é a característica que verdadeiramente suporta a construção dogmática da figura, funcionando os outros requisitos, atinentes à natureza da organização, como condições necessárias para a verificação da fungibilidade do executor.[65] A centralidade deste elemento no pensamento de Roxin está bem patente na concordância do autor com a observação de Friedrich-Christian Schroeder, Georg Freund e Kai Ambos, segundo a qual ele teria de negar, em boa lógica, a autoria mediata por domínio da organização quando o homem da frente fosse um especialista. Roxin admite que «se o serviço secreto de um regime criminoso ou o chefe de uma organização terrorista escolhem para um atentado (*Anschlag*) uma pessoa que dispõe em exclusivo do *know-how* necessário para a tarefa ou que tem acesso único à vítima, não existe autoria mediata mas instigação, desde que o homem de trás renuncie a meios coativos no sentido do §35 do StGB».[66] À luz das conclusões da experiência Milgram - e das outras que se lhe sucederam - não nos parece correto afirmar que a autoria mediata assenta na substituibilidade ou muta-

63. Neste sentido v. Bauman, *Modernity and the Holocaust*, p. 164 e s. considerando que o impacto da autoridade tão convincentemente comprovado por Milgram teria sido mais profundo se os participantes estivessem convencidos da permanência da sua ligação à organização; Welzer, *Les exécuteurs*, p. 123.

64. V. *Modernity and the Holocaust*, p. 165 - Bauman tem em vista organizações como forças armadas, penitenciárias, partidos e movimentos totalitários e certas seitas.

65. Neste sentido, muito claramente, Conceição Valdágua, «Autoria mediata em virtude do domínio da organização», p. 656.

66. V. *Strafrecht, AT*, II, § 25 n.118.

bilidade do homem da frente, no domínio de um aparelho burocrático, organizado de forma rígida e hierárquica, ou no mero domínio da organização sem mais.

i. O primeiro aspecto pode ser esclarecido através de dois argumentos. Por um lado, não é a fungibilidade que caracteriza a organização mas o inverso. Um exemplo de Rotsch[67] permite perceber que pode haver fungibilidade fora do contexto de uma organização ilícita: se o político *P*, corrupto e sem escrúpulos, incita os 500 apoiantes que assistem a um comício a matar o opositor *X* prometendo 1 milhão de dólares a quem o fizer, não diríamos que, apesar de qualquer um dos presentes poder aceitar o desafio, *P* é autor mediato por domínio da organização ilícita, pela simples razão de que esta não existe de todo. Em nossa opinião, a fungibilidade que releva é a que é produzida pela organização ilícita, todavia num sentido diferente do de Roxin. Como demonstra a experiência Zimbardo, é o sistema de autoridade que gera a relação superior/subordinado e não qualquer aptidão especial ou traço da personalidade dos indivíduos. Se os participantes na experiência tivessem sido colocados no grupo oposto (guardas e prisioneiros), o resultado não teria seguramente sido diferente. Como afirma Bauman.[68] «o que importou foi a existência de uma polaridade e não quem estava em cada um dos lados». Por outro lado, não se percebe o que muda quando o homem da frente, inserido no mecanismo da organização, é um especialista, possuidor de conhecimentos ou aptidões especiais. Imaginando que a organização se propõe realizar uma dada tarefa criminosa que só pode ser levada a cabo por um subordinado que tem especiais qualificações para o efeito e que este se prontifica a executá-la, acaso se altera a relação de autoridade/subordinação e, por arrastamento, o domínio da organização, por ele não ser um leigo? Qual a diferença em relação à situação em que um subordinado sem aptidões especiais executa a ordem? Podia contra-argumentar-se dizendo que a diferença não existe quando o executante obedece, mas quando ele não obedece, pois nesse caso, se ele for um especialista, o projeto criminoso fracassará. Mas esta diferença é, quanto a nós, aparente. À uma, porque podemos imaginar casos em que o projeto criminoso soçobra porque a tarefa é urgente (assassinato de um político que está prestes a passar num determinado local) e o único subordinado disponível se recusa as cumprir a ordem com o argumento de que não é especialista em assassinatos. À outra, porque, tratando-se ou não de um especialista, se o subordinado decide não acatar a ordem e não realizar a tarefa designada, não se verifica no caso a relação autoridade/subordinação e, desse modo, fenece a autoria mediata do homem de trás. O domínio da organização simplesmente não funcionou, pois não desencadeou no subordinado os mecanismos psicológicos da obediência no sentido da prática do fato ordenado. Pouco importa se a organização dispõe ou não de substitutos, especialistas ou não, que se prestem a realizar o fato no futuro próximo. O que realmente monta é que naquele caso o eixo autoridade/subordinação não atuou e por isso o domínio da

67. V. «Neues zur Organisationsherrschaft», p. 14.
68. V. *Modernity and the Holocaust*, p. 167.

organização não funcionou, não tendo havido sequer início da execução do fato.[69] Se a organização conta nas suas fileiras com substitutos – especialistas ou leigos – para realizar aquele fato e se o superior decide ordenar a um deles, menos rebelde, que o faça, do ponto de vista da realização do fato, surge com a nova ordem uma renovação da relação de autoridade e, portanto, um novo contexto delitivo.[70] Em suma, o fator que desencadeia os mecanismos psicológicos da obediência é a inserção voluntária numa organização com as características atrás assinaladas e não a qualidade de especialista ou de leigo, únicos ou em grande número.

Num estudo mais recente[71] Roxin vem complementar o requisito da fungibilidade acolhendo – depois de ter recusado inicialmente – um novo requisito no conceito de domínio da organização: a «elevada prontidão para o fato» do homem da frente.[72] Este requisito não vale de forma isolada ou autônoma mas como «modo de operar específico de uma organização delitiva», isto é, como significado da pertença a uma organização ilícita que funciona em torno do eixo vertical autoridade/obediência. Diz Roxin que a pertença a uma organização desvinculada do Direito suscita já uma tendência para a adaptação. Espera-se que os membros se integrem e assumam os seus papeis. Esta integração pode levá-los a uma participação irrefletida em ações que não teria lugar se estivessem fora da organização. Outro fenômeno típico da organização é, segundo Roxin, o empenho em mostrar serviço, seja por carreirismo, por desejo de notoriedade, por cegueira ideológica, ou por impulsos criminosos, motivos que ajudam a criar nos membros uma sensação de impunidade.[73] Além disso, situações há em que o executante receia, em caso de recusa, a perda da sua posição, o desprezo dos colegas ou outras desvantagens sociais, que, embora não fundamentem um domínio do erro ou da coação pelo homem de trás, aproximam-se disso. Por fim, mesmo os membros mais refractários acabam por participar com base na ideia resignada,

69. Não havendo início da execução do fato projectado pelo homem da frente, em regra, não é devida por ele responsabilidade criminal dos sujeitos envolvidos. Mesmo assim analisámos o argumento com o intuito de o desconstruir. Poderá haver, no entanto, responsabilidade criminal por um dos crimes de associação criminosa – são vários no Direito português – assentes num ilícito de organização e numa culpa pela adesão.

70. Há que dar razão a ROTSCH, «Neues zur Organisationsherrschaft», p. 15, quando afirma que o domínio do homem de trás não pode ser fundado no argumento de que o homem da frente é substituível, pois a realização do crime por um outro homem da frente não constituiria já o mesmo mas um outro fato material. Quando afirmamos que a utilização de um outro homem da frente corresponde a um outro contexto delitivo referimo-nos como é óbvio à responsabilidade individual dos comparticipantes envolvidos no fato realizado e não ao ilícito de organização porque neste o fato é outro e todos os que pertencem à organização criminosa o cometem.

71. «Organisationsherrschaft als eigenständige Form mittelbarer Täterschaft», in *Schweizerische Zeitschrift für Strafrecht*, tomo 125 (2007), p. 1 e ss.; v. no mesmo sentido o estudo ainda mais recente «Bemerkungen zum Fujimori-Urteil», p. 565 e 567.

72. Sendo novo no pensamento de Roxin, este elemento assemelha-se, como de resto o próprio autor reconhece, aos conceitos de que Friedrich-Christian Schroeder, Manfred Heinrich e o próprio BGH se servem para explicar a autoria mediata no âmbito de organizações criminosas – v. «Organisationsherrschaft», p. 15.

73. V. «Organisationsherrschaft», p. 16.

própria da sua condição fungível, «se não o faço eu, fazem-no os outros».[74] Conclui Roxin que todos estes fatores, se não concorrem para excluir ou sequer atenuar a responsabilidade do agente imediato, conduzem, todavia, «a uma prontidão dos membros para o fato, condicionada pela organização, que, juntamente com a substituibilidade daqueles, constitui um elemento essencial de segurança para os homens de trás de que podem confiar na execução das suas ordens».[75]

A exigência da «elevada prontidão para o fato», concebida deste modo, vem de encontro às nossas preocupações porque exprime a ideia de uma acentuada inclinação do subordinado para obedecer resultante da inserção na orgânica e na dinâmica de um sistema de autoridade. Ideia esta que, pelas razões expostas, é essencial para uma correta compreensão do domínio da organização que sustenta esta modalidade de autoria mediata. Resta saber como se articula este requisito com o da fungibilidade, nomeadamente nos casos em que só há um homem da frente disponível e com elevada propensão para o fato ou em que intervêm quadros intermédios da organização ilícita. Manterá o ilustre penalista de Munique a solução de afastar a autoria mediata nestes casos? Os últimos escritos sugerem uma resposta positiva, pois Roxin vê a «elevada prontidão para o fato do executante» como um requisito não autônomo mas «deduzido dos outros requisitos do domínio da organização» e portanto conceptualmente dependente e alinhado com a fungibilidade.[76]

Não podemos concordar, por outro lado, com a posição de Conceição Valdágua quando entende que «as coisas também não seriam diferentes, se o único especialista disponível, em vez de estar integrado na organização dominada pelo agente mediato, se encontrasse fora dessa organização e interviesse apenas de tempos a tempos, em operações de determinado tipo, remuneradas caso a caso pela organização, com base em acordos pontuais propostos por ela ao executor "independente", por ordem do mesmo agente imediato».[77] A autora não vê razões para deixar de considerar como autor mediato e passar a qualificar como «simples instigador» o homem de trás que contrata um *free-lancer* especializado que atua a soldo da organização. A autoria mediata não se fundaria já num domínio da organização mas antes na subordinação voluntária do agente imediato à decisão do agente mediato mantendo este até ao início da prática do fato punível o poder de impedir, «através de uma decisão unilateral sua, que o agente imediato mantenha a resolução criminosa inicial».[78] Esta particularidade exprimiria, apesar do caráter

74. V. «Organisationsherrschaft», p. 16.

75. V. «Organisationsherrschaft», p. 16 e s.

76. Nesse sentido, v. «Bemerkungen zum Fujimori-Urteil», p. 567 – Roxin designa aí os três primeiros requisitos como «pilares fundamentais do domínio da organização»; para uma crítica ao predomínio da fungibilidade, tomando como exemplo os homens de confiança de Fujimori que atuaram como elos intermédios da cadeia de comando do ditador e que, por serem de confiança, são tudo menos fungíveis, v. Friedrich-Christian Schroeder, «Tatbereitschaft gegen Fungibilität», p. 570.

77. V. «Autoria mediata em virtude do domínio da organização», p. 662.

78. V. «Autoria mediata em virtude do domínio da organização», p. 668. Conceição Valdágua vê como constelações de subordinação voluntária do executante material ao homem de trás a ordem de conteúdo criminoso, o pacto criminoso, o pedido, a promessa e «eventualmente» a dádiva.

voluntário da subordinação, a vinculação do homem da frente ao homem de trás. A construção da autoria mediata proposta por Conceição Valdágua, desvinculando a subordinação do executante do «modo de operar específico de uma organização delitiva» (Roxin), apaga em nosso entender a fronteira entre esta figura e a instigação. Por um lado, passa a haver autoria mediata numa simples relação bilateral, personalizada, em que o homem da frente por exemplo atua a soldo. Se um indivíduo contrata outro para praticar um homicídio e torna claro que só lhe paga se ele se dispuser a atuar de acordo com as suas instruções, bastará isto para haver autoria mediata. Assim sendo, quais são as situações de instigação? Aquelas em que não há aliciamento por parte do homem de trás? Mas quais? E que diferença acarretam do ponto de vista da determinação da vontade do homem da frente? É claro que a diferença não pode residir na circunstância de este persistir na prática do fato quando o homem de trás lhe comunica que já não quer que o fato seja praticado, porque também neste caso não há instigação por revogação do mandato pelo instigador. Por outro lado, dissipa-se na autoria mediata qualquer ideia de instrumentalização e de domínio da vontade: a subordinação do homem da frente é voluntária do princípio ao fim do *iter criminis*, pelo que ele pode desvincular-se do projeto criminoso a qualquer momento. Não se vislumbra, por isso, que traço comum existe entre esta e as outras situações de autoria mediata que consistem na exploração do erro ou da falta de culpa do executante.

ii. O modelo de organização que Roxin adota é, como vimos, o de um aparelho de poder apoiado numa estrutura hierárquica e rígida e é esse que tem estado na base das nossas reflexões e das de muitos autores que se debruçam sobre o tema. A organização estatal do III Reich e da ex-RDA e as máfias fornecem o lastro fenomênico daquela construção. Mas esgotará um tal modelo a organização cujo domínio constitui a modalidade de autoria mediata de que falamos? A experiência Milgram e a realizada pela *France 2* sugerem uma resposta negativa à pergunta. Os sistemas de autoridade presentes em ambas as experiências estão longe de corresponder ao modelo referido. Na verdade, a ascendência do cientista e da televisão sobre os participantes não corresponde de modo algum à influência do comando próprio de uma burocracia rígida.

Também da doutrina do Direito Internacional Penal veio a crítica à insuficiência do modelo de Roxin. Mark Osiel,[79] um dos cultores contemporâneos desta área do Direito Penal, afirma que este modelo releva do tipo ideal weberiano da burocracia como o método mais eficiente de controlo organizacional da modernidade e que ele deixa de fora da autoria mediata por domínio da organização muitas das situações de limpeza étnica e de atrocidade em massa que ensombram o nosso tempo. Em lugar de uma burocracia formal rígida, os coletivos protagonistas de tais situações revelam simultaneamente elementos pré-modernos e pós modernos: os primeiros refletem-se em motivações étnicas e fundamentalistas; os segundos,

79. V. *Making sense of mass atrocity*, p. 97 e ss.; no mesmo sentido, fazendo eco das críticas de Osiel, v. Kai Ambos, «Sobre la organizacion», p. 8 e ss.

numa sofisticada estruturação em rede.[80] Muitos casos de atrocidade em massa que têm surgido na cena internacional e ante os tribunais penais internacionais são cometidos através de grupos que apresentam uma organização informal, uma dinâmica baseada na lealdade, e uma autonomia tática e técnica dos executantes. Na verdade, grupos paramilitares ou insurgentes, através de cuja atuação genocídios e outros crimes contra a humanidade têm sido cometidos, estão longe de evidenciar a organização burocrática, hierarquizada, típica do modelo roxiniano. E não obstante eles funcionam também como peça essencial para a manipulação dos membros dos escalões inferiores e para a execução por estes de atrocidades em massa. Estes grupos são caracterizados por alguma informalidade e pela lealdade entre os seus membros forjada por anos de convivência comum, muitas vezes na mesma comunidade. A elevada camaradagem entre eles dispensa a presença de uma estrutura burocrática emitindo ordens do topo para a base sem que isso prejudique a capacidade operacional do grupo. Lê-se na decisão da *Pre-Trial Chamber* do TPI sobre o caso *Katanga* que «atributos da organização diferentes da substituibilidade dos subordinados podem também possibilitar a conformidade destes com as ordens da autoridade sênior. Um meio alternativo pelo qual um superior assegura a conformidade automática, controlando o aparelho, pode ser um regime de treinos intensivo, severo e violento. Por exemplo, sequestrando menores e sujeitando-os a regimes de treino severos nos quais aprendem a disparar, pilhar, violar e matar, pode ser um meio para assegurar a sua conformidade automática com as ordens dos superiores para cometerem esses fatos».[81] Por outro lado, nota Osiel, a perspectiva de Roxin não toma em devida conta a latitude de que os subordinados por vezes gozam para decidir o destino das suas vítimas. Durante a «guerra suja» da Argentina, na qual foram mortas pelo menos 15000 pessoas, os membros da junta militar traçaram os objetivos da campanha e controlaram o processo geral pelo qual as vítimas foram escolhidas e detidas, mas foram os oficiais subalternos dos últimos escalões, no uso de ampla discricionariedade, que decidiram como qualificar e o que fazer com os detidos depois dos interrogatórios.[82]

A organização cujo domínio pode constituir uma modalidade de autoria mediata não se confina pois ao modelo burocrático weberiano, podendo assumir diversas configurações. Ponto é que se possa reconduzir a um sistema de autoridade assente em três pilares: poder de comando, cultura da obediência e relação anônima com os executantes.[83] Não basta, porém, que a cadeia de comando seja acionada à imagem da metáfora, descrita por Osiel,[84] do relojoeiro de aldeia que construiu um pequeno relógio, deu-lhe corda, ligou-o a uma bomba e foi-se embora sem olhar para trás. Como exige a decisão da *Pre-Trial Chamber* sobre o caso *Katanga*, o superior tem de exercer um «controlo efectivo» sobre a orga-

80. V. Osiel, *Making sense of mass atrocity*, p. 99.

81. Excerto da decisão reproduzido por Osiel, *Making sense of mass atrocity*, p. 103.

82. V. Osiel, *Making sense of mass atrocity*, p. 102 e s. e 105; Edgardo Donna, «El concepto de autoria», p. 311.

83. Nesse sentido, v. Kai Ambos, «Sobre la organizacion», p. 15 e s.

84. V. *Making sense of mass atrocity*, p. 105.

nização e a atividade que ela realiza, controlo esse que, em nossa opinião, não é compatível com a ideia de automatismo transmitida pela metáfora. Por certo que o controlo efetivo, que exprime o poder de comando, não implica que o superior esteja presente em cada ação da organização ou sequer que dê ordens concretas sobre a forma como cada uma deve ser realizada, mas requer que ele mantenha, no decurso das ações, as rédeas da organização, o conhecimento mais ou menos detalhado das ações, a possibilidade de as interromper e um ascendente sobre os subordinados que os dispõe a agir em prol dos desígnios da organização. Se estes se aproveitam da organização para prosseguir fins de promoção, vingança pessoal ou enriquecimento ilícito – distinção nem sempre fácil de fazer na prática – então atuam por sua conta e não sob o domínio da organização exercido pelos líderes. Em um tal contexto estes não responderão como autores mediatos pelo sucedido.

iii. Afirmamos, por fim, que a autoria mediata não consiste no mero domínio da organização sem mais. Como em outro lugar defendemos, o domínio da organização pode fundamentar também a coautoria no caso de crimes praticados no âmbito do funcionamento de empresas modernas.[85] Estas são organizações complexas, cujo *modus operandi* assenta numa estratégia de desenvolvimento e numa divisão interna adequada à sua prossecução, todavia, não só não atuam, como um todo, à margem da ordem jurídica, como não correspondem ao modelo da organização do sistema de autoridade acima traçado. Apesar de existirem na empresa moderna relações entre superior e subordinado e poderem ser emanadas instruções cujo cumprimento se traduz na prática de um crime (por exemplo, contra o ambiente ou interesses dos consumidores), o contexto em que tais relações e ordens surgem não é o de uma organização baseada numa hierarquia e numa cultura da obediência, mas numa «heterarquia»[86] ou divisão estratégica do trabalho e numa solidarização entre os diferentes níveis funcionais tendo em vista um objetivo comum. Além disso, o domínio do fato característico da coautoria é diferente do domínio do fato típico da autoria mediata: ali vinga um domínio funcional ou «condomínio», aqui um domínio da vontade. Por isso, a posição do autor atrás do autor e a distância relativamente ao fato estão ausentes do domínio da organização próprio da coautoria: trata-se aqui de um «domínio-da-organização-para-a-execução-do-fato-típico» que só o *middle management*, mais exatamente, os responsáveis pelo sector da organização empresarial em que o fato teve

85. V. Augusto Silva Dias, *Ramos emergentes do Direito Penal relacionados com a proteção do futuro*, Coimbra Editora, 2008, p. 216 e ss.

86. Nesse sentido, v. Gomez-Jara Diez, «Responsabilidad penal de los directivos de empresa en virtud de su dominio de la organización? Algunas consideraciones críticas», in *Cuadernos de Política Criminal*, n. 88 (2006), p. 146 e s.; «La coautoria como fundamento de la responsabilidad penal de los órganos de dirección de la empresa por delitos cometidos por los subordinados?», in Maroto Villarejo (ed.), *Derecho y justicia penal en el siglo XXI: liber amicorum en homenage al Prof. González-Cuellár Garcia*, ed. Colex, 2006, p. 203; Günther Heine, *Strafrechtliche Verantwortlichkeit von Unternehmen*, ed. Nomos, 1995, p. 35 e ss.

lugar, estão em condições de exercer.[87] Através do segmento da organização que dirige, o quadro intermédio domina uma parcela essencial da execução do fato, pois sem a sua ordem, supervisão, conivência, etc. esta não teria lugar. O domínio da organização pelo superior intermédio inscreve-se precisamente na tal solidariedade na prática do fato, um cenário bem diferente do sistema de autoridade testado pela experiência Milgram.

Só num sistema de autoridade se louva, em nosso entender, o domínio da organização próprio da autoria mediata. Como recorda Bauman, tal sistema é animado por uma «moral da tecnologia» que dissipa o significado moral de aspectos que nada têm a ver com a vida da organização e com a lealdade para com a autoridade: «é a tecnologia da ação, não a sua substância, que está sujeita à valoração de boa ou má, própria ou imprópria, certa ou errada».[88] Além disso, ele promove um «estado de heteronomia» favorável à dissipação do sentido da responsabilidade pelas próprias ações, por via da deslocação da responsabilidade para o âmbito da própria organização: «podemos dizer que a organização como um todo é um instrumento para obliterar a responsabilidade».[89] A lógica funcional da organização ilícita favorece a interpretação do crime a realizar como uma tarefa a cumprir para benefício coletivo, algo semelhante a uma atividade técnica, ao desempenho de um papel necessário para atingir um objetivo,[90] e cria no executante uma distância ética relativamente à ação que a faz surgir como «socialmente adequada». A «moral tecnológica» da organização permite a irrupção de dois fenômenos psicológicos complementares: a obnubilação dos escrúpulos morais relativamente à ação e o desenvolvimento de técnicas de neutralização baseadas no eixo autoridade/obediência. Só um sistema de autoridade com estas características e gerando efeitos psicossociais deste gênero pode desencadear uma «fortíssima dependência psicológica do homem-da-frente perante o homem-de-trás», como refere Figueiredo Dias,[91] susceptível de produzir um domínio da vontade equivalente ao que ocorre nas restantes constelações de autoria mediata.

87. Neste sentido, v. Augusto Silva Dias, *Ramos emergentes do Direito Penal*, p. 224. Não podemos concordar com a tese de Ambos segundo a qual o comando intermédio da organização ilícita, como foi Eichmann, só pode ser coautor dos fatos realizados por ter um domínio parcial e por isso deficitário da organização. O domínio da organização que fundamenta a autoria mediata só se verifica naqueles «homens de trás do Estado cujo poder de mando e cujas ordens não podem ser sem mais retiradas ou anuladas, isto é, em relação àqueles que dominam e governam sem perturbação alguma» – v. «Sobre la organización», p. 17 e s. Em nossa opinião, o domínio da organização pode exprimir tanto um domínio funcional como um domínio da vontade, não dependendo a diferença entre uma e outra variante tanto da posição que o superior ocupa na estrutura da organização, mas do *modus operandi* desta e consequentemente dos mecanismos psicológicos implicados na relação superior-subordinado (obediência, solidariedade).

88. V. *Modernity and the Holocaust*, p. 160, designando a consciência do ator como «consciência substitutiva».

89. V. *Modernity and the Holocaust*, p. 163.

90. Referindo-se às percepções e interpretações dos executantes nazistas, Welzer, *Les exécuteurs*, p. 279, destaca a «concepção prática segundo a qual a destruição de seres humanos é um trabalho e, como tal, constantemente aperfeiçoável».

91. *Direito Penal, PG*, I, 2. ed., Coimbra Editora, 31/§ 27.

2.3 Responsabilidade do subordinado e a culpa «banal»

O derradeiro ponto que abordaremos prende-se com a responsabilidade do subordinado executante ou agente imediato. A dependência psicológica em relação à autoridade, que cria nele a prontidão para obedecer e a diluição do sentimento de responsabilidade, tem alguma repercussão sobre a sua responsabilidade criminal, designadamente atenuando-a? Em outros termos, a subordinação à autoridade do homem da frente é merecedora de alguma indulgência na hora de determinar a sua punição?

Qualquer das modalidades de autoria mediata conhecidas serve para incluir o homem de trás no círculo dos autores com base no argumento de que ele possui o domínio da vontade do executante e de que isso representa uma forma de domínio do fato. Não se pretende desresponsabilizar o homem da frente o qual conserva, muitas vezes, o domínio da realização do fato típico e a culpa pela sua realização. Se o homem de trás, um advogado, por exemplo, dá informações erradas acerca da permissão de um fato que pretende ver cometido pelo homem da frente, leigo na matéria, mas este, com um esforço de reflexão exigível, podia ter acedido à ilicitude de tal fato, a manipulação consubstanciada no erro sobre a ilicitude permite punir o homem de trás como autor mas não afasta a autoria nem tão pouco a punição como autor do homem da frente. Se alguma atenuação da pena assiste a este é a que resulta do n. 2 do art. 17.º e colhe fundamento nos efeitos sobre a culpa do erro sobre a ilicitude. Ou seja, é uma atenuação que decorre da culpa individual do agente imediato ou executante. Ela poderia ter lugar também se o advogado ou outra pessoa de confiança estivesse plenamente convencido da correção jurídica da informação prestada e não pretendesse portanto instrumentalizar o homem da frente. Algo semelhante se passa nos casos de atuação no âmbito de um aparelho organizado de poder. A inserção num sistema de autoridade provoca, como vimos, a assunção de uma «moral da tecnologia» e a dissipação, por transferência, do sentimento de responsabilidade, fenômenos que produzem, por sua vez, uma certa desfocagem valorativa no subordinado. Mas se este complexo ajuda a definir o contexto comparticipativo e, sobretudo, a qualificar como autor – e não como mero instigador – o homem de trás, não determina, por si mesmo, qualquer indulgência, privilegiamento ou atenuação da pena do executante.[92]

Estratégias argumentativas neutralizadoras do gênero «somente cumpri o meu dever», «fiz o que me mandaram», «não era da minha competência escolher ou discutir os meios usados», ou «se eu não o fizesse outros o fariam», que ecoaram no julgamento de Eichmann,[93] nos julgamentos de Nuremberg e nas entrevistas

92. Neste sentido também, v. Roxin, «Organisationsherrschaft», p. 16 e s.

93. Relata Arendt que Eichmann repetiu vezes sem conta perante o tribunal que em todas as ações de que era acusado se tinha limitado a cumprir o seu dever e a obedecer a ordens e à lei. Acrescentou que toda a sua vida tinha vivido segundo os preceitos morais de Kant e em particular segundo a definição kantiana do dever. Estas declarações valeram a Arendt o comentário de que a *vulgata* kantiana invocada por Eichmann consistia na «exigência de que um homem deve fazer mais do que obedecer à lei, de que deve ir além do simples imperativo de obediência e identificar a sua vontade com o princípio que sustenta a lei – a fonte de

póstumas dos participantes obedientes da experiência Milgram, apenas expressam os motivos da obediência mas não os tornam compreensíveis. Trata-se de motivos que traduzem «o estado heterônomo» em que os executantes aceitaram colocar-se. A prontidão para obedecer e a banalidade do mal são tópicos reveladores de uma tendência ou inclinação psíquica que, uma vez surgida a oportunidade, nos torna a nós humanos capazes das maiores atrocidades. Mas como Arendt notou e a experiência Milgram e as subsequentes confirmaram[94] não se trata de algo inexorável, mas controlável através do exercício da «capacidade de pensar», ou seja, através do uso dessa outra característica do humano que é capacidade moral crítica de valorar as ações próprias e alheias, uma capacidade que não é apenas intelectual mas também emocional. Podia objetar-se argumentando que, como aquelas experiências também revelam, a obediência cria uma habituação e uma dependência psicológica que vai vencendo as resistências anímicas e dificultando o recurso à «capacidade de pensar», predispondo assim o subordinado para a realização do fato. Dessarte, o seu poder de se motivar pelos valores do Direito vai diminuindo e com ele a exigibilidade de um comportamento diferente. Esta objeção tem um fundo de verdade. Mas há dois aspectos que lhe escapam. Por um lado, como a experiência Milgram evidenciou, à medida que aumentava a intensidade dos choques e com ela o desespero da «vítima», aumentava nos participantes o desconforto da situação, um mal-estar que levou uma minoria a interromper a experiência. Entre os que foram até ao fim da escala dos choques, a maioria suava, tremia, mordia os lábios, espetava as unhas nos braços e nas pernas ou ria nervosamente.[95] Poucos foram aqueles que mantiveram uma atitude fria e insensível ao longo da experiência.[96] As hesitações e o stress manifestados contrariam a ideia de que a relação autoridade/obediência vivida pelos participantes os tornou opacos aos valores jurídicos e, por isso, lhes era inexigível um comportamento adequado a esses valores.

Mas mesmo que assim não seja, pois na realidade das organizações ilícitas, pelas razões apontadas *supra*, a «consciência atormentada» tende a dar lugar a uma «consciência acomodatícia» (fruto da assunção dos fins da organização e dos hábitos de obediência), nem por isso será menor a culpa do homem da frente. Há um momento em que este adere voluntariamente à organização e outro em que aceita subordinar-se à ordem criminosa do superior e a relevância de ambos como momentos fundadores da culpa é inegável: o primeiro, principalmente da culpa pelo crime de associação criminosa; o segundo, da culpa pelo crime que é objeto da ordem. Aos participantes da experiência Milgram era explicado em que consistia esta, qual a sua finalidade e os métodos a utilizar, sendo-lhes inclu-

---

onde emana a lei. Na filosofia de Kant essa fonte era a razão prática; no uso doméstico que Eichmann fazia dela era a vontade do Führer» – v. *Eichmann à Jerusalem*, p. 257 e s.

94. Na verdade, em praticamente todas as experiências uma minoria – que está longe de ser constituída por indivíduos iluminados – recusou participar ou continuar a participação a partir de uma certa altura.

95. V. Milgram, «Behavioral study of obedience», p. 375 – diz Milgram que se tratava de «respostas características e de modo algum excepcionais à experiência».

96. V. «Behavioral study of obedience», p. 376.

sivamente dito que «os choques podem ser extremamente dolorosos» e que não haveria penalização caso interrompessem e abandonassem a experiência. Não obstante, aceitaram infligir sofrimento ao «aluno» a bem da ciência. A assunção prévia do mal era atualizada cada vez que acionavam o interruptor e produziam os choques elétricos e acentuava-se quando continuavam a produzi-los apesar dos protestos de dor do «aluno». A «consciência acomodatícia» à atrocidade que o envolvimento em organizações ilícitas tende a desenvolver não torna os seus membros menos livres, pois a liberdade não existe fora de um quadro de circunstâncias exteriores e interiores que situam o agir e este quadro não pode deixar de incluir também a inserção voluntária num sistema de autoridade e a disposição para obedecer.

Esta conclusão em nada é contrariada pelas técnicas de neutralização acima referidas. Quando um comando que integrava a batalhão que executou duzentos judeus na fronteira da Lituânia em 21 de junho de 1941 desabafou depois da carnificina «pobres de nós, que horror! É necessário que uma geração suporte isto para que os nossos filhos vivam melhor»,[97] acaso esta eticização do mal, útil para o indivíduo chacinar sem se sentir assassino, merece menor censura? Não colhe outrossim o argumento indulgente de que o executante se encontrava subjugado pelo quadro normativo da organização ilícita como peça que era da sua maquinaria, não só porque ele podia compreender o significado dos fatos que praticava se estendesse mentalmente o rol de vítimas até abranger os «seus» (sobretudo familiares, amigos e colegas da organização), mas também porque assumiu voluntariamente e se acomodou ao estado heterônomo em que se encontrava, a troco da proteção que recebia, das regalias que auferia, por identificação ideológica com os objetivos da organização, etc. Como nota Welzer,[98] «não se trata de dizer que os executantes se encontravam em erro sobre a proibição ou ainda que partiam da ideia de que se se recusassem a matar sofreriam graves dissabores pessoais. Não, eles sabiam perfeitamente o que faziam e depois de o fazerem – como quem tem de se afastar de algo desagradável – sentiam-se em sintonia com os princípios de um ambiente social que esperava deles que se encarregassem de uma tarefa homicida considerada necessária».

Não vislumbramos, pois, neste tipo de racionalizações particulares próprias da banalização, normalização ou eticização do mal extremo qualquer fundamento para uma atenuação – e ainda menos para uma exclusão –, em termos gerais, da culpa do subordinado que atua a mando dos líderes e em prol da organização. A culpa coletiva não afasta a culpa individual sobremaneira quando ambas se encon-

97. V. Welzer, *Les executeurs*, p. 36. Impressionante a respeito da eticização ou racionalização particular do mal é a explicação de um comando do célebre batalhão 101 – um batalhão com cerca de 500 homens responsável pelo assassinato de 35.000 pessoas e pelo envio de outras tantas para Treblinka – para ter preferido abater as crianças em vez das mães em mais uma ação de carnificina: «esforcei-me... por atirar apenas sobre as crianças. As mães levavam os seus filhos pela mão. Então o meu companheiro do lado abatia a mãe e eu a criança porque dizia para mim próprio que a criança não podia sobreviver sem a mãe...» – v. Welzer, *op. cit.*, p .42.

98. V. *Les exécuteurs*, p. 262.

tram alinhadas e se alimentam reciprocamente. A sujeição livremente consentida integra, pois, a culpa «banal» e esta é tão reveladora da imperfeição e vulnerabilidade humanas como qualquer outra forma de culpa individual. A conclusão será, porém, outra se o subordinado for sujeito individualmente a situações próximas do «domínio da coação ou do erro pelo homem de trás» (Roxin) como a perda do salário, a perseguição de familiares, o esbulho de bens, etc. Nestas situações o executante é submetido a uma pressão para agir tal que ultrapassa o nível do aproveitamento pelo homem de trás da prontidão para obedecer e, portanto, o nível da culpa «banal». Existirá nestas situações, em nossa opinião, fundamento para atenuar a culpa e a pena do executante.

¿PUEDE EL MAL ABSOLUTO SER SOMETIDO A LA JUSTICIA?[1]

CRISTINA GARCÍA PASCUAL

Keywords: absolute evil, human rights, criminal law.

Abstract: This paper addresses the following question: how is the eruption of evil in society to be faced? How can we respond to massive violations of human rights? What should we do when those violations are carried on by States or by agents under the cover or tolerance of governments? To answer that question necessarily implies to acknowledge some novelty to the kind of evil it concerns, which is named as absolute evil. Before absolute evil, we seem to be trapped in an insoluble problem, since traditional categories of thinking – including traditional moral, political and legal notions – are inappropriate to understand it and, most importantly, to understand the urgency of explaining it. This paper takes a conceptual path which aims at surmounting some of the obstacles we are confronted when facing absolute evil, a path that involves raising some questions concerning the basis of the contemporary legal and moral world.

INTRODUCCIÓN

¿Cómo podemos vivir con el mal? ¿cómo podemos hacerle frente? Estas preguntas inician el libro de Carlos Nino que se publicó en 1996 bajo el título

1. Este trabajo se inscribe en el marco de los proyectos «*Acceso a la Justicia y garantías de los derechos en tiempo de crisis*» (DER2013-48284-R) y «*Transformaciones de la Justicia. Autonomía, inequidad y ejercicio de los derechos*» (DER2016-78356-P).

Radical Evil On Trial. En él, el jurista argentino retomaba una antigua tradición filosófica: la complejísima reflexión sobre el mal –para algunos nuestro primer problema teórico– y la sometía a las exigencias del razonamiento jurídico. Nino no pensaba, obviamente, en cualquier mal sino en ese que, tras la historia de sangre del siglo XX, ha sido denominado mal absoluto: «Ofensas contra la dignidad humana tan extendidas, persistentes y organizadas que el sentido moral normal resulta inapropiado».[2] Siguiendo los pasos de Nino quiero plantear aquí de nuevo estas preguntas: cómo enfrentarnos al mal, cómo responder a las violaciones masivas de derechos humanos. Cómo hacerlo cuando son cometidas desde el Estado o por quienes cuentan con el consentimiento y la tolerancia de sus gobiernos, consciente desde el inicio que difícilmente hallaremos respuestas.

Pasan los años y los campos de extermino nazis, los campos de violación en la antigua Yugoslavia, las purgas estalinistas, la matanza de Srebrenica, los crímenes del franquismo o el genocidio de Ruanda no dejan de interpelarnos moralmente, a la vez que cuestionan nuestras más asentadas categorías jurídicas y políticas.

Cuando planteamos la pregunta de cómo podemos o debemos enfrentarnos a los hechos citados, estamos reconociendo que en buena parte de ellos existe un elemento nuevo que nos hace dudar de los mecanismos con los que tradicionalmente el Estado se ha enfrentado a la ilegalidad. Tal vez sea la magnitud del mal, el número de víctimas o el número de ejecutores de ese mal, tal vez sea la intensidad del mismo o la intenciones de sus atores, pero su horror se nos presenta a menudo como algo inédito en la historia.

Si las categorías tradicionales del pensamiento no sirven para hacer frente a esas realidades, podemos decir que ante el mal absoluto nos encontramos atrapados en un problema irresoluble, en una aporía entre la in-apropiación de las categorías morales, jurídicas y políticas tradicionales para aprehender la realidad del mal y la necesidad apremiante de conseguir entenderlo.

En palabras de Richard Bernstein, en «el mal hay algo, [...] que desafía y que se resiste a cualquier comprensión final»[3] y, no obstante, queremos y necesitamos comprender. Necesitamos, como dice H. Arendt, «examinar y cargar conscientemente con el peso que nuestro siglo nos impuso sin negar la existencia de ese mal y sin sometemos mansamente a la carga».[4] Esta es entonces la aporía del mal absoluto: su naturaleza insondable ante nuestra necesidad imperativa de llegar hasta el fondo, de conocer los hechos, de condenar a los atores, de aliviar a las

2. *Vide* Nino, C., *Radical evil on trial*, New Haven: Yale University Press, 1996, p. vii. Existe traducción española de Martín F. Böhmer, *Juicio al mal absoluto*, Barcelona, Ariel, 2006.

3. Bernstein, R. J., *Radical evil, a philosophical interrogation*, Cambrige: Polity Press, 2002, p. 7. Existe traducción al castellano de M. G. Burelo, *El mal radical. Una indagación filosófica*, Ed. Lilmod: Buenos Aíres, 2005, p. 22.

4. «*La comprensión, en suma* –continua Arendt– *significa un atento e impremeditado enfrentamiento a la realidad, una resistencia a ésta, sea la que fuere*» Arendt, H., *Orígenes del totalitarismo*, traducción de Guillermo Solana, Madrid: Alianza, 1999, p. 5. Traducción levemente modificada por el autor.

víctimas y de evitar en el tiempo la repetición de esos horrores. No responder al mal sería tanto como sucumbir al mismo.

En pos de esta compresión, nos enfrentamos a un camino lleno de obstáculos, que lleva, en primer lugar, a un intento de aproximación a la realidad del mal absoluto para, en segundo lugar, valorar los retos que el mal plantea al pensamiento moral, político y jurídico contemporáneo.

I. ¿QUÉ ES EL MAL ABSOLUTO?

1. La conceptualización

Los filósofos, los politólogos y especialmente los juristas se sienten incómodos ante el uso del término «mal». Parece más adecuado hablar de injusticia, de violación de derechos humanos, de lo que es inmoral y no ético que de maldad.[5] La maldad no parece una expresión jurídica. Nos gusta repetir que en el proceso no se juzga a las personas sino a sus acciones en la medida en que son violaciones de normas jurídicas.

La palabra «mal» sin calificativos ya nos crea incomodidad e inquietud, las categorías del mal o las declinaciones del mismo no nos ofrece mayor tranquilidad.

Es sabido que fue Kant quien, en su obra *La religión dentro de los límites de la mera razón*, utilizó la expresión «mal radical» para referirse a una propensión de la voluntad a desatender los imperativos morales de la razón o para designar una innata propensión humana a la maldad.[6]

Este concepto de mal, radical en cuanto que tiene sus raíces en la naturaleza del hombre, resulta, sin embargo, insuficiente para dar cuenta de los horrores de los hechos acontecidos a lo largo del siglo XX. Ante las atrocidades de los regímenes totalitarios, el mal obtiene nuevos y terribles significados. Filósofos y pensadores hablan ahora del mal absoluto, o de mal radical en el sentido de mal extremo y también, como sabemos, de mal banal. La novedad de esta realidad del mal es difícil de concretar.[7]

Para Emmanuel Levinas, la novedad del mal radicaría en su desmesura, el mal de Auschwitz, dirá, (tomando Auschwitz como representación del sufrimiento

5. *Vide* Bernstein, R.J., *Radical evil, a philosophical interrogation* (n. 3), p. 2. En un trabajo posterior Bernstein denunciará, sin embargo, el abuso del término mal en el lenguaje de los políticos y de los medios de comunicación tras los atentados del 11 de septiembre del 2001. De la incomodidad en el uso del término se pasa al abuso del mismo. Véase Bernstein, R.J., *El abuso del mal y la corrupción de la política y la religión desde el 11/9*, Buenos Aires: Katz, 2006.

6. *Vide* Kant, I., *La religión dentro de los límites de la mera razón* (1793), trad. cast. de F. Martínez Marzoa, parte primera, Madrid: Alianza, 1969.

7. Sigo ampliamente la interpretación que realiza Bernstein de la obra de E. Levinas, H. Jonas y H. Arendt en relación a la idea de mal.

gratuito[8]), es un exceso en su esencia misma y en este sentido escapa –como dice Bernstein– a la posibilidad de «síntesis».[9] La aporía del mal, sería para Levinas la base para afirmar que la diferencia entre el bien y el mal precede a la diferencia ontológica. La trascendencia del mal nos lleva a reconocer que la primera pregunta metafísica no es por qué existe algo y no nada, sino por qué existe el mal y no el bien. Lo ético tiene prioridad sobre lo ontológico; lo ontológico presupone lo ético.[10]

Para Hans Jonas, la novedad del mal radicaría en su conexión con las nuevas tecnologías y sus potencialidades. Los horrores del totalitarismo exigen una nueva ética en la medida que hemos podido comprobar por primera vez en la historia que las nuevas tecnologías han transformado la naturaleza y los resultados de la acción humana, que es posible la destrucción del planeta y con él de la vida humana. La nuevas tecnologías hacen que las consecuencias de nuestros atos a menudo excedan lo que podemos preveer. Por ello, Hans Jonas formula un nuevo imperativo categórico «Obra de tal modo que los efectos de tu acción sean compatibles con la permanencia de una vida humana auténtica en la Tierra».[11]

Frente a un mal que desborda las categorías filosóficas, que sitúa la ética por delante de la ontología o que exige la formulación de un nuevo imperativo categórico, el concepto de responsabilidad también parece quedar desbordado. Levinas declara la responsabilidad infinita del hombre de cada uno de nosotros por el sufrimiento injustificable de los demás. Una responsabilidad que antepone a mi vida la vida del otro, que no espera reciprocidad alguna. Un exigente concepto de responsabilidad que tiene una dimensión claramente supererogatoria, es decir, que supera las categorías morales y, sobre todo, jurídicas. Pero ¿es exigible la santidad? Levinas sólo nos dice que «no podemos dejar de admirar a la persona que en su ser está más ligada al ser del otro que al suyo propio. Creo –dirá– que lo humano comienza en la santidad; no en consumarla, sino en el valor que ésta tiene. Es el valor primero, un valor incuestionable».[12]

Un mal absoluto genera una responsabilidad infinita, según Levinas. De la misma manera, Hans Jonas, y desde presupuestos distintos, nos sitúa frente a una responsabilidad del todo abrumadora. La dimensión del «silencio de Dios» ante Auschwitz es directamente proporcional a la dimensión de la responsabilidad del hombre. Estamos, pues, ante una responsabilidad ilimitada que se nos impone

8. *Vide* Levinas, E., *Entre nous. Essais sur le penser-a-l'autre,* París: Grasset, 1991 p. 108. Existe traducción castellana de José Luis Pardo, *Entre nosotros,* Valencia: Pre-Textos, 1993.

9. *Vide* Bernstein, R. J., *Radical evil, a philosophical interrogation* (n. 3), p. 174 y Levinas, E., «Trascendance et mal» en *De Dieu qui vient à l'idee*, París: Vrin, 1992, p. 158.

10. *Ibidem* p. 160. Trad. Mía.

11. Jonas, H., *El principio de responsabilidad. Ensayo de una ética para la civilización tecnológica*, Barcelona: Herder, 1995, p. 40.

12. Levinas, E., «Le paradox of Morality: An Interview with Emmanuel Levinas», en *The Provocation of Levinas: Rethinking the Other*, ed. Robert Bernasconi and David Wood, London: Routledge, 1988, p. 172-173. Tomo esta cita del Bernstein, R., *Radical evil, a philosophical interrogation* (n. 2), p. 179. Trad. mía.

en virtud de nuestra propia condición humana. Si no podemos escapar del mal, tampoco podemos librarnos de nuestra responsabilidade.[13]

Ciertamente, las reflexiónes de Emmanuel Levinas, de Hans Jonas y de tantos otros pensadores que se enfrentan al problema del mal como el problema filosófico más relevante de nuestro época, nos llenan de perplejidades y si bien nos impulsan en nuestro inevitable esfuerzo hacia la comprensión de nuestra historia, también nos sitúan en una posición de impotencia. Necesitamos comprender lo incomprensible, pensar lo impensable, pero también necesitamos pautas para la acción, pautas para atuar después de la catástrofe. En Levinas y Jonas el reclamo a una responsabilidad infinita aparece como un instrumento para evitar que determinadas acciones vuelvan a repetirse. Pero nosotros necesitamos, no solo comprender el Mal, no solo tratar de evitarlo, sino también enfrentarnos a las consecuencias del mismo: ¿qué ocurre con las victimas? ¿qué merecen los verdugos? ¿cómo la comunidad política debe enfrentarse a ese océano de sufrimiento presente en nuestra realidad? Es aquí donde la obra de Hannah Arendt resulta fundamental. Arendt, como otros pensadores, quiere entender la vinculación del mal con la condición humana, desciende así a los orígenes de totalitarismo. Pero Arendt se enfrenta también al problema jurídico-político de tratar las consecuencias del horror. Frente a Jonas o Levinas, Arendt tendrá que pensar el mal en los límites de un proceso judicial y en el contexto de un Estado de Derecho. Su esfuerzo teorético sirve de puente para unir las exigencias filosóficas de la reflexión sobre el mal con la exigencias jurídicas.

2. UN MAL SIN PROFUNDIDAD

Hannah Arendt, como tantos otros, describe el mal que marca la historia del siglo XX como un mal sin precedentes. Un mal a veces denominado radical, en un sentido diferente al Kantiano, otras extremo o banal. El mal radical del que habla Arendt es el que nace de los totalitarismos y que se manifiesta en un plan sistemático de destrucción de lo humano. En el contexto del campo de concentración, los hombres sufren un proceso de deshumanización que hace que su vidas resulten superfluas.

En primer lugar, a los prisioneros del campo se les niega la personalidad jurídica,[14] las sanciones o las penalidades que se infligen a las víctimas no son consecuencia de sus acciones. En el campo de concentración no hay derechos pero tampoco delitos ni sanciones. Se trata de un espacio fuera del sistema del derecho penal donde «el verdugo no justifica el trato que dispensa a la víctima, pues si reconociera que el daño que le causa es justo, estaría apelando a un marco compartido de normas y valores».[15] Donde no se reconoce el principio de responsabilidad de los propios actos no existe ordenamiento jurídico.

13. *Vide* Bernstein, R. J., *Radical evil, a philosophical interrogation* (n. 3), p. 204.

14. *Vide* Arendt, H., *Los orígenes del totalitarismo* (n. 4), p. 545.

15. Marrades, J., «La radicalidad del mal banal», *Logos. Anales del Seminario de Metafísica*, vol. 35, 2007, p. 82.

En segundo lugar, se busca la destrucción de la personalidad moral, la preparación de cadáveres vivientes,[16] mediante la anulación de la capacidad de elegir entre el bien y el mal… «La víctima del poder totalitario no puede elegir entre el bien y el mal, pues la única alternativa que le queda para evitar un mal es cometer otro: colaborar con el verdugo, para eludir su propia muerte; suicidarse, para no dañar a otros».[17] Así el sistema totalitario pone fin a la capacidad de juicio moral corrompiendo toda solidaridad humana. Hacer el bien resulta imposible: «la complicidad conscientemente organizada de todos los hombres en los crímenes de los regímenes totalitarios se extiende a las víctimas».[18]

Finalmente se pretende la destrucción de la individualidad personal negando la espontaneidad, «el poder del hombre para comenzar algo nuevo a partir de sus propios recursos, algo que no puede ser explicado sobre la base de reacciones al medio ambiente y a los acontecimientos».[19] La manifestación más clara de la destrucción de la individualidad se produce cuando el hombre queda reducido a un muñeco fantasmal (un cadáver viviente), cuyo comportamiento no es más que un haz de reacciones, la última de las cuales es dirigirse como un robot hacia su propia muerte en la cámara de gas. «Borrar la frontera entre lo probable y lo improbable, de manera que pueda esperarse cualquier cosa. Así puede expresarse el ideal totalitario de negación de la individualidad del hombre»[20] y por tanto de pluralidad de la humanidad.

El proyecto de hacer de los seres humanos realidades prescindibles o seres superfluos define la idea de *genocidio*. La voluntad de aniquilación de un pueblo, de un grupo, presupone esta consideración del caráter superfluo de sus miembros. El genocida considera que determinados grupos de personas debería desaparecer de la faz de la tierra, el mundo puede prescindir de ellos, es decir, su presencia en la tierra es del todo superflua. Por esta razón, el proyecto de exterminio de un pueblo o coletivo de personas trasciende a sus propias víctimas, tiene efectos sobre la compresión de lo que es la humanidad y constituye una ofensa a la humanidad misma.

Ciertamente, la novedad de ese mal que se desarrolla bajo el totalitarismo no residía en su totalidad en la terrible materialización de ese proyecto de destrucción de lo humano sino también en las motivaciones e intenciones de los atores de ese proyecto. Hablar del mal nos lleva siempre necesariamente a hablar de intencionalidad o de culpa.

La intencionalidad de los agentes del mal varía. En algunos casos, Arendt identifica sentimientos terribles pero humanos como es el resentimiento, el sadismo, la humillación, la codicia o el afán de poder. En otros casos, el mal infli-

---

16. *Vide* Arendt, H., *Los orígenes del totalitarismo* (n. 4), p. 548.
17. Marrades, J., «La radicalidad del mal banal» (n. 15), p. 83.
18. Arendt, H., *Los orígenes del totalitarismo* (n. 4), p. 549.
19. *Ibidem*, p. 552.
20. Marrades, J., «La radicalidad del mal banal» (n. 15), p. 83.

gido es el fruto de una adhesión ciega a una determinada ideología. Para Arendt en la historia de los crímenes del nazismo se produce un cambio:

> «En los primeros campos de concentración y en las celdas de la Gestapo [se dió] una tortura irracional y de tipo sádico. Tras la que existía a menudo un odio y un resentimiento profundos contra los que social, intelectual o físicamente eran mejores que ellos. Ese resentimiento, que nunca se extinguió enteramente en los campos, nos sorprende como el último vestigio de un sentimiento humanamente comprensible.
>
> El verdadero horror comenzó, sin embargo, cuando los hombres de las SS se encargaron de la administración de los campos. La antigua bestialidad espontánea dio paso a una destrucción absolutamente fría y sistemática de los cuerpos humanos, calculada para destruir la dignidad humana. La muerte se evitaba o se posponía indefinidamente. Los campos se convirtieron en «terrenos de entrenamiento» en los que hombres perfectamente normales eran preparados para llegar a ser miembros de pleno derecho de las SS.»[21]

En el segundo supuesto, la muerte o el sufrimiento de las víctimas no constituye un medio para la consecución de un fin y, por tanto, los guardias no son culpables de violar, en este sentido, el imperativo categórico Kantiano. Por otra parte, si hacer el mal es algo en lo que hay que entrenarse, el mismo mal pierde una de sus cualidades definitorias tradicionales, deja de ser una tentación. Como la propia Arendt dirá, hablamos de crímenes que «no están contemplados en los Diez Mandamientos».[22]

A la reflexión de H. Arendt sobre el mal elaborada en su obra *Los orígenes del totalitarismo*, se sumará, diez años después, sus consideraciones a propósito del juicio celebrado en Jerusalem contra Adolf Eichmann.[23] Al esfuerzo por comprender qué es el mal, Arendt añadirá ulteriores reflexiones sobre la posibilidad de someter el mal a juicio o de aplicarle las reglas del proceso. Arendt entiende claramente que en el proceso a Eichmann los jueces se enfrentan a un nuevo tipo de crimen que ofende a la humanidad y a nuevo tipo de criminal que es en realidad un *hostis humani generis*.

21. Arendt, H., *Los orígenes del totalitarismo* (n. 4), p. 550-551.

22. Así le explicaba Arendt en una carta a K. Jaspers la radicalidad de un mal que no responde ya al vicio del egoísmo ni a los pecados o debilidades humanamente comprensibles. Arendt, H./Jaspers, K., *Correspondance 1926-1969*, ed. Lotte Kohler y Hans Saner, New York: Harcourt Brace Jovanovich, 1992, 166. Tomo la cita del Richard J. Bernstein, *Radical evil*, cit., p. 207.

23. Diez años después de la publicación de *Los Orígenes del Totalitarismo* en 1961, Hannah Arendt recibió el encargo de informar a los lectores del New Yorker sobre el juicio que se iba a celebrar en Jerusalem contra Adolf Eichmann. Desde su posición de reportera, observar el proceso, los movimientos del imputado, el papel de los medios de comunicación o los testimonios de las víctimas, llevarán a Arendt a repensar algunas de sus anteriores reflexiones sobre el mal. Así en 1962 aparecerá la primera edición de su famosa obra *Eichmann en Jerusalem. A Report on the Banality of Evil*, New York: Viking Press 1962. Citaré esta obra en su versión revisada en *Eichmann en Jerusalem. A Report on the Banality of Evil*, Dallas: Penguin, 1977.

El juicio a Eichmann pondrá en evidencia que los crímenes del nazismo no nos hablan sólo de perversiones morales, de sujetos psicópatas, de odio, pasiones incontroladas o fanatismos ideológicos sino ante todo de «hombres perfectamente normales» que atuaron guiados por intereses menores o extraordinariamente superficiales o banales.

Cuando Arendt observa a Eichmann, cuyas acciones llevaron a la muerte a miles de personas, no ve un monstruo de maldad sino un funcionario gris sin especiales convicciones ideológicas y sin un enfervorizado antissemitismo.[24] La personalidad de Eichmann, quien nunca mato a nadie con sus propias manos, contiene una clave para la compresión del genocidio o los delitos de lesa humanidad como procesos en los que miles de personas colaboraron en mayor o menor medida en la muerte y tortura de otras tantas. Cómo explicar que ciudadanos normales pasaran a las filas de la delación, de la colaboración, complicidad o autoría. Muchos de ellos, mostrará Arendt, atuaron banalmente y el terrible mal que crearon e inflingieron fue posible por la irreflexividad de sus decisiones, por la suspensión de la propia capacidad de juicio, por la renuncia, también aquí, a un elemento que define nuestra condición humana.

Cuando hablamos de genocidio o de violaciones masivas de los derechos humanos el número es un elemento definitorio. Un número elevado de víctimas exige un número elevado de verdugos. Poblaciones que hasta ayer vivían pacíficamente, se despiertan hoy unidas contra un grupo y, en colaboración con las autoridades, dispuestas a la negación del otro. Si no es verosímil imaginar que las personas que hasta ayer vivían una vida normal, hoy se hayan convertido por cientos en psicópatas, entonces tendremos que pensar que el caso de Eichmann contiene mayor capacidad explicativa que la que le circunscribe a su persona y acciones.

La banalidad del mal significa negar al mismo cualquier profundidad, cualquier épica o grandeza, no hay lugar para la mítica, no estamos ante hechos sobrehumanos, ni ante sujetos demoníacos sino ante seres humanos a los que podríamos calificar como «normales» y al mismo tiempo como agentes del mal absoluto. Personas, en cuyas acciones observamos cómo, terriblemente, el mal se separa de la culpa o de la intención. Este reconocimiento, la idea de que el mal absoluto constituye un proyecto a gran escala de negación de lo humano, hecho

24. Como explica Berstein Arendt plantea el problema del mal sin intención. «*In our common moral discourse (as well a in the philosophical) there has been a well-entrenched belief that those who commit evil deeds must have evil motives. The more evil the deeds, the more wicked are the motives. This is the belief that Arendt is critiquing. Individuals who are neither monsters, perverts, sadist, nor ideologicasl fanatics, individuals who are motivated by little more than ambition, the desire to please their superios and advance their careers can – in the circumstances of totalitarism- commit the most horrendous evil deeds. In a diferent society and in a different historical cicumntances, Eichmann might well habe been an innouous petty buroaucrat... What i so frightening about the bureaucratic conditions of modernity is that they increase the pontential for this sort os evil. And just Arendt claims that radical evil remains a live possibility even alter the end of totalitarism regimes, so this is true of the banality of evil*» (BERNSTEIN, R.J., *Radical evil, a philosophical interrogation* (n. 3), p. 232).

posible con la colaboración de cientos de personas movidas muchas de ellas por fines superficiales, no va a facilitar, desde luego, la posibilidad de enfrentarnos a las consecuencias de ese mal con los instrumentos del Estado de Derecho.

II. CÓMO ENFRENTAR EL MAL ABSOLUTO

Siguiendo el esquema de Carlos Nino, pensar en cómo enfrentarnos al mal absoluto nos sitúa ante tres órdenes de problemas: políticos, morales y jurídicos. Ciertamente, la separación entre estos tres órdenes resulta un poco forzada e imposible de mantener de forma estricta. Aunque, considero, resulta útil a la hora de ordenar la multitud de cuestiones que aquí se suscitan.

1. Problemas políticos

Tras una realidad como la descrita por Hannah Arendt, tras un genocidio, tras un conflicto bélico o un proceso de cambio de régimen político construido sobre masivas violaciones de derechos, el rastro de dolor y violencia resulta insoportable. Parece inexcusable recordar a las víctimas, hacer memoria, analizar lo pasado, sancionar a los culpables, elaborar un relato público de los hechos ocurridos, descender hasta los detalles para comprender y superar ese terrible momento de la historia. Paradójicamente, como todos sabemos, a menudo las sociedades dañadas por estos procesos, han abrazado, como comunidad política, el ideal del olvido como la mejor manera de superar el mal. La capacidad de respuesta ante el mal parece descender a medida que aumenta su gravedad y finalmente la historia del mal extremo es la historia de la desmemoria política y de la impunidad jurídica.

Por eso, cuando pensamos en hacer frente al mal debemos previamente resolver el dilema político que se extiende entre la memoria y el olvido. Como comunidad, como colectivo ¿queremos verdaderamente hacer memoria? ¿nos conviene recordar? o ¿el recuerdo impedirá la paz social y nos empujará de nuevo a una escalada de violencia?

Obviamente en esta valoración influyen distintos elementos, que han sido estudiados y analizados. No será lo mismo que afrontemos una transición política a la que algunos de los atores de las violaciones de derechos se suman y permiten el paso a un sistema democrático que un régimen que cae colapsado como el argentino, una restauración como la que se produce en Austria o una devastación como la que sufre Alemania. No será igual, si los estragos son causados con gran implicación de la población o por ejércitos o por guerrillas extranjeras. Los números también serán determinantes y, desde luego, la crueldad de los hechos ocurridos.

Por otra parte, la reconstrucción de la memoria puede pretender realizarse bajo iniciativas políticas de reconstrucción de los hechos, respeto y reconocimiento público de la víctimas o por comisiones de la verdad, pero nada puede sustituir a la instancia judicial en la aspiración de concretar las responsabilidades individuales y sancionar a los culpables.

Cuando todas las expectativas de justicia quedan reducidas a procesos judiciales, inevitablemente sobre ellos se fundan las esperanzas no solo de justicia individual sino de justicia colectiva. La responsabilidad colectiva y la responsabilidad individual parecen una misma cosa. Pero a la Administración de Justicia se le pide demasiado.

El Estado utiliza la potente simbología del proceso penal para fines que no son meramente punitivos o disuasivos. El proceso, como sostiene Martti Koskenniemi, adquiere un sentido religioso y, a través del mismo, el Estado actúa como un agente moral. Es el simbolismo del proceso penal el que permite a la comunidad afirmar sus principios fundamentales y convertirse en una comunidad moral viable.[25] Si el proceso es internacional la comunidad moral que se afirma es la comunidad internacional.

Por otra parte, las víctimas esperan del proceso una forma de hacer memoria colectiva, una oportunidad de ser oídos públicamente, un reconocimiento oficial a su dolor.... No buscan, sólo la condena del imputado sino el reconocimiento público del mal que les ha sido infligido. Del proceso se espera todo aquello que, tal vez, hubiera podido realizar mejor, o debiera haber realizado, una comisión de la verdad (reconstrucción de los hechos o un espacio para escuchar el relato de la víctimas) o unas políticas ativas de los gobiernos en el tratamiento de las víctimas.

Pero reconstruir la memoria o afirmar los valores morales de la comunidad sólo a través del proceso tiene sus peligros. Como nos recuerda Koskeniemi, la reconstrucción de la verdad en el proceso no puede contar con la dócil colaboración del acusado. Para que el proceso sea legítimo, el acusado debe en cierta medida expresarse. Pero en este caso, podrá poner en cuestión la versión de la verdad presentada por el Fiscal y relativizar la culpabilidad que le imputa.[26] Dar la palabra al acusado supone tener que oír, a veces, tesis negacionistas o la reafirmación de ideales de violencia.

Para trasmitir una verdad histórica clara a la audiencia el proceso debería hacer callar al imputado. Trasformándose así en un proceso espetáculo. En este caso la justicia se muestra como justicia de los vencedores y la condena carece de valor moral universal. Entender la justicia penal como un instrumento de verdad y de memoria, de divulgación es importante por razones que no tienen que ver con la

25. *Vide* KOSKENNIEMI, M., *La politique du droit International*, trad. fran. H. Cadet, S. Cassella, G. Hourriez y A. Martineau, Paris: Editions A. Pedone, 2007, p. 236.

26. Koskenniemi pone el ejemplo del proceso a K. Barbie, en el que la defensa del abogado Jaques Vergès se basa en la denuncia de los crímenes del Estado francés en Argelia, utilizando la técnica, denominada por el profesor finlandés del «*tu quoque*», con «*un effect pubblic maximal, de démontrer, qu'en fin de compte, il n'y avait pas de différence essentielle entre les agissements de Barbie a Lyon et le racisme français durant l'ère coloniale*» (KOSKENNIEMI, M., *La politique du droit International* (n. 25), p. 257).

condena del individuo. Podemos hablar de un deber de memoria pero la memoria no es algo que pueda fijarse de manera autoritaria por un proceso jurídico.[27]

Pretender que el proceso actúe de esta manera, como decía, resulta excesivo y propicia el equívoco entre la responsabilidad individual, que es la única que puede sustanciarse en un proceso, y la responsabilidad colectiva. Sugiere que es posible la culpa colectiva cuando la culpa es sólo individual.

En el ámbito internacional, los realistas siempre han señalado la debilidad de los procesos jurídicos que no pueden aprehender la amplitud de los acontecimientos de la política internacional.[28] Para el realista Hans Morgenthau, por ejemplo, el proceso sólo ilumina un aspecto del conflicto deformándolo, es individual y el conflicto es global y por tanto es contra-producente respecto al objetivo perseguido inicialmente que es el de encontrar la reconciliación y la verdad. El hecho de poner el acento sobre los individuos ofrece una coartada para exculpar a las población de su responsabilidad.[29] La reflexión de Morgenthau recuerda también posiciones como las de C. Schmitt quien, como es sabido, se resiste a admitir que una guerra pueda ser considerada una violación del Derecho y sus responsables puedan ir a juicio[30] o, desde una posición ideológica contraria, a las de T. Judt «Precisamente a causa de haber establecido tan absolutamente la culpabilidad personal de los dirigentes nazis, muchos alemanes se sintieron con derecho a creer que el resto de la nación era inocente, que los alemanes como coletivo, eran tan víctimas pasivas del nazismo como cualquier otro».[31]

Otros juristas han valorado también negativamente le papel de la justicia penal con miras a la reconstrucción del sistema democrático. Es el caso de Sammuel Huntington quien considera que los procesos de justicia retroactiva deben ser gestionados exclusivamente por la política, dado que los costos de las persecuciones penales sobrepasan los sus beneficios morales. La democracia se basa en la reconciliación y en dejar atrás la divisiones, por otra parte, las amnistías crean bases sólidas para la democracia.[32] O, desde un presupuesto bien diverso, el de Bruce Ackerman que nos recuerda que la adscripción de responsabilidades, la justicia retroactiva, podría engendrar resentimiento, crear profundas divisiones entre varios sectores de la sociedad e inevitablemente exacerbar las dificultades

27. *Vide* Koskenniemi, M., *La politique du droit International* (n. 25), p. 261.

28. *Vide* Koskenniemi, M., *The Gentle Civilizer of Nations. The Rise and Fall of International Law 1870-1960*, Cambridge: Cambrige University Press, 2002, p. 440-445.

29. *Vide* Morgenthau, H. J., *The Decline of Democratic Politics.* Chicago: The Unversity of Chicago Press, 1969, p. 432. Cfr. Del mismo autor, Morgenthau, H. J., La *Lucha por el Poder y por la Paz*, Buenos Aires: Editorial Sudamericana.

30. *Vide* Schmitt, C., *El Nomos de la Tierra en el derecho de gentes del «ius publicum europaeum»* trad. cast de Dora Schilling Thon, Madrid: Centro de Estudios Constitucionales, 1979.

31. Judt, T., *Postguerra. Una historia de Europa desde 1945*, trad. cast. de Jesús Cuéllar y Victoria E. Gordo del Rey. Madrid: Taurus, 2006, p. 94.

32. *Vide* Huntington, S. P., *The third Wave: Democratization in the Late twentieth Century*, Norman: University of Oklahoma Press, 1991, p. 221.

inherentes que supone lograr la justicia retroactiva.[33] Frente a ambos, Nino ve en los juicios por violaciones de derechos humanos cometidos en el pasado magníficas ocasiones para la deliberación social y el examen colectivo de los valores morales que fundamentan las instituciones públicas.[34] «Todo dependerá de lo que haga a la democracia un sistema autosuficiente [...] Tal vez existan circunstancias en la que los juicios y la investigación de abusos de los derechos humanos socavan la estabilidad democrática. Pero puede ser también verdad que la estabilidad alcanzada al desistir de la justicia retroactiva socave los valores morales que fundamenten el sistema democrático».

Al final, la renuncia al instrumento judicial solo puede ser defendida desde el pragmatismo, desde el consecuencialísmo, ningún argumento de tipo sustancial puede fundamentar la impunidad.

En mi opinión, tal vez el problema resida en cifrar todas las esperanzas de justicia en los procesos penales o en situarnos ante la falsa alternativa de deber elegir entre las medidas políticas y las medidas judiciales como si se tratará de procedimientos autoexcluyentes. O nos enfrentamos a las masivas violaciones de derechos humanos únicamente con procedimientos judiciales o únicamente con medidas políticas, estas últimas a menudo como coartada para la inacción y la impunidad. En realidad, más que ante un dilema nos encontramos antes procedimientos que deberían ser complementarios. Podemos reconocer parte de razón en las palabras de Morgenthau y afirmar que la responsabilidad coletiva no se puede sustanciar en un proceso, «una tragedia puede ser tan grande que castigar a un individuo nunca es una respuesta adecuada», pero esta afirmación no nos puede conducir a cejar en nuestro empeño de concretar las responsabilidades individuales. Al fin y al cabo porque como sostiene Hannah Arendt, «donde todos son culpables nadie lo es».[35]

Así deberíamos admitir que existe la responsabilidad colectiva y que respecto ella se dirige nuestro deseo de educar a la gente y de hacerles comprender las verdades históricas. Aceptamos, así, algunos presupuestos de las teorías realistas: la necesidad de tomar en consideración el contexto o considerar el conflicto como algo no estrictamente individual. Sin embargo, deberíamos admitir también que si la responsabilidad puede ser colectiva nunca puede serlo la culpa, que ésta es solo individual[36] y que es la responsabilidad que genera la que se debe exigir y sustanciar en un proceso. Admitimos el presupuesto del realismo pero negamos su

33. *Vide* Ackerman, *The Future of Liberal Revolution*, New Haven: Yale University Press, 1992, p. 72-73. Existe traducción española de Jorge Malem, *El Futuro de la Revolución Liberal*, Barcelona: Ariel, 1995.

34. *«Cuando se investigan y juzgan abusos masivos a los derechos humanos, propiciamos la deliberación pública, la dinámica que provocó esas violaciones deviene en objeto de crítica coletiva y de la discusión pública. Lo que se discute es el valor mismo de la democracia»* (Nino, C., *Radical evil on trial* (n. 2), p. 198-199).

35. Arendt, H., *Responsability and Judgment*, New York: Schocken books, 2003, p. 28.

36. *Ibidem*, p. 29.

conclusión, es decir, negamos la idea de que el Derecho no tiene nada que decir ante los crímenes más graves que podemos imaginar.

2. Problemas morales

El dilema entre la memoria y el olvido constituye en sí mismo un agravio para las víctimas. Tal vez una comunidad, pragmáticamente, pueda renunciar a un relato de los hechos, pueda renunciar a conocer su historia, a dar a las víctimas el reconocimiento, a asumir su responsabilidad colectiva. Pero ¿resulta moralmente admisible para una sociedad no perseguir, castigar las violaciones de derechos humanos?¿ puede un Estado de Derecho negar la tutela judicial a la víctimas de un delito? ¿puede la Administración de justicia negar protección a la víctimas de crímenes contra la humanidad y perseguir a los ladrones o a los que defraudan al fisco?

Cuando renunciamos al instrumento penal en pos de la paz social o del perdón colectivo, cuando descartamos el proceso para sustanciar responsabilidades en nombre de la reconciliación ¿no está el Estado tomando decisiones que son estrictamente individuales? ¿puede el Estado obligar a que la propia individualidad de la víctimas se disuelva en la sociedad? En este sentido van las palabras de Jean Améry cuando afirmaba «una disponibilidad a la reconciliación proclamada públicamente por la víctimas del nazismo no puede representar más que insensibilidad e indiferencia frente a la vida o conversión masoquista de una exigencia de venganza *auténtica* reprimida. Sólo perdona realmente quien consiente que su individualidad se disuelva en la sociedad y quien es capaz de concebirse como función del ámbito colectivo, es decir, como sujeto embotado e indiferente».[37]

Si decidimos, así, que la vía penal es imprescindible en un proceso de justicia transicional, tendremos que admitir, no obstante, que hemos iniciado un camino lleno de dificultades. Si hablamos de miles de muertes, si los culpables también se cifran por miles, si no hay, por ejemplo, posible proporción entre la acción que debemos juzgar y las sanciones de las que disponemos, la dudas acerca de la adecuación del instrumento penal reaparecen. Ahora la duda relevante no es acerca de la capacidad de los procesos judiciales para crear paz social o para servir a los fines de la estabilidad de la democracia, sino acerca de la posibilidad efectiva de la individualización de la responsabilidad frente a las violaciones masivas de derechos humanos. Aquí un gran sentimiento de impotencia nos embarga, para Nino íntimamente relacionado con la idea de que las metas que justifican el castigo son difícilmente alcanzables en las circunstancias de los genocidios o crímenes de lesa humanidade.[38]

El primer lugar, se duda sobre la posibilidad de alcanzar el fin de la prevención general. Si los crímenes –dirá Koskeniemi– contra la humanidad provienen

37. Armery, J., *Mas allá de la culpa y la expiación. Tentativas de superación de una víctima de la violencia*, trad. cast. de Eduardo Aznar Anglés, Valencia: Pre-Textos, 2001, p. 152.

38. *Vide* Nino, C., *Radical evil on trial* (n. 2), p. 201.

de un mal que supera las fronteras de la racionalidad instrumental y que no tiene objetivo más allá de sí mismo, los cálculos relativos a la probabilidad de una pena futura, no entran, por definición, en el juego. Simplemente no hay cálculo.[39]

En el mismo sentido que Koskeniemi, Hannah Arendt sostiene que «es propio de la naturaleza humana que todo ato ejecutado una vez e inscrito en los anales de la humanidad siga siendo una posibilidad mucho después de que la atuación haya pasado a formar parte de la historia. Jamás ha habido castigo dotado de suficiente ejemplaridad para impedir la comisión de delitos. Contrariamente, sea cual fuere el castigo, tan pronto un delito ha hecho su primera aparición en la historia, su repetición se convierte en una posibilidad mucho más probable que su primera aparición…».[40]

Por lo que se refiere a la prevención especial, de un lado, es difícil imaginar la reinserción social de los partícipes en un genocidio, que puedan reformarse con penas de prisión, de otro, no es razonable considerar que vayan a cometer nuevos delitos; la sociedad no tiene ninguna necesidad de protegerse de ellos.[41]

También se duda sobre la posibilidad de que la penas que se puedan imponer a estos delitos puedan alcanzar el fin de la retribución. No podemos hablar de retribución, se nos dice, en la medida en que salda la proporción entre los hechos y le castigo. ¿Cómo podemos distinguir el castigo de esos hechos del que damos a un crimen ordinario? Parece evidente que la condena o no de Milosevic no es respuesta «adecuada» a la muerte de 200.000 personas.[42] Algunos juristas y politólogos consideran, así, que ante el mal absoluto la sanción queda descarnada de cualquier teoría que pueda justificarla. Si no cabe ni la retribución, ni la prevención ¿por qué deberíamos castigar?

Creo, sin embargo, que antes de contestar a esta pregunta deberíamos cuestionar algunas de las tesis que la sustentan:

(i) Las afirmaciones sobre la imposibilidad de que la pena pueda disuadir o pueda realizar la función de prevención general, siendo persuasivas son incontrastables o imposibles de verificar. Lo único que sabemos mirando al pasado es que los peores crímenes quedaron impunes y que si alguno de ellos se repitieran en nuestros días los instrumentos con los que contamos todavía no nos permitirían superar la generalizada impunidad.

Sabemos, así mismo, que la publicidad con la que muchos de estos crímenes se realizaron sugiere que sus autores consideraban improbables los castigos presentes y futuros. Es difícil pensar que este altísimo sentimiento de impunidad no juegue un rol decisivo a la hora de determinar las posiciones de tantos colaboradores en las violaciones masivas de derechos.

39. *Vide* Koskenniemi, M., *La politique du droit International* (n. 25), p. 234.
40. Arendt, H., *Eichmann in Jerusalem* (n. 23), p. 273.
41. *Vide* Arendt, H. *Responsability and Judgment* (n. 35), p. 26.
42. *Vide* Koskeniemi, M., *La politique du droit International* (n. 25), p. 229

Necesariamente, también deberíamos tener en cuenta los distintos contextos y las distintas personalidades criminales a las que nos estemos enfrentando. De nuevo, no será igual si hablamos de los crímenes del nazismo o si pensamos, por ejemplo, en el caso argentino.

(ii) Por otra parte, cabría también señalar que la impotencia que nos genera la dificultad de alcanzar los fines de la pena en los procesos contra violaciones masivas de los derechos humanos, la podemos sentir también ante otro tipo de delitos que podríamos considerar menores u ordinarios. En numerosas ocasiones el castigo generalizado de ciertas ilegalidades no logra disuadir su comisión. A veces, nos encontramos supuestos en que el castigo solo se justifica por una retribución[43] en la que no hay proporción posible.

Obviamente, responder a la pregunta de por qué debemos castigar, pasa por admitir que en toda sanción penal persiste el elemento de la retribución (con mayor o menor proporcionalidad) y que la imposibilidad de conseguir otros objetivos no nos hace renunciar a la misma. Tal vez ante el mal extremo la reacción del derecho no parezca suficiente o adecuada, pero cabría recordar que no contamos con ningún instrumento mejor o alternativo. El problema que nos muestra el castigo del mal absoluto no es otro, en definitiva, que el eterno problema de la pena y sus fines.

Juzgamos porque nos parece mejor el procesamiento de los atores de las violaciones de derechos que la inacción, nos parece mejor el castigo que la impunidad. Porque, en definitiva, afirmamos el derecho y sus presupuestos morales. Si en el Lager no había derecho, si a las víctimas se les negaba el reconocimiento de su personalidad jurídica, si sus sufrimientos no eran la consecuencia de ninguna acción sino del arbitrio, el proceso penal nos ofrece la posibilidad de revertir este camino. Puesto que, citando de nuevo a Hannah Arendt, «la ley presupone precisamente que existe una comunidad en lo humano con aquellos a quienes acusamos, juzgamos y condenamos.[44]

3. Problemas jurídicos

Si pensamos ahora en los problemas estrictamente jurídicos el primero, sin lugar a dudas, es el problema de la irretroactividad del derecho sancionador. Todo jurista sabe que una norma sancionadora no puede aplicarse retroativamente, opera sobre la misma una prohibición que se basa en la idea de que no sería correto que una persona fuera condenada por una acción que en el momento en que la cometió no constituía, para el ordenamiento jurídico al que estaba sometido, delito alguno.

El principio de irretroactividad de la ley penal es una expresión del imperio de la ley, de la racionalidad del Derecho y del ideal de seguridad jurídica. Para Lon Fuller constituía uno de los elementos que configura aquello que él denominaba

43. Nino intenta sortear este problema construyendo una teoría propia de justificación de la pena: la teoría del consentimiento. *Vide* Nino, C., *Fundamentos de Derecho Penal*, Barcelona: Gedisa, 2009.

44. Arendt, H., *Eichmann in Jerusalem* (n. 23), p. 251.

el *derecho natural procesal*. La retroactividad no puede ser una característica del derecho porque este, por naturaleza, es lo contrario a la arbitrariedad.

La irrectroactividad de las leyes sancionadoras constituye, así, un obstáculo para procesar y condenar a los atores de violaciones masivas de derechos humanos allí donde éstas han sido cometidas amparadas por un ordenamiento jurídico, por la administración del Estado o con su colaboración. El problema de la irretroactividad, aunque ha sido paliado con el desarrollo del derecho penal internacional, persiste en la mayoría de procesos por violaciones masivas de derechos humanos.

¿Es la irrectroactividad penal un principio inamovible o puede excepcionarse ante la realidad del derecho injusto? Muchas respuestas se han dado a este problema. Para Judith Sklar, situados ante el dilema de hacer prevalecer la justicia o la ley deberíamos valorar qué pesa más si el mantenimiento de la legalidad o los beneficios que este tipo de juicios producen al despertar una conciencia legal.[45] Si no nos satisface, sin embargo, una respuesta consecuencialista a la manera de Sklar, entonces inevitablemente debemos entrar en una reflexión más profunda que nos conduce a la concepción de Derecho, a la justificación del deber de obediencia al derecho y, de nuevo, a los fines de la pena.

Hans Kelsen en 1947, y valorando el trabajo realizado en los procesos de Nuremberg, afronta el problema de la retroactividad del derecho penal de manera un tanto sorprendente. Primero Kelsen relativiza la norma o regla de la irretroativad. Se trata de una regla no absoluta que coexiste en nuestros ordenamientos junto con otras reglas en cierta medida contrarias como aquella que sostiene que «la ignorancia de la ley no excluye su cumplimiento». En la base de la regla de la no retroactividad subyace el principio de que el derecho no se debe aplicar a una persona que no lo conoce. Sin embargo, el desconocimiento del derecho no libera a los individuos de sus deberes jurídicos. Desde el punto de vista psicológico del sujeto al que van dirigidas las prescripciones legales, no hay diferencia alguna entre una norma que se le aplique retroativamente o una norma, desconocida para él, que se le aplique no retroativamente.

Pero si no aceptamos una respuesta consecuencialista al problema de la retroativad del derecho tampoco podemos aceptar una respuesta construida sobre lo meramente psicológico o subjetivo. Por ello, en segundo lugar, Hans Kelsen irá más allá y sostendrá que la norma que establece la iretroactividad de las normas sancionadoras está basada en un principio de justicia que entraría en conflicto con otros principios del ordenamiento jurídico. De una argumentación basada en reglas pasa así a una argumentación básada en principios, elementos, ciertamente, estraños a la Teoría Pura del derecho. En el caso en que dos postulados de justicia estén en conflicto entre ellos, dirá el jurista austriaco, el mayor o el más alto, debe prevalecer. Castigar a aquellos que fueron moralmente responsables de los crímenes internacionales durante la II Guerra mundial puede ser considerado,

45. *Vide* SKLAR, J.N., *Legalism: Law, Morals, and Political Trials*, Cambrige: Harvard University Press, 1986.

sin lugar a dudas, más importante que aplicar la regla, relativa y abierta a tantas excepciones, contra las leyes ex post fato.[46] Cuando Kelsen valora el trabajo realizado por los jueces en los procesos de Nuremberg, encuentra muchas razones para la crítica pero ninguna de ellas tiene que ver con la violación de principio de irretroactividad de la ley penal.

Ciertamente, sólo desde un positivismo más radical que el de Hans Kelsen, solo desde el positivismo ideológico puede entenderse que cualquier prescripción emanada de un órgano que detenta el monopolio de la fuerza en una sociedad contiene en sí misma las razones que justifican la acción. Desde cualquier otra posición deberemos admitir que las normas jurídicas por si mismas no constituyen razones operativas para justificar acciones o decisiones.

La debilidad del positivismo ideológico nos lleva a la búsqueda de una fundamentación del deber de obediencia basada en principios morales puesto que sabemos que el derecho sólo puede producir razones para la obediencia si está respaldado por principios morales. Ahora nos enfrentamos a un problema distinto: la paradoja del carácter superfluo de las leyes. Si las leyes solo puede producir razones para su obediencia si están respaldadas por principios morales ¿necesitamos el gobierno de las leyes?

Carlos Nino se enfrenta a esa paradoja afirmando la superioridad de la democracia y del derecho producido a través de un proceso deliberativo bajo el principio de mayoría. Es decir, a pesar de que las normas no pueden justificar por sí mismas razones para la acción o decisiones, esas normas no son superfluas cuando tienen un origen democrático. En ese caso podemos suponer que los principios morales en que se apoyan justifican la acción. Las leyes democráticas tienen la presunción de mayor validez moral. «Obviamente es solo una presunción –dirá– pero suficiente para justificar la obediencia a las leyes, de otra manera estaríamos socavando la efectividad de todo el proceso democrático que en general es más digno de confianza que la reflexión individual».[47]

Podríamos decir así que la superioridad del sistema democrático respecto a otros sistemas políticos nos conduce a la presunción de la justicia de las normas que de ese sistema emanan, y en el caso excepcional de que no ocurriese así permanecería el deber de obediencia simplemente porque el procedimiento deliberativo colectivo merece más confianza que el procedimiento de reflexión individual.

Si aplicamos las tesis de Nino a la realidad de los grandes procesos a violaciones masivas de derechos humanos en el marco de una guerra o fuera de ella, vemos que efetivamente el derecho injusto no tiene un origen democrático, no está avalado por un proceso de toma de decisiones deliberativo con su inherente tendencia a la imparcialidad. Aunque el ordenamiento jurídico nacionalsocia-

46. *Vide*, Kelsen, H., «Will the judgment in the Nuremberg trial constitute a precedent in International law?», *The International Law Quarterly*, 1947, vol. 1, n. 2, p. 15.

47. Nino, C., *Radical evil on trial* (n. 2), p. 158-159.

lista, las normas jurídicas durante el régimen franquista o las normas argentinas bajo el régimen militar estuvieran debidamente positivizadas y fueran eficaces socialmente no tenían, que duda cabe, una génesis democrática. Utilizarlas como razones para justificar una acción equivale a equiparar la legitimidad de la democracia y de la dictadura.

Cuando se rompe la legalidad democrática y se instaura un régimen dictatorial, no parece admisible que las atrocidades cometidas bajo ese régimen deban juzgarse con las normas que el propio régimen produjo. No obstante, sabemos que la presunción de validez moral de las normas democráticas es sólo eso, una presunción. Deberíamos pensar también en la posibilidad de encontrarnos ante una norma jurídica que, contando en su creación con el debido proceso deliberativo de formación de la voluntad, resultará inmoral o injusta. Nino parece afirmar que aun en ese caso deberíamos obedecerla a los fines de la estabilidad del sistema democrático, o tal vez ante la dificultad de concretar lo justo y la preferencia por la decisión colectiva frente a la individual.

Justamente, ante la hipótesis del derecho injusto con independencia de su génesis, se construye la famosa «cláusula Radbruch», una forma bien diferente de enfrentarse al problema del Derecho injusto y en cierto modo más articulada que la posición kelseniana.

Atendiendo a la famosa teoría de Gustav Rabruch, el derecho positivo pierde su validez (*Geltung*) cuando «la contradicción de la ley positiva con la justicia alcanza una medida de tal modo insoportable, que la ley, en tanto que «derecho injusto» (*unrichtiges Recht*), ha de ceder ante la justicia».[48] De forma resumida podríamos decir que la formula sostiene simplemente que «el derecho extremadamente injusto no es derecho». Como apunta Robert Alexy lo que tiene de especial la Fórmula de Radbruch es que postula una conexión necesaria entre derecho y moral, pero sin pretender un solapamiento total entre ambos.[49] «Así, por razones de seguridad jurídica, el derecho positivizado y eficaz no deja de ser derecho aunque tenga contenidos desproporcionados o injustos. La Fórmula introduce únicamente un límite excepcional en el concepto de derecho».[50]

Pero junto a las cuestiones en torno al principio de no retroactividad, jurídicamente los procesos penales por delitos de genocidio, lesa humanidad o violaciones masivas de derechos humanos presentan otros muchos problemas derivados justamente de esas categorías de lo excepcional, lo extremo o lo insoportable y

48. Radbruch, G., *Introducción a la Filosofía del Derecho*, México/Madrid/ Buenos Aires: FCE, 1974, p. 178-180.

49. Es decir en un conflicto entre la justicia y la seguridad jurídica debería prevalecer el Derecho positivo incluso cuando sea injusto, a no ser que la contradicción entre la ley positiva y la justicia alcance una medida tan insoportable que la ley deba ceder como «Derecho injusto» ante la justicia.

50. Alexy, R., «Derecho injusto, retroactividad y principio de legalidad penal», *Doxa*, p. 205. Cfr. del mismo autor Alexy, R., «Derecho injusto, retroactividad y principio de legalidad penal. La doctrina del Tribunal Constitucional Federal alemán sobre los homicidios cometidos por los centenales del Muro de Berlín», 2000, n. 23, p. 197-230.

que aquí solamente mencionaré. Si hablamos de cientos de víctimas pero, sobre todo, si hablamos de cientos de verdugos, el proceso para la individualización de la responsabilidad de todos los atores parece titánico.

Resulta difícil la determinación de la autoría. Cuando los crímenes se realizan apoyándose en el aparato burocrático del Estado o cuando la acción criminal responde a una larga cadena de órdenes y son muchos los individuos que de algún modo podemos considerar autores. Así, puede ocurrir que el ejecutor o el asesino fáctico no sea quien detente una mayor responsabilidad en el ejercicio de la acción. Al contrario, en general en muchos de estos crímenes, como se puede leer en la sentencia que condeno a Eichmann, «el grado de responsabilidad aumenta a medida que nos alejamos del hombre que usa el instrumento fatal con sus propias manos».[51]

También es especialmente problemática la valoración de los elementos subjetivos del delito: la voluntariedad del comportamiento, la conciencia de sus consecuencias, las motivaciones personales o la influencia en los autores del contexto socio-cultural.

Algunos juristas han denunciado, por otra parte, que en los procesos por masivas violaciones se produce algo así como una selección de los imputados. Es decir, si los autores de la violaciones son múltiples no es posible procesar a todos los atores sólo a algunos esto produce una especie de agravio comparativo entre los mismos. Danilo Zolo, es especialmente crítico con esta situación, puesto que considera que en estos procesos los imputados se seleccionan en base a criterios jurídicamente no definidos, atentando así contra el principio de igualdad ante la ley y deslegitimando a su parecer todo el procedimiento jurídico.[52]

Estamos obviamente ante un conjunto de problemas que tienen que ver con la capacidad de una determinada administración de justicia para dotarse de los medios suficientes personales e institucionales con los que hacer frente a una situación excepcional. Problemas que también tienen que ver con la voluntad política de los gobernantes de apoyar esa dotación y dar prioridad a los procesamientos por encima del silencio o del olvido. Por ello aunque deberíamos mantener la expectativa de una justicia penal efectiva y no conformarnos con la realidad de la impunidad como algo inevitable a menudo observaremos que los números desbordan las infraestructuras y tendremos que reconocer que la posibilidad de procesar a todos los implicados es (o era) una tarea materialmente imposible. En otros muchos caso, sin embargo, identificaremos con claridad inacción o simple, y a menudo culpable, falta de voluntad política en la persecución de los delitos.

51. Por eso la propia sentencia se dira «en un crimen tan complicado y enorme como el que consideramos aquí, en el que mucha gente participó a diversos niveles y de modos diversos –planificando, organizando y ejecutando las acciones de sus rangos–, no tiene mucho sentido valerse de los tradicionales conceptos de planificación e instigación al crimen». (Arendt, H., *Eichmann in Jerusalem* (n. 23), p. 246-247).

52. *Vide*, Zolo, D., *La giustizia dei vincitori. Da Norimberga a Baghdad*, Roma-Bari: Editori Laterza, 2006. Existe traducción española de Elena Bossi, *La justicia de los vencedores. De Nuremberg a Bagdad*, Madrid: Trotta, 2007.

Creo que en la crítica de Zolo se confunde, de nuevo, la dimensión colectiva con la dimensión individual de la responsabilidad. ¿Es cierto qué si no se juzgan a todos los implicados en los delitos el proceso entero pierde legitimidad? Una respuesta afirmativa a esta cuestión sería tanto como afirmar que existe el derecho a no ser procesado por un delito si no se procesa también a todos los autores de la misma acción.[53] Tal vez cierto grado de impunidad sea inevitable ante masivas violaciones de derechos pero resulta del todo engañoso situarnos ante la alternativa entre el procesamiento de todos los autores de la violaciones o de ninguno.

Al fin y al cabo, cabe recordar, la finalidad del proceso es hacer justicia y nada más.[54] Justicia en sentido individual y objetivo; valorar las pruebas, escuchar las declaraciones de los testigos o de las víctimas, oír al procesado, a la acusación y a la defensa y todo ello sobre unos hechos concretos con independencia de que existan otros crímenes que no se persiguen u otros criminales que nunca serán juzgados.[55]

UNA INCIERTA CONCLUSIÓN

Si el mal absoluto nos resulta incomprensible y, sin embargo, no podemos cejar en nuestro esfuerzo por comprender. Del mismo modo el proyecto de hacer justicia, de someter a juicio a genocidas o atores del mal extremo resulta una meta a veces inalcanzable llena de obstáculos frente a la cual, sin embargo, no podemos claudicar. La idea del mal más allá de las pasiones humanas nos abruma y nos supera y los instrumentos jurídicos que nos ofrece el Estado de derecho nos parecen inadecuados, demasiado modestos o fútiles para hacerle frente. Abandonarnos al olvido, traicionar la memoria no nos está permitido y así volvemos una y otra vez a recontar la historia, a buscar nuevas explicaciones, a repensar lo que otros ya intentaron pensar antes.

De la misma manera, intentamos reconducir a los cauces jurídicos las terribles manifestaciones del mal absoluto, a veces, con desesperanza, con impotencia pero con la clara idea de que renunciar a hacer justicia sería tanto como rendirse ante el mal o participar en el mismo.

Nada mejor para concluir entonces que las palabras de Hannah Arendt:

53. Para Carlos Nino «nadie tiene derecho a que ciertas personas sean castigadas y, consecuentemente, nadie tiene un derecho a no ser castigado si otras personas no lo son» (Nino, C., *Radical evil on trial* (n. 2), p. 257).

54. Como nos recuerda H. Arendt «el tribunal no tiene a su disposición los instrumentos precisos para investigar las cuestiones de orden general, sino que se pronuncia basándose en una autoridad cuya fuerza está en función de sus limitaciones» (Arendt, H., *Eichmann in Jerusalem* (n. 23), p. 252).

55. Expresado con las palabras que Hannah Arendt le dirige a Eichmann: «...ante la ley, tanto la inocencia como la culpa tiene carácter objetivo, e incluso si ochenta millones de alemanes hubieran hecho lo que tú hiciste, no por eso quedarías eximido de responsabilidad... Aquí nos ocupamos únicamente de lo que hiciste, no de la posible naturaleza inocua de tu vida interior y de tus motivos, ni tampoco de la criminalidad en potencia de quienes te rodean...» Arendt, H., *Eichmann in Jerusalem* (n. 23), p. 278.

«Y sin embargo, aunque ninguna de las razones que solemos invocar a favor del castigo es válida, nuestro sentido de la justicia encontraría intolerable renunciar al castigo y dejar que quienes han asesinado a miles, centenares de miles y millones quedaran impunes. Si ello no fuera más que un deseo de venganza, sería ridículo, dejando de lado el hecho de que la ley y el castigo que ella administra aparecieron sobre la Tierra con el fin de romper el interminable círculo vicioso de la venganza. Así pues, aquí estamos, exigiendo y administrando castigos de conformidad con nuestro sentido de la justicia, mientras, por otro lado, ese mismo sentido de la justicia nos informa de que todas nuestras nociones previas acerca del castigo y su justificación nos han falado.»[56]

56. Arendt, H., *Responsability and Judgment* (n. 35), p. 26.

AUTORES

ALEXANDRE FRANCO DE SÁ

Professor Auxiliar da Faculdade de Letras da Universidade de Coimbra.

ANTÓNIO DE ARAÚJO

Docente da Faculdade de Direito da Universidade de Lisboa.

Professor Auxiliar da Faculdade de Ciências Sociais e Humanas da Universidade Nova de Lisboa.

Consultor para os Assuntos Políticos da Casa Civil do Presidente da República.

AUGUSTO SILVA DIAS

Professor Associado (com *tenure*) de Direito Penal e Direito Processual Penal da Faculdade de Direito da Universidade de Lisboa.

Vice-Presidente do Instituto de Direito Penal e Ciências Criminais da Faculdade de Direito da Universidade de Lisboa.

1.º Vice-Diretor do Centro de Investigação em Direito Penal e Ciências Criminais.

CRISTINA GARCÍA PASCUAL

Professora Titular de Filosofia do Direito da Universidade de Valência (Espanha).

FRANCISCO MUÑOZ CONDE

Professor Catedrático de Direito Penal da Universidade Pablo de Olavide de Sevilha (Espanha).

KAI AMBOS

Professor Catedrático de Direito Penal, Processo Penal, Direito Comparado e Direito Penal Internacional na Universidade Georg August de Göttingen (Alemanha).

Diretor do Departamento de Direito Penal Estrangeiro e Internacional do Instituto de Ciências Criminais da mesma Universidade.

Diretor-Geral do Centro de Estudos de Direito Penal e Processual Penal Latino-americano – CEDPAL.

Juiz no Tribunal Estadual de Göttingen (Alemanha).

LUÍS PEREIRA COUTINHO

Professor Auxiliar da Faculdade de Direito da Universidade de Lisboa.

MARIA FERNANDA PALMA

Professora Catedrática de Direito Penal e Direito Processual Penal da Faculdade de Direito da Universidade de Lisboa.

Presidente do Instituto de Direito Penal e Ciências Criminais da Faculdade de Direito da Universidade de Lisboa.

Diretora e Coordenadora do Centro de Investigação em Direito Penal e Ciências Criminais.

MARIA LUÍSA RIBEIRO FERREIRA

Professora Catedrática (aposentada) da Faculdade de Letras da Universidade de Lisboa.

Investigadora do Centro de Filosofia da Universidade de Lisboa.

MASSIMO LA TORRE

Professor Catedrático de Filosofia do Direito da Universidade de Cantazaro (Itália).

Professor Visitante na Escola de Direito da Universidade de Hull (Reino Unido).

MIGUEL GALVÃO TELES *(in memoriam)*

Advogado.

Membro do Tribunal Permanente de Arbitragem na Haia (Holanda).

Miguel Morgado

Professor Auxiliar do Instituto de Estudos Políticos da Universidade Católica Portuguesa.

Miguel Nogueira de Brito

Professor Auxiliar da Faculdade de Direito da Universidade de Lisboa.

Advogado.

Consultor para Assuntos Constitucionais do Presidente da República.

Pablo Galain Palermo

Investigador Senior do Instituto Max Planck de Direito Penal Internacional e Comparado de Freiburg im Breisgau (Alemanha) e do Sistema Nacional de Investigadores do Uruguai.

Diretor do Observatório Latino-Americano para a Política Criminal e Reformas Penais.

Paulo Otero

Professor Catedrático na Faculdade de Direito da Universidade de Lisboa.

Paulo de Sousa Mendes

Professor Associado (com *tenure*) de Direito Penal e Direito Processual Penal da Faculdade de Direito da Universidade de Lisboa.

Membro da Direção do Instituto de Direito Penal e Ciências Criminais da Faculdade de Direito da Universidade de Lisboa.

2.º Vice-Diretor do Centro de Investigação em Direito Penal e Ciências Criminais.

Membro do Conselho Científico do Centro de Estudos de Direito Penal e Processual Penal Latino-americano – CEDPAL.

Rui Guerra da Fonseca

Professor Auxiliar da Faculdade de Direito da Universidade de Lisboa.

Impressão e acabamento

[colofon Book7 | Psi7]